HAZ QUE SUCEDA

PLANES SENCILLOS PARA UN LIDERAZGO AUDAZ

Robert L. Kistner
Cami Nelson

Derechos de autor © 2024
Robert L. Kistner. Todos los derechos reservados.
Publicado por Cosmos Marketing Solutions.

Ninguna parte de este libro puede ser reproducida, almacenada en un sistema de recuperación o transmitida por ningún medio, electrónico, fotocopia mecánica, grabación o de otro tipo, sin el permiso por escrito del titular de los derechos de autor.

La información y las sugerencias contenidas en este libro no pretenden reemplazar los servicios competentes de los asesores profesionales. El autor ha intentado que este libro sea lo más preciso posible, pero sin embargo puede contener errores, omisiones o material no actualizado, por lo que ni el autor ni el editor tienen ninguna responsabilidad legal. Todas las citas y fuentes citadas en este libro siguen siendo propiedad de sus dueños; No se pretende infringir los derechos de autor.

ISBN: 979-8-9891409-3-0
Número de control de la Biblioteca del Congreso para el libro en Ingles: 2023922966

Diseño de portada por Cami Nelson
Diseño, composición y edición del libro en Ingles por Cami Nelson
Edición del libro en Español por Roberto Almaguer Vega
Sitio web: www.makeithappenleadership.com

Impreso en Houston, Texas, Estados Unidos de América
Primera Edición en Español

AGRADECIMIENTOS DE ROBERT KISTNER

A mi esposa, Ana, y a mis hijos, Bobby, Bryan, Natasha y Steven. Estoy agradecido por su apoyo eterno a mi carrera de liderazgo y mi viaje por la vida.

A mis socios comerciales, Fernando González, Sr., Owen Perry y Luz María Torres González, quienes han sido mis mentores y mi familia. Les debo gratitud a cada uno de ustedes por años de crecimiento, amistad y éxito.

AGRADECIMIENTOS DE CAMI NELSON

A Robert Kistner, que me invitó a colaborar con él en este proyecto. He aprendido mucho de nuestras conversaciones. Los últimos años de investigación y escritura han sido muy gratificantes.

A Mark Nelson, quien brindó sugerencias brillantes y colaboró para generar una visión para este proyecto. Y lo más importante, para mis tres talentosos adolescentes, que son mis maestros y mi inspiración.

CONTENIDO

INTRODUCCIÓN 1

PRIMERA PARTE. EL LIDERAZGO COMO DESEMPEÑO ESTRATÉGICO 7

1 Líderes como entrenadores 9

2 Rendición de cuentas y medición de resultados 27

3 Motivar el máximo rendimiento 45

4 Inspirar responsabilidad 63

5 Quince estrategias maestras de negociación 83

6 Definición de la creatividad en el lugar de trabajo 101

7 Desarrollar la creatividad en líderes y equipos 117

8 Trece estrategias para la Innovación empresarial 133

9 Comprender el poder de la cultura empresarial 147

10 Impulsando la evolución cultural 159

11 Anclar la cultura en valores 171

SEGUNDA PARTE. EL LIDERAZGO COMO CATALIZADOR DE LA
TRANSFORMACIÓN 183

12 El liderazgo como mayordomía 185

13 Éxito a través de la felicidad 201

14 Mindfulness en la gestión 221

15 Meditación para líderes empresariales 243

16 Cómo los valores y las compensaciones impulsan las decisiones 261

17 Evolución del cerebro y toma de decisiones subconsciente 271

18 Cinco pasos prácticos para tomar decisiones inteligentes 283

19 Impulsar la resiliencia en el liderazgo el estrés y el lugar de trabajo 297

20 Una voz de confianza: el viaje de Robert Kistner hacia un liderazgo audaz 321

Notas 335

INTRODUCCIÓN

Visión General del Liderazgo Empresarial Audaz

Un liderazgo empresarial eficaz es crucial para el éxito y el crecimiento de cualquier organización. Dentro de una organización, el liderazgo empresarial se refiere a la capacidad de un individuo para influir en los demás hacia el logro de metas y objetivos comunes. Cada día, los líderes toman decisiones estratégicas, brindan dirección, motivan a los empleados y fomentan un ambiente de trabajo positivo. Los líderes vibrantes también dedican tiempo a mejorarse a sí mismos para poder dar un ejemplo que valga la pena seguir. Por ejemplo, los líderes pueden crear y revisar declaraciones de misión personales, refinar las habilidades de comunicación y desarrollar la inteligencia emocional.

Los líderes talentosos presentan varias cualidades:

- Visión: Los líderes fuertes tienen una visión clara para el futuro de la organización. Articulan esta visión a los demás y los inspiran a trabajar para su realización. Establecen metas ambiciosas pero alcanzables y las comunican de manera efectiva al equipo.

- Pensamiento estratégico: Los líderes audaces pueden pensar de manera crítica y estratégica. Analizan las tendencias del mercado, identifican oportunidades y toman decisiones informadas para mantenerse por delante de la competencia. Son proactivos en la adaptación a los cambios y en el desarrollo de estrategias innovadoras.

- Habilidades de comunicación: La comunicación efectiva es vital para los líderes empresariales. Deben ser capaces de transmitir claramente sus ideas, expectativas y comentarios a los miembros de su equipo. Escuchan activamente, fomentan el diálogo abierto y se aseguran de que todos entiendan los objetivos de la organización.

- Inteligencia emocional: Los grandes líderes entienden y gestionan sus emociones y las de los demás. Son empáticos, accesibles y solidarios. Construyen relaciones, inspiran confianza y crean una cultura de trabajo positiva que fomenta la colaboración y la productividad.

- Toma de decisiones: Los líderes se enfrentan a numerosas decisiones a diario. Evalúan la información, consideran varias perspectivas y toman decisiones oportunas. No tienen miedo de tomar riesgos calculados, pero también aprenden de los fracasos y ajustan sus estrategias en consecuencia.

- Delegación y empoderamiento: Los líderes efectivos delegan tareas y responsabilidades a los miembros de su equipo en función de sus fortalezas y habilidades. Confían en sus empleados y los empoderan para que tomen decisiones y se apropien de su trabajo. Esto fomenta un sentido de responsabilidad y promueve el crecimiento individual.

- Aprendizaje continuo: Los líderes empresariales comprenden la importancia del aprendizaje continuo y el desarrollo personal. Se mantienen actualizados con las tendencias de la industria, buscan comentarios y buscan activamente oportunidades de superación personal. Fomentan una cultura de aprendizaje dentro de la organización y apoyan el crecimiento profesional de sus empleados.

- Integridad y ética: Los buenos líderes predican con el ejemplo y demuestran altos estándares éticos. Actúan con integridad, honestidad y transparencia. Toman decisiones que se alinean con los valores de la organización y consideran el impacto a largo plazo en todas las partes interesadas.

- Resiliencia y adaptabilidad: Los líderes se enfrentan a desafíos y contratiempos, pero siguen siendo resilientes y adaptables. Mantienen una actitud positiva, motivan a su equipo en los momentos difíciles y encuentran soluciones para superar los obstáculos. Aceptan el cambio e inspiran a otros a hacer lo mismo.

- Colaboración y trabajo en equipo: Los líderes empresariales reconocen el valor de la colaboración y el trabajo en equipo. Fomentan una cultura que promueve la cooperación, la comunicación abierta y la sinergia entre los miembros del equipo. Construyen equipos diversos e inclusivos, aprovechando las fortalezas de cada individuo para lograr el éxito colectivo.

El liderazgo es un viaje y requiere un desarrollo continuo y el perfeccionamiento de las habilidades. Este libro de liderazgo se basa en la sabiduría de grandes líderes, incluido Robert Kistner. Aprovecha los consejos profesionales, la investigación de vanguardia y la sabiduría para ayudar a los líderes a inspirar a sus equipos, impulsar la innovación y navegar a través de desafíos complejos para lograr el éxito a largo plazo.

Estructura del Libro

Imagínate un horizonte urbano, definido de forma irregular por edificios altos que reflejan un cielo azul brillante y nubes pasajeras: podrías pensar en Singapur, Dubái, Nueva York, Hong Kong o Los Ángeles. Hasta mediados del siglo XX, los edificios de gran altura se construían con exoesqueletos cuadrados hechos de ladrillo, hormigón o piedra. A medida que avanzaba la tecnología, los soportes centrales internos de acero permitieron que los nuevos rascacielos de "piel resbaladiza" se despojaran audazmente de sus pesados exteriores y alcanzaran el cielo con solo una cortina de vidrio exterior. Estos rascacielos modernos representan empresas globales prósperas y un liderazgo poderoso.

Debido a que este libro proporciona planos simples para un liderazgo audaz, nos apoyaremos en dos características arquitectónicas principales de los rascacielos de piel resbaladiza como metáforas del liderazgo empresarial audaz: 1) el exterior elegante yacristalado , y 2) el interior fuerte y sólido. En torno a estas metáforas, este libro se organiza en dos partes. En pocas palabras, la primera parte se centra en el papel del líder dentro de la organización y con los demás, y la segunda parte se centra en el líder como individuo.

Primera Parte: El Liderazgo Como Desempeño Estratégico o el Exterior Elegante y Acristalado del Liderazgo Empresarial

La primera parte representa lo que la gente ve desde el exterior del rascacielos. Las personas que pasan y levantan la mirada son conscientes de la decorativa fachada de vidrio, hormigón, metal que se eleva. Dependiendo de la hora del día y la iluminación, los transeúntes a veces pueden ver a través del vidrio exterior las oficinas y los pasillos entradas, donde las personas están ocupadas en el trabajo.

En esta primera parte del libro, discutimos lo que las personas ven cuando piensan en un liderazgo audaz: gerentes, equipos, métricas de desempeño, etc. La primera parte proporciona planes simples para un liderazgo audaz dentro de la organización, ofreciendo estrategias para cuando los líderes interactúan con colegas y con las personas que administran. Caracterizamos a los buenos líderes como entrenadores y brindamos consejos que los líderes pueden usar para inspirar responsabilidad, medir resultados y motivar el máximo rendimiento. Dos capítulos de esta sección están dedicados a despertar la creatividad que los líderes audaces nutren en el lugar de trabajo, en sus equipos y en sí mismos.

Además, esta sección dedica tres capítulos al poder de la cultura empresarial, incluidos los métodos que los líderes pueden utilizar para impulsar la evolución cultural y anclar la cultura en valores. Finalmente, debido a que la innovación y la negociación son fundamentales para un liderazgo audaz, ofrecemos múltiples estrategias para cada una.

En resumen, la primera parte se centra en el papel y las habilidades del líder dentro de la organización. Proporciona consejos y métodos para mejorar el rendimiento, la creatividad y la cultura empresarial con equipos y colegas.

Segunda Parte: El Liderazgo Como Catalizador de la Transformación o el Interior Fuerte y Sólido del Liderazgo Empresarial

Si la primera parte representa los aspectos elegantes y brillantes visibles externamente del liderazgo empresarial, la segunda parte se centra en la estructura de acero del núcleo interno que soporta el peso del negocio: los propios líderes. La segunda parte proporciona planes simples para convertirse en un líder mejor y más audaz de adentro hacia afuera. En esta parte, discutimos el liderazgo como mayordomía y la búsqueda del éxito a través de la felicidad.

Hemos dedicado un capítulo a cada uno de los temas críticos de la resiliencia, la atención plena en la gestión y la meditación para líderes empresariales. Por último, esta sección cuenta con tres capítulos que analizan la toma de decisiones inteligentes de liderazgo mediante la comprensión de los valores y las compensaciones, la evolución de la mente y los impulsores subconscientes.

Si bien es natural que los líderes se centren en las manifestaciones externas del liderazgo dentro de la organización, encontramos que los líderes que también dedican tiempo a cultivar la fuerza interior tienen más éxito cuando interactúan con los miembros de la organización. Tales líderes son inherentemente más centrados, más amables y más perspicaces. En resumen, son líderes audaces y sirven como el soporte central para toda la organización.

En resumen, la segunda parte vuelve la lente hacia adentro, por así decirlo, al proporcionar estrategias para mejorarse a sí mismo y convertirse en un líder más talentoso. Aborda habilidades y prácticas como la atención plena, la visión y la toma de decisiones inteligentes.

Conclusión

Finalmente, como ejemplo, concluimos con una narración que describe el viaje de Bob Kistner hacia el liderazgo, destacando diez lecciones específicas de liderazgo. Desde vendedor ambulante hasta gerencia de nivel medio y superior, Bob adquirió habilidades y motivó a las personas durante décadas. Ahora en los niveles más altos del liderazgo, Bob ha invertido tiempo y energía en un proyecto de legado que encapsula su sabiduría. Ha creado estos sencillos planos para ayudar a otros líderes a recorrer el audaz camino del liderazgo.

PRIMERA PARTE.
EL LIDERAZGO COMO
DESEMPEÑO ESTRATÉGICO

PLANOS SENCILLOS PARA
LIDERAZGO AUDAZ
DENTRO DE LA ORGANIZACIÓN

1

Líderes como entrenadores

En años pasados, las personas a menudo comenzaban carreras exitosas desarrollando experiencia en una industria técnica, funcional o profesional. Si tuvieras la información y las técnicas adecuadas, podrías hacer bien un trabajo. A medida que demuestres tu valía, subirías la escalera del éxito y pasarías a la gestión. Como gerente, enseñarías a otros cómo hacer lo que había que hacer y evaluarías su desempeño.

Sin embargo, Harvard Business Review ilumina la evolución en la trayectoria de la administración: "El mando y el control era el nombre del juego, y su objetivo era dirigir y desarrollar empleados que entendieran cómo funcionaba el negocio y fueran capaces de reproducir sus éxitos anteriores. Hoy no. El cambio rápido, constante y disruptivo es ahora la norma, y lo que tuvo éxito en el pasado ya no es una guía de lo que tendrá éxito en el futuro".[1]

En resumen, la gestión empresarial actual no se trata de tener todas las respuestas correctas. Más bien, se trata de hacer frente a una realidad en constante cambio, apoyando y guiando a los empleados para que puedan "adaptarse a entornos cambiantes de manera que liberen nueva energía, innovación y compromiso. El papel del gerente, en definitiva, se está convirtiendo en el de un entrenador".[2] De hecho, el coaching es "la habilidad más crítica que cualquier líder puede dominar para garantizar el éxito profesional".[3]

Evolución en el Liderazgo, Desde la Guía Hasta el Coaching

Este cambio fundamental es tan nuevo como dramático. La investigación muestra que, a medida que las organizaciones se transforman rápidamente para adaptarse a las demandas y oportunidades que plantea el avance de la era digital, los líderes empresariales han asumido el papel de gestionar el cambio.[4] Por ejemplo, en años pasados, los líderes tenían la tarea de guiar a la organización para que siguiera un curso preestablecido y probado en el tiempo para lograr el éxito empresarial. Sin embargo, en el entorno empresarial actual, los líderes navegan por aplicaciones globalmente conectadas, basadas en la nube y cargadas de inteligencia artificial en las que no existe un rumbo preestablecido.

Robert Kistner explica: "Todo está cambiando; tenemos que cambiar con él".[5] Este cambio acelerado ha llevado a los líderes empresariales a adoptar técnicas de coaching. Gary Collins dice que "el coaching podría haberse quedado en el ámbito de los deportes", pero se trasladó al mundo corporativo porque, "ante el impacto inquietante del cambio galopante, los rápidos avances tecnológicos y las olas de excesiva información, los líderes empresariales comenzaron a ver que ninguna persona podía mantenerse al tanto de todo".[6]

Por lo tanto, las habilidades de liderazgo de hoy en día tienen mucho que ver con adaptarse al cambio para mantenerse en la cima de la ola de transformación. En respuesta, las empresas están "invirtiendo en la formación de sus líderes como coaches. Cada vez más, el coaching se está convirtiendo en parte integral de la estructura de una cultura de aprendizaje, una habilidad que los buenos gerentes en todos los niveles necesitan desarrollar y desplegar".[7] "El poder del coaching es este", dice Tom Mahalo, "se espera que le des a la gente *el camino para encontrar* las respuestas, no las respuestas".[8]

Definición de Coaching: Generando Conocimiento

¿Qué significa el coaching en el contexto de los negocios? Es fácil ver cómo funciona el coaching en el mundo del atletismo, pero ¿cómo se traduce eso en la oficina?

Si bien los líderes-coaches desempeñan funciones tradicionales asociadas con el coaching, como asesorar a los empleados con menos experiencia y responder preguntas, llevan el coaching un paso más allá para generar conocimiento. Por ejemplo, Sir John Whitmore definió el coaching calificado en los negocios como "desbloquear el potencial de las personas para maximizar su propio rendimiento". En otras palabras, los coaches que obtienen los mejores resultados crean un equilibrio entre impartir conocimientos y ayudar a los empleados a descubrirlos.

Hoja de ruta del capítulo

En este capítulo, cubriremos tres aspectos clave del liderazgo y el coaching.
1. En primer lugar, diferenciaremos el coaching de la consultoría en los negocios y nos centraremos en el lenguaje del coaching a través de la lente del liderazgo conversacional.
2. En segundo lugar, describiremos dos modelos que los líderes pueden implementar al entrenar a los empleados: GROW y los "bucles de comunicación". Estos resaltan el papel de la atención en el coaching. También hemos elaborado una lista de los diez mejores consejos de coaching de liderazgo.
3. Por último, concluiremos hablando de la motivación extrínseca e intrínseca, así como de la importancia de buscar momentos de coaching.

Coaching vs. Consultoría

En los negocios, el coaching es diferente de la consultoría. Harvard Business Review explica: "Cuando hablamos de coaching, nos referimos a algo más amplio que los esfuerzos de los consultores que son contratados para ayudar a los ejecutivos a desarrollar sus habilidades personales y profesionales. Ese trabajo es importante, pero es temporal y ejecutado por personas ajenas". Más bien, el coaching "que crea una verdadera organización de aprendizaje es continuo y ejecutado por aquellos dentro de la organización. Es un trabajo en el que todos los gerentes deberían participar".

Por ejemplo, mientras que la consultoría a menudo comienza con el "Capítulo 1" de cualquier método, el coaching comienza analizando las necesidades específicas de cada empleado o situación. Para construir un plan de acción, los entrenadores hacen un trabajo de diagnóstico específico: "Los entrenadores tienen que estar atentos a lo que no quieren ver y escuchar lo que no quieren escuchar".[9]

Además, el coaching dirige a los empleados a sus recursos personales, en lugar de dirigirlos a recursos externos. En lugar de enseñar a los empleados a confiar en el andamiaje, los líderes-entrenadores ayudan a los empleados a aprovechar su propia comprensión e innovar para resolver situaciones. El coaching se adapta a la persona que lo recibe y se trata de generar innovación. Los líderes pueden sacar "el mejor esfuerzo de los demás, no encendiendo un fuego debajo de ellos, sino encendiendo un fuego en su interior".[10]

En el papel de coaches, los gerentes se comprometen con su gente y ayudan a definir la cultura de la organización para que sea propicia para el crecimiento y el avance de los objetivos. En lugar de limitarse a dar respuestas, los líderes-coaches hacen preguntas y escuchan. En lugar de simplemente evaluar a los empleados y dictar lo que se debe hacer, provocando así la obediencia de los empleados, los líderes-entrenadores hacen preguntas que provocan el crecimiento y el desarrollo de los empleados. En el rol de coaching, los líderes hacen preguntas y confían en su personal como expertos para proporcionar información.[11] Harvard Business Review señala que cuando una organización está "abierta al aprendizaje constante y a asumir riesgos... los líderes de la empresa [tienen] que pasar de ser sabelotodo a ser 'apréndelo todo'".[12]

A pesar de la investigación positiva sobre el coaching aplicado en los negocios, ciertos líderes se resisten a asumir el papel de coach. Para algunos, el coaching puede parecer demasiado "suave", como un uso tedioso del tiempo, porque parece más eficiente en el momento decirle a la gente qué hacer que hacerles preguntas para generar conocimientos, habilidades y crecimiento a largo plazo. Para otros, el coaching puede parecer psicológicamente aprensivo porque priva a los gerentes de "su herramienta de gestión más familiar: afirmar su autoridad".[13]

Liderazgo Conversacional

En los negocios, los líderes promulgan el coaching en sus conversaciones a lo largo del día. Un día típico puede requerir que un líder navegue por varias conversaciones y responda ágilmente con coaching. Por ejemplo, en una reunión de equipo, los líderes pueden asumir el objetivo de motivar e inspirar a los empleados para que alcancen sus objetivos compartiendo éxitos recientes y planes futuros. En las reuniones de gestión, los líderes pueden encontrar conflictos de forma reflexiva y profesional, haciendo preguntas para discernir los problemas y necesidades clave.

Madison lo dice de esta manera: "Los entrenadores en la oficina no enseñan a los contadores cómo equilibrar los libros de contabilidad [ni] a los secretarios cómo usar membretes. No. Más bien, tienen una forma de iniciar una conversación informal con los empleados" en la que todos se ponen de acuerdo con respecto a los "desafíos prevalecientes".[14] La conversación es el medio para construir la acción estratégica. Phil Dixon reitera: "Probablemente mi mejor cualidad como entrenador es que hago muchas preguntas desafiantes y dejo que la persona encuentre la respuesta".[15]

Como entrenadores, los líderes utilizan el lenguaje para calibrar el rendimiento individual y del equipo. Para inspirar confianza en los empleados, los líderes pueden entrenar con refuerzos positivos, centrándose en el esfuerzo y el progreso en lugar de en lo que salió mal en el pasado. Para ayudar a que los empleados con exceso de confianza vuelvan a poner los pies en la tierra, los líderes pueden entrenar la conciencia en torno a la transformación de la arrogancia percibida en una actitud de jugador de equipo. Como parte del coaching, los líderes deben compartir malas noticias. El objetivo en esta situación es "comunicarse con el objetivo de orientar" y el lenguaje es clave para este mensaje. Las palabras útiles para enmarcar las malas noticias pueden incluir "visibilidad", "perspectiva", "compartir" y "oportunidad".[16]

David Gurteen define el Liderazgo Conversacional como "apreciar el extraordinario pero infrautilizado poder de la conversación, reconocer que todos podemos liderar y adoptar un enfoque conversacional de la forma en que vivimos y trabajamos juntos en un mundo cada vez más complejo".[17]

Dos Modelos: Crecimiento y Bucles de Comunicación

Esta sección cubre dos modelos útiles para el coaching: GROW y bucles de comunicación. En inglés, la palabra GROW significa "crecimiento," y el modelo se llama GROW. Describimos los pasos de cada modelo y proporcionamos información práctica sobre su implementación. Finalmente, esta sección concluye con una discusión sobre el papel de la atención.

A. Modelo GROW (Crecimiento) Para el Coaching No Directivo

Un modelo de coaching no directivo ayuda a los gerentes a extraer sabiduría, perspicacia y creatividad de las personas a las que están entrenando. Se basa en escuchar, cuestionar y abstenerse de juzgar. El objetivo de este método energizante es ayudar a los empleados a desarrollar habilidades para resolver problemas y abordar situaciones desafiantes de forma independiente. Aunque este es un modelo simple, puede ser difícil de implementar porque la mayoría de los gerentes naturalmente prefieren dar instrucciones en lugar de hacer preguntas. Además, la implementación de este modelo invita a los líderes a reevaluar su papel y ver el valor en las conversaciones. Los cuatro pasos son: 1) Meta, 2) Realidad, 3) Opciones y 4) Voluntad.[18] Para imaginar estos pasos, considera la posibilidad de que un líder tenga una conversación de coaching con un empleado.

G: Objetivo ("Goal" en inglés)
Al comienzo de la conversación, este modelo le pide a un líder que establezca con un empleado lo que esa persona quiere lograr durante la conversación. En lugar de articular objetivos para un proyecto o rol, el empleado debe acercarse y articular lo que quiere sacar de esta conversación. Debido a que es posible que los empleados no articulen esto de forma natural, los líderes deben apoyarlos con preguntas como: "¿Qué sería más útil para usted en esta conversación? ¿Hay algo que quiera llevar consigo y que no tenga o que no sepa ya?"

R: Realidad
Después de establecer un objetivo para la conversación, el líder-entrenador debe hacer preguntas específicas y basadas en hechos que ayuden a encontrar el camino. ¿Qué información necesitamos? ¿Qué nos estamos perdiendo? ¿En qué has pensado ya? Estas preguntas

pueden incluir *qué, cuándo, dónde* y *a quién*, para invitar a los empleados a que se comprometan con el problema de una manera nueva. Este modelo sugiere que los líderes no necesitan *preguntar por qué*, pues preguntar por qué exige que las personas exploren las razones y motivaciones en lugar de los hechos, y esto puede tener connotaciones de juicio o desencadenar una autojustificación, lo cual puede ser contraproducente. El trabajo del líder "es simplemente plantear las preguntas correctas y luego quitarse del camino".[19]

O: Opciones
Durante la conversación, un líder puede notar que el empleado se siente atascado o está debatiendo entre dos opciones que presentan una yuxtaposición falsa. Debido a que rara vez solo hay una o dos opciones reales para abordar una situación, los líderes pueden ayudar a los empleados a ampliar y profundizar sus procesos de pensamiento. Harvard Business Review sugiere una pregunta simple para explorar opciones: "Si tuvieras una varita mágica, ¿qué harías?" Esta pregunta puede ser liberadora y puede despertar un pensamiento fresco y productivo. Luego, en lugar de evaluar las opciones, los líderes-coaches que utilizan el modelo Crecimiento (GROW) ayudan a los empleados a explorar los diversos ángulos, ventajas y riesgos relacionados con las opciones viables.

W: Voluntad ("Will" en inglés)
Al concluir la conversación, los líderes pueden hacer dos preguntas usando la palabra "voluntad". En primer lugar, para animar al empleado a recapitular el plan de acción, un líder puede preguntar: "Entonces, en este punto, ¿qué harás?" Si la respuesta del empleado no es clara o no coincide con la comprensión de la conversación por parte del líder, entonces el líder puede volver a los pasos para ayudar a definir el plan con mayor claridad.

En segundo lugar, para evaluar la motivación del empleado, un líder podría preguntar: "En una escala del 1 al 10, ¿qué tan probable es que haga este plan?" Harvard Business Review sugiere que si el empleado responde entre 8 y 10, es probable que siga adelante con el plan definido. Sin embargo, si el empleado predice menos de 7, es posible que el líder desee volver a los pasos para ayudar a crear una solución más procesable. Gordon Dryden enseña que "las personas superarán los objetivos que se propongan".[20]

B. Bucle de comunicación de coaching de cinco pasos

En muchos ámbitos, el coaching a menudo funciona a través de un ciclo de comunicación, práctica y retroalimentación. Por ejemplo, Nick Winkleman, Ph.D., describe cinco etapas de este bucle,[21] que incluyen:

- Describir
- Demostrar
- Señalar
- Hacer
- Interrogar

Para ilustrar el proceso, describiremos cada una de las fases de este bucle utilizando dos ejemplos: uno del atletismo y otro del negocio. Esto debería ayudar a clarificar y despertar tu conocimiento como líder en la implementación de este ciclo de comunicación de coaching con tus equipos.

Describe: "Esto es lo que quiero".
En la primera fase de este paso, los entrenadores describen la actividad en detalle. Por ejemplo, pueden explicar los pasos específicos del proceso y lo que ocurre en cada paso. Pueden proporcionar descripciones generales y razones para ayudar a los colaboradores a formular la imagen en sus mentes. En el caso de tareas sencillas, esta fase de descripción puede ser bastante corta.

Ejemplo de atletismo
Al describir una habilidad a un atleta de fútbol, un entrenador podría decir algo como: "Quiero que golpees la pelota por debajo de su línea media para levantarla, porque ese punto de contacto ayudará a que la pelota se arquee más alto en el aire. Asegúrate de estar detrás de la pelota, no sobre ella, e inclínate hacia atrás".

Ejemplo de negocio
En el ámbito de los negocios, tal vez un gerente describiría una mejora de habilidades para un vendedor: "Cuando llegues a este punto del proceso de ventas, me gustaría que dedicaras más tiempo a evaluar los intereses del cliente mediante preguntas abiertas. Cuanto más sepas sobre la persona, más podrás adaptar la presentación de ventas más adelante a lo que necesita exactamente".

Demuéstralo: "Lo haces así".
Para ayudar a que la descripción del coaching se mantenga, el coach pasa a la fase dos demostrando la actividad. Una demostración puede proporcionar información crítica que refuerce la descripción porque le muestra a la persona cómo hacer lo que el entrenador le ha pedido. En otras palabras, si la descripción enseña el *qué*, entonces la demostración enseña el *cómo*. Dependiendo de lo que el entrenador quiera que haga el empleado, el entrenador puede demostrar la actividad físicamente.

Ejemplo de atletismo
La demostración tiene sentido en un entorno de atletismo porque un entrenador puede mostrarle al jugador cómo realizar el movimiento o ejercicio. "Fíjate en la colocación de mis pies: cuando te acercas al balón, bloquea el tobillo y usa el empeine para golpear el balón. Pruébalo".

Ejemplo de negocio
La demostración también es importante en el mundo de los negocios porque un líder puede mostrarle a un gerente cómo usar preguntas abiertas de manera efectiva. A medida que el entrenador demuestra la habilidad deseada, puede mostrar matices que una simple descripción pasa por alto. Por ejemplo, el líder puede mostrarle al vendedor: "Esto es lo que hago. Hago preguntas abiertas como: 'Cuéntame más'. O, '¿Cómo te interesaste en eso?' Luego, cuando la persona me da información, respondo con otra pregunta abierta y de validación como: 'Vaya, no había pensado en eso. ¿Cuánto tiempo llevas usando esa estrategia? Esto invita a la persona a compartir más y demuestra que estoy interesado en lo que está diciendo. Nuestro interés compartido genera confianza y refuerza nuestra relación a lo largo de todo el proceso de venta".

Señal: "Considera tu posición en relación con las cosas que te rodean".
La fase de orientación comienza cuando el coach proporciona frases e ideas breves para enfocar al empleado en ciertos aspectos de la habilidad. Esta indicación permite una explicación y demostración adicionales cuando sea necesario para garantizar que el colaborador entendió la descripción del coach de lo que el coach quiere que suceda. Los líderes-entrenadores experimentados aprovechan la diferencia entre las señales centradas en lo interno y las señales

centradas en lo externo para generar los mejores resultados. Las señales enfocadas en el exterior resaltan los objetos y las cosas alrededor del cuerpo y cercanas, como una pelota, una portería, una persona o una mesa. Las señales centradas internamente dirigen la atención a lo que sucede dentro del cuerpo, como la respiración, la postura y la mentalidad.

Ejemplo de atletismo
Por ejemplo, en el fútbol, el entrenador puede hacer una señal simplemente después de la demostración, diciendo: "Golpea la pelota hacia el objetivo como si se la pasaras a otro jugador". [Señal externa] "Siente que tu pierna se extiende completamente mientras golpeas". [Señal interna]

Ejemplo de negocio
En los negocios, el coach podría decir: "¿Qué preguntas abiertas te gusta usar durante el proceso de ventas cuando estás sentado a la mesa con un cliente?" [Señal externa] "¿Has considerado asentir con la cabeza y sonreír mientras escuchas las respuestas?" [Señal interna]

Hacer: "Tu turno. Pruébalo diez veces".
Después de que el coach invierta tiempo en describir, demostrar y señalar para refinar la comprensión, el empleado está listo para probar la habilidad. En la fase de "hacer", se centra en la habilidad y realiza la actividad. Debido a que las nuevas habilidades y los refinamientos tardan tiempo en implementarse con éxito, la fase de "hacer" puede extenderse a varias reiteraciones de la actividad.

Ejemplo de atletismo
Cuando el entrenador suelta al atleta, es hora de ponerse a cubierto porque las pelotas volarán por los aires. En este punto, el jugador intenta implementar la posición exacta del pie que describió el entrenador. Varios intentos pueden ser útiles porque las condiciones cambian durante un juego dinámico y es posible que lo que describió el entrenador no se materialice en cada interacción. Además, algunas patadas salen a la perfección y otras se vuelven locas, por lo que se necesita un poco de "hacer" para construir consistencia.

Líderes como entrenadores

Ejemplo de negocio
Lo mismo ocurre en los negocios. A medida que el vendedor comienza a implementar las sugerencias del gerente para preguntas abiertas, es posible que necesite varias veces a través del proceso de ventas para comenzar a ver mejoras. El vendedor puede hacer un juego de roles con un colega (o con el gerente), pero luego, cuando se trata del verdadero negocio con los clientes, que comprarán o se irán, el vendedor puede probar su nueva técnica, ver qué funciona e implementar las sugerencias del gerente. Al igual que el atletismo dinámico, las condiciones en las ventas cambian constantemente: las preferencias del cliente e incluso la condición del producto pueden marcar la diferencia en la capacidad de un vendedor para cerrar una venta.

Resumen: "Eso fue genial. Aquí hay algunos comentarios para ayudarte a mejorar".
Finalmente, el ciclo de comunicación del coaching se cierra con la retroalimentación. Aquí, el coach y el pupilo se vuelven a conectar para evaluar el proceso y los resultados. Esta fase implica compartir abiertamente, escuchar pacientemente, responder preguntas y proporcionar más refinamientos. En realidad, la fase de información puede convertirse en una nueva fase de "descripción" para iniciar el siguiente ciclo de comunicación de coaching.

Ejemplo de atletismo
Después de que el jugador de fútbol haya practicado la nueva técnica de patada varias veces con el entrenador mirando, el entrenador puede llamar al jugador y darle comentarios como: "¡Buen trabajo! Me di cuenta de que trabajaste para hacer exactamente lo que te pedí con la posición del tobillo. ¿Cómo te sentiste al respecto? Vi que a veces funcionaba como pensábamos, pero otras veces las cosas no salían según lo planeado. ¿Qué crees que marcó la diferencia? Aquí están mis pensamientos de cara al futuro...". El ex entrenador de baloncesto de UCLA, John Wooden, señala: "Un buen entrenador puede cambiar un juego. Un gran entrenador puede cambiar una vida".[22]

Ejemplo de negocio
Después de que el vendedor haya practicado la implementación de la técnica refinada de preguntas abiertas, el gerente podría

proporcionar comentarios críticos y orientados a la mejora, como: "Te escuché hacer tres preguntas abiertas y preguntas de seguimiento durante tu última reunión de ventas. ¿Cómo te fue? ¿Notaste alguna diferencia con respecto a la forma en que lo hacías antes? Bueno, esto es lo que observé: vi que este elemento mejoró, pero creo que todavía hay un poco más de espacio para crecer en este otro aspecto. Esto es lo que sugiero que probemos a continuación...

Durante la sesión informativa, los entrenadores y los colaboradores reconocen el éxito, abren la puerta a cualquier otra cosa que haya que decir y determinan cómo seguir adelante. No importa cuán buena sea la técnica de una persona actualmente, siempre hay margen de mejora. A lo largo de este ciclo de comunicación, quizás la característica más útil que los entrenadores pueden demostrar es la escucha y la curiosidad genuinas.

Comprender el papel de la atención

Los empleados solo pueden aprender de las experiencias y la información a la que prestan atención; por lo tanto, la primera responsabilidad del líder-coach es captar, mantener y dirigir la atención. Aunque la multitarea es un concepto popular, la atención tiene una capacidad limitada porque nuestro cerebro humano solo puede prestar atención a una cosa a la vez. La multitarea consiste en cambiar rápidamente de una cosa a otra, pero no cambia el hecho de que nuestra atención solo puede centrarse en una tarea a la vez. Por lo tanto, los buenos entrenadores ayudan a guiar las "inversiones atencionales" de los empleados[23] al proporcionar un solo punto de enfoque a la vez.

Por ejemplo, en el ámbito del golf, los entrenadores a menudo proporcionan a los golfistas un "pensamiento de swing", o un elemento específico del swing en el que el golfista intenta concentrarse mientras golpea un tiro. A menudo, los pensamientos oscilantes toman la forma de metáforas que llevan al cerebro y a los músculos a ejecutar acciones específicas. Un pensamiento de swing puede ser tan simple como "brazos rectos", "hebilla de cinturón mirando hacia el objetivo" o "cabeza hacia abajo; ojos en la bola". O bien, podría ser más complejo, como "la cara del palo abierta en el backswing" o "peso en el talón trasero en el backswing". Si un golfista trata de tener en mente más de un pensamiento por swing, no podrá implementar muchas de esas cosas porque el swing termina muy rápido. Estos pequeños ajustes ayudan a los golfistas a volver a lo fundamental, corregir errores específicos o desarrollar elementos básicos. Con el tiempo, la atención a un solo pensamiento de swing puede mejorar drásticamente el juego del golfista en general.

Del mismo modo, en los negocios, el coaching más eficaz permite a los empleados adoptar un enfoque único y centrarse en mejorar un concepto a la vez. Ten en cuenta que esos momentos en el tiempo pueden ser rápidos: un swing de golf termina en segundos y el golfista podría tener en mente un pensamiento de swing diferente para el próximo swing. Los empleados pueden centrarse en un "pensamiento de ventas" por contacto de ventas, como el uso de preguntas abiertas, y luego pueden centrarse en un pensamiento/técnica diferente durante el siguiente contacto de ventas. El punto es que los líderes-coaches pueden dirigir la atención de los empleados hacia las mejores inversiones y ajustes. Practicar correcciones pequeñas, específicas e incluso menores a lo largo del tiempo puede marcar una diferencia tangible en el "juego de ventas" general del empleado o en su capacidad para tener éxito.

Diez consejos para mejorar las habilidades de coaching de liderazgo

Aquí hay diez consejos para ayudar a los líderes empresariales a mejorar sus habilidades de coaching:

1. <u>Generar información</u>. Al ayudar a los empleados a buscar descubrimientos, los gerentes impulsan el compromiso de los empleados y aprovechan la nueva creatividad que puede beneficiar a toda la organización. Cada vez que te encuentres con creencias limitantes conscientes o inconscientes, de modo que algo es "imposible", busca crear un nuevo punto de vista y posibilidad. Hacerlo genera innovación y compromiso.

2. <u>Fíjate en la microgestión y escucha</u>. Si te escuchas a ti mismo dirigiendo los detalles de una situación en la que el empleado

podría generar su camino, cállate y escucha. A veces es importante controlar los detalles, pero a veces ralentiza toda la máquina. Como medida específica, si te encuentras haciendo más del 50% de lo que se habla en una conversación, pregúntate si podrías estar microgestionando los detalles.

3. <u>Escucha para comprender</u>. Los empleados que se sienten escuchados "tienen 4,6 veces más probabilidades de sentirse capacitados para hacer mejor su trabajo".[24] Cuando estás escuchando, es natural formar juicios, pero trata de poner esos juicios en el estante mientras escuchas, para que puedas escuchar más profundamente. Los entrenadores eficaces escuchan para comprender, pues escuchar otros puntos de vista puede crear un sentido de perspectiva compartida y, por lo tanto, mejorar la colaboración y la eficiencia en los equipos.

4. <u>Cambia la crítica constructiva por la seguridad siempre que sea posible</u>. Forbes señala: "Los entrenadores se dan cuenta de lo que los gerentes no se dan cuenta: no existe tal cosa como la crítica constructiva. Lo único que construye la crítica es la actitud defensiva".[25] A menudo, los gerentes invitan a los empleados a compartir abiertamente, y luego los gerentes responden con críticas constructivas. Sin embargo, lo que los gerentes pierden en ese momento es una atmósfera de seguridad. ¿Cómo se transformarían los equipos si supieran que pueden decir y explorar cualquier idea sin temor a represalias, críticas o correcciones? ¿Transformaría eso las relaciones con el tiempo? Al crear un entorno de seguridad, los gerentes-entrenadores empoderan a los empleados y fomentan la creatividad. John Wooden señala que un buen entrenador "es alguien que puede corregir sin inspirar resentimiento".[26] La relación coach-empleado debe basarse en un pilar de confianza para que el diálogo de coaching pueda tener lugar de manera productiva y positiva.

5. <u>Mide todo</u>. Robert Kistner aconseja a los líderes: "Mide, mide, mide todo lo que haces todos los días, todo lo que puedas. Cuanto más mides, más logras. Mídelo para que

puedas corregirlo". Los entrenadores miden instintivamente las habilidades para poder evaluar las líneas de base y el progreso. A medida que los líderes miden el progreso de sus empleados, pueden celebrar logros específicos y pueden centrarse en las áreas que necesitan más apoyo.

6. Modela el entusiasmo por el aprendizaje. A medida que los líderes predican con el ejemplo, generan impulso y dan ejemplo a los empleados que probablemente imiten el comportamiento de los que están más arriba en la empresa. Robert Kistner describe el liderazgo por el compromiso: "En tu trayectoria profesional, creas entusiasmo. Esa ha sido la clave más importante de nuestro éxito a lo largo de los años".[27] Cuando los líderes asumen una actitud de aprendizaje constante, invitan a las personas que gestionan a hacer lo mismo.

7. Sienta las bases de la positividad. Las personas logran más cuando están en un estado positivo psicológica y físicamente. Cuando los líderes escuchan a los empleados describir los problemas, a menudo profundizan en los detalles y responden con consejos o soluciones, en lugar de con compasión. Esto puede desencadenar estrés en lugar de invitar al progreso. La mejor herramienta para ayudar a los empleados a adoptar la mentalidad correcta es entrenar con compasión, mostrando cuidado y curiosidad.[28]

8. Prueba con la "indagación humilde". En un nivel fundamental, el coaching de liderazgo consiste en ayudar a los empleados a desarrollar sus versiones ideales de sí mismos en sus funciones, llevando sus valores y pasiones a su trabajo todos los días. A medida que los líderes dejan de lado sus prejuicios, suposiciones y experiencias para simplemente escuchar y transmitir empatía, demuestran una "indagación humilde".[29] Y esto es lo que motivará a los empleados a cambiar y crecer mucho más que empujar o dirigir. El liderazgo directivo motiva el cumplimiento, mientras que la indagación humilde motiva el crecimiento.

9. <u>Elige a las mejores personas</u>. Si tienes control sobre la contratación, elige a las personas que participarán en la capacitación y saldrán motivadas. El consejo de Robert Kistner para los líderes es algo que sigue en su organización: "CCM: Contratar, capacitar y motivar. Estamos contratando a las personas adecuadas para hacer el trabajo correcto y les estamos dando las herramientas para hacer el trabajo. Vamos a motivar a esa gente".[30] El coaching de liderazgo crea la motivación necesaria.

10. <u>Asume la responsabilidad</u>. Dado el entorno empresarial actual, que evoluciona rápidamente, se necesitan urgentemente habilidades de coaching de liderazgo. Kistner anima a los líderes a asumir la responsabilidad de hacer que esto suceda cada día: "No hay mañana. Si hay que hacerlo, hay que hacerlo ahora. Me levanto todas las mañanas entre las 4 y las 4:15 de la mañana. Entro en el baño y lo primero que hago es mirarme en el espejo y decirme: 'Soy responsable. Cualquier cosa que vaya a suceder va a suceder porque tú saliste y lo hiciste posible. Hazlo ahora'".[31]

El crecimiento crea oportunidades

Con las industrias empresariales en constante cambio, los ejecutivos exitosos complementan su "experiencia funcional y de la industria con una capacidad general de aprendizaje, y deben desarrollar esa capacidad en las personas que supervisan".[32] Más allá de simplemente dirigir a las tropas y recompensar la obediencia, los gerentes de hoy en día "necesitan reinventarse a sí mismos como entrenadores cuyo trabajo es extraer energía, creatividad y aprendizaje de las personas con las que trabajan".[33] Cada día en el liderazgo es un proceso de desarrollo de uno mismo y de los demás, y Robert Kistner reitera: "A medida que sigues creciendo, sigues creando oportunidades".[34]

Motivación extrínseca vs. motivación intrínseca

Según la revista Chief Learning Officer, la "habilidad más deseada para los gerentes de primera línea es el coaching".[35] Hay varias diferencias clave entre la gestión y el coaching. Por ejemplo, mientras que la gestión puede proporcionar instrucciones o motivación directiva diciéndole a la gente lo que hay que hacer, el coaching despierta la motivación intrínseca. Esto significa "inspirar la voluntad autodirigida de probar cosas nuevas y hacer nuevos descubrimientos".[36]

En otras palabras, bajo la gestión directiva, los empleados deben pedir permiso o dirección con respecto a cada paso, lo que limita la eficiencia en general. Sin embargo, cuando los gerentes adoptan un estilo más de coaching, colaboran y capacitan a los miembros del equipo para que aprovechen su ingenio y conocimiento para resolver problemas. En lugar de dirigir los procesos, procedimientos o tareas, el "coach" le pide al empleado que se identifique y se dirija hacia lo que falta. La idea es hacer consciente lo inconsciente, a medida que el empleado descubre puntos ciegos y oportunidades".[37] Con una agenda de coaching, los líderes inspiran ideas que crean un cambio de comportamiento. Y hay una recompensa sustancial: las estadísticas sobre el compromiso y la satisfacción laboral muestran que "cuando los empleados encuentran una mayor motivación intrínseca, están un 32% más comprometidos con su trabajo y un 46% más satisfechos con su trabajo".[38]

Si bien dirigir a los empleados es "una parte necesaria de la cadena de mando" en una organización, romper "esa cadena no crea anarquía ni desastre. Crea una mayor libertad para el líder y un mayor empoderamiento para el empleado".[39] Cuando se hace bien, los líderes-coaches motivan a los empleados a cambiar el comportamiento desde adentro, que es el lugar más poderoso para enfocar la atención e impulsar los resultados. Semana tras semana, día tras día, los líderes ayudan a los empleados a mantenerse enfocados.[40] Este estilo de interacción de coaching asegura que "los miembros del equipo sepan que están trabajando contigo, no para ti".[41]

Busca momentos de entrenamiento

Contrariamente a la gestión tradicional de empujar, liderar o incluso guiar, los coaches "ayudan" a los empleados a través del proceso de cambio intencional. En lugar de decirles a los empleados qué hacer, los líderes hacen preguntas, escuchan, ofrecen compasión, exploran la visión individual y construyen una relación afectuosa. En lugar de entrenar únicamente para el avance profesional, los líderes que centran su entrenamiento en una visión de un futuro positivo ayudan a los empleados a sentirse más felices, expresar aspiraciones más altas y estar dispuestos a esforzarse más en la búsqueda de objetivos.[42]

Como líder, "Tu activo es tu tiempo. Solo tienes un número limitado de horas al día. Usar tu tiempo en tus áreas de oportunidad es certero".[43] Busca "momentos entrenables", en los que las personas se den cuenta de que necesitan cambiar de marcha. Tal vez se enfrentan a un reto, a un proyecto importante o incluso a un ascenso y se dan cuenta de que necesitan apoyo ante esta llamada de atención. A medida que los líderes ayudan a los empleados a detectar oportunidades de aprendizaje específicas, pueden ayudarlos a visualizar los resultados ideales, explorar opciones, llenar vacíos y desarrollar una agenda. Brian Cagneey dijo: "Los entrenadores son conscientes de cómo encender la pasión y motivar a las personas. Tienen una energía que es contagiosa".[44] El coaching es la forma en que los líderes empoderan a los empleados y construyen su confianza.

Incluso en estos tiempos difíciles, los líderes pueden asumir la tarea y saber que sus acciones pueden marcar la diferencia. Brian Tracy dice: "Tienes dentro de ti en este momento todo lo que necesitas para lidiar con lo que el mundo pueda arrojarte".[45] Más que nunca, ahora es el momento de un coaching consistente, esperanzador y de desarrollo de habilidades por parte de los líderes empresariales.

Conclusiones clave

En conclusión, cuando los líderes asumen el rol de coaches, generan motivación en los empleados. Sinónimo del deseo de lograr, la verdadera motivación solo proviene de un lugar: el interior. Por lo tanto, los líderes que tienen éxito en cambiar el comportamiento centran la atención en los motivadores internos. Robert Kistner se hace eco: "El liderazgo se produce por objetivos y resultados, no por suposiciones o simplemente por llenar el espacio".[46] Es fundamental que los líderes muestren el camino con su comportamiento y compromiso: Don McGannon reitera: "El liderazgo no es una posición o un título; Es una acción y un ejemplo".[47]

2

Rendición de cuentas y medición de resultados

La palabra "responsabilidad" a menudo provoca una mueca en el lugar de trabajo, tanto de los gerentes como de los empleados. Harvard Business Review señala: "Pocas palabras en la jerga corporativa inducen una mueca más tensa que 'responsabilidad', y por una buena razón. Las empresas y los líderes han lidiado con lo que es y cómo lograrlo de manera efectiva durante décadas".[48] Las investigaciones indican que un alto porcentaje de gerentes creen que están limitados en sus habilidades para responsabilizar con éxito a sus equipos y empleados, a pesar de que la rendición de cuentas es una de las principales necesidades de liderazgo en cualquier empresa próspera.

Además, Gallup descubrió que los empleados a menudo sienten que su responsabilidad se gestiona de una manera que no motiva el máximo rendimiento: muchos indican que reciben comentarios menos de una vez al año y no sienten que sus métricas de rendimiento estén bajo su control.[49]

En un nivel fundamental, la responsabilidad es el pegamento que une a los empleados como equipos, y a los equipos de todos los niveles como una empresa próspera. Consolida las relaciones en todos los niveles de una organización, tanto internos como externos, y es la fuerza impulsora detrás del logro de resultados. Los líderes son responsables ante aquellos a quienes dirigen, así como ante sus jefes y los accionistas de la empresa. Los empleados son responsables ante sus líderes, así como ante sus colegas y equipos. Para mejorar los resultados empresariales, los líderes deben cambiar la forma en que piensan y gestionan la responsabilidad.

Hoja de ruta del capítulo

Este capítulo se divide en dos secciones: 1) impulsar el rendimiento empresarial a través de la rendición de cuentas y honrar tu palabra, y 2) apuntar a resultados específicos basados en el aprovechamiento de un enfoque basado en datos para medir lo que importa. En primer lugar, definiremos la rendición de cuentas como asumir la responsabilidad de honrar nuestros compromisos y crear un entorno para que otros cumplan con sus compromisos, lo que les permitirá cumplir lo que dijeron que harían cuando dijeron que lo harían. Hablaremos de cómo honrar tu palabra como líder incluye dos acciones funcionales y cómo afecta a la habilidad de trabajar. Sugerimos aquí que, a medida que los líderes honran su palabra, aumentan el rendimiento personal y de la empresa y, por lo tanto, impulsan los resultados deseables según lo definido por la visión de la empresa.

En segundo lugar, utilizando una metáfora de la evolución de las técnicas de reclutamiento del béisbol estadounidense, analizaremos cómo los líderes pueden articular resultados específicos y alcanzables. Nos centraremos en la idea de *que la forma en que* los líderes aclaran sus objetivos les permite lograr mejores resultados. Finalmente, analizaremos los instrumentos de medición efectivos, incluida la utilización de datos como medio para impulsar tanto las técnicas de medición como los resultados clave.

Aumentar el rendimiento a través de la rendición de cuentas y honrar tu palabra

La rendición de cuentas en las empresas aumenta el rendimiento

En el ámbito de los negocios, existe una correlación directa entre mejorar el rendimiento y cumplir con tus compromisos. Los líderes asumen compromisos dando y cumpliendo su palabra. La investigación realizada por Michael Jensen, de la Escuela de Negocios de Harvard, muestra que mantener tu palabra es una "condición necesaria para la habilidad de trabajar", para[50] crear oportunidades y aumentar el rendimiento en todos los niveles de la empresa. Honrar tu palabra sirve como base para la confianza, porque tanto los empleados como los gerentes pueden confiar en que harás lo que dijiste que harías en el momento en que dijiste que lo harías.

Cualquier discusión sobre la rendición de cuentas nos lleva a considerar su opuesto: la falta de rendición de cuentas. ¿Importa si los líderes de la empresa dan su palabra y no la cumplen? ¿Qué pasa si nadie resulta herido? ¿El rendimiento se ve afectado si los líderes realizan un análisis de costo-beneficio antes de cumplir su palabra? Veremos esto con más detalle a continuación, pero baste decir que la falta de responsabilidad positiva crea pequeñas grietas, a menudo invisibles dada la perspectiva general, que debilitan los sistemas y las relaciones en una empresa con el tiempo. Por ejemplo, tales acciones y decisiones limitan la capacidad de un equipo para funcionar según lo previsto y limitan la capacidad de un cliente para confiar en la empresa.

La integridad estructural aumenta el rendimiento

Imaginemos por un momento el bastidor portante de un puente colgante, que se encarga de sostener toda la estructura. Solo puede funcionar según lo previsto cuando todas las piezas están en su lugar y están equilibradas, ¿verdad? En su conjunto, en perfectas condiciones, el puente puede soportar el peso de todo el tráfico de automóviles y peatones anticipados sin caerse ni doblarse. Cuando la estructura de ingeniería del puente está bien diseñada y construida, funciona perfectamente y proporciona un tránsito seguro.

Sin embargo, si se desarrollan grietas en la estructura, todo el puente puede mantenerse en pie, pero su rendimiento está sujeto a riesgos. Imagínese si se rompiera una longitud del cable de suspensión. Si bien es posible que no se caiga todo el puente, el rendimiento del puente se vería comprometido. Es posible que pueda transportar parte del tráfico previsto, pero no todo. Podría empezar a ceder. Como resultado, pueden desarrollarse problemas secundarios, como más grietas o fisuras en la estructura.

Con el tiempo, el puente tendría dificultades para sostener su propia estructura, y mucho menos el peso de los vehículos y las personas que viajen sobre él. Invariablemente, a menos que las reparaciones estructurales restauren el puente a una condición sólida y completa, es probable que el puente falle bajo tensiones para las que había sido diseñado en condiciones intactas, como vientos fuertes, nieve y hielo fríos, expansión del calor del verano, etc. Y si el puente se cae mientras hay coches o personas en él, podría producirse una tragedia. En resumen, la integridad estructural equilibra todas las fuerzas e impacta directamente en el rendimiento del puente.

La integridad del equipo aumenta el rendimiento

En el lugar de trabajo, un "puente entero y completo" es análogo a un equipo en el que todos los miembros honran su palabra. Discutiremos más sobre lo que implica honrar la palabra de uno a medida que avancemos, pero por ahora, considera cómo un entorno de responsabilidad positiva fomenta automáticamente la confianza. Los colegas saben que pueden confiar los unos en los otros para hacer lo que se comprometen a hacer en los plazos acordados. Esta confianza invisible forma la estructura de soporte del equipo, lo que les permite apoyarse unos en otros, realizar el trabajo crítico y cumplir con los plazos. ¿Te imaginas cómo un entorno así aumenta el rendimiento del equipo en su conjunto? Como un puente en buenas condiciones, este equipo no está sujeto a las fisuras emocionales de las expectativas perdidas, la falta de comunicación y las frustraciones decepcionantes. Pueden trabajar juntos para el propósito previsto: llevar a cabo proyectos de forma segura y eficaz de principio a fin.

Ahora, probablemente estés pensando algo como: "Nunca en la historia de mi empresa he visto un equipo llamado 'perfecto'"; pero la perfección no es el punto. Los seres humanos somos imperfectos por naturaleza. Pero podemos honrar perfectamente nuestra palabra al cumplirla, al hacer saber a la gente cuándo no podrán cumplir su palabra y al juntar los pedazos cuando decepcionan a los demás. Esto devuelve el equilibrio al equipo y lo mantiene en buenas condiciones de funcionamiento a lo largo del tiempo.

La rendición de cuentas está directamente relacionada con los resultados

Esta discusión sobre la rendición de cuentas y el honor de nuestra palabra no es un sermón sobre moralidad. No estamos abogando aquí por que los líderes deban honrar su palabra porque es lo "correcto" o porque sirve al "bien" mayor. En cambio, estamos diciendo que los líderes deben honrar su palabra porque hacerlo mejora el rendimiento. Un puente en condiciones de funcionamiento funciona mejor que un puente con grietas. Un equipo que honra su palabra mutua se desempeña mejor que un equipo con falta de comunicación y expectativas insatisfechas.

Ahora bien, honrar nuestra palabra puede ser algo bueno y moral para los líderes, pero, en términos comerciales, los líderes son responsables de producir resultados. Y mejorar el rendimiento mejora los resultados. En esta línea, Brian Tracy señala: "Al igual que su automóvil funciona con más suavidad y requiere menos energía para ir más rápido y lejos cuando las ruedas están perfectamente alineadas, usted se desempeña mejor cuando sus pensamientos, sentimientos, emociones, metas y valores están en equilibrio".[51]

He aquí cómo: Dos partes para honrar nuestra palabra

Con eso en mente, veamos lo que se necesita para que los líderes honren su palabra. Proponernos honrar nuestra palabra tiene dos partes:

1. Primero, honrar nuestra palabra significa simplemente *cumplir* nuestra palabra. Hacer lo que prometimos cuando prometimos hacerlo. Desafortunadamente, dado que no vivimos en un mundo perfecto, no siempre es posible cumplir nuestra palabra, por lo que tenemos la segunda parte a continuación.

2. En segundo lugar, honrar nuestra palabra significa que cuando no podemos cumplir nuestra palabra, se lo decimos rápidamente a las personas afectadas, reconocemos el impacto que experimentarán debido a este fracaso, limpiamos el desastre y hacemos un nuevo acuerdo con ellos para cuando cumplamos nuestra palabra.

A continuación, analizaremos en qué consisten estas dos acciones, y proponemos que la viabilidad aumenta a medida que los líderes siguen estas acciones.

Reconocer abiertamente el haber fallado en cumplir nuestra palabra genera confianza

Aunque esto puede sonar extraño al principio, los empleados se benefician cuando los líderes honran su palabra, incluso cuando no pueden *cumplir* su palabra. Por ejemplo, cuando damos nuestra palabra de entregar un determinado resultado, pero después de un tiempo nos damos cuenta de que no podremos entregar ese resultado, podemos preservar la confianza de los empleados reconociendo abiertamente esa disparidad. En un reconocimiento de este tipo, debemos exponer claramente nuestra opinión sobre el impacto que tiene en los empleados y en la empresa, y luego volver a comprometernos con un nuevo resultado.

Por ejemplo, si acordamos proporcionar un documento a nuestro equipo antes del martes a las 5 p.m., pero nos damos cuenta el lunes de que no podremos cumplir con ese plazo (preferiblemente debido a circunstancias fuera de nuestro control), podríamos decir en un correo electrónico o llamar: "Equipo, sé que esperan que entregue este documento antes del martes a las 5 p.m. En este momento, debido a un proyecto de emergencia que surgió el lunes y tuvo prioridad sobre este documento, no podré cumplir con el plazo de entrega que había prometido. Reconozco que esto significa que experimentaremos un retraso en nuestro proceso porque están esperando el documento que debo proporcionar. Pido disculpas por este retraso y me encargaré de ponerme en contacto con el cliente para informarle de esto, para que ustedes no tengan que hacerlo. En este punto, me comprometo nuevamente a entregarles el documento antes del miércoles a las 3 p.m. y preveo que esto solo creará un retraso mínimo con el proyecto en general. Gracias por su comprensión".

¿Puedes ver cómo esa comunicación promueve el diálogo abierto entre los líderes y los equipos, y restablece la confianza incluso cuando cambian los plazos anteriores? En pocas palabras, honrar nuestra palabra es aceptar abiertamente que dimos nuestra palabra y no la cumplimos, reconocer el impacto que esto tuvo en los involucrados y dar nuestra palabra a un nuevo acuerdo que cumpliremos. Brian Tracy declara: "La confianza es el lubricante de las relaciones humanas".[52]

Enmendar los errores genera confianza

En el lugar de trabajo, puede haber grandes "líos" cuando los líderes no cumplen con sus compromisos o no cumplen con su palabra. Los líderes cometen errores y los plazos cambian regularmente: es la naturaleza de tener un trabajo de alto perfil y tratar de lograr objetivos ambiciosos en medio de las mareas cambiantes de las condiciones económicas, la opinión pública e incluso las pandemias. Sin embargo, cuando los líderes no pueden cumplir con los resultados que prometieron, se rompe la confianza con los empleados y clientes, se incumplen los plazos y, a menudo, los empleados deben hacer más trabajo para ayudar a reparar el error.

En tales situaciones, los líderes tienen algunas opciones a la hora de abordar un error en el lugar de trabajo. Algunos prefieren ignorar el desorden, eligiendo la negación como su lugar feliz. Otros tratan de encubrirlo, fingiendo que no hay ningún problema o que cualquiera que piense que hay un problema está equivocado. Otros prefieren eludir la responsabilidad, reconociendo que hay un problema, pero culpando a otras personas o condiciones por el problema. Los líderes más eficaces, cuando ocurren problemas, no ignoran, niegan, encubren o eluden la responsabilidad por el desorden; declaran abierta y honestamente el problema y asumen la responsabilidad de repararlo. Reconocen el impacto del problema en los afectados y vuelven a comprometerse con sus empleados, clientes y todos los involucrados en la creación de un resultado deseable en el futuro.

Al hacer esto, los líderes "honran su palabra" incluso cuando no "cumplen su palabra", y generan confianza[53] internamente en sus organizaciones, así como externamente con otras empresas y clientes. Brian Tracy dice: "Tu capacidad y voluntad de disciplinarte para aceptar la responsabilidad personal de tu vida son esenciales para la felicidad, la salud, el éxito, los logros y el liderazgo personal. Aceptar la responsabilidad es una de las disciplinas más difíciles, pero sin ella, no hay éxito posible".[54]

¿Cuál es Tu Palabra?

Debido a que dar tu palabra es la esencia de ser responsable, profundicemos en lo que está específicamente involucrado cuando das tu palabra. Otra forma de pensar en "tu palabra" es cualquier cosa de la que eres responsable o, en otras palabras, lo que los demás esperan que entregues. Confiando en la investigación de Jensen[55] con Harvard, nos parece útil definir tu palabra en tres partes:

1. *Lo que dijiste que harías.* Los líderes son responsables de cumplir con todo lo que dijeron que harían o no harían. Estas son cosas que los líderes deliberadamente, expresa y abiertamente declaran que harán. Ten en cuenta también que los plazos son inherentes a tu palabra: si dijiste que harías algo para el viernes pero no lo haces hasta el lunes siguiente, entonces, incluso si lo haces el lunes, no cumpliste tu palabra tal como la diste.

2. *Lo que sabes que debes hacer.* Los líderes están obligados a hacer lo que saben que deben hacer, y a hacerlo de la manera en que se supone que debe hacerse: a tiempo. Debido a que los líderes también son responsables de hacer lo que saben que deben hacer de la manera en que saben que debe hacerse, esto significa que las personas no solo confían en lo que prometiste, sino que también tienen una expectativa de cómo lo cumplirás. En términos coloquiales, podríamos acortar esto a: "la mitad del trabajo no es suficiente".

3. *Lo que la sociedad o la empresa espera que hagas.* Los líderes están obligados a hacer lo que otros esperan que hagan, incluso si los líderes nunca dijeron directamente que lo harían. Esto incluye seguir las normas sociales/morales, las leyes y las normas éticas de la comunidad, así como los plazos aceptables asociados. Innumerables ejemplos se destacan en las noticias de líderes que fueron crucificados por transgredir las normas sociales, incluso cuando nunca dieron su palabra de mantener esas normas específicas. Tales estándares simplemente se esperan de los líderes y esos estándares son, por lo tanto, parte integral de "su palabra" como líder.

Rendición de cuentas y medición de resultados

No cumplir con tu palabra disminuye el rendimiento

Los líderes pueden fallar en cumplir su palabra en pequeñas y grandes maneras, pero los resultados son en última instancia los mismos: erosión de la confianza y disminución del rendimiento en general. Con respecto a la integridad en las finanzas, Peter Forstmoser[56] presentó varias de las siguientes ideas al Instituto Bancario Suizo:

- *Grande*. Ejemplos de "grandes" incumplimientos de su palabra incluyen robar a la empresa, falsificar informes de gastos, violar acuerdos negociados, hacer trampa en los impuestos, mentir a los accionistas, falsificar informes, participar en el uso de información privilegiada, cometer fraude, etc.
- *Pequeño*. Ejemplos de "pequeños" fracasos en cumplir su palabra incluyen no asistir a las reuniones o devolver las llamadas cuando lo prometió, o llegar más tarde de lo prometido.

Con respecto al impacto en el rendimiento general, es fácil ver cómo los "grandes" fracasos para cumplir con nuestra palabra causan grandes desastres, pero incluso los "pequeños" fracasos reducen la capacidad de trabajo y el rendimiento de un equipo o empresa porque las personas no pueden confiar en los demás para presentarse, y mucho menos para entregar un buen trabajo. Independientemente de si los efectos de honrar nuestra palabra son visibles o invisibles, son fundamentales para maximizar la producción y la calidad de vida en el lugar de trabajo. Las palabras de Ralph Waldo Emerson se aplican a este tema: "Lo que haces habla tan alto que no puedo oír una palabra de lo que dices".[57] Brian Tracy señala: "Existe un vínculo directo entre la autodisciplina y la autoestima. Cada vez que te disciplinas para hacer lo que debes hacer, cuando debes hacerlo, te apetezca o no, tu autoestima aumenta".[58]

¿Por qué la gente no honra su palabra?

Aunque los líderes implícitamente dan su palabra de defender la ética corporativa en virtud de su papel en las empresas, los líderes a menudo justifican el comportamiento poco ético como un medio para generar los resultados deseados. Algunos líderes pueden racionalizar erróneamente: todo el mundo está rellenando un poco sus informes de gastos, así que ¿cuál es la preocupación? Siempre hemos reportado nuestros estados financieros de esa manera. Así es como funcionan los negocios; Hacerlo según las reglas es demasiado caro. Si no aprovechamos esto, no podremos entregar a los accionistas los precios que desean. Nadie se va a dar cuenta ni va a salir herido. El fin justifica los medios.

Piensen en los escándalos creados por los líderes que no cumplen con su palabra con tal justificación. La integridad es la fuente para construir y mantener el activo más valioso de una empresa: su reputación.[59] Warren Buffet dice: "Pierda dinero para la empresa y seré comprensivo; Si pierdo una pizca de reputación para la empresa, seré despiadado".[60] Brian Tracy añade: "Solo tus acciones te dicen a ti, y a los demás, lo que realmente vales".[61]

Si honrar nuestros compromisos como líderes es fundamental para la cultura interna de la empresa y la reputación en toda la sociedad, ¿por qué estamos tan a menudo dispuestos a faltar a la integridad de nuestros compromisos? A veces, se trata de hacer lo que es fácil o lo que aparentemente "necesita" hacerse para lograr un resultado deseable.

Otras veces, se trata de no ser conscientes de lo que estamos haciendo o engañarnos a nosotros mismos porque el fracaso parece "no tan malo" o "no es gran cosa" en el contexto de la empresa. Muy a menudo, los líderes están motivados por el miedo a lo que podría ocurrir si reconocen que no han cumplido su palabra. Brian Tracy añade: "El hábito de tomar el camino fácil, hacer lo que es divertido y agradable, o comer postre antes de la cena se hace cada vez más fuerte, y conduce inevitablemente a la debilidad personal, al bajo rendimiento y al fracaso".[62]

Dónde es más útil un análisis de costo-beneficio

De lo que se trata es de esto: es imposible rendir cuentas de los resultados si no estamos dispuestos a realizar un análisis de costo-beneficio junto con honrar nuestra palabra. Como líderes empresariales, confiamos en los análisis de costo-beneficio todos los días, entonces, ¿por qué no podría ser útil en este caso? Resulta que necesitamos usar un análisis de costo-beneficio con respecto a nuestra palabra, pero el momento hace toda la diferencia. Esto es lo que queremos decir: nuestro cuidadoso análisis de costo-beneficio debe ocurrir desde el principio; *antes* de *dar* nuestra palabra, no *después,* cuando sea el momento de *cumplir.*

Dicho de otra manera, debemos considerar cuidadosamente si podemos o debemos comprometernos, no si cumpliremos lo que ya nos comprometimos a cumplir. La diferencia en el tiempo tiene todo que ver con la consistencia, la confiabilidad, la confianza y, sí, los resultados. Elbert Hubbard reitera la importancia de cultivar "la capacidad de hacer lo que debes hacer, cuando debes hacerlo, ya sea que te apetezca o no".[63]

Apuntar a resultados específicos basados en la medición de lo que importa

En la película de no ficción de 2011 "Moneyball", Brad Pitt interpreta a Billy Beane, gerente general del equipo de béisbol Oakland Athletics. El equipo de Beane había experimentado repetidas derrotas, y se le dio solo un presupuesto limitado para construir un equipo competitivo para la temporada 2002. El proceso de selección y selección de jugadores tradicionalmente estaba en manos de cazatalentos experimentados, que dependían en gran medida de su intuición sobre las habilidades de varios jugadores con respecto a los golpes, el poder y los lanzamientos. Irónicamente, los cazatalentos incluso asignaron mérito a la métrica subjetiva de "quién se veía en el papel" y quién no, como si la apariencia pudiera afectar el rendimiento.

Beane sabía que necesitaba adoptar un enfoque diferente para construir un equipo porque no podía darse el lujo de reclutar jugadores que estuvieran bien clasificados en las métricas de cazatalentos de béisbol. Conoció a Peter Brand, un joven graduado de Yale que había estudiado economía y había desarrollado un nuevo método basado en datos para evaluar el valor de los jugadores. Específicamente, Brand utilizó la sabermetría, que es el análisis empírico de las estadísticas en el juego, y descubrió la importancia que se pasa por alto de una estadística: el porcentaje de embasarse de un jugador.

La cantidad de veces que un jugador se embasaría no era una de las métricas que los cazatalentos sentían intuitivamente que valía mucho dinero, pero Brand descubrió que era fundamental para las "carreras" generales, que luego influían en las "victorias" generales de un equipo. Por lo tanto, utilizando esta nueva métrica de embasarse, históricamente infravalorada, Brand y Beane pudieron filtrar a los candidatos disponibles y adquirir "baratos" jugadores que tenían un sólido historial de embasarse pero que no eran muy valorados por los cazatalentos tradicionales.

Aunque los cazatalentos se burlaron de Beane por confiar en los datos de Brand, el método de Beane mostró su mérito cuando los Atléticos de Oakland comenzaron a ganar juego tras juego. Después de algunos refinamientos en la estrategia, como hacer malabarismos con jugadores y entrenadores detractores, el equipo de Beane inició una racha ganadora que los llevó a una victoria consecutiva número 20 que rompió un récord y, en última instancia, al título de la División Oeste de la Liga Americana. Ese año, Beane recibió una oferta para convertirse en el prestigioso gerente general de los Medias Rojas e implementar la sabermetría para ese equipo, lo que lo habría convertido en el gerente general mejor pagado en la historia del deporte profesional.[64] ¿Cuál es la conclusión clave? Al utilizar datos para medir qué habilidades eran más valiosas para el rendimiento y los resultados del juego real, Brand y Beane transformaron la forma en que los equipos de béisbol estadounidenses reclutaban jugadores.

Definición de resultados específicos y alcanzables

Establece un objetivo específico: como comprar "carreras" en lugar de comprar "ganancias". En este ejemplo se destacan dos factores relacionados con el rendimiento: la definición de los resultados clave deseables y el uso de datos para medir esos resultados. Cuando Billy Beane en "Moneyball" redefinió el resultado que buscaba, rediseñó la capacidad de su equipo para rendir. Al principio, hubiera sido lógico que priorizara "ganar más juegos" o "batear más jonrones" como el resultado deseado. Pero el simple hecho de buscar ganar partidos es un resultado demasiado amplio para ser alcanzable: son tantos los factores que influyen en ganar un partido que es difícil aprovechar y aumentar cualquier factor específico sin más concentración.

En cambio, al refinar su objetivo de reclutamiento a "comprar carreras" en términos de reclutar jugadores que se embasaron constantemente según las estadísticas, Beane aumentó significativamente el rendimiento de las victorias del equipo. En comparación con confiar en la intuición de los cazatalentos, medir "la capacidad de un jugador para embasarse era un predictor mucho mejor de cuántas carreras anotaría".[65] Dicho de otra manera, comprar "carreras" según la sabermetría era mucho más eficiente que intentar comprar "victorias" reclutando jugadores de alto valor según las métricas de cazatalentos. La cuidadosa definición de Beane de los resultados clave ("comprar carreras") le permitió lograr un alto retorno de la inversión financiera.

Del mismo modo, en los negocios, los líderes deben aclarar exactamente qué resultados están buscando y cómo sabrán si han llegado a esos resultados. "Los buenos líderes empresariales crean una visión, articulan la visión, se apropian apasionadamente de la visión y la impulsan implacablemente hasta su finalización",[66] dijo Jack Welch. Al comienzo de cada año o período, las mentes más brillantes de la empresa se reúnen para definir los resultados clave que buscan y luego delinear una estrategia que ayudará a lograr esos resultados. Robert Kistner señala: "Como líder, no tengo la gloria de sentarme en una reunión y hablar de todas las razones por las que la situación no está funcionando, porque la responsabilidad es mía".[67]

¿Cómo definirán los líderes resultados específicos que agreguen valor? Al analizar datos, tendencias y patrones, los líderes pueden articular los resultados "SMART" (por sus siglas en inglés) deseados que son específicos, medibles, alcanzables, relevantes y con plazos determinados:
- *Específico.* Cada resultado deseado debe ser específico, simple, sensato y significativo. Pregunta: ¿qué queremos lograr? ¿Por qué es importante? ¿Qué recursos y personas están involucrados? ¿Dónde se encuentran?
- *Medible.* Cada resultado deseado debe ser medible, significativo y motivador. Pregunta: ¿cuánto? ¿Cuántos? ¿Cómo sabré cuándo se ha cumplido? ¿Qué hitos son relevantes en el camino? Un componente de la mensurabilidad es la organización.

- *Alcanzable.* Cada resultado deseado debe ser factible y alcanzable. Pregunta: ¿qué tan realista es este resultado basado en todas las limitaciones, como los factores financieros? ¿Cuáles son los pasos clave?
- *Relevante.* Cada resultado deseado debe ser relevante, razonable, realista, con recursos y basado en resultados. Pregunta: ¿por qué vale la pena? ¿Es este el momento adecuado? ¿Coincide esto con mis otros esfuerzos y necesidades?
- *Con límite de tiempo.* Cada resultado deseado debe tener un límite de tiempo, un tiempo limitado y un tiempo sensible. Pregunta: ¿Qué podemos hacer dentro de seis semanas? ¿Qué podemos hacer dentro de seis meses? ¿Qué podemos hacer hoy? Brian Tracy aconseja: "Si por alguna razón no logras tu objetivo antes de la fecha límite, simplemente establece una nueva fecha límite. No hay metas irrazonables, solo plazos irrazonables".[68]

Al fin y al cabo, los resultados suelen estar vinculados a ellos. Los resultados son tan importantes por una razón. Son la medida del rendimiento operativo y del producto de una empresa. Los resultados demuestran la calidad y el valor de los productos y servicios que conducen a la satisfacción y al compromiso del cliente. Pero ten en cuenta que los resultados deseables también pueden ser mayores que los ingresos: pueden incluir iniciativas de planeta verde, objetivos ecológicos o resultados de mejora de las relaciones, como con los empleados o con la comunidad. Los resultados podrían centrarse en la retención, el crecimiento y el bienestar de los empleados. O retribuir a la comunidad. Estos resultados no monetarios son definidos por los líderes de la empresa y definen la cultura de la empresa.

Medir lo que importa impulsa los resultados

Una vez que se han definido los resultados, la medición es el medio para impulsar los resultados: la medición se basa en los datos. Mauboussin señala que, al igual que los cazatalentos, muchos ejecutivos de negocios, en su deseo de crear valor, también "confían en la intuición para seleccionar estadísticas. Las métricas que las empresas utilizan con mayor frecuencia para medir, gestionar y comunicar los resultados... incluyen medidas financieras como el crecimiento de las ventas y el crecimiento de las ganancias por acción (EPS), además de la lealtad no financiera y la calidad del producto".[69] Como señalamos en nuestra metáfora de "Moneyball", medir los resultados, por ejemplo, las carreras por embasarse, es mucho más efectivo que medir las ideas más difusas y generales de lo que podría afectar las victorias.

Desafortunadamente, el tiempo ha demostrado que las métricas más intuitivas demuestran "solo una conexión débil con el objetivo de crear valor".[70] En otras palabras, al igual que los cazatalentos de béisbol de antaño, los ejecutivos se apoyan en gran medida en métricas que no siempre predicen los resultados. La intuición puede estar sesgada por sesgos cognitivos, como "el sesgo de exceso de confianza, la heurística de disponibilidad y el sesgo del statu quo".[71] Para contrarrestar el efecto de estos sesgos, que pueden limitar la capacidad para tomar decisiones empresariales eficaces, los líderes harían bien en apoyarse en los datos.

El cuadrante de datos

Algunos líderes utilizan un enfoque de cuadrantes de datos para clasificar las medidas de rendimiento en cuatro categorías, o cuadrantes que se cruzan: cantidad, calidad, esfuerzo y efecto:

- El esfuerzo indica lo que se hace y lo bien que se hace.
- El efecto mide el cambio o impacto resultante.
- La cantidad y la calidad se aplican al esfuerzo o efecto correspondiente.

Por ejemplo, un cuadrante de datos permite a los líderes preguntarse: ¿Cuánto hicimos? ¿A cuántos clientes servimos? ¿Qué tan bien lo hicimos? ¿Qué actividades o servicios realizamos bien? ¿Alguien está mejor? ¿Qué cambió para mejor en cuanto a habilidades, actitudes, comportamiento o circunstancias? ¿Cuáles son los factores que apoyan el progreso y los factores que lo obstaculizan? ¿Cuáles son las causas fundamentales o las causas inmediatas que tienen un impacto en el progreso? Los datos sobre los resultados ayudan a los líderes a identificar dónde las medidas de desempeño están generando un impacto positivo para los clientes.

Para ser creíbles, los datos deben ser coherentes y fiables. Al aprovechar los datos para enfocarse en las mediciones, los líderes deben observar una línea de base histórica durante al menos cinco años, si está disponible. El examen de los datos históricos permite a los líderes pronosticar los próximos tres a cinco años, asumiendo que no hay cambios en el nivel actual de esfuerzo. Esto responde a la pregunta, en esencia, "¿Dónde estaremos pronto si continuamos como lo estamos haciendo ahora?" Además, "la alineación de una opción propuesta con una causa raíz proporciona la justificación para seleccionar esa opción en particular: es el vínculo entre el 'fin' (medido por el indicador o la medida de desempeño) y los 'medios' (la estrategia)".[72]

Además de utilizar datos, los líderes deben basar sus estrategias de medición en la evidencia y la investigación. Para obtener el máximo apalancamiento en la medición, considera qué recursos requerirá el resultado propuesto y si ese impacto previsto tendrá un fuerte efecto en el progreso, en comparación con la línea de base. Para fomentar la viabilidad como contrapartida del apalancamiento, considera si la estrategia propuesta limitará o aumentará la innovación. "A veces, la consideración de una opción aparentemente inviable será el catalizador en el proceso de pensamiento que conduce a una opción altamente creativa y factible".[73]

Después de explorar formas de mejorar la viabilidad de la medición, los líderes deben sopesar los costos frente a los resultados deseados para seleccionar la mejor opción de acción. Esta estrategia de medición debe ser clara en términos de entregables para que aborde el quién, qué, cuándo, dónde y cómo relevantes, como el proceso de definición de resultados deseables específicos como discutimos anteriormente. Por último, los líderes deben alinear la estrategia con los valores fundamentales de la empresa. Brian Tracy señala: "Los líderes se concentran en una sola cosa, la más importante, y permanecen en ella hasta que está completa".[74]

Conclusiones clave

Robert Kistner afirma: "Podemos estar haciendo todo este trabajo, pero al final del día, los números son los que hablan".[75] Los líderes son responsables ante sus superiores para producir resultados. La empresa es responsable ante sus accionistas, si los hubiera, o ante los propietarios finales para producir resultados. En su investigación de Harvard, Jensen equipara la responsabilidad —"honrar tu palabra"— con la "integridad" en los negocios. Reitera la correlación entre la integridad y el desempeño: "La integridad es importante para los individuos, los grupos, las organizaciones y la sociedad porque crea capacidad de trabajo. Sin integridad, la viabilidad de cualquier objeto, sistema, persona, grupo u organización disminuye; y a medida que disminuye la capacidad de trabajo, disminuye la oportunidad de rendimiento. Por lo tanto, la integridad es una condición necesaria para el máximo rendimiento".[76]

Además, Jensen describe la conexión entre la integridad y la confianza: "Como beneficio adicional, honrar la palabra también es un camino práctico para que los demás confíen en él".[77] Esa confianza contribuye en gran medida a mantener la reputación y generar resultados.

Los líderes experimentados saben que la rendición de cuentas no es lo mismo que "contabilidad" o "anotación". Más bien, la rendición de cuentas implica "las maneras formales e informales en que los líderes hablan, evalúan y afirman las contribuciones de aquellos a quienes lideran y las mejoras que pueden hacer para fortalecer esas contribuciones".[78] La entrega de resultados puede ser estresante cuando hay presión, pero a medida que los líderes crean claridad sobre el objetivo final y utilizan un medio de medición basado en datos, la rendición de cuentas aumenta la viabilidad y las tasas de éxito en general.

En conclusión, para medir lo que más importa para el rendimiento, los líderes deben centrarse en indicadores de rendimiento basados en datos. Para producir victorias en el béisbol, los equipos necesitan carreras. Para producir ventas en los negocios, los equipos necesitan contactos sólidos, un seguimiento incansable y técnicas de cierre consistentes. Los líderes miden, controlan y guían constantemente a los equipos y empleados para producir las acciones diarias deseadas. Medir lo que más importa impulsa los resultados. Welch opina: "El trabajo de un líder es mirar hacia el futuro y ver a la organización no como es, sino como debería ser".[79]

3

Motivar el máximo rendimiento

El capitán William Swenson fue galardonado con la Medalla de Honor del Congreso por sus acciones el 8 de septiembre de 2009. Ese día, varios soldados estadounidenses y afganos estaban protegiendo a un grupo de funcionarios del gobierno afgano que planeaban reunirse con los ancianos de la aldea local. Sin previo aviso, el grupo fue emboscado, rodeado por tres lados.

El capitán Swenson fue reconocido por "correr hacia fuego real para rescatar a los heridos y sacar a los muertos". [80] Uno de los médicos en el helicóptero de evacuación médica tenía una cámara GoPro en su casco y capturó toda la escena: Swenson y un compañero cargaron a un soldado herido que había recibido un disparo en el cuello. "Lo metieron en el helicóptero", describe Simon Sinek, "y luego ves al capitán Swenson agacharse y darle un beso antes de que se dé la vuelta para rescatar a más. Vi esto y pensé, ¿de dónde viene gente así? ...Hay amor ahí".[81]

Simon Sinek es un autor e investigador que estudia cómo los líderes pueden inspirar confianza, cooperación y cambio. Cuando estudiaba a los héroes militares, aquellos que se enfrentan valientemente al fuego para rescatar a un compatriota herido, por ejemplo, hizo la pregunta clave: "¿Por qué?" ¿Qué motivó a estos soldados a arriesgar sus vidas para salvar la vida de alguien de su equipo? Desde el punto de vista empresarial, se trata de una dedicación seria al bienestar en el lugar de trabajo, por así decirlo.

Haz que suceda: planes simples para un liderazgo audaz

No es sorprendente que cuando Sinek entrevistó a tales héroes, ninguno de ellos mencionara arriesgar sus vidas para levantar la moral de las tropas. En el momento en que las balas volaban y los miembros del equipo estaban caídos, ninguno de estos héroes respondió al mero deber de arriesgar sus vidas. Ninguno de ellos mencionó siquiera su propio interés en convertirse en un héroe de guerra condecorado. La respuesta que recibió fue unánime: "Lo hice porque ellos lo habrían hecho por mí".[82]

En el ejército, las personas son recompensadas por sacrificarse por los demás, pero en los negocios, a menudo vemos lo contrario: las personas son recompensadas cuando sacrifican a otros para su propio beneficio.[83] Pensando en la dedicación de Swenson a su equipo, los líderes empresariales podrían preguntarse por qué los equipos en el trabajo no están tan unidos y dispuestos a sacrificarse unos por otros. ¿Acaso los militares simplemente atraen a personas que están dispuestas a sacrificarse? ¿O hay algo en el entorno que motiva este tipo de comportamiento? La investigación de Sinek demostró que la respuesta está en el medio ambiente.

A medida que los líderes establecen un tono de seguridad dentro del equipo o la empresa, fomentan un entorno de confianza y cooperación que respalda relaciones sólidas y un trabajo productivo. Un entorno así motiva a las personas a hacer sacrificios por el bienestar de los demás. Para el capitán Swenson, ese ambiente de confianza y cooperación entre sus soldados significaba que arriesgaba su vida para salvar a otros.

Los empleados en una línea de negocio menos peligrosa para la vida podrían, por ejemplo, contribuir con los días de enfermedad acumulados a otro empleado que tuvo que someterse a una cirugía. Pueden ayudar a un compañero de trabajo a obtener un ascenso incluso cuando no hay una recompensa directa para ellos mismos. O simplemente pueden levantar a los demás en lugar de menospreciarlos.

Hoja de ruta del capítulo
En este capítulo, proporcionamos consejos que los líderes pueden utilizar para crear equipos y entornos sólidos que faciliten la lealtad,

el compromiso, la integración y el éxito. También discutiremos las estrategias que los líderes pueden usar para motivar a los empleados y equipos hacia el máximo rendimiento. Algunos de estos incluyen el establecimiento de estándares de desempeño específicos y medibles, la construcción de relaciones de tutoría y la provisión de reconocimiento.

Al igual que los líderes necesitan reclutar empleados en los equipos, también deben despedir a los miembros del equipo cuando las cosas no funcionan. A continuación, proporcionamos estrategias para dicha reorganización y/o despido de "separación transparente". En resumen, este capítulo apoya a los líderes en la construcción consciente de equipos fuertes y entornos positivos, fundamentales para el éxito personal y empresarial.

Construyendo Equipos Fuertes

Reclutamiento: Conseguir a las Personas Adecuadas

Los líderes empresariales suelen ser responsables de reunir a los equipos para llevar a cabo proyectos o encabezar campañas. Los líderes pueden reclutar talento dentro de la empresa o pueden reclutar nuevas personas con habilidades críticas. En esta sección se ofrecen consejos para seleccionar y contratar a las personas más adecuadas para sus equipos. Además, cubre la aclaración de roles, la entrevista de candidatos y la integración de los miembros del equipo elegidos.

Brian Tracy enseña: "El noventa y cinco por ciento de tu éxito como gerente reside en tu capacidad para seleccionar a las personas adecuadas".[84] Se trata de encontrar el ajuste adecuado y luego apoyar a los que selecciones. Jim Collins, autor de *Good to Great*, señala que los ejecutivos que han transformado a las empresas de buenas a excelentes "no descubrieron primero dónde conducir el autobús y luego hacer que la gente lo llevara allí. No, primero subieron al autobús a las personas adecuadas, y bajaron a las personas equivocadas del autobús, y luego averiguaron a dónde conducirlo".[85]

Si los líderes empresariales comienzan con "quién" en lugar de "qué", entonces la empresa se adaptará mejor a los tiempos cambiantes porque el problema de "cómo" administrar a las personas desaparece en gran medida. Si no tienes el "quién" correcto, no importa lo que estés tratando de lograr, porque las personas no se identificarán con los valores fundamentales o la visión de la empresa. Las personas adecuadas, por otro lado, pueden "entenderlo" para que no necesiten tanta gestión. Además, las personas adecuadas tienen un sentido de responsabilidad para lograr los resultados deseados.

La contratación es una habilidad crítica para los ejecutivos que encuentra aplicación a lo largo de toda su carrera. Aunque es posible que su trabajo no implique la contratación de personas en la empresa, se aplica un proceso similar, ya sea que esté seleccionando un candidato externo o un candidato interno, ya que está construyendo un equipo.

Clarificar el rol y buscar grandes candidatos

En primer lugar, debes tomarte el tiempo necesario para aclarar los puestos que estás tratando de cubrir. ¿Qué debería ser capaz de hacer esta persona? ¿Qué responsabilidades asumirá? Cuando pienses en las habilidades ideales de un candidato, decide qué es esencial, qué es importante y qué es simplemente una ventaja. ¿Son esenciales ciertos atributos, actitudes o cualidades? Piensa en la carga de trabajo involucrada y con quién interactuará o con quién se asociará esta persona. ¿Qué tipo de personalidad encajará bien en ese entorno de trabajo? Adoptando un enfoque más subjetivo, Spike Jonze dice: "Me gusta contratar a personas en función de un sentimiento, esta persona lo entiende, en lugar de lo que ha hecho en el pasado".[86]

En segundo lugar, construye una estrategia para buscar a los mejores candidatos. Mira cuidadosamente dentro de tu empresa (y fuera, si estás trayendo nuevos talentos). ¿Hay alguien ya en tu reino que pueda llenar el espacio? ¿A quién conoces que pueda conocer a alguien? ¿Cómo podrías trabajar con reclutadores, agencias de colocación y anuncios impresos o en línea? A veces ayuda pensar de manera disruptiva cuando se buscan personas que aporten habilidades críticas. Por ejemplo, tal vez un diseñador podría tener información clave para un nuevo plan de sistemas de software. Tal vez un psicólogo podría aportar la ventaja necesaria a tu equipo de marketing. Tal vez un físico podría aplicar formas científicas de pensar a la creación de un nuevo producto.

Estrategias para entrevistar

En tercer lugar, dedica tiempo a las entrevistas. Dependiendo de la importancia del puesto, por ejemplo, si formará parte de un equipo crítico o liderará una empresa de alta prioridad, puedes optar por reunirte con el candidato varias veces o en varios lugares diferentes. Ten un plan para tu entrevista y establece expectativas. Cuéntale a la persona sobre ti, la empresa y el puesto. ¿Cuál es tu intuición o intuición sobre ellos? ¿Encajará esta persona en el entorno corporativo? ¿Será feliz allí? ¿Parece responsable y positivo? Algunos líderes emplean una prueba para comprobar el ajuste de las personalidades, preguntando: ¿me gustaría que esta persona viniera a cenar?

Tómate tu tiempo para decidir y haz buenas preguntas. Contratar a toda prisa puede costarte tiempo, dinero y productividad mientras dejas ir a esa persona y pagas su salario mientras encuentras un reemplazo. Pregunta acerca de los logros pasados que hayan sido probados. ¿Qué experiencia te califica? ¿Qué formación relevante tienes? Analiza cómo se presentan los candidatos en persona y en papel. Busca la simplicidad, la honestidad y el desempeño pasado. Busca motivación y voluntad para contribuir. Pregúntale a los demás: verifica las referencias a través de llamadas telefónicas y pregunta sobre fortalezas, debilidades, logros y "cualquier otra cosa" con la promesa de confidencialidad.

Brian Tracy enseña que hay cuatro cosas que hacen que un candidato se destaque:[87]
- Orientado al logro o a los resultados
- Preguntas inteligentes
- Voluntad de trabajar duro
- Sentido de urgencia

Integrando a la nueva persona

Finalmente, cuando encuentres el ajuste adecuado, capitaliza el entusiasmo. Dales mucho que hacer e incluso sobrecárgalos para fomentar la sensación de estar a la altura del desafío. Proporciona comentarios y discusiones que coincidan con el nivel de intensidad del trabajo. Crea un sistema de amigos: vincula a la nueva persona con un compañero de trabajo experimentado y dedica tiempo a presentarle la empresa.

Al principio, la voluntad y la apertura son altas, mientras que la capacidad de tarea y la confianza son bajas. Esta fase temprana es donde los líderes y los candidatos comienzan a formarse impresiones sólidas de trabajo entre sí, como tal, esta fase temprana es donde el apoyo puede contribuir en gran medida a facilitar la positividad y el crecimiento. A medida que los nuevos candidatos se esfuerzan por superar los desafíos, intenta atraparlos haciendo algo bien y muestra sus logros a la empresa.

Motivar el máximo rendimiento

Dwight D. Eisenhower dijo: "La motivación es el arte de hacer que la gente haga lo que quieres que hagan porque quieren hacerlo".[88] Después de reunir a las personas adecuadas, la tarea de un líder empresarial cambia a la motivación. Es un esfuerzo diario y continuo que es multifacético: involucra aspectos entrelazados del desempeño y las relaciones.

Los líderes motivan el máximo rendimiento estableciendo expectativas claras y estándares medibles. Se toman el tiempo para instruir y enseñar a su gente, y para brindar reconocimiento y recompensas por pequeñas y grandes victorias. Además, para motivar verdaderamente a los empleados, los líderes construyen relaciones de tutoría basadas en la comunicación positiva, la escucha, el estímulo y la comprensión. Este nivel personal inspira a los empleados a dar grandes pasos, como lo hizo el capitán Swenson en nuestra historia introductoria. Las métricas de rendimiento son clave para el éxito, pero las relaciones son el pegamento que mantiene unidas a las personas y las invita a ir más allá para hacer el trabajo. Zig Ziglar hizo esta comparación: "La gente suele decir que la motivación no dura. Bueno, el baño tampoco. Por eso lo recomendamos a diario".[89]

Establecer expectativas claras y estándares medibles

La investigación muestra que uno de los motivadores clave es tener expectativas claras. Cuando las personas saben lo que espera el jefe, prosperan. Brian Tracy dice: "La gente quiere sentirse ganadora. Un papel clave del gerente es ayudarlos a sentirse ganadores. La gente necesita objetivos claros a los que aspirar, o de lo contrario se sentirán perdedores".[90]

Los líderes pueden establecer expectativas claras siendo específicos sobre los resultados deseados. Las investigaciones muestran que las personas reportan niveles mucho más altos de satisfacción laboral cuando sienten que tienen una comprensión clara de lo que se espera de ellos. Por otro lado, las personas reportan bajos niveles de satisfacción laboral cuando luchan por entender qué implica exactamente su rol o cómo se medirá su desempeño. Cuando los líderes establecen expectativas claras pero desafiantes, los empleados están motivados para esforzarse. Y, cuando logran esas expectativas, ganan un autoconcepto positivo y una mayor autonomía. En la medida de lo posible, permita que los empleados determinen el método y el enfoque que crean que será más efectivo. Luego, acuerden mutuamente objetivos y cronogramas, y establezcan plazos viables.

Ayuda a establecer estándares de rendimiento medibles porque lo que se mide, se hace. Tracy aconseja a los líderes que "inspeccionen lo que esperan. Monitorear; comprobar; y reasignar a la persona si es necesario".[91] Al establecer una hoja de ruta clara que incluya puntos de control medibles a lo largo del camino, los líderes ayudan a los empleados a desempeñarse bien.

Capacitación, tutoría y reconocimiento

"La empresa promedio gasta el 85 por ciento de los costos operativos en nómina y menos del uno por ciento en capacitar a esas personas".[92] La formación y la educación continuas son las claves del rendimiento, la motivación, el entusiasmo y el compromiso. Los líderes empresariales eficaces se toman el tiempo para instruir y enseñar a las personas, ayudándolas así a crecer. Una responsabilidad clave de la gerencia es enseñar y capacitar al personal para que haga su trabajo.

En este esfuerzo, te conviertes en un mentor y esta atención construye la autoestima. Tracy señala: "La Organización Gallup ha llevado a cabo una investigación sobre decenas de miles de empleados, y descubrió que quizás el problema más profundo que impulsa el compromiso de los empleados es su relación con su jefe".[93] Para apoyar a los empleados, los líderes deben tener el tono correcto: mostrar respeto, calidez y creer en las capacidades de los empleados. Escucha con paciencia y muestra cariño y cortesía.

Cuando los empleados responden a la capacitación y se desempeñan bien, los líderes empresariales y los mentores invierten tiempo en brindar reconocimiento, incluidas recompensas tangibles e intangibles por el trabajo bien hecho. Una recompensa tangible podría incluir una celebración en el almuerzo, un bono o tiempo libre adicional. Las recompensas intangibles pueden implicar refuerzos y elogios públicos y privados por un trabajo bien hecho. Celebra los logros tanto por las grandes como por las pequeñas victorias. "Lo que se premia, se hace".[94]

Inspirando lealtad y compromiso

Para darlo todo en el trabajo, los empleados y los equipos necesitan saber por qué están haciendo lo que están haciendo. Si los líderes definen el trabajo en términos de su significado e importancia para los demás, entonces los equipos entenderán cómo lo que están haciendo beneficia a los demás y mejora la vida. Esto inculcará un sentido de significado y propósito en el trabajo, lo que sirve como una poderosa táctica de motivación. Además, proporciona el panorama general de por qué una empresa está haciendo lo que está haciendo. Un ejemplo de Harish Manwani, director de operaciones de la corporación global Unilever, ilustra este concepto.

Unir a las personas centrándose más allá del balance general

Un día, Manwani visitó una pequeña aldea empobrecida en la India, que luchaba contra las bajas condiciones de vida. Tenía la intención de visitar a una mujer que era una de las pequeñas distribuidoras de la empresa Unilever. Se detuvo en su modesta pero hermosa casa y se unió a ella mientras ella salía a promocionar los productos y el uso del jabón. Paso a paso, se abrió paso a través de los caóticos espacios vitales llevando un mensaje de salud y un plan de acción práctico para reducir las enfermedades.

Dos aspectos se destacaron: primero, el mensaje de la mujer fue mucho más amplio que la mera venta de jabón. Por ejemplo, las investigaciones han demostrado que "cinco millones de niños no llegan a la edad de cinco años debido a infecciones simples que pueden prevenirse con el acto de lavarse las manos con jabón".[95] En este sentido, la venta de jabón y la promoción de su uso se trata de salvar vidas, no solo de obtener ingresos. Si los aldeanos comenzaran a lavarse las manos con jabón y así salvaran la vida de un solo niño, todo el esfuerzo de la mujer valdría la pena. Al actuar como distribuidora de jabón, esta mujer se esforzaba lentamente por cambiar las rutinas y las prácticas de salud en su comunidad y, por lo tanto, dar a los niños locales nacidos en la pobreza una mejor oportunidad de supervivencia.

En segundo lugar, el trabajo de esta mujer mejoró la sociedad de otra manera. Mientras realizaba su ruta de ventas, el esposo de la mujer la seguía en la parte de atrás, al igual que su suegra y su cuñada. En una sociedad en la que los hombres son los líderes tradicionales y los dueños de negocios, una mujer propietaria de una pequeña empresa es única. A medida que Unilever apoyaba a las mujeres en la creación y expansión de sus pequeñas empresas relacionadas con la distribución, la brecha de género en los negocios comenzó a reducirse. Manwani explica: "El orden social estaba cambiando porque esta señora es parte de nuestro Proyecto Shakti que está enseñando a las mujeres cómo hacer pequeños negocios y cómo llevar el mensaje de nutrición e higiene. Ahora tenemos 60.000 mujeres de este tipo en la India".[96]

Manwani cree que los líderes deben mirar más allá del estado de resultados para incluir el valor, el propósito y la sostenibilidad en la toma de decisiones de alto nivel. En su opinión, esto no solo es inteligente, sino que es la única manera de administrar un negocio del siglo XXI de manera responsable. Así, la mujer que vendía jabón en una aldea rural no era una simple vendedora; más bien, fue un catalizador del cambio social. Sus esfuerzos mejoraron la salud de la comunidad al salvar vidas y crearon un modelo tangible de éxito económico, en una pequeña empresa dirigida por mujeres en una sociedad tradicionalmente patriarcal.

La conclusión clave de esta historia es que el éxito aumenta cuando los líderes no solo consideran los estados financieros, sino que también inspiran a su gente a cambiar vidas. Manwani aconseja a los líderes: debemos pasar a un modelo de "¿cómo lo hacemos bien (ganamos dinero) y hacemos el bien (cuidamos de las comunidades que nos rodean)?"[97] (El subrayado es nuestro). Las empresas satisfacen a los accionistas mediante la creación de valor económico, pero satisfacen a las comunidades locales mediante la creación de valor social que es consistente, competitivo, rentable y responsable.

Cultivando un ambiente de seguridad y crecimiento

A medida que los equipos y los nuevos candidatos se establecen dentro de la empresa o grupo, los líderes deben centrarse en crear un entorno de confianza y cooperación en el lugar de trabajo. Esto se remonta a la historia del capitán Swenson: exhibió valentía y sacrificio por su miembro del escuadrón herido porque su equipo tenía los lazos de confianza y cooperación. Si bien el entorno físico de su unidad en el teatro de guerra no estaba a salvo de ataques o balas, el compromiso emocional del equipo entre sí hizo que cada persona se sintiera segura. Sabían que se respaldaban mutuamente pasara lo que pasara.

Una forma en que los líderes pueden construir un entorno de seguridad y cooperación es comportarse más como una familia que como una empresa. Por ejemplo, si has visto a los líderes gritar y criticar, también has visto que esto socava los resultados reales porque los empleados que se sienten emocionalmente seguros se desempeñarán mejor que los que no lo hacen. Los empleados pueden obtener resultados a corto plazo motivados por el miedo al castigo o al despido, pero gastarán más energía tratando de protegerse a sí mismos que tratando de ayudar a los demás. La gestión por el terror no produce los mejores resultados a largo plazo.

Como otro ejemplo, en una familia, no hay despidos. En cambio, los de menor rendimiento reciben entrenamiento, apoyo y refuerzo. Las empresas pueden unirse en tiempos difíciles para salir adelante de la mejor manera posible. A veces, los despidos son inevitables, pero otras veces, la voluntad de un líder de pensar creativamente puede crear una sensación de seguridad para los empleados y, por lo tanto, proporcionar un mayor retorno de la inversión que el que habrían logrado los despidos.

Una historia real ilustra este concepto. En 2008, una empresa manufacturera del Medio Oeste se vio muy afectada por la recesión y el 30 por ciento de sus pedidos bajaron de la noche a la mañana. Bob Chapman, el líder, vio que ya no podía pagar su fuerza laboral y que necesitaba ahorrar diez millones de dólares para salvar a la empresa.
Si bien muchas empresas tomaron la ruta de los despidos, Chapman pensó en las cosas de manera diferente. En lugar de despedir a la gente, pidió a sus empleados que se unieran y trabajaran con un plan de licencia en el que cada empleado, desde la secretaria hasta el director ejecutivo, se tomara cuatro semanas de vacaciones sin goce de sueldo. No ordenó cuándo y cómo se tomaron este tiempo, pero presentó el plan de esta manera: "Es mejor que todos suframos un poco a que cualquiera de nosotros tenga que sufrir mucho".[98]

Sorprendentemente, o no, la moral subió. Chapman vio que la gente comenzó a cooperar porque se sentían protegidos por el liderazgo de la organización. Por ejemplo, algunas personas que podían permitírselo estaban dispuestas a tomar una semana adicional de licencia para alguien que no podía, por lo que algunos empleados tardaron cinco semanas en permitir que otros tomaran solo tres. ¿Cuál fue el resultado? La empresa terminó ahorrando 20 millones de dólares y reteniendo la lealtad de sus empleados.[99] Al crear un entorno en el que los empleados se sientan seguros y valorados, incluso en tiempos difíciles, los líderes pueden motivar el máximo rendimiento.

Equipos de solución de problemas: reorganización y/o despido

La inspiradora historia de Chapman sobre la preservación de los puestos de trabajo de los empleados tiene más sentido cuando el desafío crítico se impone externamente, como una emergencia nacional o una recesión mundial. En tales casos, la mejor opción suele ser trabajar juntos.

Sin embargo, hay ocasiones en las que los retos a los que se enfrentan los empleados son más internos, y los despidos o la reorganización son las mejores soluciones. Si bien es posible que su función no implique específicamente el despido, puede implicar la eliminación de los miembros del equipo que no son los adecuados o la disolución de los equipos por completo. Los líderes recurren a razonamientos, preparación y métodos similares cuando dejan ir a alguien de un puesto y cuando reestructuran equipos.

Dos problemas críticos

La investigación muestra que dos problemas principales de los empleados son difíciles o casi imposibles de resolver y pueden requerir el despido o la reorganización. El primero es un problema de actitud: el empleado ha perdido la motivación. Esencialmente, es el final del camino para esta persona en este rol. Las cosas no están funcionando, y parece que no hay cura a pesar de los esfuerzos. A veces, las personalidades de un equipo pueden generar suficiente fricción como para que el trabajo del equipo se detenga. Las luchas internas socavan el sentido de comunidad y seguridad, y las personas deben concentrarse en elegir un bando en lugar de concentrarse en hacer el trabajo. Brian Tracy aconseja de manera bastante directa: "Deshazte de las personas difíciles. Envenenan el clima actitudinal y desmotivan a los demás".[100]

El segundo problema está relacionado, pero es diferente: el empleado está fracasando porque simplemente no es competente y no puede cumplir razonablemente con las responsabilidades del trabajo a pesar del apoyo. A veces, una persona no puede realizar las tareas asociadas con el rol, y todo el entrenamiento, la capacitación y la tutoría simplemente no han hecho una diferencia medible.

En esta situación, los líderes deben tratar de ayudar a mejorar el rendimiento explicando claramente las expectativas y siendo específicos sobre lo que no está funcionando. Verifica la comprensión pidiéndole al empleado que responda lo que ha entendido. Colaborar para establecer estándares de desempeño medibles y acordar, cuando sea posible, lo que se debe hacer. Mantén registros privados con respecto a la discusión. Comunícate y proporciona comentarios con regularidad: ofrece comentarios orientados a la mejora en privado y comentarios orientados al logro en público.

Si estas tácticas aún no mejoran el rendimiento, entonces el líder debe tomar medidas decisivas. Siempre que sea posible, intenta colocar al empleado en un puesto para el que sea más adecuado. Tanto el equipo como el empleado necesitan reorganización y/o liberación para mantener la productividad.

Repensar la decisión de contratación

Los gerentes deben tener en cuenta que, si bien estos dos problemas se sitúan en el empleado en cuestión, también reflejan al supervisor que contrató a ese empleado. El empleado no es el error; más bien, su lugar en ese papel es el error. De alguna manera, la contratación no evaluó suficientemente la motivación, la compatibilidad o la competencia del entonces candidato. Tal vez la decisión se tomó demasiado apresuradamente. Tal vez la decisión no fue suficientemente examinada en múltiples entrevistas. Tal vez más tarde surgió alguna información que tuvo un impacto negativo. Cualquiera que sea la razón última, los gerentes pueden obtener un retorno de la inversión a largo plazo analizando los escenarios específicos que motivan el despido de empleados para evitar repetir errores similares en el futuro.

Técnicas para despedir: cuando es el momento de dejarlo ir

Si bien la contratación requiere una gran cantidad de energía y preparación, también lo hace el despido. Cuando el despido parece inevitable, los gerentes deben hacer su tarea y preparar suficiente documentación sobre la situación para respaldar la decisión. Si es tu función, diseña de antemano un paquete de indemnización que se adapte tanto al empleado como a la organización. Dichos paquetes están diseñados para proporcionar un colchón financiero entre los trabajos y pueden incluir beneficios de salud continuos durante un tiempo, así como asesoramiento privado de recolocación.

Incluso los líderes con una gran experiencia en el despido harían bien en imaginar el escenario de la "entrevista de despido" y tal vez incluso hacer un juego de roles con otra persona de antemano. Esta es una situación sensible y delicada, y los líderes se beneficiarán de prestarle suficiente atención emocional. Estar preparado te ayudará a fortalecer tu determinación para que puedas llevar a cabo lo que debes hacer con rapidez y compasión. Si bien el despido es estresante, es esencial para el crecimiento de la organización y, en general, también para el crecimiento del empleado. Cuando el ajuste no es el adecuado, no es adecuado ni para la organización ni para el empleado.

Brian Tracy ofrece varios consejos que los líderes pueden implementar al despedir:[101]
- Tiempo: Considera tener la entrevista de despido por la mañana a principios de la semana, lunes, martes o miércoles.
- Ubicación: Elige un lugar no personal, como una oficina vacía o una sala de reuniones.
- Método: Dile claramente a la persona que la está despidiendo porque el trabajo no es adecuado para él o ella. Habla con amabilidad: indica que la persona es buena y ha hecho cosas buenas, pero que esto ya no encaja bien.
- Modales: Sé amable, gentil, empático y firme. No tengas falsas esperanzas. A continuación, sal de la habitación. Podrías ofrecer el uso de una oficina, un escritorio o un teléfono si la separación es amistosa, así como una historia de encubrimiento para proteger la autoestima de la persona. Si la separación no es amistosa, insiste en que el empleado se vaya inmediatamente.

Los consejos de Brian Tracy aquí se corresponden con las metodologías tradicionales de despido y son especialmente aplicables a situaciones problemáticas. Sin embargo, hay un nuevo proceso que se está poniendo de moda entre las empresas: se llama separación transparente.

Separación transparente

Harvard Business Review ofrece un procedimiento de despido alternativo llamado separación transparente,[102] que se aplica a muchos escenarios de despido (que no sean despidos a gran escala o en los que mantener al empleado cerca perjudica a la organización). Implica tener una entrevista con los empleados de bajo rendimiento y alentarlos a buscar un nuevo trabajo lo antes posible porque pronto serán despedidos. Este enfoque motiva a los empleados a hacer la transición en su tiempo y términos, y puede ser una conversación positiva en lugar de negativa.

Utilizando la técnica de separación transparente, los líderes deben evitar la ambigüedad y aclarar que la decisión es definitiva. Sin embargo, no es necesario establecer una fecha límite de salida estricta al principio, a menos que los empleados sean persistentes, improductivos o negativos. Dales flexibilidad para salir del trabajo durante las horas de oficina para ir a las entrevistas, pero recuérdales que no se permite que la productividad disminuya durante este tiempo de transición. Lo ideal es que los empleados que se marchan completen su último día en el momento en que se contratan sus sustitutos.

¿Por qué molestarse con la separación transparente? Este enfoque beneficia a los empleados que se van porque es más fácil encontrar un trabajo si ya están empleados. Además, preserva la dignidad y la reputación. Este enfoque beneficia a los gerentes al mejorar las relaciones y reforzar su reputación como líderes compasivos. También ayuda a suavizar las transiciones y a reducir el riesgo legal de contragolpes.

Por último, la separación transparente beneficia al resto de los empleados de la empresa al reducir la ansiedad general. Los empleados que ven a sus colegas "desaparecer" repentinamente un día a menudo sienten niveles más altos de estrés, preguntándose si también podrían ser sorprendidos por un despido. Estos empleados pueden evitar deliberadamente incluso los tipos productivos de desacuerdo con los gerentes y sofocar la innovación porque el fracaso se siente arriesgado. Sin embargo, debido a que la separación transparente ayuda a los empleados a sentirse a salvo de la amenaza de un despido inesperado, son "más felices, más creativos y menos propensos a irse preventivamente".[103]

Patrones de carrera

Si necesitas un poco más de tranquilidad sobre el despido de un empleado o su asignación a un puesto diferente en la empresa, considera cómo los nuevos desarrollos tecnológicos tienen un impacto en la educación y la relación laboral. Heather McGowan, estratega del futuro del trabajo, señala: "El antiguo modelo de trabajo consistía en tres bloques de vida: Obtener una educación. Usar esa educación durante 40 años. Y luego retirarse. Entonces hicimos la suposición errónea de que el próximo nuevo modelo debería ser: Obtener una educación. Úsala durante 20 años. A continuación, vuelve a entrenarte. Luego úsala por 20 años más y luego retírate".[104]

Sin embargo, ahora y en el futuro cercano, el modelo más exitoso será el de aprendizaje continuo a lo largo de toda la vida, porque el ritmo del cambio, la tecnología y los negocios se está acelerando rápidamente. De hecho, "las empresas de más rápido crecimiento y los trabajadores más resilientes serán aquellos que aprendan más rápido que su competencia".[105]

¿Cómo se aplica este concepto al despido? Si bien es posible que un empleado que se va no haya sido el adecuado para su función o equipo, es posible que él no sea el problema; Más bien, la selección de contratación o la colocación específica pueden ser el problema. A medida que el empleado avanza para aprender nuevas habilidades o pasa a diferentes responsabilidades, tendrá nuevas oportunidades de prosperar. Esto es coherente con el modelo de aprendizaje continuo a lo largo de toda la vida y el crecimiento en una carrera. En resumen, a menudo es mejor que un empleado abandone un equipo o un puesto donde no encaja bien y se tome el tiempo necesario para seguir una nueva formación o educación. Esto puede abrir nuevas opciones que pueden ser mucho más adecuadas para sus capacidades en el futuro.

Conclusiones clave

Richard Branson, de Virgin Atlantic, enseña: "Los clientes no son lo primero. Los empleados son lo primero. Si cuidas a tus empleados, ellos cuidarán a los clientes".[106] Los militares tienen un mantra similar: "Cuida a tu gente y ellos cuidarán de ti y de la misión".[107] Esto ciertamente se reflejó en la dedicación del capitán Swenson a su equipo.

Los mejores y más productivos empleados invariablemente se sienten cuidados, respetados, recompensados y seguros. Los empleados trabajan con la mayor energía y diligencia para los gerentes que tienen sus mejores intereses en el corazón, que se dedican al avance y desarrollo del empleado. Por el contrario, cuando los empleados sienten que la gerencia no los "respalda" lo suficiente, su lealtad disminuye rápidamente. Forbes aconseja: "Si como gerente estás más preocupado por construir tu imperio que por aquellos que te están ayudando a construirlo, se notará. Dado que el interés propio es un poderoso motivador, es comprensible que los empleados se centren en sus carreras. Después de todo, como dice el refrán, es la estación WIFM (What's In it For Me) (Qué Hay Ahí Para Mí) la que todo el mundo sintoniza, todo el día, todos los días".[108]

El mindfulness, la atención consciente, en la gestión, crea equipos fuertes: los gerentes conscientes invierten en los empleados y cosechan los beneficios de su gran trabajo. Tu éxito como líder estará determinado por tu capacidad para obtener un desempeño extraordinario de las personas y por tu capacidad para construir un equipo ganador motivando a otros a dar lo mejor de sí mismos para lograr los objetivos de la organización. A veces, el éxito de tu equipo dependerá de que dejes ir a ciertas personas en ciertos momentos. En la medida en que tengas éxito en todas estas tareas, se te asignarán responsabilidades cada vez mayores y organizaciones más grandes para administrar y liderar.

En resumen: "El liderazgo es una elección. No es un rango", dice Simon Sinek. "Conozco a muchas personas que están en la base de organizaciones que no tienen autoridad y son absolutamente líderes, y esto se debe a que han elegido cuidar a la persona que está a su izquierda y... a la derecha de ellos. Esto es lo que es un líder".[109]

4

Inspirar responsabilidad

Considera esta metáfora: en los negocios, los empleados pasan sus días conduciendo un automóvil propiedad de otra persona hacia un destino definido por otra persona. Cuando los empleados se sienten empoderados sobre sus trabajos, perciben que están en el asiento del conductor para su función: pueden pisar el acelerador o pisar el freno dependiendo de lo que enfrenten. Evalúan activamente la carretera, eligiendo un carril sobre otro en el camino hacia su destino. Y a medida que logran metas como llegar al destino que se proponen, se sienten empoderados.

Desafortunadamente, algunos empleados se comportan como si fueran simplemente pasajeros en el automóvil: no sienten que tienen control sobre hacia dónde se dirigen. Tal vez no entiendan completamente la visión de la empresa o no crean apasionadamente que lo que hacen contribuye al panorama general. Al final del día, es de 9 a 5 y un cheque de pago.... Y eso es todo. Los empleados que se ven a sí mismos en el asiento del pasajero pueden señalar con el dedo para escapar de los resultados negativos. Culpar es un medio de desviar la responsabilidad de uno mismo; La culpa pone a las personas en modo de víctima y les quita poder para actuar.

A veces, culpar toma la forma de queja. Wayne Dyer enseñó: "Toda culpa es una pérdida de tiempo. No importa cuánta falta encuentres en otro, y no importa cuánto lo culpes, eso no te cambiará".[110] Owen Young escribió: "Hay una sola razón por la que 99 de cada 100 personas de negocios promedio nunca se convierten en líderes. Es por su falta de voluntad para pagar el precio de la responsabilidad...

el trabajo duro, continuo... el coraje para tomar decisiones.... la honestidad diáfana de nunca engañarse a sí mismos".[111]

Asumir la responsabilidad es la diferencia fundamental entre los empleados que se ven a sí mismos metafóricamente como pasajeros y los que se ven a sí mismos en el asiento del conductor. En pocas palabras, los empleados en el asiento del conductor asumen la responsabilidad de su papel y ven su importancia en los resultados generales de la empresa. A medida que los empleados encarnan una actitud de responsabilidad, se desplazan a una posición energética más poderosa porque están en un espacio de creación en lugar de un espacio de reacción.

En lugar de buscar a otra persona o situación a la que culpar cuando algo sale mal, los empleados que se ven a sí mismos en el asiento del conductor buscan una lección, una posibilidad o una solución. Desde el punto de vista de la introspección, se preguntan qué papel han desempeñado en el reto y qué pueden aprender. Sir Josiah Stamp dijo: "Es fácil eludir nuestras responsabilidades, pero no podemos eludir las consecuencias de eludir nuestras responsabilidades".[112] Buscar el crecimiento es una forma de autoempoderamiento, y no proviene de culpar a los demás.

Asumir la responsabilidad "pone [a los empleados] en la causa y no en el efecto", dice Dina Marais, lo que significa que se dan cuenta de que están *creando* y no simplemente *reaccionando a* las circunstancias. Asumir la responsabilidad permite a los empleados "apreciar que las cosas suceden por [ellos] y no *para* [ellos]. Asumir la responsabilidad los pone a elegir y eso les permite elegir cómo responder a los desafíos de la vida".[113]

Cómo los líderes pueden ayudar a los empleados a tomar el timón

A veces, los empleados pueden hacer espontáneamente esta transición al asiento del conductor, pero a veces necesitan el apoyo y el ejemplo de un líder. Un relato de la historia militar muestra cómo los líderes pueden empoderar a aquellos a quienes lideran para que tomen el asiento del conductor, o la posición del artillero, en este

Inspirar responsabilidad

caso. Hace años, un escuadrón que no había tenido mucha acción estaba despejando cuidadosamente una sección de edificios.

De repente, fueron atacados y la gente se apresuró a ponerse a cubierto. Inmediatamente, el líder ordenó a los ametralladores que suprimieran una posición enemiga en un edificio adyacente, pero uno de ellos no se enfrentó. El líder volvió a dar la orden y, de nuevo, el artillero no se enfrentó. En lugar de amenazar a este artillero o eliminarlo, el líder "se movió tranquilamente a la posición del artillero, tomó la ametralladora y disparó una ráfaga".[114] Luego, el líder devolvió el arma y volvió a dar la instrucción, y esta vez, el artillero no dudó.

En esta situación de alta presión, el líder ayudó a su subordinado a salir del modo víctima (siendo blanco de los disparos) y pasar al metafórico asiento del conductor (devolviendo el fuego como se le ordenó). En el mundo de los negocios, los líderes pueden apoyar y empoderar a los empleados que se congelan bajo presión o que tal vez no están seguros de cómo tomar el asiento del conductor para sus funciones. Esto podría implicar mostrar el camino o proporcionar andamiaje y tutoría a medida que aprenden a comprometerse con sus tareas asignadas.

Una forma en que los líderes pueden empoderar a los empleados para que asuman los objetivos de la organización es proporcionar libertad, siempre que sea posible para la autodeterminación. Eso es consistente con el adagio de que "la participación lleva al compromiso". Woodrow Wilson dijo: "Siento la responsabilidad de la ocasión. La responsabilidad es proporcional a la oportunidad".[115]

Por ejemplo, Robert Kistner sugiere que los líderes podrían dejar que los empleados y los equipos establezcan sus propios presupuestos para los indicadores clave de rendimiento. Una ventaja de este enfoque es que provoca la participación y el compromiso de los empleados: si articulan lo que pueden lograr y lo que lograrán si reciben un determinado presupuesto, entonces es mucho más probable que logren esas cosas. Los líderes pueden utilizar la autodeterminación con presupuestos para fomentar la responsabilidad. Permitir que los empleados propongan sus presupuestos los pone en el asiento del conductor y elimina excusas como: "La empresa no nos dio suficientes fondos" o "La empresa no tiene idea de qué presupuesto necesitamos para lograr las áreas clave de desempeño que están requiriendo".

Además, cuando los empleados son cien por ciento responsables de sus presupuestos con respecto a las áreas de resultados clave, Robert Kistner sugiere que los líderes pueden aprovechar esto diciendo, esencialmente, "Me dijiste que podrías y lograrías estos objetivos con esta cantidad de fondos. Yo proporcioné los fondos. ¿Cómo te va con las metas? Este enfoque activa el asumir tanto los presupuestos como los objetivos de la organización. Permite a los empleados sentir el poder de elección y reduce la posibilidad de culpar a otros, al eliminar excusas y justificaciones.

En otras palabras, el empoderamiento mejora la actitud porque inspira a los empleados a asumir el trabajo por sí mismos. Robert Kistner reitera la mentalidad de empoderamiento: "Tengo muchos activos a mi alrededor para lograr mis objetivos; Solo tengo que implementarlos adecuadamente para lograr mis objetivos".[116] Esas actitudes dan vida personal y responsabilidad a los objetivos de la organización.

Stephen Covey aconsejó: "Fíjate en la palabra responsabilidad, 'capacidad de respuesta', la capacidad de elegir tu respuesta. Personas altamente proactivas…. No culpes a las circunstancias, condiciones o condicionamientos por tu comportamiento. Tu comportamiento es producto de una elección consciente, basada en valores, más que producto de tus condiciones, basada en sentimientos".[117] Robert Kistner describe cómo los empleados que hacen las cosas tienen una actitud de responsabilidad, como: "Puedes confiar en mí. Puede confiar en mí para ayudar a lograr los presupuestos de la empresa y ser responsable con los fondos de la empresa. Puedes confiar en mí para alcanzar los números y los objetivos. No dedico tiempo a justificar por qué no puedo alcanzar esos números. Si hay alguna fuerza externa que bloquea una ruta, encontraré otra ruta y seguiré adelante".[118]

"Los empleados con esta actitud utilizan los objetivos de la organización como una plataforma para lanzarse a una mentalidad de 'yo soy responsable'. Debo salir y hacer el trabajo. Estos son los números que debo alcanzar y los voy a alcanzar pase lo que pase.

Depende de mí hacerlo realidad. No dependo de personas, lugares y cosas para lograr mis objetivos".[119]

Siempre van a pasar cosas a tu alrededor en la industria hotelera, señala Kistner, pero los empleados exitosos "no se desaniman por esas cosas. No puedes dejarte disuadir por influencias externas. Tienes que comprometerte a decir 'esto es lo que voy a hacer'".[120] Con ese compromiso, los empleados pueden mirar a su alrededor y ver lo que hay en su ámbito de influencia. Harland Svare señaló: "En su área de responsabilidad, si no controla los acontecimientos, está a merced de los acontecimientos".[121] En resumen, los líderes pueden ayudar a los empleados a tomar el asiento del conductor entrenándolos a través de preguntas: ¿Qué herramientas tienes? ¿Qué recursos necesitas? ¿Dónde puedes conseguir ese apoyo, o dónde puedes improvisar para trabajar con lo que tienes en los parámetros de lograr lo que se te ha asignado?

Una solución, explica Harvard Business Review, tiene que ver con el enfoque: "Para motivar a un empleado a trabajar hacia sus objetivos, debe adoptar un enfoque similar al del judo: encontrar el locus de energía de la persona y aprovecharlo para lograr sus fines".[122] En el judo, en lugar de interponerse en el camino de un ataque y recibir su fuerza directamente, los participantes aprovechan activamente la fuerza, la energía y la fuerza de sus oponentes a su favor. Del mismo modo, en lugar de imponer soluciones a los empleados, los líderes pueden aprovechar la energía y el ingenio de los empleados para "sacarles soluciones".[123] Ayudar a un empleado a sentarse en el asiento del conductor "llama la atención de los empleados como mínimo; Idealmente, los impulsa a eliminar los obstáculos que impiden su motivación".[124]

Hoja de ruta del capítulo
En este capítulo, comenzaremos discutiendo brevemente cómo los líderes traducen sus objetivos y visión organizacional en realidad. Veremos una descripción general de alto nivel de cómo la implementación a veces se atasca debido a influencias externas e internas.

A continuación, discutiremos cuatro estrategias que los líderes pueden usar para ayudar a los empleados a tomar un interés personal en el logro de los objetivos organizacionales.

1. En primer lugar, los líderes que aclaran la lógica detrás de los objetivos ayudan a los empleados a comprender por qué sus esfuerzos marcan una diferencia crítica en el panorama general.
2. En segundo lugar, los líderes fomentan la aceptación emocional de los empleados al vincular resultados personales positivos al logro de los objetivos de la organización. Los empleados que están emocionalmente involucrados lanzarán su creatividad, innovación y cuidado para lograr esos objetivos.
3. En tercer lugar, los líderes abren caminos cuando muestran el camino con el ejemplo. Al cultivar relaciones sólidas, los líderes dan un paso adelante e invitan a otros a seguirlos.
4. Por último, los líderes impulsan el empoderamiento de los empleados ayudándoles a cultivar la agilidad mental.

La conclusión clave de este capítulo es el compromiso: "Soy responsable". Al final del día, esa actitud inspira la persistencia, el impulso y la dedicación que los empleados y líderes necesitan para evaluar y superar los obstáculos. Con las estrategias de este capítulo, los líderes pueden ayudar a cada persona de la organización a asumir la responsabilidad personal del éxito de los objetivos de la empresa. "Los buenos líderes empresariales crean una visión, articulan la visión, se apropian apasionadamente de la visión y la impulsan implacablemente hasta su finalización",[125] dijo Welch.

Los líderes traducen la visión en realidad

Winston Churchill enseñó: "El precio de la grandeza es la responsabilidad".[126] Una de las responsabilidades clave de un líder es generar una visión para la organización. En el mundo de los negocios en general, y en la industria hotelera específicamente, el crecimiento organizacional depende del logro de objetivos en todos los niveles de liderazgo. Al comienzo de cada año o período, las mentes más brillantes de la empresa se reúnen para centrarse en la estrategia. Analizan datos, esbozan tendencias y patrones, y definen objetivos para el próximo año; en resumen, estos líderes definen estratégicamente las decisiones visionarias y de panorama general que dirigen el curso de la empresa. Jack Welch escribió: "El trabajo de un líder es mirar hacia el futuro y ver a la organización no como es, sino como debería ser".[127]

Trasladar estas decisiones estratégicas de alto nivel de la teoría a la práctica requiere la cuidadosa orquestación de muchas partes móviles donde el caucho se encuentra con el camino. En otras palabras, transformar la visión en realidad significa poner en marcha una acción organizativa sistemática y orientada a objetivos. Los líderes identifican quién debe hacer qué y a qué nivel para lograr los resultados deseados. Luego, colaboran para definir prioridades y cronogramas, establecer puntos de control y plazos, asignar recursos y asignar roles clave a varios equipos y niveles de administración.

En ese momento, los líderes comunican su visión a los empleados y equipos mediante la entrega de mensajes informativos, motivacionales, hablados o digitales. Para generar entusiasmo colectivo, los líderes celebran reuniones de lanzamiento sobre actualizaciones, expansiones y nuevos proyectos. Al ensalzar el crecimiento de la tecnología, las fronteras que aún quedan por conquistar y el poder del cambio, los líderes infunden entusiasmo en los empleados y provocan su compromiso con el logro de los objetivos de la organización. Para promover la rendición de cuentas, los líderes comunican indicadores clave de desempeño y puntos de control específicos. Después de articular su visión y establecer parámetros para lograr esa visión, los líderes envían a los empleados a hacerlo.

Importancia de la propiedad individual

Steve Jobs enseñó: "Si estás trabajando en algo emocionante que realmente te importa, no tienes que ser presionado. La visión te atrae".[128] ¿Por qué, entonces, el entusiasmo por los nuevos y rugientes objetivos de la empresa a menudo tiende a evaporarse? ¿Dónde se pierde la visión en la monotonía del papeleo, las reuniones y los informes del día a día?

Cuando las iniciativas tienen dificultades, es común que los líderes se pregunten: ¿cómo podemos ayudar de manera más efectiva a los empleados a asumir la responsabilidad de cumplir con sus roles en el logro de los objetivos organizacionales? El proceso de transformar la visión en realidad requiere que cada empleado esté totalmente involucrado y comprometido: cuando una persona o departamento no está sincronizado, toda la empresa se siente fuera de sincronía. En otras palabras, a menos que cada empleado asuma la responsabilidad de su función, la organización tendrá dificultades para lograr los resultados deseados.

Análisis de patrones de ruptura

Cuando el rendimiento en tiempo real no está sincronizado con los resultados deseados, hay dos áreas principales de posible fallo: externa e interna. A modo de comparación, cuando los alpinistas no logran llegar a la cima del Everest, señalan averías externas, como problemas con el clima, su equipo, tanques de oxígeno o guías. Además, revelan fallas internas, como fallas en su determinación, mentalidad o condicionamiento. Llegar a la cima del Everest requiere una coordinación y ejecución exitosas de factores externos e internos. Esta metáfora se aplica a las empresas que están trabajando para implementar objetivos que pueden parecer tan grandes para los empleados como escalar el Everest para los escaladores. Veamos un poco más de cerca varios factores externos e internos que inhiben a los empleados de asumir la responsabilidad de sus roles en el logro de los objetivos de la organización.

Factores externos

Es posible que los empleados no logren alcanzar sus objetivos asignados porque entran en juego factores externos, como cuando una recesión económica global o local reduce la cantidad de fondos discrecionales que los consumidores deben invertir. En la industria hotelera, el clima extremo como los huracanes o los disturbios políticos / sociales pueden disuadir a los compradores potenciales de visitar los centros turísticos y, por lo tanto, reducir el número de ventas.

Una acumulación de factores externos puede afectar a la capacidad de los empleados para alcanzar los objetivos de ventas definidos y puede crear un efecto psicológico dominó. Por ejemplo, algunos pueden racionalizar: "Bueno, los otros equipos no lograron sus objetivos, así *que nosotros* no tenemos que lograr los nuestros". Otros pueden citar eventos externos como limitaciones: "No fue nuestra culpa: las condiciones no terminaron siendo las que los líderes esperaban cuando establecieron esas metas para el año". Algunos pueden justificar el incumplimiento de los objetivos señalando con el dedo: "¿Cómo pueden esperar que alcancemos nuestros números cuando necesitábamos un presupuesto mayor del que nos dieron?"

Con un toque de humor perspicaz, Louis Nizer dijo: "Cuando un hombre señala con el dedo a otra persona, debe recordar que cuatro de sus dedos lo están señalando a sí mismo".[129] En resumen, los desafíos externos no tienen por qué detener el progreso, sino que señalan la necesidad de innovar en el camino hacia el logro de los objetivos de la organización.

Factores internos
Si bien los factores externos pueden afectar la forma en que se hacen las cosas, no pueden disuadir a las personas que están totalmente comprometidas con el logro de la visión por cualquier ruta posible. A menudo, los factores internos juegan un papel más importante cuando los empleados no logran alcanzar los objetivos asignados. Incluso cuando los líderes hacen bien su trabajo al orquestar todos los sistemas de apoyo externo, los empleados pueden tener dificultades para asumir una participación personal en los objetivos establecidos por la alta gerencia. Sin embargo, eso es precisamente para lo que se contrata a los empleados: perseguir objetivos definidos con entusiasmo y dedicar su tiempo y esfuerzo a ayudar a la organización a lograr su visión.

Los líderes experimentados han visto que los empleados que asumen altos niveles de responsabilidad para el éxito de la organización están más entusiasmados en general con sus trabajos. A medida que los empleados aceptan la responsabilidad de lograr los objetivos asignados, sienten un sentido de misión que despierta la creatividad, el ingenio e incluso la valentía individuales.

Esta decisión de asumir la responsabilidad comienza en la mente, dice Marianne Williamson: "Puedes creer que eres responsable de lo que haces, pero no de lo que piensas. La verdad es que eres responsable de lo que piensas, porque es sólo en este nivel que puedes ejercer la elección. Lo que haces viene de lo que piensas".[130] Jim Rohn se hizo eco de este sentimiento: "Debes asumir la responsabilidad personal. No puedes cambiar las circunstancias, las estaciones o el viento, pero puedes cambiarte a ti mismo".[131]

Sin embargo, con la mentalidad interna adecuada y el apoyo externo, es posible alcanzar objetivos organizacionales tan elevados como llegar a la cima del Monte Everest, incluso si alcanzarlos pondrá a prueba la determinación y el talento de cada persona.

Cuatro estrategias para motivar la responsabilidad

1. Lógica del Arnés: Clarificar el Motivo Fundamental

En 1983, los cinturones de seguridad eran casi como decoraciones en los automóviles: solo el 14 por ciento de las personas en los EE. UU. usaban cinturones de seguridad.[132] ¿Por qué alguien usaría voluntariamente algo incómodo cuando el camino parecía lo suficientemente seguro? Para inspirar un cambio de comportamiento, los defensores de la seguridad decidieron centrarse en la lógica: las investigaciones muestran que tienes un 45 por ciento más de probabilidades de sobrevivir a un accidente automovilístico si llevas puesto el cinturón de seguridad en el asiento delantero que si no lo llevas puesto.[133]

El uso de los cinturones de seguridad aumentó después de que los anuncios en la televisión comenzaran a mostrar maniquíes de pruebas de choque usando y no usando cinturones de seguridad durante colisiones simuladas. En gran medida debido a esa educación pública, las tasas de uso del cinturón de seguridad en los EE. UU. aumentaron del 14 por ciento en 1983 al 90 por ciento en 2016.[134] Ahora, es mucho más común que las personas se abrochen el cinturón porque entienden la razón por la que esta acción les sirve.

A modo de comparación, cuando los líderes explican la lógica detrás de los objetivos de la organización, es más probable que los empleados cambien su comportamiento o asuman nuevos esfuerzos. En otras palabras, los líderes influyentes explican *por qué* se debe realizar una acción desafiante y proporcionan contexto siempre que sea posible.[135] Los empleados que entienden por qué están haciendo algo difícil pueden discernir un propósito superior que se eleva por encima del interés propio. Es más probable que cumplan con las nuevas normas y prácticas, incluso cuando los líderes no están dirigiendo cada paso porque el comportamiento cambia de acuerdo con la comprensión.

Para proporcionar una dirección eficaz y andamiar los cambios de comportamiento basados en la racionalidad, los líderes deben comunicar en exceso el razonamiento que subyace a la visión de la empresa. Explica por qué es importante el objetivo y qué logrará. Explica cómo funcionará y cómo encaja en la visión más amplia de la empresa. Reitera cómo es probable que el logro de este objetivo tenga un impacto positivo en la función laboral específica de los empleados este año y en los años venideros. Prioriza las tareas en consecuencia y apoya con entusiasmo a los empleados para que se desempeñen según los nuevos estándares, lo que incluye ayudar con paciencia cuando los empleados necesiten recuperarse de los errores. En resumen, a medida que los líderes muestran *a los empleados el por qué* detrás de los objetivos de la organización, es más probable que los empleados capten la visión más amplia y la acepten a nivel personal.

2. Aprovechar la Emoción: Generar Confianza en la Causa

A pesar de que las investigaciones han demostrado que el azúcar es poco saludable y adictiva para nuestra química física, ¿cuántos de nosotros decidiremos omitir nuestros refrescos y postres en función de esa información? Si observamos el aumento de las tasas de obesidad en América del Norte, tenemos la respuesta: dar a la gente razones lógicas y más información no ha motivado un cambio de comportamiento. En cambio, las personas que reducen voluntariamente la ingesta de azúcar lo hacen porque esencialmente *se ven obligadas* a hacerlo, como por enfermedades, o porque se sienten emocionalmente atadas a los resultados y *eligen* hacerlo.

Intentar obligar a los empleados a asumir la responsabilidad de los objetivos de la organización mediante la presión, como la imposición de medidas punitivas al fracaso en los logros, puede dañar la moral.

Es el enfoque del "palo", en lugar del enfoque de la "zanahoria", por así decirlo. Si bien un enfoque de palo puede imponer el cumplimiento, nunca inspirará entusiasmo. Más bien, los líderes pueden encender el cumplimiento entusiasta mediante la construcción de conexiones emocionales positivas de los empleados con los objetivos de la organización.

Construir una conexión de este tipo es quizás menos difícil de lo que parece. En un nivel fundamental, el *pathos* es persuasivo, en este caso, se trata de vincular una emoción positiva con el logro de los objetivos y la visión establecidos por los líderes de la empresa. En la industria de la hospitalidad, por ejemplo, si un vendedor realmente cree que la calidad de vida de un comprador mejorará después de comprar un tiempo compartido porque podrá llevar a su familia de vacaciones todos los años y construir relaciones clave que los sostendrán a lo largo de sus vidas, es mucho más probable que ese vendedor busque la venta con entusiasmo que un vendedor que solo está tratando de cumplir con un número objetivo asignado de ventas.

3. Correlacionar los Objetivos de la Organización con Resultados Positivos Concretos

Del mismo modo, si los empleados creen que hacer su parte para ayudar a la organización a lograr su visión generará resultados positivos concretos, entonces es mucho más probable que contribuyan. Tales resultados podrían estar correlacionados con la visión de la empresa, tales como: "Si logramos nuestros objetivos de construir esta próxima propiedad turística, la comunidad local recibirá tres mil puestos de trabajo a lo largo del proyecto y una infusión de fondos y apoyo". Eso sin duda podría ser motivador para los empleados locales que se preocupan por el empleo en la comunidad y quieren marcar la diferencia.

Como otra idea, los resultados positivos podrían no estar específicamente correlacionados con la visión de la empresa, sino que podrían estar vinculados artificialmente, como: "Si haces tu parte para ayudar al resort a construir su próxima propiedad antes de esta fecha límite, entonces donaremos una cierta cantidad de dinero a tu comunidad local". Diferentes resultados artificialmente unidos pueden motivar a diferentes personas. Por ejemplo, los empleados

Inspirar responsabilidad

con inclinaciones ambientales pueden estar motivados por saber que el resort plantará 1000 árboles en la nueva propiedad para cuando se complete. Otros empleados pueden estar más motivados por los incentivos asociados al desempeño: si desean apasionadamente lograr los incentivos, es más probable que persigan apasionadamente el trabajo asociado. George Lucas aconsejó: "Recuerda siempre: tu enfoque determina tu realidad".[136]

Brian Tracy sugiere una forma única para que los gerentes saquen lo mejor de cada persona que les reporta: "La respuesta es simple: hacer que se sientan felices…. A lo largo de los siglos, sabios, investigadores y científicos de todo tipo han buscado una "teoría del campo unificado", un principio único similar a un paraguas que explique todos los demás principios. En el área de gestión y motivación, 'hacerlos sentir felices' es la teoría unificada".[137] El desafío no es que los líderes no sepan cómo ayudar a los empleados a sentirse felices, sino que se olvidan de hacerlo porque están distraídos o no entienden la importancia de ayudar a los empleados a sentirse felices. Al construir relaciones y mostrar un interés genuino en los empleados, los líderes los ayudan a "sentirse valiosos, respetados e importantes. Se sentirán bien por dentro y querrán complacer [a los líderes] haciendo un buen trabajo".[138]

Las posibilidades son infinitas, pero los principios son básicos: cuanto más puedan los líderes conectar emocionalmente a los empleados con el logro de los objetivos de la organización, más probable será que los empleados asuman la responsabilidad de esos objetivos. Los líderes pueden construir tales conexiones a través de resultados positivos reales, cosas buenas que ocurren naturalmente cuando los empleados logran los objetivos asignados, o resultados positivos adjuntos artificialmente, como incentivos. "La motivación es la voluntad y la iniciativa de hacer lo necesario para cumplir una misión. Si bien la motivación viene de adentro, las acciones y palabras de los demás la afectan. El papel de un líder en la motivación es a veces comprender las necesidades y deseos de los demás, alinear y elevar los deseos individuales en objetivos de equipo e inspirar a otros a lograr esos objetivos más grandes".[139]

4. Ejemplo del Arnés: Liderar el Camino

Además de proporcionar razones lógicas y conexiones emocionales con los objetivos, los líderes pueden inspirar a los empleados a lograr el camino al liderarlo. La historia muestra cómo hombres y mujeres han seguido a los grandes líderes en la batalla una y otra vez, sabiendo que el resultado probable podría implicar el sacrificio de sus vidas. ¿Por qué los soldados no se dieron la vuelta y corrieron?

Un ejemplo de la Segunda Guerra Mundial pone de relieve la influencia del liderazgo personal. En diciembre de 1941, los japoneses invadieron Filipinas y el general estadounidense Jonathan Wainwright asumió el mando de la isla Corregidor. A lo largo de 90 días, el control japonés se hizo más estrecho en la isla y Wainwright dirigió sus defensas con los limitados recursos disponibles. Hacía "frecuentes visitas fuera de los túneles para ver cómo estaban sus hombres e inspirarlos personalmente".[140] Como líder intrépido y "guerrero tenaz, vio morir a los hombres que estaban a su lado y personalmente devolvió el fuego [...] Fue un comandante de primera línea único, un general de combate que se ganó la lealtad de sus tropas compartiendo sus dificultades".[141]

El 6 de mayo de 1942, Wainwright finalmente se rindió después de mantener una posición sin apoyo durante seis meses completos sin ayuda externa. Durante sus tres años de cautiverio como el prisionero de guerra estadounidense de más alto rango y de mayor edad en la Segunda Guerra Mundial, "Wainwright mantuvo la fe y la lealtad con sus compañeros prisioneros que sufrían privaciones, humillaciones, abusos y torturas".[142] Recibió una bienvenida de héroe y una Medalla de Honor en 1945.

Las habilidades de liderazgo en el ejército pueden informar las habilidades de liderazgo en los esfuerzos comerciales. Las fuerzas armadas definen el liderazgo como "la actividad de influir en las personas proporcionando propósito, dirección y motivación para cumplir la misión y mejorar la organización".[143] Como modelo a seguir, un líder ideal utiliza su fuerte intelecto, competencia y carácter moral para inspirar confianza y seguridad. Todas estas características son fundamentales cuando el líder necesita aprovechar el apoyo de sus colegas para tomar medidas decisivas en el mejor interés de la organización.

Los líderes militares aprenden que para "inspirar a los soldados a arriesgar sus vidas se requieren líderes profesionales capaces de proporcionar propósito, dirección y motivación".[144] Para desarrollar este nivel de influencia, los líderes deben hacer algo más que simplemente dar órdenes. Más bien, deben persuadir a la gente para que haga lo que sea necesario. "A través de las palabras y el ejemplo personal, los líderes inspiran propósito, brindan dirección y... motivación".[145]

El poder de influencia reside en las relaciones

Al igual que las tropas, los empleados se reunirán en torno a un gran líder con el que sientan una relación. Dicho de otra manera, las personas harán cosas difíciles porque alguien a quien respetan se lo pidió. Cuando Martin Luther King, Jr. dijo: "Tengo un sueño", la gente de todo Estados Unidos se unió para apoyar su causa a pesar de las pérdidas personales, la violencia y el esfuerzo diario de nadar contra la corriente contra las mareas abrumadoras. Un principio similar se aplica en las organizaciones: cuando un líder respetado articula una visión y establece metas, es más probable que los empleados de abajo en el escalafón compren y lleven su peso. Las personas que trabajaron para y con el Dr. King creyeron en su sueño, lo asumieron y dedicaron sus recursos a hacerlo realidad. Cuando los empleados, los gerentes, los trabajadores de oficina y los equipos pueden aceptar la visión de un líder para la empresa porque respetan mucho a ese líder, la organización tiene muchas más posibilidades de lograr sus objetivos.

Podríamos llenar páginas que describan lo que se necesita para que un líder se gane el respeto y la dedicación de sus colegas, pero aquí solo tocaremos los puntos más importantes. Por ejemplo, los líderes deben demostrar atributos de competencia, carácter sólido, disciplina, humildad, confianza, resiliencia, agilidad mental y experiencia. Estos atributos apoyan las competencias de comunicación, liderar con el ejemplo, crear un ambiente positivo y lograr resultados. Para lograr resultados positivos, los líderes exitosos se anticipan a las preocupaciones e integran las tareas, roles y recursos necesarios para aprovechar las oportunidades. En el proceso, los líderes fuertes proporcionan retroalimentación, ejecutan los planes diseñados y se adaptan según sea necesario.[146]

Además, los líderes respetados tienen una comprensión fundamental de sus habilidades, sus fortalezas y debilidades, e internalizan los roles, responsabilidades y acciones asociadas con el liderazgo. Tener esta comprensión de sí mismos permite a los líderes actuar y liderar con confianza, que es lo que inspira a los empleados a seguirlos y comprar su visión. A lo largo de una organización, se puede encontrar a líderes influyentes liderando un pequeño equipo, administrando un departamento o sentados en la C-Suite. En capacidades menos formales fuera del rango o posición, los empleados ejercen el liderazgo demostrando iniciativa, experiencia o conocimientos técnicos para asumir la responsabilidad y contribuir al éxito del equipo.

La influencia es un componente esencial del liderazgo y depende de la relación positiva entre los líderes y aquellos a quienes lideran. Los líderes pueden generar empatía, camaradería y confianza mutua mostrando un interés genuino en el bienestar de los empleados. Brian Tracy recuerda: "El líder marca la pauta por la forma en que habla, se comporta, responde a los demás y trata a las personas todos los días. Las personas tienden a 'seguir al líder' en el sentido de que imitan o admiran el comportamiento del líder".[147] En resumen, sé alguien a quien las personas que lideras puedan respetar. Fortalece tanto tu carácter como tu conexión con tus colegas. Ejerce un buen juicio y tómate el tiempo para construir relaciones. Nunca tengas vergüenza de ofrecer elogios y gratitud sincera por un trabajo bien hecho. Entonces, cuando les pidas ayuda, tus empleados respetarán tu influencia lo suficiente como para defender tu visión.

Cultivar la agilidad mental como expresión de empoderamiento

Además de ser alguien a quien vale la pena seguir, los líderes respetados cultivan la agilidad mental como una expresión de

Inspirar responsabilidad

empoderamiento en sus empleados y un medio para motivarlos a asumir los objetivos de la organización.

La agilidad mental es la capacidad de pensar con flexibilidad, y ayuda a los líderes y empleados a reaccionar eficazmente ante el cambio. A lo largo del camino hacia el seguimiento y el logro de los objetivos de la organización, el cambio es la única constante. Las situaciones dinámicas pueden traer problemas y desafíos. En términos de asumir la responsabilidad de lograr los objetivos, los empleados y líderes que son intelectualmente ágiles dejarán de obsesionarse con los desafíos y, en cambio, pivotarán para probar nuevos enfoques y lograr los resultados deseados.

Esta adaptabilidad se basa en la curiosidad y el razonamiento crítico. "Los líderes inquisitivos o intelectualmente curiosos están ansiosos por comprender una amplia gama de temas y mantienen una mente abierta a múltiples posibilidades antes de tomar decisiones. El pensamiento crítico tiene un propósito y ayuda a encontrar hechos, desafiar suposiciones, resolver problemas y tomar decisiones".[148] Los líderes mentalmente ágiles pueden superar los desafíos para encontrar la base de la comprensión. Aprovechan su innovación personal y su imaginación para reflexionar y aprender continuamente.

A medida que los líderes implementan nuevos procesos y sistemas para lograr los objetivos de la organización, confían en la intuición, la experiencia, el conocimiento y las aportaciones de sus equipos. Asumir la responsabilidad implica examinar los problemas en profundidad y desde múltiples puntos de vista para encontrar soluciones. Con la agilidad mental, a los líderes les resulta más fácil aislar los problemas principales e identificar soluciones que funcionen. La agilidad mental también implica un equilibrio entre la confianza y la humildad: los líderes necesitan la confianza para creer en su capacidad para tomar decisiones acertadas y ser responsables, pero también necesitan la humildad suficiente para cambiar de rumbo según sea necesario y anclarse a la realidad.

En resumen, al cultivar la agilidad mental y una actitud de empoderamiento, los empleados y líderes podrán asumir la responsabilidad de los objetivos de la organización y pasar al asiento del conductor dentro de sus funciones. Los líderes pueden ser conscientes de los empleados que pueden necesitar un poco de apoyo adicional y tomarse el tiempo para mostrarles el camino.

Conclusiones clave

A lo largo de su carrera, los líderes practican la motivación efectiva de las personas que dirigen para que se apropien de sus roles y de los objetivos de la organización. Como líderes, no podemos hacer nuestro trabajo sin el pleno apoyo de quienes trabajan bajo nuestras órdenes. Sabemos que nuestros empleados son las manos, los pies y los ojos de la empresa; necesitamos aprovechar al máximo el compromiso de los empleados para que la empresa avance hacia la visión que establecimos para ella. El éxito es más un viaje que un destino y no sucede de la noche a la mañana. Robert Collier señaló: "El éxito es la suma de pequeños esfuerzos, repetidos día tras día".[149]

Como se ha descrito en este capítulo, los líderes tienen muchas herramientas disponibles para ayudar a generar motivación, entusiasmo y cumplimiento en el logro de los objetivos de la empresa. Cuatro estrategias que hemos discutido incluyen el aprovechamiento de la lógica, la emoción, el ejemplo y el empoderamiento personal. Cuanto más se esfuercen *los líderes por comunicar el por qué detrás del* qué, más entenderán los empleados lógicamente lo que los líderes están tratando de crear y, en última instancia, por qué es importante en la visión de la organización. Al mostrar cómo el logro de los objetivos de la empresa marcará una diferencia tangible en la vida de los empleados, en el lugar de trabajo y en las comunidades locales, los líderes pueden forjar conexiones emocionales de sus empleados con los resultados positivos e inspirarlos a dedicarse a lograrlos.

A medida que los líderes cultivan su carácter y sus relaciones con sus colegas, desarrollan la atracción emocional por la que son conocidos los grandes *influencers*, la atracción que genera una respuesta comprometida a una simple solicitud. Sé un líder que pueda articular sueños que los demás a tu alrededor asumirán y trabajarán para alcanzar. Por último, los líderes empoderan a los empleados para que asuman los objetivos de la organización ayudándoles a ponerse en el

Inspirar responsabilidad

asiento del conductor. Proporciona libertad siempre que sea posible para la autodeterminación, como permitir que los empleados establezcan sus propios presupuestos para indicadores clave de rendimiento. Esto les permitirá sentir el poder de elección y reducirá la posibilidad de culpar o justificar.

Estas cuatro acciones ayudarán a los empleados a construir una actitud de "yo soy responsable". Tal actitud es la fuerza impulsora para los resultados exitosos de la organización: cada persona involucrada debe ser dueña del proceso y demostrar su capacidad imparable frente a la resistencia. Esta actitud es el núcleo de la resiliencia y alimenta la determinación frente al desafío. Esta actitud nos hace reír ante los obstáculos, y al instante buscamos nuevas rutas cuando se cierran las antiguas. Es la materia de la creatividad, el ingenio e incluso la esperanza.

Los marineros que cruzan los océanos y cartografían el globo terráqueo no habrían llegado a ninguna parte sin esta actitud de responsabilidad. Cada persona en el barco tenía que estar a bordo con sus tareas asignadas: izar velas, preparar comida o navegar por los mares.

Thomas Carlyle dijo: "Un hombre sin objetivo es como un barco sin timón".[150] Las tareas diarias de los empleados son pequeños objetivos que ayudan a orientar el rumbo del barco. Cada vez que el barco terminaba fuera de curso, una actitud de "soy responsable" de lograr los resultados diseñados es lo que motiva a los marineros a desviar el barco hacia el destino deseado.

Para nuestras empresas, que navegan como barcos a través de la economía global, navegan por recesiones y huracanes literales, nuestros objetivos son nuestra "tierra prometida" y nuestros empleados y colegas son nuestros marineros que hacen el trabajo diario de limpiar la cubierta y manejar el aparejo.

Como líderes que queremos inspirar la colaboración y no el motín, debemos mantener informados a los empleados, aprovechar las razones detrás de las acciones y ser alguien a quien valga la pena seguir. Aprovecha tus palabras y acciones para construir una visión y crea oportunidades para el empoderamiento personal. Solo entonces cada persona de la organización asumirá la actitud de responsabilidad y realmente hará el trabajo. Robert Kistner concluye: "Es realmente muy simple: las acciones hablan más que las palabras. 'Yo soy responsable' no es un eslogan elegante. Son nuestras acciones las que más inspiran a quienes nos rodean".[151]

5

Quince estrategias maestras de negociación

Como líder empresarial, no eres ajeno a la negociación. Ya has pasado por innumerables interacciones de negociación con tu familia, escuela y trabajo hasta ahora. De hecho, es probable que te encuentres con algún tipo de negociación, formal o informal, todos los días mientras interactúas con tus colegas, realizas ventas, te comunicas con proveedores externos y resuelves problemas.

Muchos de ustedes ya son negociadores muy exitosos, y tal vez se pregunten si este capítulo es demasiado elemental para una persona de sus capacidades. Nuestro objetivo es agregar a lo que ya sabes y proporcionar estrategias específicas que iluminen lo que puedes hacer naturalmente por instinto. Entender por qué eres un negociador increíble te ayudará a mejorar. También podrás enseñar a otros, como aquellos que trabajan bajo tu liderazgo o que pueden tener menos experiencia, las habilidades de los mejores negociadores.

Ya has descubierto que la negociación es una habilidad. Te ayuda a cerrar la brecha entre lo que necesitas y lo que otros necesitan: es un medio de colaboración, resolución de problemas y creación de soluciones. Los líderes que se enfocan en mejorar sus habilidades de negociación a menudo ven resultados tangibles, como:

- Mayores ingresos y utilidades
- Mejores salarios, prestaciones, bonos, etc.
- Relaciones y asociaciones duraderas
- Sólida reputación

La capacidad de negociar es valiosa para los gerentes de negocios porque desarrolla aptitudes de pensamiento crítico y habilidades de comunicación efectiva. Aquellos que negocian bien practican la escucha, la comprensión y la búsqueda creativa de puntos en común para llegar a soluciones que satisfagan a todas las partes involucradas. Se vuelven expertos en dar y recibir estratégicamente para construir espacios de acuerdo en medio de diferentes puntos de vista.

Los mejores negociadores también desarrollan relaciones sólidas. Se convierten en socios y asesores de confianza. Al cultivar y mantener una relación positiva con todas las partes, los buenos negociadores se establecen como empresarios de primer nivel y obtienen mayores oportunidades en el futuro.

¿Por qué es importante la estrategia?

Aprovechemos una analogía deportiva mientras pensamos en por qué podría ser útil tener una estrategia para la negociación. Imagina que eres el capitán de un equipo de fútbol que se prepara para enfrentarse a un oponente fuerte en un partido de campeonato.

- Antes del juego, tú y tu equipo pasan tiempo entrenando, realizando ejercicios y visualizando los resultados deseados. Evalúas a tu oponente en detalle: en qué es bueno y en qué es débil. Se te ocurren tácticas y planes que podrían inclinar las probabilidades a tu favor.

- Luego, el día del partido, cuando sales al campo, evalúas al otro equipo y comienzas a rastrear sus patrones. Debes controlar tus emociones y mantenerte enfocado en el resultado que quieres lograr.

- Después del partido, saludas al otro equipo con respeto (y tal vez chocas los cinco). Es posible que repiques en tu mente algunos de los momentos clave y anotes los lugares en los que podrías mejorar para la próxima temporada. Es posible que sientas decepción por los momentos en los que te equivocas, pero en general, puedes salir con aspectos positivos del rendimiento de tu equipo.

Ahora bien, la negociación es obviamente diferente de un partido de fútbol en muchos sentidos, sobre todo en el sentido de que ninguna de las partes sale como la única ganadora. En una negociación exitosa, ambas partes dan y reciben para lograr un resultado mutuamente deseable. En lugar de pisotear a la parte contraria, un buen negociador escucha y coopera para crear soluciones. Dado que ninguna de las partes tiene todos los ases, la estrategia es clave para permitir que ambas partes logren resultados positivos.

Pero, he aquí por qué un partido de fútbol es una metáfora útil para una sesión de negociación: ambos son eventos intensos que requieren una habilidad significativa. Ambos requieren preparación previa, tácticas sólidas para el día del juego y análisis posterior al juego. Puedes jugar mejor a medida que identificas y te vuelves experto en estrategias exitosas.

Hoja de ruta del capítulo

El resto de este capítulo describe 15 estrategias que los líderes empresariales pueden utilizar antes, durante y después de una sesión de negociación. Los temas se dividen en tres aspectos de la estrategia descritos anteriormente. He aquí un breve resumen:

- Preparación previa al juego: En términos de "preparación previa al juego", hablaremos sobre la definición de tu posición, la investigación de la otra parte, la anticipación de tácticas y emociones, y la disipación de la ansiedad.
- Día del juego: Las tácticas exitosas del "día del juego" que cubriremos incluyen establecer una relación de confianza, escuchar bien, dar y recibir, usar el tiempo a tu favor, comprender el papel de la ira, encarnar el respeto, mitigar la decepción y saber dónde trazar la línea.
- Después del juego: Después de la negociación, los buenos negociadores hacen un "análisis posterior al juego", que incluye dar las gracias a la otra parte, dar los siguientes pasos y reflexionar para generar mejoras.

Preparación previa al juego

Las cuatro estrategias descritas en esta sección mejorarán significativamente tus probabilidades: definir tu posición, investigar a la otra parte, anticipar emociones y tácticas, y disipar la ansiedad.

1. Define tu posición

Es fundamental entender lo que quieres antes de poner un pie en una sesión de negociación. De esa manera, sabrás cuándo avanzar y cuándo detenerte. Expresa tus necesidades y prioridades para ti mismo. Verifica la exactitud de los números. Conoce el valor de lo que quieres y comprende claramente lo que traes a la mesa. Carol Frohlinger señaló: "No te regatees antes de llegar a la mesa".[152]

Designa tus deberes absolutos, dónde debes alejarte si no se cumplen. Asegúrate de tener claros tus objetivos a largo plazo y lo que estás tratando de lograr con la negociación. Esto te ayudará a tener en cuenta el panorama general. Elige áreas en las que tengas margen de maniobra y puedas hacer concesiones más adelante.

Al trabajar para comprender la dinámica del negocio, considera las siguientes preguntas:

- ¿Quién tiene la influencia en la negociación? Si la otra parte espera un pago de tu parte, el apalancamiento tiende a estar de tu lado.
- ¿Quién quiere más el trato?
- ¿A qué limitaciones de tiempo está sometida la otra parte? ¿El tiempo está de tu lado o del otro?
- ¿Tiene la otra parte muchas alternativas?
- ¿Cuál es el estándar en el mercado? ¿Qué incluyen ofertas similares?

2. Investiga a la otra parte

Haz tu tarea. Averigua todo lo posible sobre las personas sentadas al otro lado de la mesa. Infórmate sobre otros acuerdos que han hecho. Comprende si prefieren hacer negocios con un apretón de manos o con un contrato largo y prepárate en consecuencia. ¿Cuáles son sus fortalezas y debilidades? Esta información puede ayudarte a posicionarte favorablemente. ¿Existe una diferencia real o percibida en el equilibrio de poder entre las partes? ¿Cómo puedes usar esto a tu favor?

Ahora piensa desde la perspectiva de la otra parte: ¿cuáles son sus necesidades? ¿Dónde podrían ser flexibles? Piensa en una o dos soluciones potenciales que podrías ofrecer que incorporen algo de lo que ellos necesitan y algo de lo que tú necesitas, dando siempre que sea posible.

Si bien vivimos en una sociedad "políticamente correcta", los líderes también deben considerar otras características sensibles pero críticas. Al tratar a todos con respeto, los buenos negociadores evalúan cuidadosamente cómo la edad, el género, la raza, la religión, la salud, la discapacidad, la educación, la clase, la riqueza, la cultura, la nacionalidad y otras características personales pueden influir en ambos lados de la negociación. Usa esas características a tu favor y no las descuides por tu cuenta y riesgo.

Lo que aprendas sobre la otra parte puede servir a tus tácticas de comunicación. Si estás participando en negociaciones prolongadas, evalúa las formas más efectivas de transmitir tus mensajes a esta parte específica. Si bien las comunicaciones escritas tienen su lugar, son más eficaces para establecer y confirmar posiciones y, posiblemente, para tratar los puntos de acuerdo fáciles que para hacer avanzar las negociaciones sobre las cuestiones más difíciles. Quien esté dispuesto a iniciar una llamada o fijar una reunión en persona tiene el poder.

3. Anticípate a las tácticas y a las emociones

Si puedes imaginar lo que la otra parte te preguntará y cómo te sentirás en ese momento, podrás prepararte para ideas o emociones potencialmente incómodas de antemano. Tendrás más control durante la reunión y estarás mejor preparado para el éxito. Harvard Business Review señala que durante la última década, "los investigadores han comenzado a examinar cómo emociones específicas (ira, tristeza, decepción, ansiedad, envidia, emoción y arrepentimiento) pueden afectar el comportamiento de los negociadores. Han estudiado las diferencias entre lo que sucede cuando las personas simplemente sienten estas emociones y lo que sucede cuando también las expresan a la otra parte a través de palabras o acciones".[153]

Esta investigación ayuda a los negociadores a mejorar sus habilidades atendiendo a las emociones. Por ejemplo, la ansiedad aparece antes o al principio del proceso; la ira o la excitación tienden a manifestarse en el calor de la discusión; y se puede sentir decepción o tristeza después del evento. Hay valor en "controlar las emociones que sentimos y especialmente aquellas que revelamos. En otras palabras, los buenos negociadores necesitan desarrollar una cara de póquer, no una que permanezca inexpresiva, siempre ocultando los verdaderos sentimientos, sino una que muestre las emociones correctas en los momentos correctos".[154]

Por ejemplo, considera la variedad de emociones efectivas (y menos efectivas) ilustradas en esta historia real. Un hombre de negocios que había realizado transacciones de miles de millones de dólares en Wall Street recuerda haber conocido al mejor negociador de su vida. El empresario caminaba por un camino de tierra a través de un mercado de chozas de paja en las afueras de Saigón. Los jóvenes trataban de venderle de todo: arroz, neumáticos... cualquier cosa que el dinero pueda comprar. El hombre no se dejó convencer. Entonces se acercó una anciana vietnamita vestida de negro con un solo objeto de inventario: un collar de cuentas. Aunque el empresario puede no haber sido su grupo demográfico objetivo, era una maestra de la negociación a través de la emoción.

Comenzó con una interacción amistosa, sonriendo con los dientes manchados de rojo por el jugo de nuez de betel. Pero el hombre no se dejó convencer. Luego le tocó la fibra sensible con lágrimas y una triste historia de necesidad de comida para sus hijos y dinero para el médico. El hombre se ablandó, pero aún así se mantuvo firme.

Finalmente, ella lo agarró por el antebrazo y presionó sus uñas en la carne lo suficientemente profundo como para llamar toda su atención, pero sin perforar la piel. Ella desafió airadamente su hombría y dijo que si era honorable, sin duda perdonaría algunos dong. Estaba un poco conmocionado, pero siguió caminando. Ella insistió y el hombre finalmente compró el collar, sin atreverse siquiera a negociar el precio. Los dedos de la anciana soltaron su agarre del brazo y se cerraron alrededor de los billetes arrugados. Se alejó cojeando, victoriosa.[155]

4. Ansiedad personal difusa

La mentalidad que adoptamos en nuestras negociaciones puede tener un impacto dramático en los resultados. Al igual que un atleta necesita estar "en la zona" antes del juego de campeonato, los negociadores deben estar en un lugar sólido. Algunas personas sienten angustia y un deseo de escapar de situaciones que tienen el potencial de resultados indeseables. Los negociadores ansiosos a menudo hacen primeras ofertas más débiles, se retiran antes de tiempo y logran resultados más bajos que los negociadores más seguros.

Para contrarrestar la ansiedad, practica la paciencia y la persistencia: permanece en la escena en lugar de desear escapar. Ensaya con antelación y familiarízate con la situación. Con el tiempo, las negociaciones se sentirán más rutinarias. En general, cuanto más preparado estés, mejor jugarás el día del partido. Se ha dicho que la suerte ocurre cuando la preparación se cruza con la oportunidad. John F. Kennedy aconsejó: "Nunca negociemos por miedo. Pero nunca tengamos miedo de negociar".[156]

Día del Juego: Evento de Negociación

Desde los movimientos de apertura y las observaciones, pasando por el toma y daca, la forma en que juegues el partido tendrá mucho que ver con los resultados que consigas. Aquí hay ocho estrategias que puedes usar en el campo para una negociación exitosa. Ten en cuenta que la numeración aquí se tomará de la sección anterior y se sumará a las quince estrategias totales.

5. Establecer una relación de confianza

Establece un tono positivo dando la bienvenida a la otra parte con entusiasmo y respeto. Sé abierto y sincero. La honestidad, la integridad y la dignidad son cualidades palpables y la base sobre la que se construyen las negociaciones constructivas. "Estás mejor posicionado para negociar cuando la otra parte te respeta, no solo como empresario, sino como ser humano. La confianza, que se gana a través de ese respeto, es la clave para una negociación exitosa".[157]

Una forma de mejorar la confianza y sentar las bases para una resolución exitosa, especialmente si hay algún tipo de disputa, es usar lo que podría llamarse la "estrategia de vapor de tetera". Comienza la negociación animando a la otra parte a contar su historia y a descargarse, si es necesario. No tienes que estar de acuerdo con todo lo que dice, pero puedes reconocer que escuchas que se dice lo que quieres. Toma todos los golpes verbales que quieran lanzar y aprende de cada swing. Esto es como el vapor caliente que fluye y silba en la tetera. Después de que una persona haya tenido la oportunidad de expresar sus preocupaciones y sentirse comprendida, la temperatura bajará y será más probable que esa persona escuche y explore opciones.

El gurú de la negociación Christopher Voss ofrece una sabiduría útil: "Si tu primer objetivo en la negociación, en lugar de presentar tu argumento, escucha a la otra parte, esa es la única forma en que puedes silenciar la voz en la mente de la otra persona. Pero la mayoría de la gente no hace eso".[158]

6. Escucha bien

La mayoría de las veces estamos tan ocupados asegurándonos de que la otra parte escuche lo que decimos que nos olvidamos de escuchar. Pero, se ha dicho que "los mejores negociadores son los detectives. Hacen preguntas de sondeo y luego dejan de hablar. El otro negociador te dirá la mayoría de las cosas que necesitas saber, todo lo que debes hacer es escuchar. Muchos conflictos se pueden resolver fácilmente si aprendemos a escuchar. Puedes convertirte en un oyente eficaz permitiendo que la otra persona hable la mayor parte del tiempo. Sigue la regla 80/20: escucha el 80 por ciento del tiempo y habla solo el 20 por ciento".[159]

Trata de hacer preguntas que estén redactadas de manera simple, planificadas de antemano, abiertas y aclaratorias. Luego escucha sin interrumpir las respuestas. Haz contacto visual y toma notas cuando sea apropiado.

Un investigador describe escuchar con "cuatro oídos".[160] En otras palabras, los negociadores hábiles escuchan estos cuatro componentes:

a. Lo que se dice claramente: obtén información sobre los pensamientos, necesidades y sentimientos de la otra parte a través de sus palabras.
b. Lo que no se dice: reconoce lo que el habla oculta y lo que el silencio revela
c. Lo que la otra persona quiere decir pero no lo hace: escuchar la esencia de las cosas en la lógica y la emoción de la otra parte
d. Lo que te estás diciendo a ti mismo: capta tus percepciones y tu voz interior y permite que tu intuición informada actúe como un entrenador

Articula en voz alta lo que escuchas, diciendo algo como: "Lo que escucho es que te gustaría lograr esto, y tienes cierta flexibilidad en estos otros dos temas. Creo que podemos encontrar un terreno común aquí". Es vital comprender lo que necesitan todas las partes y trabajar para todos los interesados. La creatividad es esencial para una buena negociación; Ver la situación solo en blanco y negro (ganar-perder) crea un pensamiento limitado. Cuando logres tus objetivos, sé considerado con la otra parte enmascarando la emoción para que no sienta que ha perdido.

No tengas miedo de permitir el silencio. Date a ti mismo y a los demás el tiempo y el espacio para reflexionar sobre lo que se ha dicho. Trabaja con el ritmo de la conversación y deja espacio. Lance Morrow señaló: "Nunca olvides el poder del silencio. Esa pausa enormemente desconcertante que sigue y sigue y puede durar induce a un oponente a balbucear y retroceder nerviosamente".[161]

Una forma de usar una pausa calculada a tu favor es simplemente contar hasta diez en silencio. Bill Coleman aconseja: "Esta es una técnica de negociación clásica. Es una indicación amable y suave de tu desaprobación y una excelente manera de seguir negociando. Cuenta hasta diez. Para entonces, la otra persona generalmente comenzará a hablar y es muy posible que haga una oferta más alta".[162] Robert Court estuvo de acuerdo: "Es una proposición bien conocida que sabes quién va a ganar una negociación; Es quien se detiene más tiempo".[163]

7. Toma y da

Pide lo que quieras. A medida que compartas tus necesidades, habla desde la perspectiva de cómo funcionan en beneficio del trato y favorece también a la otra parte.

Forbes describe varias preguntas que puede hacer para aclarar dónde podría dar y recibir en la negociación: [164]

- ¿Es este el mejor precio u oferta que me pueden dar?
- ¿Qué garantías obtengo de que su producto o solución funcionará para mí?
- ¿Quiénes son tus competidores? ¿Cómo se comparan sus productos?
- ¿Qué más puede incluir en el acuerdo sin costo para nosotros?
- ¿Cuál es el momento deseado para el acuerdo?
- ¿Cómo te beneficia nuestra oferta?

Planea hacer concesiones. Siempre ten en cuenta algunas cosas a las que puedes renunciar más adelante. Ten en cuenta que si esperas para compartir tus concesiones hasta después de haber compartido tus necesidades, la otra parte puede sentir que te estás moviendo hacia su objetivo y puede ser más colaborativa. Separa los "puntos de acuerdo" de los "puntos discrecionales". Sé razonable. Si todo es un punto de acuerdo, entonces probablemente no tendrás éxito en la negociación porque no tienes nada que dar. Si obtienes todos tus puntos clave a cambio de dar los puntos discrecionales, entonces hay más posibilidades de éxito.

8. Usa el tiempo a tu favor

Los negociadores experimentados determinan en cada sesión de negociación si el tiempo está de su lado o del otro lado. El tiempo está de tu lado si la otra parte está bajo restricciones u horarios para completarlo. Si les duele hacer las cosas, entonces pueden estar más dispuestos a acercarse a tus objetivos. Muévete despacio, pero ten en cuenta que retrasar demasiado podría crear molestias o costarte el trato, así que encuentra el equilibrio adecuado. El tiempo y el impulso van de la mano. Es útil cuando el tiempo está de tu lado.

Además, siéntete libre de tomarte un tiempo antes de tomar decisiones finales; no te dejes presionar para que firmes rápidamente. Sé paciente y dedica el tiempo suficiente para hacer un buen trato.

9. Comprender el papel de la ira en la negociación

La negociación puede ser un espacio en el que los ánimos se caldean. Aquellos que usan la ira creen que les ayudará a ganar una mayor parte del pastel. Este punto de vista se deriva de lo que los investigadores llaman el "sesgo de pastel fijo", en el que las personas asumen que la negociación es un juego de suma cero en el que sus intereses entran en conflicto directo con los intereses de su contraparte. En esta visión del mundo, los negociadores enojados asumen que parecen más fuertes, más poderosos y más capaces de tener éxito en la obtención de valor.[165]

Desafortunadamente, la ira reduce las ganancias conjuntas, la cooperación e incluso la precisión. Para disipar la ira, enmarca las soluciones de manera cooperativa, construye activamente una relación y discúlpate cuando sea necesario para reducir la hostilidad. Una estrategia creativa de afrontamiento es replantear la ira como tristeza, lo que puede llevar a hacer concesiones cooperativas en lugar de a un callejón sin salida. Si todo lo demás falla, trae a un tercero o haz una pausa y reprograma para otro momento.

Ten cuidado de nunca amenazar o gritar a menos que esté estratégicamente planeado: la negociación no se trata de ganar o dominar a la otra parte. La mayoría de los acuerdos solo son posibles si ambas personas sienten que están obteniendo algo de ellos. Si la otra parte se siente atacada o no le gustas, es menos probable que haga un trato. La realidad es que si cierras el trato, vas a seguir trabajando con las personas con las que estás negociando. No ayuda gritar o decir algo que no quieres decir en el calor del momento, especialmente en negociaciones que involucran a las partes en relaciones a largo plazo.

Teniendo en cuenta lo anterior, una muestra estratégica ocasional de emoción puede ser efectiva. Por ejemplo, un abogado conocido por mantener siempre la calma y la serenidad relató una negociación en la que el enfoque de "nivel" no estaba llegando a ninguna parte.[166]

De hecho, casi parecía proporcionar al corredor del otro lado una licencia percibida para pisotear y ser abusivo.

Al evaluar la situación, el abogado calculó el momento adecuado y luego, deliberada y conscientemente, se puso furioso. El cambio drástico del enfoque tranquilo y sereno a la furia estratégica conmocionó y acalló por completo al corredor, y luego permitió que las negociaciones continuaran sobre una base sólida hasta una resolución exitosa. Era como si el abogado de repente estuviera hablando el lenguaje emocional del corredor y usando la ira para comunicarse donde la calma había fallado.

En casos como este, la expresión estratégica de la ira y otras emociones puede ser efectiva, pero solo debe usarse en raras ocasiones. El abogado en el ejemplo anterior señaló que solo tuvo que usar la "opción nuclear" en unas tres negociaciones en más de 40 años. Pero si lo necesitas, úsala.

Si las tensiones aumentan, primero enfréntate a tus emociones. Es sorprendente ver que incluso los acuerdos comerciales de alto nivel se rompen porque alguien involucrado comienza a pensar o actuar de manera infantil. Cuando esto sucede, todo se desequilibra. Negociar suele ser extremadamente estresante para ambas partes, y es por eso que tener sentido del humor es muy útil.

Es posible que puedas ayudar a la otra parte a pensar y lidiar con sus emociones. Haz lo que puedas para calmar la tensión: tómate un descanso, habla con calma e invita a la ayuda de terceros, como la mediación. Un negociador exitoso actúa como el ancla estable, el adulto respetuoso en la mesa que se enfoca en la comprensión. Practica el uso de lenguaje inclusivo como "nosotros" y "nos" en lugar de "yo" o "usted". Esto puede ayudar a construir puentes y demostrar el beneficio mutuo.

10. Distinguir los puntos clave: fácil vs. difícil, y ahora vs. más tarde

Los negociadores expertos son maestros en categorizar los componentes que deben abordarse. Desde el punto de vista estratégico, tiene sentido separar los elementos fáciles de los más difíciles de acordar. Por ejemplo, a medida que te acerques a tu próxima negociación, separa lo que parezcan ser "puntos fáciles" de "puntos difíciles".

Crea un sentimiento de cooperación e impulso progresivo, ayudando a las partes a ponerse de acuerdo en tantos puntos fáciles o comunes como sea posible. Sí, sí, sí, a menudo conduce a más "síes". Si un punto se convierte en obstáculo, no dejes que empantane las negociaciones. Simplemente reconoce el punto y déjalo a un lado, en una lista de asuntos que se abordarán más adelante y luego vuelve al negocio de "sí, sí y más sí" en otros puntos. Después de crear ese entorno de "sí se puede", regresa a los puntos duros sobresalientes y ten en cuenta que a menudo son mucho más manejables: puede parecer que se encogieron de montañas a unos simples topes.

Los negociadores expertos también separan estratégicamente los "puntos de ahora" de los "puntos posteriores". Supongamos que algunos de los puntos son demasiado desconocidos o difíciles de decidir durante las negociaciones. Considera la posibilidad de ponerse de acuerdo sobre todos los puntos que se pueden decidir y luego abordar los puntos pendientes en otro momento. Por ejemplo, en una negociación de arrendamiento, imagina que un arrendador y un inquilino no pueden ponerse de acuerdo sobre cuál debería ser el alquiler dentro de cinco años. En lugar de dejar que ese desacuerdo retrase las negociaciones sobre los demás términos, las partes simplemente acuerdan aplazar esa decisión durante cinco años y luego establecer un mecanismo de evaluación para resolver la cuestión si las partes no pudieran llegar a un acuerdo después.

11. Mitiga la decepción y el arrepentimiento después del juego

La mayoría de las negociaciones complejas terminarán con cada parte habiendo logrado algunos de sus objetivos y no otros: es una mezcla de victorias y derrotas, no un resultado binario. Aun así, es natural mirar el acuerdo negociado después y notar emociones de decepción o arrepentimiento. Podemos preguntarnos: ¿Debería haber presionado más? ¿Había algo más que pudiera haber logrado?

Para reducir el arrepentimiento y la decepción, aquí hay dos estrategias de Harvard Business Review. En primer lugar, durante el evento en sí, considera la posibilidad de ralentizar el proceso para que cada parte tenga tiempo suficiente para considerar los resultados antes de tomar una decisión final. Asegúrate de plantear cualquier pregunta o temor que tenga para que pueda abordarse durante la negociación.

En segundo lugar, después de que se haya llegado a un acuerdo y se haya liberado la tensión, considera decir: "Tenemos términos con los que todos podemos vivir. Pero ahora que sabemos que hemos llegado a un acuerdo, dediquemos unos minutos más a charlar para ver si podemos encontrar algo que lo endulce para ambas partes".[167] Esto no es un intento de renegociar, sino más bien una forma de ayudar a ambas partes a sentirse aún más satisfechas y evitar el arrepentimiento.

12. Saber dónde trazar la línea

No tengas miedo de alejarte. Si la otra parte quiere su negocio, te devolverá la llamada. John F. Kennedy dijo: "No podemos negociar con aquellos que afirman: 'Lo que es mío es mío y lo que es tuyo es negociable'".[168] A medida que muestres respeto y trates de manera justa, puedes esperar que la otra parte también lo haga. Si no lo hacen, puedes optar por encontrar otro medio para alcanzar tus metas. Algunas de las mejores ofertas que hacemos son las que no hacemos. Es bueno saber cuándo alejarse de una transacción en lugar de entrar en un trato por el simple hecho de hacer un trato o por orgullo, incluso si el acuerdo es perjudicial.

Recuerda que quien pueda alejarse del trato tiene el poder final. Un hombre de negocios vio este principio en acción con su hijo de cinco años. Caminaron por un mercado callejero en México y el niño mostró interés en un peine que entraba y salía de un estuche como una navaja. El vendedor inmediatamente se dio cuenta de ese interés y ofreció vender el peine que normalmente tiene un precio de $ 20 por un descuento dramático de $ 10.

Sin decir una palabra, el niño se dio la vuelta y comenzó a alejarse lentamente. El vendedor sonrió y dijo: "Ok, ok, solo $ 8". El niño volvió a inspeccionar el peine y salió del cubículo sin hablar. El hombre gritó: "Está bien, solo $5". Este proceso se repitió varias veces más. Un grupo de otros vendedores se reunieron para observar la negociación, interrumpiendo a su colega para que hiciera la venta cueste lo que cueste. Que empiece el juego.

Finalmente, el precio bajó a un dólar. El joven inspeccionó el peine por última vez y luego se alejó. Los vendedores negaron con la cabeza. Uno incluso ofreció un peine similar de forma gratuita, pero se acabó el juego. Ninguno de nosotros había visto antes una negociación como esa. Una de las partes no dijo una palabra y simplemente estaba dispuesta a retirarse del trato. A pesar de que el niño finalmente decidió no comprar el peine, lo habría obtenido por un precio increíblemente reducido si hubiera elegido comprarlo.[169]

En resumen, toda negociación implica movimientos estratégicos de apertura, estira y afloja hacia diferentes objetivos y un acuerdo final (si es que se puede llegar a uno). Manejar tus emociones a lo largo del camino te ayudará a mantener el panorama general a la vista.

Análisis post-juego

La negociación de los términos básicos puede estar completa, pero ahora la transacción está en curso o el proyecto se está preparando para el inicio. Aquí hay tres estrategias cortas para concluir bien la negociación: dar las gracias, dar los siguientes pasos y buscar la mejora continua. También hemos incluido algunos recursos que puedes leer para obtener más información.

13. Di "Gracias"

Una vez completada la negociación, tómate el tiempo para agradecer a la otra parte por su tiempo y esfuerzo en la creación de una solución. Muestra respeto. Si corresponde, envía un correo electrónico o una nota reconociéndolos. Si bien esto puede ser menos fundamental en una negociación de una sola transacción, puede marcar una gran diferencia en una relación a largo plazo. Al mostrar gratitud, te sentirás más completo con el proceso, y es probable que la otra parte también se sienta más comprometida a hacer que el trato funcione sin problemas.

14. Dar los siguientes pasos

Haz un seguimiento de las cosas que acordaron hacer. Si sentaste las bases en tu sesión de negociación para un contrato o acuerdo, comienza a redactar. Involucra a tus equipos y abogados: tú conoces el proceso adecuado para tu negocio. Si estás trabajando con un contrato, ten en cuenta que es posible que haya negociaciones en curso y rondas de comentarios a medida que todas las partes llegan a un producto final. A medida que se produzcan estas comunicaciones, te alegrarás de haber mantenido bajo control cualquier enojo o emociones difíciles durante la sesión inicial. Tus esfuerzos por cumplir con tu parte del trato ayudan a la otra parte a confiar más en ti, en este y futuros acuerdos.

15. Buscar la mejora continua

Todos los atletas reciben entrenamiento, incluso los mejores de los mejores trabajan con mentores que pueden detectar patrones y señalar áreas de mejora. Cuando pienses en el día de tu juego de negociación, considera lo que salió bien y lo que tal vez quieras mejorar para la próxima vez. Si tus colegas o líderes estuvieron presentes, considera invitarlos a dar su opinión e implementar sus sugerencias. Como sabes, los negocios implican una serie de negociaciones, y es una habilidad que vale la pena cultivar. Al reflexionar sobre tus errores y tus éxitos, te volverás más hábil con el tiempo.

Sigue mejorando tus habilidades aprendiendo de los gurús de la negociación. Aunque no podemos respaldar a ningún autor o filosofía en particular, aquí hay algunos libros que muchas personas han encontrado útiles:

- *Llegar al sí: negociar un acuerdo sin ceder* por Roger Fisher, William L. Ury y Bruce Patton
- *Obtener más: Cómo puede negociar para tener éxito en el trabajo y en la vida* por Stuart Diamond
- *Conversaciones cruciales: Herramientas para hablar cuando hay mucho en juego* por Kerry Patterson, Joseph Grenny, Ron McMillan y Al Switzler
- *Influencia: La psicología de la persuasión* por Robert B. Cialdini
- *Negociar para obtener ventaja: Estrategias de negociación para personas razonables* por G. Richard Shell

- *Nunca dividas la diferencia: Negociando como si tu vida dependiera de ello* por Chris Voss y Tahl Raz
- *Besar, hacer una reverencia o estrechar la mano: la guía más vendida para hacer negocios en más de 60 países* por Terri Morrison y Wayne A. Conaway

Conclusiones clave

La capacidad de negociar con éxito en el cambiante clima empresarial actual puede marcar la diferencia entre el éxito y el fracaso. Es una habilidad que vale la pena dominar. Las estrategias que hemos discutido en este capítulo pueden ser una buena adición a las fortalezas de negociación que ya posees como líder empresarial.

No te preocupes por abordar todo a la vez, simplemente elige una o dos estrategias que te hayan llamado la atención mientras leías, y comienza por ahí. Probablemente ya hayas pensado en una forma de implementar algunas de estas ideas. Si puedes dedicarle solo cinco minutos, prueba esto:

- La próxima vez que vayas a negociar con un cliente, dedica cinco minutos a leer sobre él en línea antes de que llegue. Incluso un vistazo rápido puede ayudarte a saber mejor quiénes son o qué han hecho recientemente para que puedas hablar con ellos de manera personal.
- Si te sientes ansioso, trata de pasar cinco minutos durante el día o una hora antes de la negociación pensando en tus preguntas e imaginando las respuestas de la otra parte. Tal vez podrías hacer un juego de roles con un colega durante un minuto para probar tus ideas en vivo. Esto te ayudará a sentirte más tranquilo y a limar asperezas.
- Si te sientes enojado o frustrado a medida que aumentan las tensiones en la habitación, pon un temporizador en tu reloj o teléfono y comprométete a hablar con calma durante cinco minutos antes de saltar al calor. Respira hondo y nota la diferencia.
- Si normalmente no haces un seguimiento después del evento, intenta invertir cinco minutos en redactar un correo electrónico rápido que diga algo como: "Gracias por su tiempo hablando con nosotros ayer. Esperamos poder

trabajar con usted. Cuéntenos cómo podemos ayudarle, tiene mi número".

Pronto, se convertirá en una segunda naturaleza que te prepares cuidadosamente antes de entrar en la sesión de negociación. Te volverás bueno para definir tu posición, comprender el otro lado y preparar tus emociones. Luego, cuando entres en la habitación, podrás establecer hábilmente una relación de confianza, escuchar las señales habladas y no habladas, y usar el tiempo a tu favor. No te desviarás por la ira; En su lugar, sintonizarás con el humor y la paciencia. Por último, fortalecerás tu reputación a medida que sigas adelante con los próximos pasos de la negociación y ofrezcas una expresión de agradecimiento.

Si tienes en cuenta estas estrategias cada vez que entres en un escenario de negociación, estarás bien encaminado para hacer mejores tratos, reducir la frustración y tener relaciones comerciales más satisfactorias. También podrás compartirlos cuando sea el momento adecuado con tus aprendices o equipos a medida que crezca tu carrera.

6

Definición de la creatividad en el lugar de trabajo

La creatividad y la innovación siempre han estado en el corazón de toda organización exitosa. De hecho, IBM encuestó a más de 1.500 directores ejecutivos y descubrió que en repetidas ocasiones clasificaron la creatividad como el factor número uno para el éxito empresarial, valorando la creatividad incluso por encima de la disciplina, la integridad y la visión de gestión.[170] Si bien es fácil imaginar el emprendimiento como un semillero de creación, lanzando nuevos conceptos y métodos, la creatividad también es un impulsor del liderazgo empresarial diario en las empresas establecidas.

Brian Tracy observa: "Parece haber una relación directa entre la cantidad de nuevas ideas que generas en tu trabajo y el nivel de éxito que alcanzas. Una nueva idea o visión puede ser suficiente para cambiar la dirección de toda una empresa".Aunque la creatividad siempre ha estado en el [171] corazón de los negocios, el apoyo a la creatividad no ha sido una prioridad en la agenda de gestión. En otras palabras, los líderes empresariales tienen muchas oportunidades de crecimiento en términos de fomentar la creatividad en sus equipos y empleados.

En la economía actual, impulsada por la innovación, la creatividad puede impulsar la toma de decisiones y la investigación que se convierte en la base de nuevos y exitosos métodos. La rentabilidad, los ingresos y las perspectivas de tu empresa dependen de la contribución creativa y su implementación. Los líderes empresariales hacen bien en fomentar las sugerencias e ideas de cada empleado porque cada persona puede sugerir mejoras dentro de su línea de visión.

Hoja de ruta de los capítulos para la primera parte de la serie

Este capítulo es el primero de una serie de dos partes que proporciona estrategias para que los líderes empresariales gestionen la creatividad. En este capítulo, analizaremos en profundidad qué es exactamente la creatividad en el lugar de trabajo. ¿Cómo lo definen los líderes empresariales? ¿Cómo apoya los objetivos y el trabajo de la organización en su conjunto? A continuación, proporcionaremos las primeras cinco estrategias que los líderes empresariales pueden utilizar para cultivar la creatividad en los equipos y empleados que gestionan.

Como adelanto del próximo capítulo, la segunda parte de esta serie cubrirá cinco estrategias más que los líderes pueden utilizar para preparar el escenario para la resolución creativa de problemas e invitar a las mejores ideas de la organización. En la segunda parte, también volveremos la lente hacia adentro y discutiremos varias formas en que los líderes empresariales pueden nutrir su creatividad, tanto dentro como fuera del horario laboral.

¿Qué es la creatividad en el lugar de trabajo?

La mayoría de nosotros podemos nombrar a personas que creemos que son creativas, como Einstein, Edison, Da Vinci, etc., y la mayoría de nosotros podemos nombrar resultados tangibles del pensamiento creativo, como novelas, inventos o teorías, pero la mayoría de nosotros luchamos por definir el concepto real de creatividad. Adelante. ¿Cuál es tu definición de creatividad? ¿Tu definición es sobre una forma de ser o sobre una identidad?

Definiendo la creatividad

Como fenómeno matizado, la creatividad podría ser simplemente "la habilidad de trascender las formas tradicionales de pensar o actuar, y de desarrollar ideas, métodos u objetos nuevos y originales".[172] Veamos tres componentes relevantes de esa definición.

1. *HACER.* En primer lugar, la creatividad es una "habilidad". Es una habilidad específica de un individuo, como la habilidad de correr cinco millas, o hacer ecuaciones cuadráticas, o escribir poesía. Para algunas personas, ciertas habilidades son naturales, mientras que otras personas deben trabajar para adquirir esas mismas habilidades. Tal vez seas un genio del cálculo, pero te cuesta cocinar una cazuela. La buena noticia es que las habilidades, como la creatividad, el cálculo, la flexibilidad, la poesía, etc., se pueden adquirir con suficiente esfuerzo y dedicación.

2. *TRASCENDER.* En segundo lugar, la creatividad consiste en "trascender" las formas tradicionales de pensar o actuar. Eso significa ir más allá, o alrededor, una y otra vez. La creatividad consiste en mejorar lo que existe. Significa pensar de manera diferente reconociendo las limitaciones de lo que ya existe y tratando de resolverlas. Este concepto está encapsulado en el mantra de los marines estadounidenses "Improvisar, adaptarse y superar".[173] Algunas personas creativas no tienen que esforzarse mucho para "pensar fuera de la caja"; más bien, es posible que tengan que esforzarse más para encajar dentro de las cajas y etiquetas aceptables dadas por la sociedad y el lugar de trabajo. Muchos individuos creativos manifiestan independencia y voluntad de ser diferentes.

3. *EN DESARROLLO.* En tercer lugar, para que la creatividad desarrolle cosas nuevas y originales, debe ir más allá de la imaginación y entrar en el desarrollo real. Las personas con ideas creativas deben investigar para probar esas ideas. Las personas que crean procesos también deben desarrollar pruebas para garantizar que esos procesos funcionen según lo previsto. Las personas que crean objetos o productos con éxito se toman el tiempo para construirlos. A veces, las personas que crean pueden establecer contactos para colocar sus ideas y objetos dentro de sus mercados óptimos. Otras veces, las personas que crean ideas no son las personas óptimas para escalar los productos a la comercialización, ahí es donde los gerentes y líderes pueden traducir las ideas en

ingresos reales o eficiencias y ahorros de costos para mover el producto a través de la línea de meta.

Creatividad en la resolución de problemas

Para los gerentes, la creatividad tiene mucho que ver con la resolución de problemas. Brian Tracy indica que el gerente promedio pasa el 50 por ciento o más de su tiempo resolviendo problemas, ya sea solo o con otros. Por lo tanto, la "capacidad de un líder para lidiar con las dificultades y resolver problemas determinará, más que cualquier otra cosa, todo lo que suceda en [su] carrera. De hecho, es seguro decir que un individuo con pocas habilidades de pensamiento creativo será relegado a trabajar para aquellos con habilidades de pensamiento creativo desarrolladas".[174]

Es una observación, no una crítica. Las personas creativas no son mejores ni más valiosas que los implementadores porque ambos son esenciales para el éxito. Por ejemplo, ¿dónde estaría una idea creativa sin las personas que se encargan de la logística, el desarrollo, el marketing, el envío, los pedidos y los aspectos más "mundanos" de transformar una idea creativa en un elemento generador de ingresos real en el balance general de la organización? La clave es que los líderes reconozcan dónde son más talentosas las personas que dirigen y que saquen lo mejor de cada uno para contribuir al éxito de la empresa.

La creatividad es una habilidad que te permite extraer comprensión del mundo que te rodea, conectar esas observaciones con tus reservas de conocimiento existentes e imaginar nuevas aplicaciones de tu conocimiento sobre el mundo".[175] Es una tendencia a generar o reconocer ideas, alternativas o posibilidades que pueden ser útiles para resolver problemas y comunicarse con los demás.

La creatividad es el proceso de crear algo único y nuevo. Es tan simple como ver lo que otros no están viendo y unir sistemas, procesos y productos de una manera nueva para crear nuevas sinergias. E incluso cuando varias personas pueden ver el problema y la solución, la persona que actúa e implementa la solución tiene más probabilidades de tener éxito. ¿Cuántas personas a lo largo de la historia vieron la necesidad de unir papeles antes de que el noruego Johan Vaaler inventara el clip?

Para que algo sea creativo, no basta con que sea nuevo; También debe tener valor o satisfacer las demandas de una situación específica. No tiene que ser enorme o innovador (por ejemplo, el clip). A veces, los cambios sutiles en lo que hacemos o en cómo lo hacemos pueden ser lo suficientemente creativos como para ser materia de innovación. Poner a tu equipo de ventas en una ubicación diferente, ingresar a un nicho aún desatendido y generar demanda entre mercados o grupos demográficos donde no existía anteriormente puede ser innovador.

Creatividad en las personalidades

¿Cómo pueden los líderes reconocer la creatividad en los miembros de su equipo y empleados? La investigación muestra que las personalidades creativas pueden exhibir una combinación de alegría y disciplina, humildad y orgullo, e introversión y extroversión. Las personas altamente creativas a menudo son vistas como excepcionalmente brillantes, perspicaces, frescas y apasionadas. Algunos miembros del equipo creativo son rebeldes e independientes. A muchos les apasiona su trabajo, pero también pueden ser objetivos al respecto. Muchas personas creativas son muy sensibles, lo que puede conducir a un mayor sufrimiento a veces, pero también a un mayor disfrute en otras ocasiones.[176] Esos tipos sensibles a veces notan detalles que otros pueden pasar por alto y, por lo tanto, ven conexiones más allá de lo que es aparente.

Las pruebas de creatividad miden no solo el número de alternativas que las personas generan, sino también qué tan única es cada una de esas alternativas. La creatividad está ligada a cualidades fundamentales del pensamiento, como la flexibilidad, la tolerancia a la ambigüedad o la imprevisibilidad, y el disfrute de cosas hasta ahora desconocidas.[177] Brian Tracy resume: "La creatividad es una característica natural y espontánea de las personas positivas con alta autoestima".[178]

Algunos estudios muestran que los hombres y las mujeres que evidencian "genio" tienen tres hábitos en común[179], y estas

características son completamente aprendibles y replicables para aquellos que quieran desarrollarlas:
1. La capacidad de concentrarse en una sola cosa sin distraerse. A veces, escribir los detalles mejora la capacidad de concentrarse al 100% en resolver un problema.

2. La capacidad de ver el panorama general al permanecer con la mente abierta, flexible e incluso infantil al examinar posibles soluciones a un problema. Suspenden el juicio y la crítica y evitan apegarse a sus ideas.

3. La capacidad de adoptar un enfoque sistemático y ordenado para la resolución de problemas. Si bien algunas soluciones surgen del subconsciente o de los momentos de revelación, muchas soluciones provienen simplemente de ejecutar la lista de verificación de preguntas: ¿Por qué? ¿Por qué no? ¿Cómo? ¿Podría haber otra opción?

Cinco estrategias que los líderes pueden utilizar para inspirar la creatividad en los equipos y los empleados

"Si hay un cuello de botella en la creatividad organizacional", pregunta Scott Cook en Harvard Business Review, "¿podría estar en la parte superior de la botella?"[180] El papel de los líderes empresariales en el fomento del proceso creativo es el siguiente: "Uno no maneja la creatividad. Uno *gestiona para* la creatividad".[181] Hasta hace poco, la responsabilidad de innovar nuevas ideas y productos se dejaba en manos de los equipos de investigación y desarrollo. La gestión de la creatividad era una especie de enigma. ¿Cómo se gestiona algo tan abstracto como la innovación? Hoy en día, los elementos esenciales en los roles de liderazgo de equipos incluyen la capacidad de administrar equipos de manera creativa e inspirar la diversidad.[182]

"¿Cómo fomentamos la creatividad en la organización moderna? ¿Y cuáles son los cimientos que nos impulsan a una gran innovación? Hay muchas maneras en las que podemos innovar en el lugar de trabajo y hacer que nuestros lugares de trabajo sean más estimulantes para que fluya la creatividad. Solo tenemos que dar a nuestros equipos la libertad y la confianza para explorar formas de hacer lo que hacen mejor".[183] Esta sección proporciona cinco estrategias que los líderes pueden utilizar al gestionar la creatividad. Apoyan a los líderes para que fomenten e inspiren la creatividad en sus equipos y empleados.

1. Aprovechar la creatividad organizacional: todas las mentes en cubierta

Los líderes pueden preparar el escenario para el trabajo creativo reuniendo a las personas adecuadas en los momentos adecuados y en los entornos adecuados para manejar la cantidad adecuada de trabajo creativo. Reformular los roles de los empleados para invitarlos a aportar imaginación. Cook señala: "La gestión tradicional prioriza los proyectos y les asigna personas. Pero cada vez más, los gerentes no son la fuente de la idea".[184] Cuando las ideas nacen de las filas y son propiedad de los equipos que las concibieron, los gerentes desempeñan una función de apoyo para guiar esas ideas a buen término.

Por ejemplo, Harvard Business Review describe cómo Philip Rosedale, fundador y presidente de Linden Lab, lidera dando a los trabajadores una amplia autonomía, y "el mayor éxito proviene de las propias iniciativas de los trabajadores".[185] Por supuesto, debe haber un equilibrio sobre las iniciativas, y muchas deben ser impulsadas desde arriba, pero cuando los empleados generan el plan, tal vez estén más apasionados, más comprometidos y más informados sobre cómo hacer que esas ideas funcionen bien.

Conoce el panorama general

No tienes que ser un genio creativo, pero necesitas saber lo que los equipos están tratando de lograr para que puedas evaluar su trabajo y proporcionar comentarios significativos y específicos. Puedes identificar las debilidades de las ideas y ayudar al equipo a compensarlas. Su orientación inspira confianza y mantiene al equipo en el camino hacia su objetivo final designado. Si bien algunos podrían creer que eliminar todos los límites mejora la creatividad, la investigación muestra que las personas creativas "generalmente funcionan mejor cuando tienen una dirección clara y una comprensión de los objetivos".[186] Norman Barry dijo: "Dame la libertad de una estrategia ajustada".[187]

Hacer preguntas innovadoras

Como líder, puedes reunir "todas las mentes" utilizando procesos de pensamiento y técnicas de cuestionamiento deliberados y conocedores de la innovación, tales como:

- Invita al grupo a examinar un fracaso inesperado, un éxito o un evento externo en busca de nuevas oportunidades de negocio. Por ejemplo, cuando los precios del petróleo se dispararon en la década de 1970, las empresas comenzaron a innovar con automóviles más pequeños, paneles solares y fuentes de combustible alternativas.

- Analiza los cambios en la demografía del mercado (como los consumidores que envejecen o los compradores millennials), los valores sociales (como el énfasis en el respeto al medio ambiente o la aptitud física) o el conocimiento (como las tendencias científicas o económicas) para el impacto en la organización y las tendencias de ventas.

- Compara la realidad de lo que es con lo que debería ser, y busca cualquier inconsistencia o problema de nicho que resolver. ¿Cómo podríamos usar este producto o servicio para lograr otras cosas? ¿Cómo podríamos combinar nuestros productos/servicios de una nueva manera para satisfacer los deseos de la demografía emergente? ¿Cómo podríamos hacer que nuestro producto sea más fuerte? ¿Qué debemos añadirle o quitarle?

- Haz preguntas específicas, basadas en objetivos y al estilo de llenar los espacios en blanco, como: "¿Podríamos reducir nuestros costos en un 20 por ciento si...?" O: "¿Podríamos duplicar nuestras ventas si...?" Lo que descubras mientras escuches puede sorprenderte.

2. Reunir y nutrir grupos diversos

Como líder, tu papel es reunir a grupos diversos, generar suficiente confianza y credibilidad para unirlos y hacer que la discusión sea segura para perspectivas únicas. Recopila personas de todos los géneros, razas, etnias, edades, experiencias de vida, conjuntos de habilidades, antecedentes educativos y más. A medida que traigas a personas de diversas disciplinas y orígenes, puedes invitarlos a aplicar su pensamiento a un tema asignado de una manera nueva. Por ejemplo, invita a tu equipo a aplicar los métodos o hábitos mentales de un campo a los problemas de otro campo para producir avances. Al permitir que los equipos conecten ideas de diferentes contextos, preparas el escenario para la innovación.

¿Cómo puedes reunir a la mezcla adecuada de personas? Construir un equipo diverso y multifuncional puede ser más fácil cuando los líderes permiten que los miembros del equipo recluten nuevos miembros del equipo. Esta responsabilidad les permite "elegir candidatos que encajen con la cultura del equipo y compartan valores similares" y, por lo tanto, tengan una mejor oportunidad de integrarse con el grupo para producir grandes resultados.[188]

Una forma de mejorar el pensamiento diverso es reunir a personas que tienen múltiples identidades sociales. La investigación de Henri Tajfel definió la identidad social como un "sentido de una persona de quién es en función de su pertenencia al grupo".[189] Dicha pertenencia a un grupo podría involucrar cualquier cosa, desde la clase social hasta la familia de origen, el equipo de fútbol favorito, etc. Puede implicar características cambiantes, como el color del cabello, la afiliación universitaria y la vocación, así como características generalmente no modificables, como la raza, el origen étnico y el género. El grupo al que "pertenecemos" nos conecta con ciertas perspectivas y percepciones, como las creencias, las visiones del mundo, la conciencia cognitiva y la categorización social. Debido a que las identidades sociales dotan a los individuos de conocimientos específicos relacionados con la identidad, los líderes pueden aprovechar esas identidades para combinar conjuntos de conocimientos de manera productiva.

A pesar de que las identidades sociales pueden construir el sentido de "grupos internos" y "grupos externos" (lo que puede reducir la disposición de las personas diversas a colaborar con personas que perciben como "otras"), los líderes pueden capitalizar el hecho de tener una variedad de identidades sociales en sus equipos para mejorar positivamente el resultado de un proyecto. ¿Cómo?

Por ejemplo, un estudio de la Universidad de Michigan pidió a ingenieras que imaginaran nuevas características para un teléfono celular para mujeres.[190] Un aspecto único de este experimento que informa las estrategias de gestión es el siguiente: si se requiere que las personas supriman ciertas partes de su identidad para encajar, la empresa puede perder una valiosa fuente de creatividad.

Profundizando un poco más en el papel de un líder en la extracción de información de las identidades sociales, considera la importancia de vigilar la posible discriminación por parte de los grupos internos contra los grupos externos. Por ejemplo, es posible que una ingeniera en un entorno de trabajo predominantemente masculino no exprese naturalmente ideas orientadas a las mujeres sobre el diseño de teléfonos celulares (u otros productos). Tal vez sienta la necesidad de conformarse, o no quiera destacarse como "diferente" porque no confía en que será escuchada y validada, independientemente de si el diseño final lleva sus sugerencias o no. Por lo tanto, cuando los gerentes pueden identificar múltiples identidades sociales, pueden crear activa y deliberadamente un espacio seguro para permitir que se escuchen esas voces. Al hacerlo, los líderes pueden aprovechar una fuente de creatividad potencialmente rica (y a menudo no escuchada).

Más allá de la identidad de género, la identidad social aparece en el país o lugar de origen, la herencia, la religión, los idiomas, la educación, las experiencias de vida, la familia y más. Un ex marine podría tener información valiosa sobre los aspectos psicológicos de las ventas. Un científico informático y padre de dos hijos puede tener una visión única de los programas informáticos dirigidos a los niños. Incluso las señales sutiles que se derivan de las identidades sociales pueden ser valiosas para fomentar la creatividad organizacional.

3. Neutralizar el rango

Debido a que la mayoría de las empresas están estructuradas jerárquicamente, las diferencias de estatus entre los colaboradores pueden impedir el intercambio de ideas. Por ejemplo, si un gerente habla, el equipo está capacitado para escuchar y aceptar, pero si un nuevo empleado expresa una idea, las personas pueden estar menos dispuestas a comprometerse con la idea simplemente porque el nuevo empleado la presentó. O bien, una persona nueva podría sentirse menos cómoda hablando en la sala con sus superiores en caso de que la idea sea rechazada.

¿Cómo pueden los líderes remediar esta preocupación? Recuerda a los equipos que el salario no determina la influencia en la colaboración creativa. Recompensa a las personas que ayuden a otros a tener éxito, independientemente de su rango. A veces, Harvard Business Review señala que los gerentes necesitan encontrar una estrategia sobre cómo simplemente hacer que ciertas personas se "callen" en ciertos momentos.[191]

Cuando conectas a los equipos para que puedan explorar nuevas ideas y conceptos, estás cultivando una organización en red. Las organizaciones en red están estructuradas sobre la creencia de que cada individuo puede colaborar, innovar y resolver los problemas de una organización.[192]

Forbes recomienda que los líderes entrenen a los equipos, incluidos miembros de todos los rangos, a través de cinco pasos en el proceso creativo:[193]

- Duda de todo y desafía la perspectiva actual.
- Explora lo posible e investiga las opciones.
- Divergir: generar ideas nuevas y emocionantes, aunque parezcan absurdas.
- Converger: evaluar y seleccionar ideas para impulsar resultados innovadores.
- Reevalúa implacablemente para mantenerte al día con los tiempos cambiantes.

Al formar equipos con miembros de todos los rangos de la organización a través de estos cinco pasos, los líderes aprovecharán múltiples puntos de vista y fomentarán ideas que rompan con el pensamiento rígido.

4. No descartes a los 'Loonshots'

A medida que las industrias evolucionan, los objetivos y prioridades comerciales deberán seguir el ritmo. Ocho de cada diez CEOs encuestados por IBM indicaron que esperaban que su industria "se volviera significativamente más compleja"; sin embargo, solo el 49% confiaba en que sus organizaciones estaban "equipadas para hacer frente a la transformación".[194] La dinámica global y los cambios en la tecnología son las razones para considerar los "loonshots", un término acuñado por el investigador y físico Safi Bahcall. Define los "chiflados" como ideas o proyectos ampliamente descartados cuyos campeones se descartan como locos, pero que conducen a avances fundamentales.

Por ejemplo, cuando el presidente John F. Kennedy anunció al Congreso en 1961 su objetivo de poner un hombre en la luna, recibió un gran aplauso. Sin embargo, cuatro décadas antes, cuando un científico llamado Robert Goddard describió los principios que podrían llevarnos a la Luna, incluida la propulsión a chorro de combustible líquido y el vuelo de cohetes, fue ridiculizado por no tener ni idea de física. Goddard había hecho los experimentos y escrito los resultados, pero no pudo obtener apoyo para su invento que cambió las reglas del juego.

El New York Times escribió que Goddard "parecía carecer de los conocimientos de física que se imparten a diario en las escuelas secundarias", que era que la ley de Newton sobre la acción y la reacción hacía imposible el vuelo de cohetes en el espacio. Catorce años después de la muerte de Goddard, el cohete Apolo 11 fue lanzado con éxito a la Luna. Al día siguiente, el New York Times publicó una retractación (tímida) en la que reconocía que aparentemente "los cohetes, de hecho, no violaron las leyes de la física" y que "el Times lamenta el error".[195]

Safi Bahcall dice al respecto: "El discurso de Kennedy marcó el lanzamiento original a la luna. La idea de Goddard era un clásico tiro de chiflado. Un moonshot es un destino. Nutrir a los locos es la forma en que lo logramos". Además de los vuelos lunares de cohetes a reacción, esta categoría podría incluir muchos medicamentos farmacéuticos actualmente conocidos que fueron "derribados" en repetidas ocasiones, pero que finalmente fueron aceptados y revolucionaron la industria de la salud. Podía aplicarse esencialmente a cualquier idea que fuera subestimada, bloqueada o burlada en el momento en que fue concebida, pero que pasó a hacer las grandes cosas para las que estaba destinada.

¿Cuál es el papel del líder empresarial en el fomento de los locos? Bahcall aconseja: "En lugar de defender a un solo loco, [los líderes] crean una estructura sobresaliente para nutrir a muchos locos. En lugar de innovadores visionarios, [los líderes] son jardineros cuidadosos. Se aseguran de que tanto los locos como las franquicias estén bien atendidos, que ninguna de las partes domine a la otra y que cada parte nutra y apoye a la otra".[196] El líder empresarial Robert Kistner aconseja: "Luchar por lo imposible es la única manera de tener éxito en lo posible".[197]

5. *Fomenta la colaboración creativa para obtener los mejores resultados*

La historia está plagada de historias que ilustran el éxito del "inventor solitario", a quien se le ocurre una nueva idea y cambia el mundo. Johannes Gutenberg es conocido por inventar la imprenta, y Thomas Edison es conocido por crear la primera bombilla práctica. Algunos inventores comparten un único reclamo a la fama: Wilbur y Orville Wright hicieron posible el vuelo humano en 1903. Steve Jobs y Steve Wozniak crearon Apple y revolucionaron la forma en que la sociedad experimenta las computadoras modernas. Estos innovadores a menudo estaban más motivados por los desafíos técnicos y el romance de la búsqueda que por el beneficio personal.

Mientras que un inventor solitario puede generar una idea, resolver una pieza específica del rompecabezas y dedicar un interés extraordinario a un problema, las invenciones ampliamente exitosas suelen ser el trabajo de equipos. Edison reunió a un grupo de ingenieros para que le ayudaran a refinar su invento. Steve Jobs aportó ideas, conocimientos empresariales y diseño, y Steve Wozniak aportó los conocimientos de ingeniería.

Nada de esto es nuevo para los líderes empresariales, pero la pregunta es: ¿cómo podemos apoyar tanto la creatividad de un individuo que tiene una idea innovadora como facilitar los procesos creativos colaborativos para la innovación grupal? En algún nivel, los dos se contradicen entre sí: es probable que una persona con una idea sea sofocada por un grupo o que no comparta la idea, conformándose, en cambio, al pensamiento grupal. Por otro lado, un grupo con la química adecuada puede superponer la capacidad intelectual y resolver problemas complejos que ningún individuo dentro del grupo sabría cómo resolver solo.

Para apoyar a la persona con una idea, comienza por escuchar. Toma a la persona en serio. Examina la idea con tus compañeros y, si parece que es un "acierto", permite que el innovador impulse el proceso tanto como sea posible. Comprende que él o ella podría estar motivado por el desafío y la búsqueda, incluso más que por la esperanza de crédito o recompensa financiera, y aprovecha esta fuente de energía humana.

Si la persona se vuelve demasiado rígida o miope en el camino, un buen líder empresarial se comprometerá a aportar una mayor perspectiva al proyecto. Ahora, si la situación se complica, la opinión del líder debe prevalecer. Pero, por lo general, se incentiva a las personas innovadoras a colaborar porque quieren que sus ideas se hagan realidad, y eso casi siempre requiere el trabajo de muchos actores de una organización.

Conclusiones clave

En resumen, tu papel como líder empresarial en la gestión de la creatividad es reconocer primero qué es la creatividad y cómo se manifiesta en los empleados y en el lugar de trabajo. Fíjate en la relación entre el número de nuevas ideas que tú y tus equipos generan y el nivel de éxito que consiguen. Luego, implementa deliberadamente estrategias para sacar más creatividad de tus equipos.

En este capítulo, hemos cubierto cinco tácticas probadas que los líderes utilizan para aprovechar el pensamiento creativo organizacional. En cuanto a los puntos clave, considera: ¿Qué puedes hacer en el lugar de trabajo hoy para seguir fomentando diversas voces dentro de los procesos de colaboración de tus equipos? ¿Cuál es un paso que puedes dar para encender las intersecciones inspiradoras en las diversas identidades sociales que componen tus equipos?

Además, considera qué son los "locos" en tu administración: ¿hay ideas aparentemente locas que tus equipos están proponiendo actualmente? ¿Son este el tipo de ideas que, con el apoyo adecuado, podrían transformar tu proceso o industria? ¿Qué se necesitaría para que tú y tu equipo hicieran realidad esas ideas un paso más? No todos ellos despegarán, pero si solo uno lo hace, podrían llevar a tu empresa "a la luna" en términos de éxito.

Por último, a medida que fomentas la colaboración creativa, tómate el tiempo para recompensar las innovaciones creativas. Siéntete libre de estructurar las recompensas de la manera que más le convenga a la organización, pero debes saber que las recompensas funcionan como zanahorias y validación para los empleados. Las empresas que recompensan la creatividad demuestran que la valoran, inspirando así a las personas dentro de la organización a perseguir teorías y conceptos no probados.[198]

Brian Tracy recuerda a los líderes: "Las empresas que crean entornos corporativos positivos reciben un flujo constante de ideas de todos los miembros del personal".[199] Debido a que los empleados y ejecutivos felices y valiosos son más creativos, haz lo que puedas para recompensar, reconocer y reforzar a tu personal. Esto fomentará la toma de riesgos con respecto a la sugerencia de nuevas ideas y procesos. Debido a que la creatividad puede ser estimulada por objetivos deseables, no pases por alto el poder de otorgar recompensas por resolver problemas apremiantes en la organización.

Ahora que has terminado de leer la primera parte, te invitamos a leer la segunda parte de esta serie, que proporciona cinco estrategias más que los líderes pueden utilizar para fomentar la creatividad entre los equipos y los empleados. Quizás aún más interesante, la segunda parte también ofrece varias ideas para nutrir tu creatividad como líder.

La mayoría de los líderes empresariales tienen agendas apretadas y hacen malabarismos con los recursos y la logística solo para mantener todo en el camino hacia los objetivos definidos. Cuando eres responsable ante la alta dirección y los accionistas, es difícil dedicar tiempo a alimentar tu creatividad. Sin embargo, lo más probable es que, cuando entraste en tu campo, tuvieras ideas que esperabas llevar a cabo. Tal vez hayas tachado algunos de ellos de tu lista en este momento, pero tal vez haya otros que todavía llamen tu atención. En la segunda parte, proporcionaremos varias ideas específicas para reavivar tu creatividad como líder de tus equipos y en tu carrera. ¡Sigue leyendo!

7

Desarrollar la creatividad en líderes y equipos

"El deseo de crear es uno de los anhelos más profundos del alma humana".[200] Tanto en los negocios como en la vida, las palabras de Maya Angelou se aplican: "No puedes agotar la creatividad. Cuanto más usas, más tienes".[201] En la economía actual, impulsada por la innovación, la creatividad puede impulsar la toma de decisiones y la investigación, que se convierte en la base de nuevos y exitosos métodos.

Albert Einstein resumió: "La creatividad es la inteligencia divirtiéndose".[202] La rentabilidad, los ingresos y las perspectivas de su empresa dependen de la contribución creativa y la implementación. Como señalamos en la primera parte de esta serie, los líderes empresariales hacen bien en fomentar las sugerencias e ideas de cada empleado porque cada persona puede sugerir mejoras dentro de su línea de visión. "La creatividad implica romper con los patrones establecidos para ver las cosas de una manera diferente".[203] Como una habilidad que tanto los líderes como los empleados pueden cultivar, la creatividad es "la capacidad de trascender las formas tradicionales de pensar o actuar, y de desarrollar ideas, métodos u objetos nuevos y originales".[204] Aparece en ideas generales, posibilidades innovadoras y acciones de cambio de perspectiva. Es una tendencia a generar o reconocer ideas, alternativas o posibilidades que pueden ser útiles para resolver problemas.

Hoja de ruta del capítulo

Este capítulo es el segundo de una serie de dos partes que proporciona estrategias para que los líderes empresariales gestionen la creatividad. Aquí, proporcionamos cinco estrategias adicionales que los líderes empresariales pueden utilizar con los equipos y las personas que gestionan para preparar el escenario para la resolución creativa de problemas e invitar a las mejores ideas de la organización.

Luego, volvemos nuestra lente hacia adentro y discutimos varias formas en que los líderes empresariales pueden nutrir su propia creatividad, tanto dentro como fuera del horario laboral. Debido a que los líderes marcan la pauta y el tenor, es aconsejable que inviertan en su creatividad y carrera. En esta sección, proporcionamos consejos específicos y justificamos la importancia de que cada líder posea y cultive la creatividad en sí mismo.

En caso de que aún no hayas leído la primera parte, te invitamos a buscar allí información sobre qué es exactamente la creatividad en el lugar de trabajo. ¿Cómo lo definen los líderes empresariales? ¿Cómo apoya los objetivos y el trabajo de la organización en su conjunto? Proporcionamos respuestas a detalle en estas preguntas, así como las primeras cinco estrategias que los líderes empresariales pueden utilizar para cultivar la creatividad en los equipos y empleados que gestionan. La primera parte es un gran precursor y complemento de la segunda parte; Van de la mano para apoyar a los líderes empresariales en la gestión de la creatividad.

Cinco estrategias que los líderes pueden utilizar para inspirar la creatividad en sus equipos y empleados

En la primera parte, proporcionamos las primeras cinco estrategias que los líderes pueden utilizar para fomentar el pensamiento creativo y la resolución de problemas en los equipos y empleados que gestionan. Ahora bien, esas estrategias no preceden necesariamente a las estrategias presentadas aquí. Más bien, las diez tácticas forman acumulativamente una caja de herramientas de la cual los líderes pueden seleccionar la solución más aplicable para cada situación. En cualquier caso, el papel del líder empresarial sigue siendo el de nutrir el proceso creativo: "Uno no gestiona la creatividad. Uno se las *arregla para* la creatividad".[205]

Por lo tanto, aquí, en la segunda parte, proporcionaremos cinco ideas más para despertar la creatividad mediante el diseño intencional del espacio para la innovación, la coordinación de la innovación y la tecnología, la ampliación de la creatividad a través de un proceso cuidadoso, el apoyo a dos roles metafóricos críticos, los artistas y los soldados, y prestando atención a las habilidades blandas en la gestión. Estas cinco estrategias fomentan y apoyan la creatividad y la innovación en las organizaciones modernas. Aportan tanto estimulación como libertad al lugar de trabajo, lo que da a los equipos confianza para explorar.

1. Diseña intencionadamente el espacio para la innovación

Forbes sostiene: "Casi todo el mundo está de acuerdo en que en el competitivo mundo moderno de los negocios, la creatividad es esencial para el éxito. Sin embargo, muchos líderes de organizaciones obstaculizan el pensamiento original al no dar a sus equipos el espacio que necesitan para ser verdaderamente creativos".[206] Los líderes exitosos desarrollan la capacidad de originalidad radical y crean un espacio para que sus equipos reimaginen y reinventen el status quo de maneras totalmente inesperadas. De este modo, generan una cultura abierta a la asunción de riesgos, en la que el fracaso es una parte aceptada del proceso creativo.

A menudo, los líderes serán responsables de crear el espacio para que los grupos colaboren y creen. Esto puede implicar una logística, como la creación de tiempo y la designación de una habitación. Otras estrategias incluyen:

- Trata de reunir a las personas en momentos del día con mayor energía, como a media mañana, en lugar de, por ejemplo, justo después del almuerzo, cuando nuestros cuerpos desvían la energía de nuestros cerebros hacia la digestión.
- Algunas fuentes sugieren utilizar grupos relativamente pequeños, como de cuatro a siete personas, para una lluvia de ideas óptima.

- Elige una habitación con luz natural siempre que sea posible porque la luz del sol es un energizante natural. Evita los espacios oscuros o los espacios con iluminación fluorescente intensa, ya que disminuyen la capacidad intelectual.
- Organiza la tarea en partes manejables, o entrega la tarea al grupo y deja que la dividan en las partes que abordarán.
- Considera la posibilidad de ofrecer una pregunta específica por sesión, como "¿Cómo podemos reducir los costos de [un proceso] en un diez por ciento durante los próximos tres meses?"
- Establece un período de tiempo con anticipación, como entre 15 y 45 minutos. Guarden los teléfonos celulares y las computadoras portátiles cuando sea posible.
- Tomen descansos. Ofréceles bocadillos ligeros y café cuando sea apropiado.
- Establece los términos emocionales de antemano para recompensar la participación y mitigar las críticas instantáneas.
- Concéntrense en la cantidad de ideas en lugar de la calidad y suspendan el juicio o la evaluación mientras el grupo recopila ideas. Elogia la participación, incluso si la calidad de las ideas es baja.
- Mantén un registro de ideas y revísalas después de la sesión.

A veces, estos espacios se dan en un entorno virtual: creación en línea en salas de trabajo privadas o colaborativas. Aprovecha la tecnología. Incluso en el mundo altamente interconectado de hoy, las organizaciones a menudo "no aprovechan al máximo las tecnologías de Internet para aprovechar la creatividad de muchas personas inteligentes que trabajan en el mismo problema".[207]

Algunos líderes aplican estratégicamente la presión del tiempo de una manera saludable para estimular el proceso creativo. Los plazos son un motivador natural. Por ejemplo, considera la misión Apolo 13 de la NASA a la Luna. Cuando la nave espacial experimentó problemas inesperados, una situación que puso en peligro la vida requirió una acción inmediata. Los líderes de la NASA reunieron rápidamente un equipo para intercambiar ideas sobre soluciones para salvar a la tripulación mientras usaban solo los elementos que estaban

Desarrollar la creatividad en líderes y equipos

disponibles en la nave espacial. En respuesta a esta crisis de tiempo, el equipo diseñó una solución que era lo suficientemente buena como para proteger las vidas de los miembros de la tripulación del Apolo 13 hasta que pudieran regresar a la Tierra.

Si bien la creatividad puede florecer en un enfoque de olla a presión, donde los equipos tienen un tiempo limitado para resolver problemas específicos, los líderes también deben considerar el valor de eliminar la presión del tiempo para los productos "terminados". Por ejemplo, se necesita tiempo para llegar a ideas sólidas y refinadas. La creatividad a menudo implica dar vueltas a innumerables posibilidades, seguir pistas, hacer pruebas iniciales y luego volver a la mesa de dibujo para modificar la idea o comenzar de nuevo.

Como líder, debes priorizar el tiempo para la creación. Desatascar el horario; Posponer las reuniones. En una oficina de planta abierta, proporciona un lugar para pensar tranquilamente. En una oficina amurallada, crea un espacio para la colaboración. Facilita una combinación de esfuerzo en solitario y esfuerzo en equipo para producir las ideas más exitosas.

2. Coordinar deliberadamente la innovación y la tecnología

Un estudio de la Escuela de Negocios de la Universidad de Oxford analizó cómo los líderes pueden lograr la colaboración para crear innovaciones radicales.[208] Cuando no existe un antecedente obvio, es difícil que una visión se comparta de manera efectiva. En otras palabras, cuando los líderes necesitan animar a los equipos a resolver un problema que nunca se ha resuelto antes, o abrir nuevos caminos, ¿qué pueden hacer para ayudar a los miembros del equipo a desarrollar una visión compartida?

El estudio encontró que la respuesta está en fusionar prototipos, metáforas, analogías e incluso historias para coordinar el pensamiento de los miembros del equipo.[209] Cuando suficientes mentes pueden estar "en la misma página", pueden unirse para experimentar con nuevos caminos creativos.

- La tecnología puede apoyar este proceso a través de maquetas y bocetos.
- Las historias pueden conectar a las personas con los elementos clave del problema al que se enfrentan.

- Las metáforas ayudan a las personas a pensar en comparaciones, difuminando los vínculos directos lo suficiente como para que haya espacio para la imaginación.
- Las analogías ayudan a los colaboradores a superponer mentalmente soluciones de otros problemas o industrias sobre lo que están tratando de resolver.

Algunas de las innovaciones más creativas en una industria son simplemente importar y adaptar soluciones de otra industria para resolver problemas únicos.

Como idea, considera cómo la tecnología y la inteligencia artificial que ya prevalecen en la vida cotidiana pueden diferenciar a los competidores en la industria hotelera. ¿Qué pasaría si la industria hotelera integrara creativamente aún más componentes digitales en la experiencia de los compradores y vacacionistas? Algunos competidores ya están liderando esta frontera mediante la introducción de nuevos medios de automatización e inteligencia artificial para lanzar la experiencia hotelera del mañana.

Por ejemplo, los clientes que piden regularmente productos en línea o piden información a "Alexa" u otro dispositivo de inteligencia artificial pueden buscar cosas similares en sus hoteles o resorts. Los hoteles pueden mejorar la eficiencia al permitir que los huéspedes soliciten servicio a la habitación, tratamientos de spa, transporte, entretenimiento u otros servicios a través de una tableta. Llamar al servicio de habitaciones o al ama de llaves ya es cosa del pasado. Si hacer clic o tocar es demasiado esfuerzo, es posible que los invitados prefieran simplemente pedirle a "Alexa" o IA lo que quieren: "Alexa: haz mi pedido de una hamburguesa con queso, coca cola y papas fritas. Mándame también unas toallas limpias". Hecho. Con un golpe en la puerta, llega la comida y las toallas limpias. "Alexa: envía una botella de champán con hielo y un jarrón de flores antes de las 6 p.m. de esta noche". Ese es el hotel del futuro... Por ahora.

Como otra idea, los modelos de negocio de los agregadores utilizan la tecnología digital para revolucionar la forma en que los clientes reservan y experimentan sus vacaciones en la industria de viajes y hospitalidad. Las empresas exitosas pueden no poseer activos tangibles; más bien, asumen el papel de redes. Los sitios web populares como Expedia o Trip Advisor no son dueños de las propiedades; más bien, reúnen a los propietarios y consumidores en un espacio confiable y conveniente para las transacciones y se convierten en una ventanilla única para los consumidores. Este modelo permite a una empresa recopilar información sobre un bien y un proveedor de servicios en particular, hacer que el proveedor sea su socio y vender servicios bajo su propia marca. Los resorts y hoteles centrados en el futuro pueden capitalizar este exitoso modelo para introducir más servicios internos para los huéspedes en la propiedad y en las etapas previas a la llegada.

En general, "la mejor definición de creatividad es 'mejora'. Cada idea que mejora la forma en que vivimos y trabajamos, en formas grandes o pequeñas, es un acto de creatividad".[210] La creatividad se manifiesta en la implementación de formas innovadoras de gestión, el aprovechamiento de estrategias para superar a la competencia y la comercialización de productos establecidos a nuevos grupos demográficos. El hotel o resort del futuro siempre está evolucionando, y los equipos creativos y los gerentes pueden mantenerse al tanto de la innovación mediante la adopción de tecnología, el ajuste de los modelos de negocio y la coordinación del pensamiento innovador en todas las industrias.

3. *Amplía la creatividad a través de un proceso cuidadoso*

Cuando una idea creativa despega, los líderes inteligentes quieren convertirla en un beneficio para toda la empresa. Desafortunadamente, a veces agregar más capas (administración, burocracia, procesos, infraestructura, etc.) puede lastrar lo que funcionaba con la pequeña idea. Este peso adicional puede hacer que las personas estén menos inclinadas a tomar riesgos porque los errores tienen un impacto demasiado grande. Kim Scott, de Google, pregunta: "¿Cómo se consigue la elevación añadiendo capas, en lugar de peso?"[211] Ella sugiere invertir en infraestructura, de alta o baja tecnología, que facilite la colaboración.

Por un lado, la implementación de un proceso puede escalar una idea individual a una metodología para toda la empresa. Lo que beneficia a un equipo puede beneficiar a toda la organización... ¿Correcto?

Esto se trata de estandarizar "la forma en que lo hacemos" y confiar en los procesos para agilizar. Por otro lado, confiar en el proceso significa que el nuevo pensamiento no es parte del plan. Cuando las organizaciones se centran en la mejora de los procesos, a menudo obstaculizan la innovación. Algunas empresas pueden enfocarse ávidamente en mejorar cada vez más en "la forma en que lo hacemos", pero están haciendo algo que el mercado ha vuelto obsoleto (piensa en Kodak o Blockbuster). En el trabajo creativo, los problemas se abordan mejor desde muchos ángulos, en lugar de desde un proceso lineal y estandarizado.

El papel de un líder es gestionar hacia arriba y lateralmente: debe vender la idea creativa a los inversores y a las entidades organizativas que necesita para tener éxito. Debe asegurar los recursos, pero también lograr la aceptación y el apoyo de otros departamentos y partes interesadas. La idea puede venderse a sí misma hasta cierto punto, pero los líderes deben construir un nicho para la idea en casa y en el mercado.

4. Separa a los soldados de los artistas y apoya a ambos

Safi Bahcall diferenció dos roles que son fundamentales para generar conceptos creativos y luego llevarlos a la línea de meta en el desarrollo: artistas y soldados.

Artistas
El papel de "artista" en una organización empresarial es el de la creación. Los artistas miembros del equipo se sienten cómodos con la ambigüedad y se dedican más a generar posibilidades que a hacer que todas las posibilidades sean eficientes o viables. Por lo tanto, las ideas artísticas tienen naturalmente una alta tasa de fracaso, y eso es deseable para este papel porque significa que su producción es alta. Pregúntales: ¿qué son los loonshots (ideas creativas)? ¿Cuáles son nuestras creencias arraigadas sobre nuestros clientes, nuestros competidores y la naturaleza de nuestros mercados? ¿Qué pasa si nuestras creencias actuales están equivocadas? Suspendamos la incredulidad y el juicio. ¿Cómo podría una persona creativa sortear las limitaciones actuales? Háblanos de todas las "locuras" que hay y pregúntate cómo podemos usar esas ideas para superar a nuestros competidores.

Cuando se trata de artistas, los líderes deben darles espacio y licencia para pensar y proteger a los artistas de las personas cuyos roles son diferentes, porque los artistas pueden limitar las ideas cuando temen que alguien los critique: "¿Cómo esperas vender eso?" o "¿Cómo podría funcionar eso?" Libera a los artistas para que lancen miles de ideas y anticipa que una o dos podrían resultar. El papel del artista es vibrante pero también mentalmente agotador, así que ten paciencia. Dales espacio. "Desde el punto de vista creativo, los inventores/artistas a menudo creen que su trabajo debe hablar por sí mismo. A la mayoría le resulta desagradable cualquier tipo de promoción".[212] Es por eso que tienes el papel de soldado.

Soldados
Los "soldados" en la organización empresarial son aquellos que mueven una idea del punto A al punto B y cruzan la línea de meta. Son responsables de la promoción, la eficiencia y la excelencia operativa, es decir, de hacer las cosas a tiempo, dentro del presupuesto y según las especificaciones. Cuando se trata de soldados, los líderes deben crear métricas. Fijar una tasa de fracaso baja a medida que las tropas organizan la idea a través de la línea de meta. Este no es el momento de seguir múltiples ideas; Este es el momento de mitigar las preocupaciones y ofrecer una alta tasa de éxito.

Aquellos en roles de "soldado" pueden carecer de paciencia para aquellos en roles de "artistas", a pesar de que los artistas pueden haber generado las mismas ideas que los soldados están llevando a cabo. "Desde el punto de vista de los negocios, los gerentes de línea/soldados no ven la necesidad de alguien que no haga o venda cosas, de alguien cuyo trabajo sea simplemente promover una idea".[213]

Los líderes empresariales, entonces, "asumen el papel de campeones del proyecto: son especialistas bilingües, que dominan tanto el lenguaje de los artistas como el de los soldados, que pueden unir a las dos partes".[214]

Ten en cuenta que los soldados y los artistas no son necesariamente roles estrictos. Algunas personas, especialmente en empresas más pequeñas, pueden usar ambos sombreros, pero no al mismo tiempo.

Por ejemplo, un equipo puede tener la tarea de inventar ideas y hacer una lluvia de ideas un día, y luego evaluar y desarrollar un cronograma de trabajo para esas ideas al día siguiente. El punto es que los líderes deben hacer un espacio separado para las diferentes actividades de creación y producción.

5. Recuerda tus habilidades blandas en la gestión

"La innovación empresarial no es nada sin grandes ideas, pero la creatividad es difícil de despertar en un horario. Se requiere una mano firme para gestionar el proceso creativo y hacerlo avanzar de una manera productiva".[215] Los gerentes que tienen éxito en este rol demuestran una capacidad para manejar diferentes tipos de proyectos de innovación, desde la innovación radical de una sola vez hasta la evolución constante y continua. Apoyan la resolución de problemas técnicos para generar soluciones novedosas y se basan en la comprensión de cómo funciona la innovación a un nivel central. También manifiestan las habilidades blandas y las capacidades de liderazgo para una innovación exitosa.

No se puede exagerar la importancia de las habilidades blandas. Por ejemplo, si has oído hablar mucho de Steve Jobs, cofundador de Apple, Inc., es probable que hayas oído hablar de dos cosas: su brillantez y su incapacidad para trabajar bien con los demás. A menudo actuaba desde pura genialidad, pero tenía una personalidad abrasiva y narcisista y luchaba para mantener buenas relaciones de trabajo.[216] Business Insider señala: "Su personalidad gigantesca podía inspirar a quienes lo rodeaban con la misma facilidad con la que podía derribarlos".[217] Jobs era conocido por irrumpir en las reuniones, gritar insultos e herir emocionalmente a las personas más cercanas a él.

A principios de la década de 1980, después de que Apple creciera lo suficiente como para que Jobs no pudiera controlar todos sus aspectos, Jobs se dio cuenta de que el popular Apple II había seguido su curso y quiso construir un prototipo con un ratón e iconos de escritorio. Jobs fue un innovador brillante; sin embargo, no pudo conseguir que la alta dirección de Apple aceptara el proyecto. Por lo tanto, "simplemente secuestró a un equipo que trabajaba en otro proyecto, tomó las mejores ideas de Xerox y de otros lugares, y agregó algunas. El resultado fue un equipo renegado de Apple, escondido en un edificio fuera del campus principal, al que se le encomendó la tarea de crear el primer Macintosh.[218]

Jobs asignó al equipo una tarea simple: "Construye la máquina más genial que puedas". Debido a que esta tecnología nunca antes había existido en esta forma, el equipo luchó por hacer las cosas bien: las unidades de disco, el software y el hardware requirieron varias repeticiones. Jobs a menudo le decía a la gente del equipo que presentaba su trabajo, de manera cruel pero directa, "Eso apesta", y los enviaba de vuelta a la mesa de dibujo.

Además, Jobs exigía que los miembros del equipo defendieran sus ideas: si podían, se ganaban su respeto; si no podían, los sacaba de la jugada. Jobs no tenía el estilo de gestión más efectivo, por decir lo menos, y a los 30 años, fue despedido de Apple.[219] (Nota: retomaremos esta historia en la Conclusión y te informaremos lo que sucedió después con Jobs, así que sigue leyendo).

La conclusión clave de esta historia es que la gestión eficaz de los equipos creativos requiere sólidas habilidades de gestión de equipos, pero también requiere conocimientos técnicos y una comprensión del trabajo de los empleados creativos. La gestión de equipos creativos tiene mucho que ver con garantizar que la cultura del lugar de trabajo que la rodea esté diseñada para fomentar y nutrir la creatividad, especialmente teniendo en cuenta que la creación a menudo implica soltar cientos de ideas para que una sola se quede. Si las personas perciben riesgos y críticas en su entorno, es posible que no puedan o se nieguen a crear. La brillantez personal no es suficiente; Una gota de bondad será de gran ayuda. Cuando se requiere una crítica útil, el líder empresarial Robert Kistner aconseja: "Tenga cuidado de que sus críticas no estén lanzando boomerangs que regresarán a lastimarlo".[220]

Cómo los líderes empresariales cultivan su creatividad
Hemos dedicado la mayor parte de este capítulo a discutir estrategias para fomentar la creatividad en los empleados y equipos que administras. Aquí, nos gustaría cambiar de marcha y hablar sobre

cómo fomentar la creatividad en ti mismo como líder empresarial. Se aplican algunos de los mismos conceptos; por ejemplo, necesitas dedicar tiempo a ti mismo para pensar y procesar. Necesitas un entorno seguro y animado con momentos para la colaboración y momentos para pensar en silencio. Te volverás más creativo a medida que te involucres con grupos diversos, ya sea en el trabajo o en otros lugares.

La mayoría de los líderes empresariales tienen agendas apretadas, haciendo malabarismos con los recursos y la logística solo para mantener todo en el camino hacia los objetivos definidos. Cuando eres responsable ante la alta gerencia y los accionistas, es difícil dedicar tiempo a ti mismo o a tus proyectos. Pero lo más probable es que, cuando ingresaste a tu campo, viniste con ideas y habilidades, cosas que esperabas llevar a buen término. Tal vez hayas tachado algunos de ellos de tu lista en este momento, pero tal vez haya otros que todavía llamen tu atención. Desde tu posición ventajosa en el liderazgo ascendente, tienes una perspectiva única sobre tu empresa y tu industria. Estás empezando a ver más claramente las conexiones, y limitaciones, de las que no eras consciente cuando entraste en el campo.

La mejor sugerencia que podemos ofrecer aquí es esta: ponte en contacto con lo que amas de tu trabajo. Si has perdido de vista esa visión en el ajetreo de horarios, reuniones, almuerzos, fechas límite, números de ventas y más, tómate un momento para volver a conectarte. Ponte en contacto con lo que te animó cuando entraste en la profesión. ¿Qué esperabas crear entonces? ¿Cómo has gestionado (o dejado de lado) esos objetivos?

Anteriormente en este capítulo, nos referimos a Steve Jobs al hablar de la importancia de las habilidades blandas en la gestión de equipos creativos. Ahora volvamos atrás y veamos cómo Jobs recuperó su creatividad después de un revés en su carrera. A una clase de graduados en la Universidad de Stanford, Jobs describió lo desorientado que se sintió cuando fue despedido de Apple a los 30 años. Había ayudado a hacer crecer ese negocio de dos personas en un garaje a una empresa de 2.000 millones de dólares con más de 4.000 empleados. Apple había lanzado recientemente su mejor creación, el Macintosh, que él ayudó a crear.

Desarrollar la creatividad en líderes y equipos

Luego, cuando su visión del futuro divergió con la de los gerentes que había contratado, fue despedido. En ese momento, se sintió como un fracaso público, y como si hubiera defraudado a "la generación anterior de emprendedores" porque había dejado caer la estafeta justo cuando se la estaban pasando.[221]

Sin embargo, Jobs se dio cuenta de una cosa fundamental: seguía amando lo que hacía. "El giro de los acontecimientos en Apple no había cambiado eso ni un ápice. Había sido rechazado, pero seguía enamorado. Así que decidí empezar de nuevo".[222] No pudo verlo en ese momento, pero más tarde dijo que ser despedido de Apple fue lo mejor que le pudo haber pasado. ¿Por qué? Porque lo liberó de la pesadez de ser "exitoso" y lo infundió con la ligereza de ser un principiante nuevamente. Ser despedido "lo liberó para entrar en uno de los períodos más creativos de [su] vida", recordó.[223]

En los cinco años posteriores a su despido, Jobs fundó dos nuevas compañías, NeXT y Pixar, y se casó con una mujer increíble. El estudio Pixar creó "Toy Story" y se convirtió en un líder mundial en películas animadas. Pronto, Apple compró NeXT y Jobs ayudó a desarrollar algunos de los productos que impulsaron el renacimiento de Apple después de Macintosh.

Sobre esta transición de la frustración a la creatividad, Jobs destacó la importancia de amar tu trabajo:

> Tu trabajo va a llenar una gran parte de tu vida, y la única manera de estar verdaderamente satisfecho es hacer lo que crees que es un gran trabajo. Y la única manera de hacer un gran trabajo es amar lo que haces. Si aún no lo has encontrado, sigue buscando. No te conformes. Al igual que con todos los asuntos del corazón, lo sabrás cuando lo encuentres. Y, como cualquier gran relación, mejora cada vez más a medida que pasan los años.[224]

Si bien no estamos sugiriendo que te despidan de tu trabajo para poner en marcha tu creatividad como líder empresarial, te recomendamos que hagas un balance y te preguntes qué es lo que más te gusta de tu trabajo. ¿Qué te atrajo del mundo de la hotelería al principio? ¿Qué te motivó a emprender la carrera que tienes

Haz que suceda: planes simples para un liderazgo audaz

actualmente? ¿Hay formas de aprovechar las cosas que amas de tu trabajo en una nueva época de creatividad como líder empresarial?

Solo tú conoces las respuestas a estas preguntas. Incluso si no te sientes listo para, por ejemplo, comenzar la compañía de animación más exitosa del mundo, hay cosas que puedes crear con tu trabajo y tu vida. Estos destellos de creatividad no tienen por qué ser monumentales, pero pueden animar tu carrera. Tal vez encuentres nuevas formas de interactuar con tus equipos o nuevas soluciones para cumplir con los objetivos de ventas. Tal vez conectes productos y servicios en un nuevo paquete. Tal vez cambies ligeramente tus tácticas de gestión y notes un efecto positivo aguas abajo.

Tal vez te embarques en un nuevo proyecto para ti fuera del trabajo que te ilumine y, por lo tanto, infunda más significado a tu trabajo. Kurt Vonnegut señaló: "Practicar cualquier arte, no importa lo bien o mal que esté, es una forma de hacer crecer tu alma. Así que hazlo".[225] Probablemente hayas visto lo que sucede cuando un ejecutivo finalmente cumple con una meta personal que ha tenido pero que ha estado posponiendo: es como si la persona cobrara vida. Encuentra diez minutos al día para empezar a escribir la novela que has querido escribir. Encuentra una hora para comenzar a entrenar para ese triatlón que has estado contemplando. Tómate un tiempo extra para nutrir tus relaciones en casa. Todas estas cosas te alimentan como líder empresarial. Te rejuvenecen y liberan ancho de banda personal para la creación, en el trabajo y en tu vida.

Brian Tracy afirma que la gran mayoría de las personas tienen poco o ningún pensamiento creativo, y es hora de que los líderes comiencen una forma completamente nueva de ver el mundo. "Todo lo que eres o serás vendrá debido a la forma en que usas tu mente. Si mejoras la calidad de tu pensamiento, mejorarás la calidad de tu vida".[226]

Para preparar la bomba de ideas, pregúntate: ¿cuáles son mis principales objetivos en este momento? ¿Cuáles son los principales obstáculos entre mis objetivos y yo y cómo podría eliminar uno de ellos? ¿Cuáles son mis problemas más urgentes? ¿Cuáles son mis resultados ideales? ¿Qué me atrevería a intentar si supiera que no puedo fallar? Este tipo de preguntas enfocadas se conectan con la mente consciente y la mente subconsciente. La mente consciente es objetiva, analítica, racional, crítica y pragmática. Es responsable del análisis y la toma de decisiones. Sin embargo, la mente subconsciente es el almacén de retención, que recuerda datos, alberga recuerdos y combina la información existente en nuevas formas y patrones. Juntos, estos dos modos de pensar se combinan para producir inspiración, intuición, perspicacia e imaginación "superconscientes".[227]

Conclusiones clave

"Tu tiempo es limitado", aconsejó Jobs, quien falleció en 2011, "así que no lo desperdicies viviendo la vida de otra persona... No dejes que el ruido de las opiniones de los demás ahogue tu propia voz interior. Y lo más importante, ten el coraje de seguir tu corazón y tu intuición. De alguna manera, ya saben lo que realmente quieres llegar a ser".[228]

En resumen, invertir tu energía conscientemente en lo que amas, tanto en el horario laboral como fuera del horario laboral, tendrá un impacto tangible en tu carrera a lo largo del tiempo. Serás más capaz de inspirar la creatividad en tus equipos y verás cambios sutiles en tu trabajo que te ayudarán a alimentar tu pasión por tu carrera.

8

Trece estrategias para la Innovación empresarial

¿Recuerdas los "viejos tiempos" cuando teníamos que empacar un mapa de papel para un viaje por carretera? Ahora simplemente buscamos direcciones en Google. Para escuchar música, solíamos llevar un Walkman y toscas cintas de casete. Ahora, llevamos miles de canciones en un solo dispositivo. ¿Cuándo fue la última vez que alquilaste una película en el videoclub?

Marchando al son de la innovación, Google Maps reemplazó a Atlas, iTunes eliminó a Sony Discman y Netflix suplantó a Blockbuster. Me pregunto qué usaremos dentro de unos años para realizar nuestras actividades diarias. Pronto, podemos recordar: "Solíamos tener estas cosas viejas y tontas llamadas teléfonos inteligentes...".

Esta narrativa de progreso tecnológico fácil de usar es realmente una de innovación empresarial: una y otra vez las empresas evolucionan, pivotan, inventan y crean para seguir el ritmo de los tiempos cambiantes y de las nuevas metodologías.

Liderazgo e Innovación

Los líderes impulsan y facilitan la innovación en los negocios. Según el Centro para el Liderazgo Creativo, "los estudios han demostrado que entre el 20 y el 67 por ciento de la variación en las medidas del clima para la creatividad en las organizaciones es directamente atribuible al comportamiento del liderazgo. Lo que esto significa es que los líderes deben actuar de manera que promuevan y apoyen la innovación organizacional".[229]

En general, la innovación se refiere a la creación de procesos, productos e ideas más nuevos y efectivos.[230] La innovación surge en respuesta a la sed del mercado, los cambios en la regulación externa y la visión interna de la empresa. Para las empresas, y en particular las del sector del tiempo compartido, la innovación suele implicar la implementación de nuevas ideas, la racionalización de los procesos, la creación de productos dinámicos o la mejora de los servicios existentes. Los líderes que apoyan activamente la innovación aumentan la probabilidad de que sus empresas aprovechen con éxito los mercados emergentes y la demografía.

Los líderes inteligentes miran la innovación y la creatividad desde muchos ángulos y hacen preguntas significativas. Experimentan tanto con la lluvia de ideas en grupo como con la generación de ideas en solitario. Examinan el punto en el que la estandarización del proceso comienza a limitar la expansión de la forma libre. Los líderes también examinan el éxito de las iniciativas de arriba hacia abajo en comparación con las ideas que surgen a través de las filas.

Donde la innovación se atasca

A pesar de todo el bombo publicitario sobre la innovación y el hecho de que ahora más que nunca las empresas anhelan la agilidad para pivotar, los líderes a menudo encuentran que las ideas exitosas pueden ser difíciles de conseguir. Tal vez sea difícil prever qué ideas tendrán más éxito en los mercados en evolución. A veces, los presupuestos y el ajetreo limitan la capacidad de una empresa para financiar y facilitar la innovación. Algunas ideas carecen de potencia y otras se estrangulan en la burocracia.

Las investigaciones indican que, si bien las tendencias organizacionales como la rutina, la tradición y la homogeneidad pueden agilizar inicialmente los procesos, también pueden crear fronteras o límites invisibles. Por ejemplo, las empresas establecidas generan ingresos replicando un producto o proceso exitoso y ampliándolo. Estas estandarizaciones y procedimientos se convierten en "la forma en que lo hacemos". Apuntalan la rápida expansión… pero no necesariamente innovación. De hecho, algunas investigaciones muestran que las capas de gestión engrosan la burocracia, lo que frena el espíritu emprendedor y la asunción de riesgos.

Kim Scott, Directora de Ventas y Operaciones Online de Google, pregunta: "¿Cómo se consigue *la elevación* de la adición de capas en lugar de *peso*? Ella[231] cree que la creatividad dentro de una organización depende de una colaboración vibrante y continua y del libre flujo de ideas, que a menudo se agotan a medida que una empresa agrega personas y proyectos. Una solución que sugiere que los líderes prueben es invertir más en infraestructura, ya sea de alta o baja tecnología, que facilite la colaboración.

Hoja de ruta del capítulo

Profundizando en esta y otras soluciones, el resto de este capítulo se centra en 13 estrategias prácticas y actuales que los líderes empresariales pueden utilizar para impulsar una mayor innovación entre sus empleados y equipos. Los líderes inteligentes verán aquí herramientas que pueden importar directamente o modificar para adaptarlas a sus entornos únicos.

Trece estrategias de liderazgo para impulsar la innovación

1. Los líderes proporcionan desafío intelectual e independencia

La motivación intrínseca contribuye en gran medida a la innovación. Cuando los líderes proporcionan autonomía y propiedad para los trabajos, proyectos o tareas, los empleados están motivados por la libertad de hacer las cosas a su manera.

Piensa en la improvisación del jazz: cada músico está familiarizado con su instrumento y con las estructuras de acordes musicales. Dicho de otra manera, ha dominado los fundamentos de la contribución personal (instrumento) y el lenguaje compartido (acordes). Luego, los músicos con estas habilidades se unen e improvisan libremente dentro de un estándar de jazz. Juntan la canción de nuevo cada vez que la tocan, experimentando con secuencias de notas, ritmos y armonías. Y funciona.

En los negocios, los líderes reúnen equipos formados por personas diversas que tienen habilidades únicas. Con algunos conceptos básicos, como las fortalezas personales y la capacitación de un empleado, los equipos pueden improvisar dentro de un esfuerzo o proyecto compartido. Esto permite a las empresas personalizar soluciones frescas e innovadoras para necesidades y clientes específicos.

Como líder, conoces a tus equipos. Reúne a personas con una sólida comprensión de los problemas críticos que rodean a un proyecto y de la capacidad de la empresa. ¿Y si intentas soltar sus ideas y ves qué pasa? Permite que las personas aporten sus pasiones. Es su privilegio proporcionar desafío intelectual e independencia.

2. Los líderes abren las compuertas de las ideas

Si durante mucho tiempo has estado luchando con un problema en particular en tu negocio, obtener nuevas perspectivas podría proporcionar un gran avance. Invita a tus equipos a ayudar a resolver problemas crónicos. Puedes comenzar una sesión de lluvia de ideas pidiendo a los empleados que respondan a esta pregunta: ¿qué iniciarías, detendrías o conservarías si fueras el único propietario de esta empresa? Es posible que escuches una idea revolucionaria. Déjate llevar y dale todo el crédito al innovador. Líderes como Ronald Regan y Bob Woodruff, CEO de Coca-Cola, creían: "No hay límite para lo que un hombre puede hacer o a dónde puede ir si no le importa quién se lleva el crédito".[232]

Da la bienvenida a las ideas de todos los niveles de la organización. No castigues a las personas por "malas" ideas. También evita criticar o penalizar a los empleados por proponer ideas que no funcionan. Como líder, tienes autoridad en la sala para calmar a los detractores. Considera abiertamente los méritos de cada idea: ¿qué se ganaría con la implementación? ¿Es factible la idea? Si no es así, házle saber al empleado por qué, a fin de que pueda mejorar su proceso de pensamiento.

Además de abrir las compuertas de ideas sobre problemas y soluciones a nivel de empresa, los líderes inteligentes se acercan. Considere la posibilidad de dar a los empleados la autoridad para probar nuevas formas de hacer su trabajo. Conocen los entresijos diarios de su trabajo mejor que nadie en la empresa porque se ocupan de los problemas del momento presente que evolucionan. Están posicionados para optimizar.

Como líder, puedes quitar un poco las manos del volante y animar a las personas a innovar. Ayúdalos a buscar apoyo compartiendo problemas e ideas de soluciones con mantenimiento, compañeros de trabajo y gerentes.

Forbes recomienda que los líderes alienten a las personas clave a dedicar al menos el 15 por ciento de su tiempo a explorar y crear prototipos de nuevas ideas.[233] Esta invitación puede dar lugar a pequeñas ideas que crean resultados elevados a lo largo del tiempo.

3. Los líderes invitan a diversas perspectivas

Frans Johansson, autor de *The Medici Effect*, entrevistó a personas que realizan un trabajo altamente creativo en muchos campos y descubrió que la innovación es más probable cuando personas de diferentes disciplinas, orígenes y áreas de experiencia comparten su pensamiento.

A veces, la complejidad de un problema exige diversidad de conocimientos. Por ejemplo, se necesitó un equipo de matemáticos, médicos, neurocientíficos e informáticos del programa de ciencias del cerebro de la Universidad de Brown para crear un sistema en el que un mono pudiera mover el cursor de una computadora solo con sus pensamientos.[234]

Los líderes ven que las nuevas ideas se forman cuando las personas integran información de conjuntos de conocimientos únicos. Por ejemplo, considera que las personas que existen dentro de múltiples identidades sociales, como "asiático y estadounidense" o "mujer e ingeniera", a menudo pueden generar e integrar ideas a partir de esos conjuntos de conocimientos únicos. Por ejemplo, los líderes de una empresa de tecnología pueden solicitar ideas de ingenieras sobre cómo adaptar un dispositivo tecnológico específicamente para un mercado femenino. Como líder, puedes tener en cuenta los conjuntos de conocimientos únicos de tus empleados y encontrar formas de que los apliquen. Quita la tapa de la conformidad y aprovecha la información.

En otro marco de la diversidad como recurso, los líderes pueden apoyar la aplicación de los métodos o hábitos mentales de un campo al problema de otro campo para producir un gran avance. ¿Y si ayudas a tus equipos de marketing a abordar un proyecto utilizando el método científico? Puede que no sea una solución perfecta, pero esta superposición analítica creativa garantiza que los hará pensar de nuevas maneras.

4. Los líderes asumen riesgos

Los líderes ven el valor de asumir un riesgo calculado. Los hermanos Wright se arriesgaron a probar su dispositivo volador: resolvieron que las oportunidades valían la pena.

Dave Berkus describe varios riesgos a los que se enfrentan los líderes empresariales en términos de mercado, producto, finanzas, competencia y ejecución.[235] No sabes lo que hará el mercado y si se aferrará a tu producto. No sabes exactamente cómo funcionarán los fondos y las finanzas. Un competidor podría aparecer de repente y hacer lo que Netflix hizo con las tiendas Blockbuster. Es posible que te enfrentes a desafíos en los equipos y en la ejecución. En resumen, hacer negocios tiene riesgos negativos inherentes, pero los líderes inteligentes asumen riesgos positivos calculados para resolver y ayudar a sus equipos a resolver problemas clave.

Mirando el panorama general, los líderes pueden asegurarse de que los comportamientos, los sistemas y los procesos no sean barreras para la asunción de riesgos constructivos y la experimentación. Los líderes fuertes se atreven a acelerar a través del fracaso a corto plazo mediante la creación de impulso y velocidad a través de nuevos aprendizajes para obtener resultados a largo plazo. Puedes animar deliberadamente a tus empleados a probar incluso aquellas ideas que consideren un poco arriesgadas. Ayuda a tus equipos a superar obstáculos, giros y vueltas, manteniéndote abierto, ágil y curioso.

5. Los líderes crean un entorno para el crecimiento

La imagen de arriba muestra una versión innovadora de un bosque en el centro de la ciudad: los "árboles" artificiales en Singapur recogen el agua de lluvia, albergan a los animales y deleitan a los visitantes. Como líder, supervisas el establecimiento de un entorno para el crecimiento. Reorganiza los muebles si eso es lo que se necesita. Algo tan simple como cambiar el lugar donde se sientan las personas puede transformar la forma en que interactúan los equipos y cómo se generan ideas innovadoras.

Invierte en la formación de tus equipos porque la innovación es una habilidad que se puede potenciar con el tiempo. Reforzar sus habilidades para asociarse, cuestionar, observar, establecer contactos y experimentar. Envía a la gente a conferencias y eventos de networking para exponerlos a nuevas personas y nuevas ideas. Tómate el tiempo para conectar, entrenar, asesorar y desarrollar a tu gente.

Desafía constructivamente su pensamiento, estrategia y comportamiento a través de la lente de la innovación. Anima a las personas para crear, innovar e imaginar futuros alternativos. En resumen: hacer crecer a tu gente ayuda a desarrollar una cultura de innovación.

6. Los líderes avivan las llamas de la creatividad

Los líderes innovadores hacen buenas preguntas como:
- ¿Qué es lo que realmente quieres que suceda?
- ¿Qué crees que nos detiene?
- ¿Qué ha tenido éxito hasta ahora?
- ¿Qué has probado ya?
- ¿Quién más podría ayudar?
- ¿Qué pasaría si no hicieras nada?
- ¿Qué pequeño paso podrías dar ahora?
- En una escala del uno al diez, ¿qué tan motivado estás?[236]

A medida que tus equipos se abran a ti, reconoce que pueden sentirse vulnerables y valídalos en el camino. Sé paciente y agradecido: tómate el tiempo para ofrecer un reconocimiento significativo cuando las cosas funcionen y apoya también cuando las cosas no funcionen.

Siempre reconoce las ideas y haz saber a los empleados el estado de las propuestas. Evita el agotamiento con un buen equilibrio entre la vida laboral y personal, y las cargas de trabajo. Permite que la gente juegue.

7. Los líderes mapean las fases del trabajo creativo

Un líder tiene la ventaja de trazar las etapas de la innovación y reconocer los diferentes procesos, conjuntos de habilidades y soporte tecnológico que cada uno requiere. Desde donde te sientas, puedes ver el panorama general y guiar a tus equipos a través del proceso de desarrollo de ideas, refinamiento y todos los pasos a lo largo del camino hasta que esas ideas comiencen a generar ingresos.

Los líderes visionarios son conscientes de qué actividades encajan en qué fases de desarrollo. Por ejemplo, la gestión orientada a la eficiencia "no tiene cabida en la fase de descubrimiento", dice Mark Fishman. Debido a que es imposible saber de antemano cuál será el próximo avance, "debes aceptar que la fase de descubrimiento en la innovación es inherentemente confusa".[237]

Al mapear las fases del trabajo creativo, los líderes deben hacer varias cosas:

- Saber en qué punto del proceso se encuentra.
- Apreciar los diferentes tipos creativos entre tu gente y date cuenta de que algunos son mejores en ciertas fases que otros.
- Ser tolerante con los subversivos: del pensamiento "rebelde" nacen las grandes ideas.
- Reunir a personas con habilidades complementarias y apoyarlas para que innoven en armonía.

Si bien los detalles exactos de las estrategias de lluvia de ideas y el desarrollo de ideas son temas amplios, basta con decir que los líderes pueden nutrir mejor la innovación dando a cada fase su debido tiempo. Por ejemplo, cuando tu equipo esté haciendo una lluvia de ideas, enséñales a guardar las críticas para más tarde. Después de que las ideas estén en la pizarra, invita a una revisión constructiva analítica. Guía pacientemente a tu equipo a través del refinamiento de ideas, la fusión de conceptos y, en última instancia, la creación de una solución innovadora y viable que brinde resultados. Un paso a la vez.

8. Los líderes guían las ideas innovadoras a través de la comercialización

Los datos de las encuestas sobre innovación de productos en la UE entre 2012 y 2014 muestran que los líderes son responsables no solo de facilitar la generación de ideas, sino también de llevar las grandes ideas al mercado.[238]

Los líderes experimentados saben que necesitan diferentes tipos de empleados para manejar esta transición. Pocas personas tienen las mismas capacidades en la generación y comercialización de ideas; Es por eso que las grandes corporaciones normalmente separan las dos funciones. Eventualmente, una idea se desarrolla hasta un punto en el que es mejor servida por personas que saben cómo llevarla al mercado.

Desafortunadamente, los proyectos pueden perder fuerza en el traspaso, ya que la pasión por una idea es mayor entre sus creadores. Los líderes pueden seguir avivando el impulso manejando hábilmente el tiempo y apoyando la transición. En tu organización, puedes abordar este problema eligiendo completar los conjuntos de habilidades individuales de los pensadores creativos para que puedan dirigir todo el proceso. O simplemente puedes permitirles correr con sus fortalezas únicas y luego emparejarlos con recursos complementarios.[239]

9. Los líderes desenredan la burocracia para nutrir ideas

Si bien las ideas innovadoras invariablemente deben esculpirse para adaptarse a una empresa, los gerentes deben reconocer que este proceso puede opacar las buenas ideas, ya que un componente se afeita y otro se agrega para apaciguar una agenda. Después de algunos cambios clave, la idea innovadora original pierde frescura y potencia, y ya no sirve para el propósito para el que fue creada.

Algunos líderes deciden contener los componentes negativos de este proceso de revisión desinflándose. Una estructura de gestión "plana" no tiene ciclos de aprobación largos ni líneas de comunicación inconexas que impidan la innovación. En las organizaciones en las que la gestión plana no es factible, los líderes pueden lograr resultados similares al capacitar a los trabajadores para que actúen de forma independiente.[240]

10. Los líderes aceptan el fracaso como parte del proceso

Vale la pena admitir que el fracaso es parte del proceso de aprendizaje. Una sola idea de creación de valor puede requerir cientos de ideas fallidas. Los líderes innovadores abrazan la certeza del fracaso. Pero también van un paso más allá y calman el miedo de los empleados.

Una de las razones por las que los empleados pueden no expresar sus ideas es que no quieren agitar el barco. No quieren ser percibidos como un fracaso si lo que comparten no funciona. Los líderes pueden crear activamente una sensación de seguridad psicológica en la que pueda prevalecer una comunicación abierta y honesta, tolerando pacientemente los errores y recompensando las lecciones aprendidas. Las ideas no siempre funcionan a la primera, pero los equipos que buscan la innovación se verán paralizados si temen cometer errores. Russell Lundstrom, fundador de Simple Smart Science, señala: "A la gente se le enseña desde una edad temprana que los errores son malos. Hacemos grandes esfuerzos para eliminar el miedo a cometer errores en nuestra empresa". [241] Es un equilibrio delicado porque los errores pueden tener un costo, pero los líderes deben permitir que los equipos salgan de sus zonas de confort.

En los mejores entornos, el fracaso puede ser la mejor experiencia de aprendizaje. Siempre que sea posible, dile a tus empleados: "Quiero que se sientan libres de fracasar y volver a intentarlo". Analizar regularmente los errores puede ayudar a los miembros del equipo a desenredar lo que no funcionó y reconocer patrones similares antes en el futuro. Estas discusiones ayudan a transformar el miedo y a fomentar una cultura creativa y aventurera.

11. Los líderes dan el ejemplo

Como líder, eres el modelo para todo tu equipo. El Centro para el Liderazgo Creativo encontró que el comportamiento de liderazgo contribuye entre el 20 y el 67 por ciento al clima para la creatividad en una organización. Además, argumentan que *"el liderazgo* es el factor más importante necesario para fomentar la creatividad e impulsar la innovación a nivel individual, de equipo y organizacional".[242]

Piensa creativamente en tu trabajo. Minimiza tu estrés para que puedas estar en tu mejor momento: sal a caminar cuando necesites recargar energías y no te saltes la pausa para el almuerzo. Sé curioso, confiado, valiente y colaborador. Sé auténtico.

El potencial de innovación de los equipos u organizaciones será directamente proporcional a su realización de la innovación. Asegúrate de que tus comportamientos no limiten involuntariamente una innovación a tu alrededor. Podrías preguntarte: "¿Cómo podría fomentar aún más la innovación aquí?" Los líderes visionarios se comportan como el innovador colaborativo que desean ver en sus organizaciones.

12. Los líderes mantienen sus puertas abiertas

Tu trabajo te mantiene corriendo de un lugar a otro, pero haz lo que puedas para mantenerte abierto para que los empleados se sientan libres de ofrecer ideas. Incluso si una sugerencia llega en un momento en el que estás demasiado ocupado para escucharla, no la ignores. En su lugar, hazle saber a esa persona: "Estoy apagando incendios aquí, pero estoy interesado, envíame un correo electrónico y me pondré en contacto contigo lo antes posible". A continuación, sigue adelante con prontitud. Olvidarse de volver a la gente es una de las formas más seguras de desalentar el flujo de ideas. Mantén la puerta de tu oficina abierta tanto como sea posible.[243]

Deja que los equipos sepan que aceptas ideas en cualquier momento y de cualquier forma: en el buzón de sugerencias; por correo electrónico, correo de voz o memorándum; en las reuniones de personal o durante las conversaciones de pasillo. Esto anima a las personas a compartir sus pensamientos en el primer arrebato de entusiasmo para que las buenas ideas no terminen en un segundo plano donde puedan ser olvidadas. Cuando recibas sugerencias, puede ser útil recordar cuántas de tus mejores ideas tuvieron éxito a pesar de la falta de garantías. Una de tus mejores habilidades como líder es la capacidad de escuchar.

13. Los líderes reflexionan y sintetizan

Dedica tiempo regularmente a la integración y la síntesis. Debido a que la innovación es a menudo una aventura cíclica, es fácil que tanto los líderes como los equipos se pierdan un poco en el proceso. Como el que está a cargo, tu papel es mantenerte enfocado y seguir marchando.

A lo largo de tu exitoso camino hacia la gestión, desarrolla estrategias personales para la reflexión. Forbes informó que un director financiero reserva todos los domingos por la noche para hacer un mapa mental de sus problemas más complejos o estratégicos. Coloca todas las piezas y luego las vincula asociando las partes divergentes en un todo integrado.[244]

Identifica tu(s) mejor(es) manera(s) de cortar el desorden y obtener claridad y nuevas posibilidades y haz esas cosas diaria o semanalmente. Cuando un proyecto está ganando impulso, es posible que debas reflexionar y sintetizar con más frecuencia que cuando está bien establecido. La reflexión también es útil para los equipos porque tiene en cuenta el panorama general de todos los participantes. Los buenos líderes crean claridad a partir del caos.

Conclusiones clave

En resumen, los líderes invariablemente tienen un gran impacto en la innovación en sus empresas, para bien o para mal. Algunos líderes funcionan como una boquilla, sofocando las ideas innovadoras, mientras que otros sirven como un amplificador. ¿Dónde encaja tu estilo de liderazgo en el espectro? ¿Qué cambios puedes hacer hoy?

Trabajar con tus equipos para transformar los procesos de negocio y crear mejores productos requiere tiempo y paciencia. Si estás abierto y entusiasmado con los ciclos de generación, prueba y desarrollo, entonces tus empleados se unirán a ti y darán un paso adelante valientemente para participar.

Un líder militar lo resumió de esta manera: "Los impulsores clave de la innovación son proporcionar visión y motivación, dar crédito a quien lo merece y desterrar el miedo y el juicio".[245]

Independientemente de las estrategias de liderazgo que consideres más efectivas para impulsar la innovación en tus equipos, la conclusión clave es la siguiente: haz más de lo que hace pensar a tus empleados. Sé abierto y comprensivo. Luego siéntate y sorpréndete con los resultados.

9

Comprender el poder de la cultura empresarial

El vínculo entre cultura y estrategia
Harvard Business Review afirma que "la estrategia y la cultura se encuentran entre las principales palancas a disposición de los principales líderes en su búsqueda interminable de mantener la viabilidad y la eficacia de la organización".[246] Por un lado, "la estrategia ofrece una lógica formal para los objetivos de la empresa y orienta a las personas en torno a ellos".[247] Por otro lado, "la cultura expresa objetivos a través de valores y creencias y guía la actividad a través de supuestos compartidos y normas grupales".[248] De alguna manera, la estrategia es la mente organizacional, mientras que la cultura es el latido del corazón. Y por mucho que la lógica influya en el liderazgo, el latido del corazón suele ser más fuerte y persuasivo. John Doerr lo expresa de esta manera: "La cultura, como dice el refrán, desayuna estrategia. Es nuestra estaca en la tierra; es lo que le da sentido al trabajo".[249]

Ilustración: Cultura militar de la Segunda Guerra Mundial
Para ilustrar el poder y la importancia de la cultura en un contexto militar, el historiador Richard Overy afirma que la cultura fue incluso más importante que las armas atómicas para empoderar a los Aliados para ganar la Segunda Guerra Mundial. Overy explica que las naciones del Eje "no hicieron hincapié adecuadamente en la administración, la logística y la organización debido a sus culturas

militares más marciales", que "prepararon a sus ejércitos para centrarse en la lucha de batallas y campañas, no en la gestión de los esfuerzos bélicos generales".[250] Sin embargo, la cultura militar de las naciones aliadas sobresalió en la gestión general de los esfuerzos bélicos y, en última instancia, prevaleció en el conflicto.

Por ejemplo, a mediados de 1944, la planta de Ford en Willow Run producía un avión bombardero B-24 Liberator cada 63 minutos. Revestidos en 4,200 pies cuadrados de aluminio aglomerado, los Liberator eran resistentes y versátiles. Sirvieron en todos los teatros de la guerra con 15 fuerzas aéreas aliadas, entregando combustible y suministros críticos, dejando caer agentes especiales detrás de las líneas enemigas y acechando submarinos en el Atlántico. En resumen, la cultura aliada de aprovechar la fabricación eficiente para crear maquinaria y organizar iniciativas que apoyaran a los soldados era aún más poderosa que entrenar principalmente a soldados excelentes.

Pasar por alto la cultura es un error de liderazgo

Debido a que la cultura no es muy visible y no está capturada en las hojas financieras, algunos líderes dudan en tomarla en serio, prefiriendo centrarse en cosas más visibles y medibles, como los ingresos y las ventas. Sin embargo, las investigaciones muestran que ignorar la cultura es un error con consecuencias de largo alcance. ¿Por qué? Como metáfora, considera el papel que juegan las corrientes oceánicas en la capacidad de un surfista para montar olas. Aunque las corrientes en sí mismas no siempre son visibles, son poderosas e influyen en otras cosas visibles, como el tamaño de las olas, la calidad, la dirección y el ritmo. Ignorar las corrientes significa que los surfistas tienen más probabilidades de quedar atrapados en peligrosas mareas de resaca y menos probabilidades de cumplir sus objetivos de atrapar olas. Sin embargo, al aprender a sentir las corrientes y mareas subyacentes, los surfistas pueden colocarse en posición, sentir los ritmos de las olas que suben y bajan, y atrapar paseos espectaculares.

Al igual que las corrientes oceánicas, la cultura organizacional es a la vez subterránea y poderosa. Gran parte de la cultura se basa en normas tácitas y no escritas. Por ejemplo, la cultura a menudo vive

Comprender el poder de la cultura empresarial

dentro de las creencias y comportamientos de los gerentes y empleados, y genera patrones sociales que se vuelven predecibles (como las olas) en la medida en que los líderes son conscientes de la cultura. Cuando los líderes se toman el tiempo para comprender las complejidades de la cultura organizacional existente, pueden evaluar tanto sus efectos deseados como los no deseados.

Al aprovechar las opiniones de los empleados sobre la cultura, los líderes pueden identificar las subculturas que pueden afectar al rendimiento, así como el grado de alineación de la estrategia con la cultura. "Mientras que la estrategia suele estar determinada por la alta dirección, la cultura puede combinar de forma fluida las intenciones de los principales líderes con el conocimiento y las experiencias de los empleados de primera línea".[251] De esta manera, los líderes pueden aprovechar tanto la cultura como la estrategia para producir resultados.

Hoja de ruta del capítulo

Esta es la primera de nuestra serie de tres partes sobre el poder de la cultura en las organizaciones. Esta entrega está diseñada para ayudar a los líderes a observar más de cerca la cultura actual al notar las normas no escritas que informan los patrones de comportamiento. Discutimos el vínculo entre la cultura y el comportamiento, particularmente en términos de lo que constituye un corporativo inteligente. También proporcionamos varios ejemplos de empresas en todo el país que están dando un jonrón con sus culturas. En resumen, este capítulo permite a los líderes sacar la cultura de las sombras, ver qué la hace funcionar y comprender por qué es poderosa.

Ver la cultura es el primer paso para aprovechar su poder al servicio de los objetivos deseados. Esta información constituye el trampolín para los próximos capítulos, que proporcionan consejos para los líderes que desean impulsar la evolución dentro de la cultura organizacional para alinearla más estrechamente con los valores. A medida que la cultura y la estrategia se sincronizan, los líderes ven mejores resultados y los empleados se sienten más conectados con su trabajo.

Una definición de trabajo de la cultura organizacional

La cultura es el medio en el que se pueden alcanzar los objetivos empresariales, según *Measure What Matters*. Los objetivos y la cultura son interdependientes: proporcionan un modelo para alinear a los equipos hacia objetivos comunes. "La cultura es el orden social tácito de una organización: moldea actitudes y comportamientos de manera amplia y duradera. Las normas culturales definen lo que se fomenta, se desalienta, se acepta o se rechaza dentro de un grupo".[252] En resumen, la cultura equivale a las reglas no escritas de un grupo.

Una de las cosas clave a tener en cuenta es que la cultura organizacional tiene que ver con las creencias de un colectivo. Aunque los métodos y opiniones de cada empleado necesariamente diferirán, la cultura es el lenguaje común que une el desempeño y el comportamiento de todos los empleados. "Un aspecto importante y a menudo pasado por alto de la cultura es que, a pesar de su naturaleza subliminal, las personas están efectivamente programadas para reconocerla y responder a ella instintivamente. Actúa como una especie de lenguaje silencioso".[253]

Además de ofrecer una visión y una rúbrica ética para las operaciones, la cultura influye en el ritmo y el estado de ánimo de toda la empresa. Independientemente de si la cultura empresarial surge espontáneamente a lo largo del tiempo o se forma deliberadamente, forma "el núcleo de la ideología y la práctica de una empresa".[254]

Fuera de las sombras: Ver la cultura actual

¿Dónde se evidencia la cultura? Aparece en todo, desde la filosofía de la empresa, el diseño de la oficina, las opciones de lugar de trabajo remoto, el código de vestimenta, el horario comercial, el diseño del logotipo, la marca, etc. Por ejemplo, considera la forma en que las siguientes categorías evidencian la cultura:

- Ritmo de la jornada laboral: Imagínate un día de trabajo típico en una empresa financiera dorada en Wall Street y un día de trabajo en una empresa emergente de tecnología en California. ¿Cuál es el tono del entorno de la oficina y la duración esperada de la jornada laboral de los empleados?

¿Cómo afectan estos elementos a la satisfacción de los empleados y a la percepción pública de la empresa? Esas cosas son parte de la cultura.

- Código de vestimenta: ¿Se espera que los empleados usen trajes/faldas o jeans en la oficina? Un código de vestimenta no es inherentemente mejor que otro, pero sus diferencias afectan la experiencia cultural de la oficina tanto para los empleados como para los clientes.

- Diseño de oficinas: ¿Dónde se sienta la gente en el trabajo? ¿Solo o acompañado? Considera si los espacios de oficina cerrados pueden reflejar una cultura jerárquica e individualista, mientras que las oficinas abiertas reflejan una cultura más horizontal y colaborativa. Cada configuración de oficinas afecta a la cultura.

- Historia de origen: ¿Cómo se fundó la empresa? Considera también cómo la historia del origen de una empresa, como la fundación de Apple por Steve Jobs y Steve Wozniak, también evidencia e influye en la cultura. Si la narrativa del origen es una de disrupción industrial e innovación, eso proporciona una cultura única desde el principio, que difiere de una empresa con una narrativa de origen arraigada en la tradición y el statu quo.

- Lugar en la industria: ¿Está la empresa luchando por entrar o proteger su territorio? Además del tamaño de la empresa, su lugar en la industria afecta a la cultura cotidiana. Si se trata de una empresa más pequeña que lucha por afianzarse, naturalmente puede tener una estrategia más innovadora, competitiva y arriesgada porque la empresa tiene menos que perder. Si se trata de una empresa más grande con un producto y una cartera de ventas asegurados, puede tener una estrategia de mantenimiento con menos tolerancia al riesgo.

- Valores de liderazgo: ¿Qué tan accesibles y abiertos son los líderes de la empresa? La cultura de una organización contiene pistas sobre cómo se sienten sus líderes con respecto a la transparencia, la responsabilidad, la vulnerabilidad, el compromiso y la innovación.[255] Algunos líderes son más ágiles y acogedores, mientras que otros son más tradicionales y autoritarios. Ningún estilo de liderazgo es en sí correcto o incorrecto, pero cada estilo afecta a la cultura.

- Productos y servicios: ¿Qué productos o servicios ofrece la empresa? ¿Esos productos están destinados a personas más ricas o a un uso más económico? ¿Atraen a un grupo demográfico más joven o mayor? La cultura de una empresa se establece por sus ofertas, servicios y modelo de negocio, así como por las personalidades y prioridades de sus clientes.

- Ubicación: ¿Dónde se encuentra la sede de la oficina? Una ciudad bulliciosa o un suburbio en expansión… ¿O completamente en línea? La cultura corporativa también se basa en la cultura local circundante: considera cómo las operaciones comerciales diarias probablemente ocurren de manera diferente en la costa oeste que en la costa este. Contrasta el saludo formal de reverencia que uno podría experimentar regularmente en una oficina de Tokio con el acento sureño que suena informal y el saludo de apretón de manos que uno podría experimentar en una oficina de Houston. Incluso a nivel regional, las normas culturales afectan a la forma en que los colegas se dirigen entre sí en la oficina y a la forma en que interactúan con los clientes.

Antigüedad: ¿La empresa es más nueva o está bastante establecida? Es normal que la cultura de una empresa evolucione a medida que crece y pivota con el tiempo: las *startups* más nuevas son más ágiles que las empresas establecidas y más grandes. Hay que tener en cuenta que la cultura no está grabada en piedra; Evolucionará a medida que la empresa madure. Si no se controlan, estas evoluciones pueden o no ser productivas. Por lo tanto, los líderes harían bien en vigilar el statu quo, así como los cambios en la cultura.

- Jerarquía organizacional: ¿Cuántas capas de gestión hay dentro de la organización? ¿De qué manera esas capas apoyan o impiden la comunicación y el crecimiento? Las empresas con organigramas más planos pueden tener más incentivos para que los empleados colaboren entre departamentos, mientras que las empresas con jerarquías más desarrolladas podrían valorar la conformidad sobre la innovación.

Ilustración: La cultura centrada en los empleados de Southwest Airlines

Recientemente, dos hermanos, que son hijos adultos de un piloto militar/comercial, decidieron seguir el ejemplo de su padre en la industria de las aerolíneas. Después de analizar muchas posibilidades y consultar con su padre, ambos hermanos decidieron unirse al programa de capacitación de pilotos de Southwest Airlines, en gran parte porque la cultura de esa empresa la convierte en una de las mejores empresas para trabajar en los Estados Unidos. En 1971, Southwest Airlines comenzó a volar con solo tres aviones, y desde entonces se ha expandido para emplear a más de 60,000 personas. Además de brindar un excelente servicio, la cultura de Southwest es "uno de sus activos más célebres".[256]

Por ejemplo, a medida que la empresa crece, en lugar de centrarse simplemente en los currículos, los gerentes "se animan a contratar por actitud y capacitarse por habilidades".[257] La idea es que se pueden enseñar habilidades específicas, pero una actitud positiva es inherente a la personalidad y es fundamental para el éxito: elige a una persona con la actitud correcta y aprenderá las habilidades necesarias. "Al fundador Herb Kelleher se le atribuye el mérito de inculcar la idea de que los empleados felices crean clientes felices, y la rentabilidad sigue. Con los valores fundamentales de 'Espíritu guerrero', 'Corazón de servicio' y 'Actitud divertida', Southwest pide a los empleados que encarnen el trabajo duro, la perseverancia, el servicio al cliente proactivo y la diversión alegre en todo lo que hacen".[258]

Esa actitud es evidente en cualquier vuelo en el que las tripulaciones de vuelo y los pilotos exhiben humor y diversión en sus anuncios, que normalmente se entregan de manera rígida y formal en otras aerolíneas. Por último, Southwest se centra en recompensar a los empleados, ya que su "cultura de servicio se nutre del aprecio, el reconocimiento y la celebración".[259] Poniendo su dinero donde está su boca, Southwest proporciona préstamos para que los nuevos pilotos completen su escuela de vuelo, y este programa benefició inmensamente a los dos hermanos. ¿Quién no querría unirse a una empresa como esa?

La cultura forma el comportamiento

La fortaleza más profunda de la cultura es su capacidad para motivar o restringir el comportamiento, para educar a todos en la organización sobre lo que es aceptable e inaceptable. La cultura de una entidad es sinónimo de "las creencias y comportamientos que determinan cómo los empleados y la gerencia de una empresa interactúan y manejan las transacciones comerciales externas".[260] Cuando los líderes comienzan a evaluar de manera proactiva la cultura actual en su organización, influenciada por los factores anteriores, así como por muchas otras cosas, pueden comenzar a aprovechar el poder que tiene la cultura.

Al impulsar las suposiciones tácitas y las visiones del mundo de la organización, la cultura crea acción. "Cuando se alinea adecuadamente con los valores, impulsos y necesidades personales, la cultura puede liberar enormes cantidades de energía hacia un propósito compartido y fomentar la capacidad de una organización para prosperar".[261] Considera cómo la cultura impulsa la rendición de cuentas, la ciudadanía corporativa y la escalabilidad y el crecimiento.

Responsabilidad

¿Cómo se transmiten y aplican los valores culturales de una organización? Generalmente, los elementos culturales se convierten en la forma de hacer negocios de una empresa porque surgen de los comportamientos y valores de los fundadores y primeros gerentes. Es una sensación de 'esta es la forma en que hacemos las cosas por aquí'. Por lo tanto, la cultura se vuelve más implícita que definida expresamente, y los nuevos empleados pueden detectarla a medida que se integran en la empresa. Los colegas y compañeros saben que pueden contar los unos con los otros y nadie quiere ser el eslabón débil. En una cultura sana y productiva, todos los miembros del equipo hacen avanzar el trabajo gracias al contrato social, así como a los objetivos de la empresa. "El máximo rendimiento es el producto de la colaboración y la responsabilidad".[262] En resumen, la cultura crea un sistema no escrito de responsabilidad.

Ciudadanía Corporativa

Al describir y codificar los valores de "un ciudadano corporativo inteligente", la cultura ayuda a las personas a comportarse de manera consistente de acuerdo con un "conjunto común de valores, objetivos y métodos".[263] Con un conjunto de valores corporativos, las organizaciones pueden autogobernarse de manera que los principios compartidos se vuelvan más fuertes que las reglas, y a medida que el propósito se vuelva más fuerte que los incentivos. En un entorno empresarial en evolución, "le pedimos a la gente que *haga lo correcto*. Un libro de reglas puede decirme lo que puedo o no puedo hacer. Necesito que la cultura me diga lo que *debo* hacer".[264]

Cuando los empleados y los equipos son capaces de hacer las siguientes cosas correctas de forma coherente y tomar decisiones que están en línea con la cultura de la empresa, eso permite a la organización escalar valores como la productividad, la compasión y la creatividad. Una organización con una cultura clara e integrada inspira confianza en los empleados, lo que impulsa la innovación, la asunción de riesgos productivos y el rendimiento final.

La consistencia conductual sirve tanto para reducir la ineficiencia como para aumentar la confianza entre todos los jugadores. ¿Cómo? Cuando los clientes saben que pueden recibir un excelente servicio de cualquier persona de una empresa en cualquier conjunto similar de circunstancias, tendrán más confianza en la creación de relaciones comerciales duraderas. Del mismo modo, cuando los empleados saben lo que pueden esperar de sus gerentes y líderes, pueden sentirse más seguros en su trabajo diario. Esta confianza va en ambos sentidos, en el sentido de que los gerentes se sentirán más cómodos confiando a los empleados más libertad cuando sepan que sus empleados se comportarán de acuerdo con un conjunto aceptable de normas culturales de la empresa.

Por ejemplo, "la cadena de supermercados Publix Super Markets, con sede en Florida, es la cadena de supermercados propiedad de los empleados más grande de los Estados Unidos, con más de 225,000 empleados, a quienes llaman asociados".[265] Además de ser una de las diez cadenas de supermercados nacionales de mayor volumen, Publix "se ha ganado un lugar en la lista de las 100 mejores empresas para trabajar de Fortune durante los últimos 23 años consecutivos".[266]

Entonces, ¿cómo ha logrado esto Publix? Tiene un enfoque de la cultura centrado en los empleados, en el que los asociados son elegibles para comprar acciones de la empresa, lo que incentiva el trabajo duro y proporciona un sentido de orgullo de la empresa. Al proporcionar la propiedad de la empresa, Publix motiva la excelencia en el comportamiento de cada empleado. Además, Publix ayuda a los empleados a trazar sus trayectorias profesionales ofreciéndoles un sitio de empleo con recursos y oportunidades laborales relevantes. Esto ayuda a los empleados a crecer con el tiempo, obtener capacitación para ser promovidos y ascender dentro de la empresa a largo plazo. Esto genera lealtad y retiene el talento.

Escalamiento y crecimiento

A medida que las empresas crecen y escalan, la cultura crea coherencia y eficiencia conductual porque la cultura es "un manual para tomar decisiones más rápidas y confiables".[267] Al codificar los valores y comportamientos inherentes a una organización, la cultura enseña a los empleados cómo actuar y enseña a los clientes qué esperar. Por lo tanto, la cultura corporativa proporciona una especie de atajo de capacitación: enseña a los empleados a pensar y responder de manera consistente para que los líderes no tengan que microgestionar la toma de decisiones.

Esto agiliza el rendimiento de la empresa y libera a los líderes para que utilicen sus fortalezas para liderar, ya que los empleados "trabajan al unísono por el objetivo común y [están] orgullosos de sus resultados".[268] Las investigaciones indican que "incluso más que

Comprender el poder de la cultura empresarial

la insatisfacción salarial, la cultura corporativa es un predictor más confiable de la deserción".[269] Por lo tanto, al centrarse en la cultura, los líderes retendrán a más empleados que pueden ayudar a escalar y hacer crecer la empresa con el tiempo: imagínate el ahorro de costos y tiempo de no tener que contratar y capacitar a las personas a raíz de la deserción.

Por último, al influir en el comportamiento, la cultura da a las organizaciones una ventaja sobre sus competidores. "En nuestro mundo hiperconectado y de código abierto, el comportamiento define a una empresa de manera más significativa que las líneas de productos o la participación en el mercado".[270] La aportación constante y las relaciones sólidas contribuyen en gran medida a impulsar las ventas. Dicho de otra manera: "Cuando las empresas 'se comportan' más que su competencia, también tienden a superar a su competencia".[271]

Ilustración: La cultura de inclusión y creatividad de Adobe

Vemos este poder de la cultura en el gigante del software, Adobe, que promueve una cultura que valora "la calidad, la creatividad y la oportunidad".[272] Durante los últimos 20 años, Adobe ha estado en la lista de las 100 mejores empresas para trabajar de Fortune. "Adobe genera una cultura sólida al ofrecer beneficios altamente competitivos a sus empleados y fomentar la diversidad, la inclusión y la equidad en el lugar de trabajo".[273] También proporciona descansos semestrales para que los empleados puedan alejarse del ajetreo y recargar energías, regresando a sus escritorios con la cabeza despejada.

Para mostrar su compromiso con la diversidad, Adobe anima a los empleados a aportar sus ideas únicas y a mostrar su agradecimiento a los demás por alzar la voz. Al invertir "tiempo y energía en promover la paridad salarial y la paridad de oportunidades en toda la organización",[274] Adobe está comprometida con la equidad y el reconocimiento de los empleados. Puntos clave: contrata a personas por el valor que aportan a la cultura y ayudan a todos a sentir que pertenecen.

Conclusiones clave

Ofreceremos aquí un último ejemplo de una empresa con una fuerte cultura de responsabilidad social. Business Leadership Today informó recientemente que NDIVIA, una empresa de tecnología con sede en Santa Clara, California, tenía la mejor cultura empresarial de los Estados Unidos.[275] Especialmente a medida que los empleados navegan por el cambio de los entornos de trabajo remotos e híbridos a los entornos de trabajo presenciales, NVIDIA se centra en la responsabilidad social al hacer de su gente su principal prioridad. Esto refleja los valores de la cultura de la empresa, que incluyen: "agilidad, colaboración, innovación, integridad y rendimiento".[276]

En ese sentido, los empleados de NVIDIA indican que su trabajo se siente "desafiante y significativo, con una gran compensación y una cultura democrática".[277] Prevalece la sensación de que la empresa es auténtica y que sus "líderes predican con el ejemplo con cultura y valores".[278] Esos sentimientos apuntan a una mezcla cultural efectiva de liderazgo, valores y cuidado.

En conclusión, como se puede ver en los ejemplos y la información detallada que se ofrece en este capítulo, la cultura tiene un efecto inequívoco en la capacidad de una organización para alcanzar sus objetivos. Las corrientes invisibles de la cultura se manifiestan en la edad, la ubicación, el origen, la industria, el entorno laboral y más de una empresa. Debido a que la cultura crea patrones de comportamiento no escritos pero predecibles, los líderes pueden capitalizar la cultura para producir los resultados deseados. A medida que los líderes invierten en la creación de una cultura empresarial óptima, fortalecen los valores que impulsan la toma de decisiones internas, las relaciones con los clientes externos y, en última instancia, el resultado final.

10

Impulsando la evolución cultural

La cultura informa la estrategia
Cuando el gigante de los seguros de salud Aetna se fusionó con U.S. Healthcare, de bajo costo, en 1996, las dos culturas empresariales arraigadas chocaron tan fuerte que las reverberaciones amenazaron el bienestar de toda la organización combinada. A principios de la década de 2000, la relación de Aetna se había erosionado drásticamente con los clientes y los médicos, y estaba siendo demandada en repetidas ocasiones. Aunque sus ingresos superficiales se mantuvieron estables, estaba perdiendo aproximadamente un millón de dólares por día debido a procesos laberínticos, gastos generales considerables y algunas adquisiciones desafortunadas.

Curiosamente, Harvard Business Review señala que muchos de los "problemas que enfrentó Aetna se atribuyeron a su cultura, especialmente a su reverencia por los 150 años de historia de la empresa".[279] ¿Por qué? ¿No es la reverencia por el pasado algo bueno en términos de construir la tradición? Bueno, no siempre.

En este caso, venerar el pasado animó a los empleados a desconfiar del riesgo y a sentirse más cómodos con el estancamiento que con el crecimiento. Además, la cultura creó un equipo de "personas con información privilegiada" de Aetna, que estaban en la compañía antes de la fusión y que no apreciaban el estilo comercial más agresivo de U.S. Healthcare. "La cultura es como el viento. Es invisible, pero su efecto se puede ver y sentir. Cuando sopla en tu dirección, hace que la navegación sea suave. Cuando sopla contra ti, todo es más difícil".[280] Cuando el peso del estancamiento cultural casi había ahogado a la empresa, un nuevo CEO se incorporó, el cuarto CEO en cinco años. Decir que los empleados eran mayoritariamente escépticos ante otra iniciativa de "transformación" sería quedarse corto.

Pero este CEO tomó una táctica diferente: invirtió tiempo en las trincheras, por así decirlo, y escuchó los puntos de vista de los empleados en todos los niveles. Les pidió sus ideas y los involucró en la planificación estratégica. A partir de estas conversaciones, pudo identificar una preocupación clave en la forma en que la empresa gestionaba los gastos médicos, lo que estaba causando la pérdida de relación de la empresa con los médicos y los pacientes. Después de abordar esa preocupación, eliminar 5,000 puestos de trabajo y desafiar suposiciones de larga data, él y sus colegas implementaron lentamente una nueva cultura y forma de hacer negocios que volvió a infundir respeto y orgullo a la empresa. En pocos años, "los empleados se sintieron revitalizados, entusiasmados y genuinamente orgullosos de la empresa. Y el desempeño financiero de Aetna lo reflejó. A mediados de la década de 2000, la empresa ganaba cerca de 5 millones de dólares al día[281] y el precio de sus acciones aumentaba constantemente.

Como vemos con el ejemplo de Aetna, cuando la cultura va en contra de la estrategia, es difícil pedirles a los empleados y gerentes que realicen constantemente comportamientos nuevos y deseados en situaciones familiares. Es el equivalente comercial del adagio de que no se pueden enseñar nuevos trucos a un perro viejo. Pero este cambio marca la diferencia entre la estrategia que falla y la estrategia que funciona. Este capítulo se centra en empoderar a los líderes empresariales para crear un cambio cultural sostenible que respalde la estrategia de su organización. Cuando los líderes se dan cuenta de que la cultura está trabajando en contra de su estrategia, tienen mucho trabajo por delante porque la implementación del cambio cultural necesario es a menudo la parte más desafiante de la implementación de cualquier iniciativa.

Impulsando la evolución cultural

Hoja de ruta del capítulo

Esta es la segunda parte de nuestra serie de tres partes diseñada para ayudar a los líderes a aprovechar el poder de la cultura empresarial. A modo de revisión, en la primera parte, definimos la cultura organizacional como las creencias y supuestos tácitos que tienen los líderes y empleados. Mostramos cómo la cultura está arraigada en todo, desde la historia de origen de la empresa y la ubicación física hasta el diseño de su oficina, el código de vestimenta y el ritmo de la jornada laboral. Y aclaramos que el poder de la cultura radica en su capacidad para influir en los patrones sociales y las normas colectivas. En esta parte, proporcionaremos cinco tácticas para los líderes que desean provocar la evolución dentro de su cultura organizacional o de equipo actual, para alinearla más estrechamente con su estrategia deseada. Estas tácticas incluyen aprovechar las dinámicas emocionales y sociales, comenzando con una disculpa, afinando los sistemas de retroalimentación, probando el pulso como un medio de conciencia del momento presente y jugando el juego a largo plazo con paciencia.

A modo de adelanto, en nuestro próximo capítulo, hablaremos de la importancia crítica de enraizar la cultura en los valores. Incluyendo la investigación de un estudio publicado en Harvard Business Review, describimos ocho valores que deben informar la cultura funcional de los grupos de trabajo en cualquier nivel: desde los equipos hasta los grupos regionales y el nivel organizacional. A medida que la cultura y la estrategia se sincronizan, los líderes ven mejores resultados y los empleados se sienten más conectados con su trabajo.

¿Por qué es difícil cambiar la cultura?

La cultura corporativa a menudo se arraiga. La cultura es notablemente duradera debido al refuerzo social de los patrones, de modo que las personas que "encajan" en ella se sienten atraídas por la organización. Con el tiempo, la cultura puede convertirse en una cámara de eco homogénea, resistente al cambio. Keith Cunningham, autor de *The Road Less Stupid* afirma: "La razón por la que las empresas pierden relevancia, quiebran o se desvanecen en el ocaso es porque continúan creciendo, pero no evolucionan".[282] Los líderes tienen mucha práctica para provocar la evolución necesaria en los productos, los procedimientos de venta, el posicionamiento en el mercado, la contratación, las tácticas de gestión y más.

Pero provocar una evolución en la cultura puede ser complicado porque los cambios duraderos y sostenibles no pueden ocurrir simplemente a través de mandatos desde arriba. Más bien, el cambio debe surgir dentro de los hábitos y percepciones de las personas que impulsan "cómo se hacen las cosas aquí"[283] desde cero. Dicho de otra manera, los líderes pueden exigir el cumplimiento, pero nunca pueden exigir con éxito la confianza, el corazón o el talento, las cosas que hacen que una organización tenga éxito.

A medida que los líderes observan más de cerca la cultura actual al notar las normas no escritas que informan los patrones de comportamiento, pueden desenterrar los vínculos a menudo invisibles entre la cultura, el comportamiento y los valores. Esta información es esencial para el cambio productivo cuando la cultura no es la ideal. Al considerar la cultura actual de tu equipo, es posible que te des cuenta de que le vendría bien un poco de ajuste.

¿La cultura existente dificulta el logro de los objetivos? El dicho, "la cultura se come a la estrategia para el desayuno", implica que la cultura y la estrategia [284] están de alguna manera en desacuerdo, y que la cultura es más poderosa que la estrategia porque la cultura puede "masticar" la estrategia para el desayuno y luego continuar con su día. Sin embargo, este desequilibrio no es necesario ni útil. Más bien, ocurre principalmente cuando hay una falta de alineación entre la cultura y la estrategia. Brian Tracy aconseja: "Si lo que estás haciendo no te está moviendo hacia tus metas, entonces te está alejando de tus metas".[285]

He aquí un ejemplo cotidiano para ilustrar el punto sobre la alineación entre la cultura y la estrategia. Imagina que te pones una meta dietética para perder cinco kilos (ese es tu objetivo). Se te ocurre una estrategia que te ayude a lograr ese objetivo: comer tres comidas bajas en calorías al día sin bocadillos. Sin embargo, si tu patrón de comportamiento (cultura) en los últimos dos años implica tomar un café con leche dulce y donas para el desayuno, puedes ver de inmediato que hay una falta de alineación entre el comportamiento arraigado (cultura) y la implementación de tu estrategia de comer comidas bajas en calorías.

Es fácil ver que el comportamiento debe ajustarse a los objetivos o no hay esperanza de éxito. Dicho de otra manera, hasta que modifiques tus arraigadas creencias culturales sobre el desayuno, tu objetivo permanecerá fuera de tu alcance. Es probable que este cambio de comportamiento parezca desagradable porque ¿quién quiere reemplazar las donas con, por ejemplo, avena? Del mismo modo, las empresas pueden tener todos los hermosos objetivos estratégicos del mundo, pero hasta que la cultura sea tal que los sesgos y comportamientos implícitos apoyen los nuevos objetivos, los objetivos no despegarán.

Cinco consejos que los líderes pueden usar para impulsar la evolución cultural

Cuando la cultura organizacional existente no es propicia para los objetivos actuales, los líderes pueden lanzar de manera proactiva una evolución cultural. Los líderes son responsables de dar forma a la cultura a través de la responsabilidad, la coherencia, la confianza y una comunicación sólida. Aquí hay cinco consejos para los líderes que quieren provocar una evolución cultural: 1) aprovechar las dinámicas emocionales y sociales; 2) comienza con una disculpa; 3) afinar los sistemas de retroalimentación; 4) toma el pulso para evaluar el momento presente; y 5) no te preocupes si lleva tiempo.

1. Aprovecha las dinámicas emocionales y sociales

Primero, tómate el tiempo para comprender la cultura actual y evaluar las formas específicas en que difiere de la cultura deseada. Para tener una idea precisa de la cultura actual, conéctate con personas de todos los niveles. Haz preguntas. Observa cómo se mueven los empleados a lo largo de la jornada laboral y lo que logran. ¿Cuál es la dinámica social de los equipos? ¿Los miembros del equipo entienden claramente sus funciones? ¿Todos los miembros del equipo se sienten psicológicamente seguros entre sí para que puedan tolerar el riesgo y la innovación? Siéntate en las reuniones para ver cómo las personas se conectan (o desconectan) a nivel interpersonal y cómo esas conexiones afectan la fluidez del rendimiento. ¿Qué tan conectadas se sienten las personas con la misión general de la empresa? ¿Encuentran sentido a su trabajo? Observa los lugares de ineficiencia y productividad inversa en todos los niveles de la organización.

Pregunta a los gerentes sobre sus puntos de vista sobre lo que está funcionando bien y dónde surgen los puntos de fricción. ¿Cómo podemos apoyar los eslabones débiles para ayudar a mejorar la funcionalidad? Consulta con los socios y los miembros de la junta directiva sobre sus puntos de vista. En resumen, haz tu tarea para ver qué cultura está presente y cómo esa cultura está apoyando o restando valor a los objetivos deseados. Este paso es clave porque muchos empleados no piensan directamente en las normas culturales no escritas y establecidas; más bien, viven esas normas sin pensar que las cosas podrían (o deberían) ser diferentes.

Una vez que hayas hecho tu tarea, acomódate en un proceso de visión. En este contexto, no se trata tanto de factores externos como el posicionamiento en el mercado, sino más bien de factores internos relacionados con la cultura. Sueña en grande: ¿cómo serían los equipos de alto rendimiento? ¿Qué se necesitaría para que cada persona se sintiera conectada con la misión de la empresa? Dado que los empleados son el principal activo de cualquier empresa, ¿cómo podemos atender sus necesidades y permitirles disfrutar de un rendimiento de primer nivel?

Esto puede y debe suceder a nivel de equipo, a nivel de gerente o de alta dirección. La pregunta principal es: dada nuestra cultura actual, ¿cómo podemos llegar a donde queremos estar? Sé claro con todos los involucrados sobre lo que debe cambiar y por qué. Cuando dejamos de "bailar alrededor de los contratiempos", eliminamos la vergüenza de esforzarnos y fracasar.[286]

Al establecer una metodología cultural para la empresa, los líderes ayudan a los empleados a trabajar al unísono de acuerdo con las prioridades compartidas. "La cultura también puede evolucionar de manera flexible y autónoma en respuesta a las oportunidades y demandas cambiantes".[287]

Con un liderazgo hábil, la cultura puede adaptarse a los nuevos insumos y necesidades, particularmente cuando esos cambios se implementan de manera que tengan en cuenta los valores culturales existentes. La arquitectura del cambio cultural es particularmente útil cuando los líderes quieren crear un nuevo crecimiento: deben reforzar persistentemente la transformación de la cultura heredada a la nueva cultura deseada.

Del mismo modo, Harvard Business Review aconseja que "a diferencia del desarrollo y la ejecución de un plan de negocios, cambiar la cultura de una empresa es inextricable de la dinámica emocional y social de las personas de la organización".[288] Por lo tanto, para iniciar la evolución cultural, los líderes deben clarificar sus aspiraciones articulando los principios de alto nivel que guían a la organización y conectando esas aspiraciones con las dinámicas emocionales y sociales.

2. Comienza con una disculpa

En *The Road Less Stupid*, Cunningham no se anda con rodeos: "La pésima cultura que tienes ahora fue creada por ti. Es un reflejo perfecto de lo que has tolerado y, por lo tanto, es tu culpa".[289] ¡Ay! Sugiere que iniciemos el cambio cultural con una disculpa que se apropie de nuestro papel en el entorno actual. Si nosotros, como líderes, hubiéramos construido una mejor cultura, entonces eso sería lo que está presente. Pero... la cultura que tenemos ahora es una que queremos cambiar, no disfrutar. Así que, asúmelo. Tal vez teníamos miedo de tener las conversaciones difíciles y esenciales porque queríamos mantener la paz. Tal vez nos perdimos indicadores clave.

Cualquiera que sea la razón por la que la cultura se ha ido al garete, Cunningham sugiere que articulemos el problema con franqueza y luego indiquemos qué haremos al respecto. Prueba algo como:

> "Te admiro y te respeto, pero he dejado que mi admiración por ti nuble mi juicio y mi voluntad de decir lo que hay que decir. Francamente, probablemente lo he hecho... y elevado el ser querido por encima de ser exitoso". [290] Perdí de vista nuestros resultados porque estaba decidido a no agitar el bote. Pero no importa si tenemos la mejor visión, declaración o misión del mundo. "La verdad del asunto es que podemos tener la mejor visión y declaración de misión del mundo, pero si nadie tiene idea de cómo eso se traduce en [resultados], entonces no tenemos ninguna oportunidad de

cumplir esa misión o cumplir con esos valores".²⁹¹ Eso depende de mí como líder. Pero ahora les pido ayuda para identificar lo que se ha interpuesto en nuestro camino y diseñar el plan a seguir para ayudarnos a lograr nuestras prioridades. Me comprometo a liderar con valentía y a responsabilizar a todos, incluyéndome a mí mismo, para que todos podamos tener éxito juntos.

En este sentido, el líder empresarial Robert Kistner dice: "Si tengo un empleado que está alejado de lo fundamental, eso depende de mí".²⁹² Por supuesto, los líderes no son responsables del mal comportamiento o la mediocridad de los empleados. Sin embargo, cuando los líderes se dan cuenta de que un empleado está "fuera de campo" y no hacen nada para enseñar, motivar y corregir al empleado, entonces los líderes se convierten en cómplices del comportamiento y dan a entender a otros empleados que dicho comportamiento es aceptable. En resumen, hay un poder real para el cambio y el crecimiento cuando los líderes asumen su responsabilidad de crear proactivamente o permitir pasivamente el statu quo aceptable en el entorno laboral.

3. Poner a punto los sistemas de retroalimentación

En tercer lugar, para monitorear el progreso y la efectividad de la evolución cultural en curso, los líderes deben aprovechar los sistemas de evaluación y retroalimentación de la empresa. Aprovecha las encuestas preexistentes, las sesiones de capacitación, las conferencias y más para ayudar a todos a aprender *el qué y* el por qué de los cambios culturales deseados. Al hacerlo, se integrará la transformación cultural deseada en la gestión del desempeño y se generará aceptación con el tiempo. "El liderazgo basado en la visión supera al mando y control... Cuando la gestión del desempeño es una calle de doble sentido en red, los individuos crecen hacia la grandeza".²⁹³

Las culturas corporativas que producen altos niveles de motivación a menudo incluyen dos elementos: apoyo para tareas específicas del trabajo y apoyo para necesidades interpersonales. El simple hecho de apoyar uno de estos sin el otro tiende a drenar la productividad. Por ejemplo, si los líderes apoyan principalmente las tareas laborales proporcionando recursos, tiempo y análisis compartidos, los equipos harán un trabajo decente. Pero si los líderes también se toman el tiempo para proporcionar retroalimentación, aliento y reconocimiento, los equipos crecerán más rápido. John Doerr señala: "Cuando las personas tienen conversaciones auténticas y reciben comentarios constructivos y reconocimiento por logros superiores, el entusiasmo se vuelve contagioso".[294]

4. Prueba pulsar como una evaluación del momento presente

Un método para ofrecer retroalimentación regular es tomar el pulso a la cultura del lugar de trabajo. Es preguntar esencialmente: "¿Qué hay aquí en este momento?" En este momento, ¿cómo está la moral? ¿Cuáles son las expresiones en los rostros de las personas? ¿El tono en la oficina es alegre o sombrío? Camina por los pasillos y echa un vistazo a la gente. ¿Ves alguna sonrisa? ¿Te das cuenta de que la productividad no es fabricada solo porque estás mirando? Los líderes pueden encuestar a los miembros del equipo sobre si han tenido recientemente una conversación sobre los objetivos con sus gerentes y si tienen claridad sobre sus oportunidades profesionales. ¿Alguien parece confundido o frustrado? Puedes saber al observar a las personas cómo se sienten con respecto a su trabajo ese día.

Al pulsar, los líderes pueden ir un paso más allá y preguntar sobre la salud, la motivación y la energía de los miembros del equipo. ¿Con qué frecuencia se sienten "en la zona"?[295] ¿Parece que las personas han dormido lo suficiente, en general? ¿Qué premios se producen a las 9 de la mañana? ¿Y a las 10 de la mañana? ¿Y a la 1 de la tarde? ¿Hay momentos para celebrar hoy? Al tomar el pulso a la cultura de la empresa, los líderes pueden detectar señales sutiles de angustia y mantenerse al tanto de los problemas a medida que surgen, en lugar de esperar a que lleguen a un punto de ruptura. "Pulsar mide la salud de la organización en tiempo real: cuerpo y alma, trabajo y cultura".[296] Esta información ayuda a los líderes a comprender qué cultura está presente, y esa información es clave cada vez que los líderes intentan crear un cambio sostenible.

Después de pulsar, es hora de comunicarse. Al igual que con cualquier método de retroalimentación, la cultura controla los métodos de comunicación que hacen que una organización sea más o menos funcional. Muchas veces, las conversaciones grupales sobre cultura, como los ayuntamientos o los lanzamientos anuales, pueden generar entusiasmo y sentar las bases para expectativas compartidas. Luego, los líderes pueden hacer un seguimiento con las personas en reuniones individuales, como revisiones de desempeño y sesiones de coaching. "Al reiterar y recompensar la cultura deseable tanto en conversaciones grupales como privadas, los líderes pueden garantizar que el cambio cultural sea efectivo tanto a nivel individual como colectivo en toda la organización",[297] continúa Cunningham. En cualquier plan para la evolución cultural, los líderes deben considerar métodos efectivos de comunicación y retroalimentación, incluida la información sobre el pulso a corto plazo y la orientación a largo plazo.

5. No te preocupes si lleva tiempo

Por último, anímate: reconstruir la cultura es como "tu primera inmersión, cuando te sumerges diez metros y estás asustado. Pero cuando vuelves a subir, estás eufórico. Tienes una nueva visión de cómo funcionan las cosas debajo de la superficie".[298] Todos los cambios tardan en ganar tracción, pero cada cambio cultural hacia las aspiraciones deseadas ayudará a la organización a sincronizar la cultura y la estrategia para lograr la máxima eficiencia. Esfuérzate por demostrar el cambio cultural deseado para que todos puedan ver que los líderes predican con el ejemplo. Aprovecha las redes para reforzar el propósito común y los refugios seguros. A medida que pasa el tiempo, asegúrate de celebrar las victorias y los pequeños pasos en el camino hacia la meta.

Aunque es más fácil para los líderes evitar la fricción que implica provocar un cambio organizacional, recuerda que la fricción puede ayudar a demostrar tracción: muestra que las cosas están cambiando y también destaca qué elementos necesitan más apoyo. En última instancia, nos recuerda Cunningham, "la clave de una gran cultura es crear y fomentar conversaciones interminables sobre las reglas del juego para que todos sepan cómo actuar, cómo comunicarse y cómo tratarse unos a otros".[299] El largo camino hacia el cambio cultural ocurre una conversación a la vez.

Conclusiones clave

Unas palabras aquí sobre el tiempo y la preparación consciente para el cambio. ¿Por qué los líderes podrían optar por no iniciar el cambio cultural en este momento, incluso si saben que es necesario hacerlo? El proyecto lleva tiempo. Algunos expertos lo dicen sin rodeos: no te molestes en comenzar el proceso si no estás dispuesto a seguir con él día tras día porque los pequeños toques no lo hacen. Dar conferencias periódicas o comprar más bocadillos para el descanso no funcionará. Los líderes necesitan agallas y persistencia porque implementar un cambio cultural no es ni rápido ni fácil.

Si estás pensando en iniciar un cambio cultural pero el proceso parece abrumador, puedes empezar por prepararte. La preparación viene antes de la disculpa, en caso de que elijas seguir ese camino. Empieza a recopilar información sobre dónde estás y a dónde quieres ir. Fortalece o reescribe los valores de tu empresa porque forman la base de tu objetivo cultural. Pide información. Encuesta a tus equipos para ver qué funciona y qué no.

Finalmente, desde la lente de la atención plena, considera tu vida: ¿tienes el tiempo y la energía para verter tu corazón en este proceso? ¿Son las cosas estables en tu vida familiar? ¿Cómo está tu salud y bienestar? ¿Tienes la fuerza para guiar el cambio cultural a largo plazo? Además, ¿cómo son las relaciones en la alta dirección? ¿Están todos informados del estado actual y están de acuerdo con los próximos pasos? Debido a que el liderazgo transparente es clave para el cambio cultural, haz el trabajo en ti mismo primero para que vivas plenamente la cultura deseada antes de pedirles a los empleados que también la vivan. Buscarán tu ejemplo tanto para la responsabilidad como para la motivación.

A medida que pongas el pensamiento y la preparación iniciales, podrás iniciar y mantener el proceso de cambio cultural a largo plazo. Doerr recuerda a los líderes por qué vale la pena el esfuerzo: la cultura es "nuestra estaca en el terreno; Es lo que le da sentido al trabajo".[300] Cuando se trata de alcanzar objetivos, los líderes encuentran que la cultura es a menudo el ingrediente secreto que "puede combinar de manera fluida las intenciones de los líderes superiores con el conocimiento y las experiencias de los empleados de primera línea".[301] Los líderes que entienden el poder de la cultura pueden cambiar las normas sociales que impulsan el comportamiento organizacional. Vale la pena impulsar la evolución cultural según sea necesario, ya que una cultura empresarial saludable puede atraer y retener talento, agilizar las operaciones diarias y aumentar los resultados.

11

Anclar la cultura en valores

Cómo la cultura basada en valores evita una crisis

Tener una cultura empresarial arraigada en valores ayudó a los líderes de la Cruz Roja Americana a encontrar la manera de salir de una situación embarazosa. En 2011, uno de los empleados a cargo de manejar las redes sociales envió el siguiente tuit en la página oficial de Twitter de la Cruz Roja Americana: "Ryan encontró dos paquetes más de 4 botellas de cerveza Midas Touch de Dogfish Head. . . . cuando bebemos lo hacemos #gettngslizzerd" [302] [sic]. Esa publicación estaba destinada a la cuenta privada de la persona, y ella no se dio cuenta de que la había posteado públicamente. Aunque el director de redes sociales encontró y eliminó la publicación una hora después, ya se había vuelto viral.

¿Qué deben hacer los líderes en esta situación para salvar la reputación de la empresa? ¿Qué harían los líderes de su empresa? Pues bien, la Cruz Roja Americana recurrió a sus valores culturales en busca de una solución: la compasión, la colaboración, la creatividad, la credibilidad y el compromiso. Ciertamente, un tuit como este en la página oficial podría dañar la credibilidad de toda la organización, ya que los lectores se preguntarían qué estaba pasando entre bastidores. Algunas empresas habrían despedido al empleado y exigido una disculpa pública.

Sin embargo, en lugar de despedir al empleado, la directora de redes sociales de la Cruz Roja Americana simplemente reemplazó el tuit con una dosis de humor honesto y creativo que mostró compasión por el error del empleado y restableció la credibilidad de la empresa. Ella escribió: "Hemos borrado el tuit deshonesto, pero tengan la seguridad de que la Cruz Roja está sobria y hemos confiscado las llaves".[303] Dado que no se puede eliminar nada por completo de Internet, la Cruz Roja asumió la responsabilidad y reconoció el error de una manera que se comprometió auténticamente con el público.

Yendo un paso más allá, la Cruz Roja aprovechó creativamente este error para recaudar fondos y donar sangre. The Dogfish Beer Company volvió a publicar el tuit junto con un mensaje invitando a la gente a apoyar a la Cruz Roja. Durante varias semanas después de ese incidente, las dos compañías se unieron para una especie de asociación creativa y espontánea que alentó muchas donaciones (y muchas ventas de cerveza).

De hecho, algunas personas comenzaron a tuitear cosas como: "Después de dejar una pinta de sangre al @RedCross, la reemplazaré con una pinta de @dogfishbeer #getngslizzerd".[304] Aprovechando el valor de la colaboración, la Cruz Roja y Dogfish Beer transformaron el error en una situación mutuamente beneficiosa.

Aunque la situación podría haber sido diferente en una empresa con una cultura más rígida y los líderes podrían haber despedido al empleado por esta ofensa, la Cruz Roja eligió una ruta consistente con su valor cultural de compasión. Sobre este incidente, la directora de redes sociales escribió en su blog: "Descubrimos que muchos de ustedes son comprensivos y compasivos. Si bien somos una organización humanitaria de 130 años de antigüedad, también estamos formados por seres humanos. Gracias no solo por conseguir eso, sino por convertir nuestro paso en falso en algo bueno".[305] En resumen, la cultura basada en valores de la Cruz Roja convirtió un momento de crisis reputacional en algo que benefició a las relaciones públicas y a las donaciones de sangre. Eso es cultura bien hecha.

Hoja de ruta del capítulo

Esta es la parte final de nuestra serie de tres partes diseñada para ayudar a los líderes a aprovechar el poder de la cultura empresarial. A modo de revisión, hemos definido la cultura organizacional como las creencias y suposiciones tácitas que tienen los líderes y los empleados. Arraigada en todo, desde la historia de origen de la empresa y la ubicación física hasta el diseño de su oficina, el código de vestimenta y el ritmo de la jornada laboral, la cultura tiene una poderosa influencia en los patrones sociales y las normas colectivas.

En esta parte, discutimos el poder de anclar la cultura en los valores y la transparencia del liderazgo. Guiados por la investigación de un estudio de Harvard Business Review, describimos ocho valores que conforman la cultura funcional de los grupos de trabajo en cualquier nivel, desde los equipos locales hasta el liderazgo global. A medida que la cultura y la estrategia se sincronicen, los líderes verán mejores resultados y los empleados se sentirán más conectados con su trabajo. Por último, describimos cómo los valores culturales ayudan a los líderes a conseguir que las personas adecuadas se suban al autobús, mejorando así la contratación y la retención. Dado que las personas son la raíz de la cultura, atraer y mantener a las personas adecuadas ayudará a mejorar el éxito de la organización.

Una cultura de transparencia mejora la colaboración

Considera las fuerzas que vinculan el establecimiento de objetivos, la cultura y la transparencia dentro de la organización. La transparencia "tiene que ver con la rendición de cuentas, la medición y el sesgo de la urgencia, un enfoque en las soluciones, ser estricto y decir lo que hay que decir, ser amable y generoso, reconocerse mutuamente y expresar aprecio".[306] John Doerr añade: los líderes deben cultivar la cultura adecuada, una de "honestidad intelectual despiadada, desprecio por el interés propio y profunda lealtad al equipo".[307]

En la investigación sobre la transparencia del liderazgo, un término paralelo es la *vulnerabilidad,* que Brené Brown define como el "lugar de nacimiento de la innovación, la creatividad y el cambio".[308] Los líderes que son vulnerables en los momentos apropiados pueden conectar departamentos y equipos, tanto horizontal como verticalmente. Los líderes transparentes permiten que toda la organización se esfuerce hacia el resultado deseado y crean una cultura de apertura y aceptación.

¿Qué impide que los líderes se sumen a la transparencia? Ser abierto en el ámbito empresarial a veces es desconcertante para los líderes: "La transparencia da miedo. Admitir tus fracasos, visiblemente, públicamente, puede ser aterrador".[309] Pero no deja de ser valioso. Los líderes que están dispuestos a establecer una cultura corporativa de vivir de manera auténtica, expresar inquietudes, capitalizar las fortalezas y apoyar a los equipos pueden atraer a diversos grupos a un trabajo unificado. De hecho, "una vez que comienzas a tener conversaciones bidireccionales honestas y vulnerables con tus subordinados directos, comienzas a ver qué es lo que los motiva. Sientes su anhelo de conectarse con cosas más grandes que ellos mismos. Escuchas su necesidad de reconocimiento".[310]

En general, los líderes que refuerzan una cultura de transparencia ven tasas más altas de logro de objetivos. Tal cultura abarca todo, desde "cómo hablamos entre nosotros, cómo nos tratamos, cómo confiamos los unos en los otros, [hasta] cómo manejamos los conflictos".[311] Dicha cultura se sincroniza con la estrategia y forma la base subyacente de las relaciones dentro de una organización.

Ilustración: El enfoque de Pixar en la transparencia impulsa la originalidad

Es probable que conozcas a Pixar como una exitosa compañía cinematográfica que transforma la industria basada en la animación creativa. "La cultura de Pixar es la salsa secreta para desarrollar tantos éxitos de taquilla",[312] y su cultura de transparencia está diseñada para recompensar la originalidad. En la fase de generación de ideas, la cultura de Pixar es de seguridad psicológica, lo que anima a los empleados a experimentar e innovar. Cualquiera que esté familiarizado con la lluvia de ideas sabe que dejas la mesa abierta de par en par al principio para que todas las ideas sean bienvenidas. Derribar ideas inicialmente solo limitará la voluntad de las personas de traer más ideas por temor al ridículo. Sin embargo, llega un punto en el que las ideas deben eliminarse para que los equipos puedan centrar su energía en las mejores.

Aquí, la cultura de Pixar equilibra la colaboración y la creatividad. Los miembros del equipo brindan respetuosamente comentarios sinceros sobre los trabajos en curso, y no todo es positivo. "Pixar practica la franqueza radical para promover conversaciones transparentes. Los colegas no están destinados a juzgar a sus compañeros".[313] sino más bien a juzgar la obra. Con honestidad, las personas colaboran para ayudar a que las mejores ideas tengan éxito.

Los valores son el nexo entre la estrategia y la cultura

Según Harvard Business Review, los siguientes ocho valores organizacionales conforman una cultura empresarial saludable:[314]

- *Cuidado*: Este valor prioriza el cultivo de las relaciones interpersonales, el desarrollo de la lealtad y la confianza, y la colaboración en entornos de trabajo interdependientes.
- *Propósito*: Este valor se centra en incorporar el idealismo y el altruismo en los aspectos cotidianos, a menudo mundanos, del profesionalismo; fomentar la unidad y la sostenibilidad; y enfatizar los objetivos compartidos y una causa más grande que uno mismo.
- *Aprendizaje*: Este valor consiste en aprovechar la exploración y la creatividad para ampliar la innovación, al tiempo que se recompensa la curiosidad y la apertura mental
- *Disfrute*: Este valor anima a los líderes a añadir un toque de diversión a la rutina diaria y a fomentar el juego y el humor
- *Resultados*: Este valor motiva a los líderes y equipos a celebrar los logros y victorias en todas las escalas. Premia el enfoque y el logro de objetivos.
- *Autoridad*: Este valor fomenta el respeto por la fuerza, la audacia y la decisión. También premia la confianza y la competencia productiva.
- *Seguridad*: Este valor crea tranquilidad y ayuda a las personas a sentirse seguras y protegidas en medio del cambio. Premia la preparación y la planificación para mitigar el riesgo y aumentar la previsibilidad en el entorno de trabajo.
- *Orden*: Este valor anima a los líderes a crear una estructura clara y normas compartidas. Premia la cooperación y el respeto de las costumbres y las normas.

Como líderes, puedes ver cómo estos valores hacen que las metas sean más alcanzables. Sin embargo, también notarás que no todos los objetivos pueden incorporar los ocho valores. Por ejemplo, los líderes deben equilibrar *el valor del disfrute* con el valor del *orden,* porque los entornos de trabajo saludables no pueden ser todo juego o todo reglas. Como otro ejemplo, *el valor de la autoridad* tendrá que equilibrarse con el valor de *la seguridad* , porque la competencia y la seguridad son útiles para el logro, pero pueden estar en desacuerdo entre sí filosóficamente.

A medida que los líderes elaboran objetivos y estrategias en torno a estos ocho valores, los equipos se sentirán inspirados para innovar y asumir riesgos, incluso cuando sean recompensados por el cumplimiento y los resultados. Los miembros del equipo se sentirán más anclados a los proyectos y más conectados entre sí. Un conjunto de valores bien definidos ayuda a dar forma a la dirección estratégica de la empresa. Ayuda a los líderes a tomar decisiones que están en armonía con los principios básicos de la organización, lo que, a su vez, conduce a estrategias más coherentes y efectivas. Estos valores ayudan a solidificar el vínculo entre la cultura y la estrategia para que todos los motores se activen en sincronía hacia los mismos objetivos organizacionales. En la siguiente tabla se muestran varias formas de alinear los resultados estratégicos y los valores culturales:

Resultado estratégico	**Alineación cultural con el resultado**
Ofrecer un excelente servicio al cliente	Enfatizar el logro, el cuidado, la resolución de problemas, la colaboración y las relaciones.
Implementación de nuevas iniciativas	Enfatizar la autoridad, la competencia, la innovación, el trabajo en equipo y la asunción de riesgos.
Gestión de un equipo de desarrollo de productos	Enfatizar la colaboración, la innovación, el aprendizaje, el disfrute y los resultados
Aumentar para superar la amenaza de un competidor	Enfatizar la autoridad, el orden, el logro y el propósito
Levantar la moral	Enfatizar el disfrute, la colaboración, el cuidado, el propósito y la seguridad

Ilustración: Valores de rendimiento de Google

Como ejemplo práctico, Google estudió la cultura dentro de los equipos de alto rendimiento utilizando cinco preguntas basadas en valores[315] que destacaban las dinámicas emocionales y sociales subyacentes:

- *Para comprender la estructura* del equipo, Google preguntó si los miembros tenían claras sus funciones y los objetivos generales y los resultados clave del equipo.

- *Para abordar las preocupaciones sobre la seguridad psicológica*, Google preguntó si los miembros del equipo se sentían cómodos asumiendo riesgos o si las personas se sentirían avergonzadas si las ideas no funcionaran. Esta información ayudó a los líderes de equipo a realizar cambios en el tono del trabajo para apoyar la innovación y la asunción de riesgos apropiados sin penalizaciones.

- *Para comprender la conexión personal de los empleados* con la misión en general, Google pidió a las personas que compartieran si sentían que su trabajo era significativo. Si recibían comentarios de que los empleados sentían que su trabajo era rutinario o falto de valor, entonces los líderes de Google estaban motivados para reasignar a los empleados o educarlos sobre su lugar en los objetivos más amplios. En la medida en que las personas puedan trabajar en cosas que valoran, darán más vida a esos proyectos.

- *Para identificar cualquier eslabón débil y proporcionar apoyo adicional* cuando sea necesario, Google preguntó qué tan bien los miembros del equipo sentían que podían depender unos de otros para entregar un trabajo de calidad a tiempo.

- *Para comprender la conciencia de los empleados sobre los objetivos más grandes*, Google les preguntó si creían que el trabajo que la empresa estaba haciendo era fundamentalmente importante. Esta información ayudó a informar los objetivos de la empresa y a resaltar las preocupaciones de los empleados.

Al aclarar la dinámica cultural subyacente en los equipos que trabajaron bien juntos y lograron sus objetivos, los líderes de Google pudieron dar forma a las políticas y los métodos para proporcionar a todos los equipos.

Fuertes Valores Culturales Consiguen que las Personas Adecuadas Suban al Autobús

Dado que los empleados son el mayor activo de cualquier empresa, los líderes se dedican a conseguir que "las personas adecuadas se suban al autobús". Jim Collins escribe *en Good to Great*: "Es necesario conseguir 'las personas adecuadas en los asientos adecuados'. Solo entonces giras el volante y pisas el acelerador".[316] Los empleados son la primera y continua línea de defensa, y la cultura es lo que conforma su comportamiento. A medida que los líderes asumen la responsabilidad de atender la cultura y revisarla cuando sea necesario, pueden abordar los problemas de raíz en las trincheras y en la contratación. Esto ayudará a establecer una fuerte línea de defensa con el personal. Debido a que la cultura está arraigada en las creencias y comportamientos dentro de la organización, "la cultura tiene que ver con las personas que reclutas y los valores que aportan".[317]

¿Qué tipo de personas atrae tu empresa?
Al pensar en el tipo de personas que contratas, considera la importancia de rasgos como "la responsabilidad, la medición, un sesgo por la urgencia, un enfoque en las soluciones, decir lo que hay que decir, ser amable y generoso, reconocerse unos a otros y expresar aprecio".[318] La cultura controla qué conversaciones son bienvenidas y cuáles son rechazadas. ¿Abordamos los problemas o los evitamos? ¿Nos vestimos elegante o informal? ¿Están todos incluidos, o hay camarillas de personas con información privilegiada?

Por ejemplo, considera cómo las personas con tendencias de pensamiento libre y estilos de vida espontáneos pueden mantenerse alejadas del empleo con códigos de vestimenta rígidos y largas horas. Del mismo modo, es posible que una empresa con una cultura de "chicos buenos" no atraiga, contrate o retenga a las mejores profesionales de negocios. Alguien que se graduó de Berkley podría no encajar naturalmente con una empresa en la zona rural de Texas. Podríamos seguir y seguir, pero el punto de estos ejemplos es que la cultura afecta a quién se sube al autobús en primer lugar, y afecta absolutamente a quién se queda en el autobús a largo plazo.

Desde el punto de vista del personal, ¿por qué los líderes deberían dedicar tiempo a reiniciar la cultura actual e invertir en el cambio?

Una gran cultura no solo hace que las empresas sean más efectivas, sino que también es un imán para contratar y retener empleados excelentes. "Crear y mantener una cultura de clase mundial es una iniciativa continua pero inmensamente gratificante. Reduce la rotación, mejora la eficiencia y hace que el negocio sea un buen lugar para trabajar".[319]

¿Qué tan bien están alineados tus gerentes con su cultura objetivo?

Los líderes deben capacitar a los gerentes para que se alineen completamente con la nueva cultura deseada. Estos líderes son fundamentales no solo para demostrar los cambios culturales, sino también para apoyar a otros a seguir su ejemplo. Estos gerentes escucharán y enseñarán dentro de las conversaciones organizacionales que enfatizan la importancia de los cambios. "Las empresas que tratan a su gente como socios valiosos son las que tienen el mejor servicio al cliente. Tienen los mejores productos y el mayor crecimiento de ventas".[320]

¿Estás dispuesto a dejar ir a la gente cuando sea necesario?

Además de la tenacidad y la persistencia, debes saber que tendrás que estar dispuesto a dejar ir a la gente. Por ejemplo, a menudo hay una o dos personas en un equipo que piensan que son inmunes a la transformación cultural. Piensan que son especiales y agotarán la energía del equipo hasta que los dejes ir. A veces, los líderes llevan a cabo una revolución cultural, dejando ir a las personas que no comparten la cultura objetivo y contratando a nuevas personas que sí lo hacen. Esto debe manejarse con empatía, pero es una de las formas más directas de poner en marcha una nueva cultura. Cunningham casi se burla: "La razón por la que dudamos en tener las conversaciones difíciles es porque no nos importa lo suficiente. Si realmente te importara lo suficiente, dirías lo que hay que decir".[321]

La otra cara de este problema es cuando los gerentes ven a los empleados como fusibles y fácilmente reemplazables. Los empleados no están tecleando widgets. Puede llevar mucho tiempo e inversión lograr que los empleados estén en armonía con la cultura de una organización. A medida que eso sucede, puede valer la pena la inversión continua que se necesita para retener a aquellos empleados que encajan culturalmente de manera sólida.

Ilustración: Xerox regresa de la bancarrota con una revisión cultural

En el año 2000, Xerox tenía una deuda de 18.000 millones de dólares y estaba al borde de la bancarrota después de que sus acciones cayeran 26 puntos en un solo día. Entra en escena la nueva directora ejecutiva Anne Mulcahy. Cuando un cliente sugirió: "Tienes que matar la cultura Xerox [para sobrevivir]", Anne replicó: "Yo soy la cultura".[322] Con esta observación, demostró cómo, como nueva directora general, se estaba haciendo cargo personalmente de los errores de la administración pasada para orientar a la empresa en una nueva dirección de funcionalidad fiscal. "Mulcahy era una defensora de Xerox y sus valores, incluido el de la responsabilidad corporativa, y creía en la lealtad de los clientes y especialmente de los empleados".[323]

A medida que Anne se disponía a renovar la cultura de la empresa, se centró en mantener a las personas adecuadas en el autobús. Se reunió personalmente con sus 100 principales ejecutivos, les informó de la difícil situación y les dijo que eran bienvenidos a quedarse si se comprometían plenamente con la nueva cultura y el nuevo plan financiero. Todos menos dos de esos ejecutivos eligieron quedarse, y la mayoría de ellos seguían en la compañía ocho años después, cuando Xerox había "pagado su deuda y renovado su oferta de productos y su modelo de negocio".[324] Con un líder fuerte y las personas adecuadas en el autobús, Xerox sobrevivió.

Conclusiones clave

Además de los ideales visionarios y las declaraciones de misión, la cultura organizacional "se trata funcionalmente de comportamientos impulsados por valores que conducen a relaciones exitosas entre colegas y clientes".[325] Como recordatorio, los ocho valores presentados por Harvard Business Review incluyen: cuidado, propósito, aprendizaje, disfrute, resultados, autoridad, seguridad y orden.

Anclar la cultural en valores

La conclusión clave para los líderes y los equipos es considerar de manera proactiva estos valores culturales a la hora de elaborar objetivos y estrategias. Esto ayuda a que las personas se sientan más ancladas a las iniciativas y proyectos, así como más conectadas entre sí y con la organización. Los valores desempeñan un papel fundamental en la configuración de la cultura y la estrategia de una organización, lo que en última instancia impulsa los resultados en el lugar de trabajo.

Cuando los valores de una empresa se alinean con su cultura, es más probable que los empleados se sientan conectados, motivados y comprometidos. Los valores discutidos en este capítulo ayudan a solidificar el matrimonio entre la cultura y la estrategia para que todos los motores se disparen en sincronía hacia los mismos objetivos. Los valores, la cultura y la estrategia se interconectan, creando una poderosa sinergia que impulsa resultados positivos, fomenta la innovación y mejora el bienestar general del lugar de trabajo. Como líderes, debemos fomentar estos valores porque impulsan el éxito sostenido en el dinámico entorno empresarial.

SEGUNDA PARTE.
EL LIDERAZGO COMO
CATALIZADOR DE LA TRANSFORMACIÓN

PLANOS SENCILLOS PARA
LIDERAZGO AUDAZ COMO
UN VIAJE INTERIOR DE CRECIMIENTO

12

El liderazgo como mayordomía

Liberación de la microgestión

De vez en cuando, los líderes se encuentran inmersos en las minucias de la microgestión de sus empleados. Chieh Huang define esto con bastante humor como "tomar personas maravillosas e imaginativas, y traerlas a una organización y luego aplastar sus almas, diciéndoles qué tamaño de fuente usar y otras cosas en última instancia sin importancia que limitan su capacidad para innovar libremente".[326]

La microgestión varía según la organización y el líder, y si bien las empresas ganan credibilidad al tener tamaños de fuente unificados en sus publicaciones, la microgestión generalmente indica un desequilibrio. Un líder se ha involucrado demasiado en decisiones que son mejor manejadas por los empleados.

Generalmente, cuando los líderes se acercan demasiado a sus empleados, su intención es positiva. Están tratando de ayudar a los empleados a hacer las cosas bien y superar los desafíos que ellos (los líderes) ya han resuelto en roles anteriores. Comparten estrategias y sugerencias al tiempo que se aseguran de que se cumplan los objetivos de la empresa. En algún nivel, la microgestión puede tener que ver con mantener el control sobre el trabajo y el producto. Por ejemplo, los líderes comienzan en la parte inferior de una organización haciendo el trabajo. Luego, si les va bien, se les recompensa con más trabajo y con la entrada en la gestión. Luego, si son buenos, comienzan a administrar a los gerentes. En este punto, los líderes comienzan a perder el control sobre el resultado de sus trabajos y pueden sentir que necesitan microgestionar para mantener cierta propiedad sobre la calidad del producto final.

Sin embargo, incluso si se deriva de una intención positiva, el liderazgo por microgestión no es efectivo para producir excelentes resultados o empleados felices y que resuelven problemas. Peor aún: tiende a ser contraproducente a largo plazo. En algún momento, los líderes efectivos deben entregar el trabajo y los esfuerzos de la misión diaria a los empleados.

Los líderes que prefieren un enfoque práctico pueden preocuparse de que si microgestionan menos, tendrán que limpiar más desordenes de los fracasos de los empleados. Lo que estos líderes están pasando por alto es que, si bien es probable que vean algunos fracasos, también es probable que se encuentren con "una innovación sorprendente a medida que los empleados inteligentes y capaces comiencen a resolver problemas y ofrecer soluciones" que[327] nunca imaginaron, o que están fuera del ámbito de la capacitación de los líderes.

Por ejemplo, un empleado de la era Millennial puede tener una visión diferente o más innovadora de la preocupación o el producto tecnológico de una empresa que un gerente de la era Boomer. Si el gerente puede dar un paso atrás lo suficiente como para permitir que el empleado analice el problema e implemente soluciones, el gerente puede sorprenderse cuando funciona algo que no era evidente desde su punto de vista. "Ahí es cuando tener grandes personas a tu alrededor hace toda la diferencia… si no los aplastas a través de la microgestión".[328]

La confianza como solución

La mejor solución, y quizás la única, para la microgestión es la confianza. Para cultivar la confianza en los empleados, un líder que tiende a microgestionar debe replantearse: aprender a celebrar el fracaso como un hito en el proceso de crecimiento y éxito. Bob Burg reitera: "Dale a la gente algo bueno para vivir, algo grandioso, y por lo general lo harán. De hecho, a menudo incluso superan esas expectativas".[329]

Dejar ir es similar al proceso que ocurre cuando un padre le enseña a su hijo a andar en bicicleta. Cuando un padre comienza a enseñarle a su hijo a montar, puede comenzar sosteniendo el asiento de la bicicleta y corriendo a su lado mientras pedalea. Está estabilizada por la mano de su padre, pero solo puede montar tan rápido como papá puede correr. Hay un momento mágico que ocurre cuando suelta la bicicleta por primera vez: contiene la respiración, viendo a su hijo comenzar a estabilizarse mientras pedalea libremente por primera vez. Se tambalea un poco y puede volcarse, pero más a menudo, avanza con confianza en su capacidad, eufórico con su nueva habilidad.

En un entorno empresarial, un gerente atento puede correr junto a un empleado que pedalea durante un tiempo, pero este nunca es el mejor uso de energía a largo plazo para el empleado, el gerente o la empresa. En cambio, los gerentes deben estabilizarse según sea necesario, ayudar a los empleados a levantarse si se caen, pero la mayoría de las veces deben dar un paso atrás y apreciar las habilidades del empleado cuando le está yendo bien en lo que fue contratado para hacer. Para un líder de microgestión, la capacidad de liberar se basa en la capacidad de confiar.

La confianza es el pegamento que permite a las personas apoyarse unas en otras. Esto es cierto en todas las relaciones y particularmente en el lugar de trabajo. El líder empresarial Stephen R. Covey enseña: "La confianza es el pegamento de la vida. Es el ingrediente más esencial en la comunicación efectiva. Es el principio fundamental que sostiene todas las relaciones".[330] Como principio bidireccional, la confianza implica dar y recibir: los líderes deben hacer el esfuerzo de confiar en sus empleados, y los líderes deben ser personas en las que los empleados puedan confiar.

Piensa en los últimos años de tu carrera. ¿Qué aspectos de la microgestión has presenciado o experimentado de primera mano? Ten en cuenta las siguientes indicaciones si es necesario:
- ¿Has sentido que un gerente o colega ejerce una influencia indebida sobre tu trabajo?
- Si es así, ¿cómo afectó eso a tu capacidad de producir?

- ¿De qué manera podrías haber tratado de administrar el trabajo de tus empleados demasiado de cerca para que fueran efectivos?

Hoja de ruta del capítulo

A lo largo del resto de este capítulo, analizaremos en profundidad estos dos aspectos distintos de la confianza con el objetivo de considerar el liderazgo como una administración de la influencia.

- En primer lugar, consideraremos cómo los líderes pueden mostrar confianza a sus empleados. Como una forma de liberar las tendencias de microgestión, pero aún más como una forma de construir un lugar de trabajo saludable, los líderes pueden probar cinco estrategias recomendadas para generar confianza con los empleados: tener una mentalidad de crecimiento, dar crédito, escuchar, ofrecer apoyo y buscar inspiración.
- En segundo lugar, volveremos la lente hacia adentro y discutiremos lo que se necesita para ser un líder digno de confianza. Consideraremos especialmente tres aspectos que permiten a los líderes comportarse como administradores: identidad, ingresos e influencia. En conjunto, estas tres cosas permiten a los líderes convertirse en personas en las que sus empleados pueden confiar.

Cómo los líderes muestran confianza a los empleados

Todo depende de cómo los trates.

Mostrar confianza a los empleados tiene que ver con lo que haces. Tu nivel de confianza hacia tus empleados es evidente en tus acciones y en la forma en que los tratas. Como se ha comentado anteriormente, los estilos de liderazgo que se inclinan hacia la microgestión muestran bajos niveles de confianza en los empleados. Por otro lado, los estilos de liderazgo que dan más espacio para la innovación de los empleados muestran mayores niveles de confianza en los empleados.

David Horsager, autor de *The Trust Edge: How Top Leaders Gain Faster Results, Deeper Relationships, and a Stronger Bottom Line (La Ventaja de la*

Confianza: Cómo los Principales Líderes Obtienen Resultados más Rápidos, Relaciones más Profundas y Mejores Resultados, señala: Como líder, es posible que "tengas una visión convincente, una estrategia sólida como una roca, excelentes habilidades de comunicación, una visión innovadora y un equipo capacitado, pero si la gente no confía en ti, nunca obtendrás los resultados que deseas".[331] Sin confianza, el lugar de trabajo se convierte en un lugar de "escepticismo, frustración, baja productividad, pérdida de ventas y rotación".[332] Sin embargo, los líderes que generan confianza con los equipos "obtienen mejores resultados, moral, retención, innovación, lealtad e ingresos… La confianza afecta el impacto de un líder y los resultados de la empresa más que cualquier otra cosa".[333]

Una relación de confianza ayuda a los empleados a sentirse espaciosos para crecer, experimentar y resolver problemas, sabiendo que sus líderes los apoyarán y guiarán adecuadamente. Los líderes que confían en los empleados se involucran en ayudarlos a expandir su visión y evitar posibles contratiempos. Pero también respaldan y permiten la innovación y el crecimiento real, incluso cuando eso significa que habrá algunos momentos de fracaso. En esos momentos, los líderes se ganan más la confianza de los empleados "cubriéndoles las espaldas" en esencia, reconociendo juntos lo que no funcionó y ayudando a los empleados a seguir adelante.

"El primer trabajo de un líder es inspirar confianza. La confianza es el elemento más esencial para nuestra capacidad de ofrecer resultados extraordinarios de manera duradera. La confianza es fundamental para construir un alto rendimiento porque permite a una organización trabajar como debería; es la primera defensa contra la disfunción y el primer paso para obtener mejores resultados".[334] En su mayor parte, los líderes empresariales entienden la importancia de confiar en los empleados y ser alguien en quien valga la pena confiar, pero siempre hay espacio para el crecimiento. Por lo tanto, aquí hay varias tácticas específicas que los líderes pueden usar para construir o mejorar la confianza, y para reconstruirla cuando se ha perdido.

Cinco métodos para demostrar a los empleados que confías en ellos

La confianza es tangible, como enseña Stephen M. R. Covey: "Contrariamente a lo que la mayoría de la gente cree, la confianza no es una cualidad suave e ilusoria que se tiene o no se tiene; más bien, la confianza es un activo pragmático, tangible y procesable que se puede crear".[335] Antes de fallecer, el expresidente George Bush Sr. brindó información sobre el liderazgo y la superación de desafíos, y estas sugerencias son muy aplicables para generar confianza.[336] Tenga en cuenta que todas las citas en los cinco elementos a continuación son del Presidente Bush.

1. *Tener una mentalidad de crecimiento.* Los líderes generan confianza con los empleados demostrando que no se preocupan por las cosas pequeñas. Cada pequeño detalle cuenta para crear resultados deseables, pero los buenos líderes encarnan la idea de que "de la adversidad surgen los desafíos y, a menudo, el éxito", y[337] ayudan a los empleados a no sentirse demasiado deprimidos cuando el trabajo da un mal giro. A veces, esos momentos más difíciles son el lugar de nacimiento de la innovación.

2. *Dar el Crédito.* Los buenos líderes generan confianza con los empleados al administrar de manera justa la culpa y el crédito. El presidente Bush aconseja: "No culpe a otros por sus reveses. Cuando las cosas van bien, siempre hay que dar crédito a los demás".[338] Cuando un empleado hace un buen trabajo y recibe crédito de un líder, la confianza crece entre ellos. Los empleados aprenden que el líder no está dispuesto a eludir la culpa y acaparar el crédito, y los empleados están dispuestos a presentar sus grandes ideas y confiar en que el líder manejará la información sabiamente.

3. *Escuchar.* "No hables todo el tiempo. Escuche a sus empleados y mentores y aprenda de ellos".[339] Cuando escuchas como líder, es posible que escuches cosas de tus empleados que tal vez no anticipaste. Recibirás información y demostrarás que te importa. Además, al escuchar, haces espacio para entender lo que tu gente piensa de ti. El

presidente Bush aconseja: "No se jacten de sí mismos. Deja que los demás señalen tus virtudes, tus puntos fuertes. A nadie le gusta un pez gordo autoritario".[340]

4. *Ofrece apoyo.* "Échale una mano a otra persona".[341] Cuando un empleado está sufriendo, demuéstrale que te importa ofreciéndole apoyo. La gente puede ser escéptica al principio sobre si tienes en mente sus mejores intereses, pero los líderes que siguen la regla de oro generarán confianza con el tiempo. Esto se vuelve aún más crítico a lo largo de su carrera. "A medida que tengas éxito, sé amable con la gente. Agradece a quienes te ayudan en el camino. No tengas miedo de derramar una lágrima cuando tu corazón esté roto porque un amigo [o empleado] está sufriendo".[342] Mantenerte conectado con las personas a lo largo de tu carrera no solo enriquecerá tu trabajo, sino que también cultivará relaciones de confianza duraderas.

5. *Mira hacia adentro.* "¡Digan sus oraciones!"[343] Independientemente de su religión o estructura de creencias, es relevante que los líderes dirijan su atención hacia adentro. Muchos líderes, como el presidente Bush, hacen referencia a la oración. Otros hacen referencia a la meditación o a las prácticas de atención plena. Cualquiera de estos esfuerzos ayuda a los líderes a practicar las habilidades de ver un panorama más amplio, reconociendo cómo liberar la mente de las trampas y patrones de pensamiento comunes. Al conectarse con uno mismo y/o con un poder superior, los líderes encontrarán la estabilidad y la visión para apoyar su trabajo y sus relaciones.

En resumen, una cita de Henry L. Stimson articula el punto: "La única manera de hacer que un hombre sea digno de confianza es confiar en él".[344] Los líderes están en una posición única para ayudar a los empleados a crecer mostrando confianza.

Cómo los líderes merecen la confianza de los empleados

Se trata de quién eres.
Además de dar confianza, los líderes deben ser dignos de recibir confianza de sus equipos. Por un lado, como se mencionó anteriormente, los líderes ganan confianza en el trabajo por la forma en que interactúan con los empleados: al proporcionar una interacción sólida y espacio para crecer, al entregar resultados, al ser confiables, al dar crédito a quien lo merece, etc. Por otro lado, los líderes se ganan la confianza a través de su carácter, al ser dignos de la confianza de los empleados.

Los títulos, en sí mismos, no equivalen necesariamente a la confianza. Por ejemplo, darle a alguien el título de General no hace que esa persona sea inmediatamente confiable o respetada. La confianza y el respeto deben ganarse; no puede ser otorgado por mandato. A veces, un sargento puede ser más confiable y respetado que su oficial superior porque se ganó esa confianza y respeto. En realidad, un individuo puede ser muy confiable y respetado sin ningún título, simplemente se ha ganado ese respeto.

Quién eres hace una gran diferencia en lo bien que puedes liderar. El general Colin Powell comparte: "El día que los soldados dejen de traerte sus problemas es el día en que tú hayas dejado de dirigirlos. Han perdido la confianza en que puedes ayudarlos o han llegado a la conclusión de que no te importa. Cualquiera de los dos casos es una falla de liderazgo".[345] Un gerente al que le va bien en el trabajo no merecerá el nivel de confianza de los empleados cuando tenga serias preocupaciones no abordadas en su vida personal, o cuando su trabajo y su vida personal sean inconsistentes con los valores fundamentales. En cambio, los gerentes que merecen los más altos niveles de confianza de los empleados son aquellos que tratan su liderazgo también como servicio.

La importancia proviene de servir
Los líderes en cualquier área (negocios, política, deportes, arte, académicos, teatro, etc.) no son dueños de esa área ni de ningún título asociado. Más bien, son servidores de ella por un tiempo. La

El liderazgo como mayordomía

importancia en la vida y en la carrera no proviene en última instancia del estatus o el salario, sino del servicio. De esta manera, el liderazgo es una mayordomía del servicio y la influencia.

"En su nivel más básico, la administración es actuar sobre la base del entendimiento de que el liderazgo es una función temporal que perdura a la vida útil de una organización", sostiene Bekele Geleta, ex Secretario General de la Federación Internacional de la Cruz Roja y de la Media Luna Roja.[346] A nivel individual, la administración se centra en promover el bienestar de cada persona dentro de una organización, ayudando a cada empleado a sentirse valioso y valorado. Los líderes que son buenos administradores promueven la interacción efectiva del equipo en toda la organización, proporcionando motivación y apoyando la resolución de conflictos.

A nivel global, el liderazgo como administración implica garantizar que los valores y las misiones de la institución funcionen de manera efectiva dentro de las limitaciones y posibilidades de la comunidad empresarial mundial. Enfrentados a responsabilidades contrapuestas, los líderes globales como administradores siguen comprometidos con la misión a largo plazo de su organización a través de estrategias a corto plazo que se mantienen fieles a los valores fundamentales de la organización.

Steven Nardizzi, CEO de Wounded Warrior Project, sostiene que al "crear una cultura de servicio, un líder organizacional exitoso puede empoderar a todos en una organización para ser tanto un líder como un administrador, independientemente de su posición en una jerarquía organizacional. Por lo tanto, el liderazgo a través del servicio debe ser un aspecto fundamental no solo de las organizaciones exitosas, sino de nuestra cultura compartida como ciudadanos de esta sociedad global del siglo XXI".[347]

Tres maneras de enmarcar tu liderazgo como una administración de influencia

Rick Warren, exitoso autor y líder, ofrece una estrategia de tres partes para enmarcar el liderazgo como mayordomía: aprovechar nuestra identidad, ingresos e influencia. Para ilustrarlo, Warren describe su invitación a hablar con los jugadores de la Asociación Nacional de Baloncesto de Estados Unidos (NBA) en un partido de las Estrellas. Les preguntó retóricamente: "Entonces, ¿qué tienen en la mano?".[348] Luego, se explayó:

> Es una pelota de baloncesto. Y que el baloncesto representa tu identidad, quién eres: eres un jugador de la NBA. Representa tus ingresos: estás ganando mucho dinero con esa bolita. Y representa tu influencia. Y aunque solo vas a estar en la NBA por unos pocos años, vas a ser un jugador de la NBA por el resto de tu vida. Y eso te da una influencia enorme. Entonces, ¿qué vas a hacer con lo que te han dado?[349]

Del mismo modo, los líderes empresariales suelen desempeñar funciones de gran influencia, identidad venerada e ingresos acordes. Fíjate más en lo que tienes en tus manos.

1. Identidad

El primer elemento de la identidad es reconocer que importas. Warren reitera: "Ustedes son importantes para la historia; Tú eres importante para este universo".[350] Este sentido de valor personal resalta la diferencia entre supervivencia y significado: un "nivel significativo de vida" implica descubrir o elegir que queremos lograr aquí en la Tierra. Independientemente de nuestra riqueza o inteligencia, todos estamos buscando soluciones a nuestros problemas. Buscamos satisfacción y un sentido de autenticidad para no pretender ser alguien.

La cosmovisión determina el comportamiento, y el comportamiento determina en qué nos convertimos en la vida. Warren explica: "Creo que todo se reduce a esta cuestión de significado, de importancia, de propósito".[351] Se trata de cuantificar por ti mismo lo que crees y lo que esperas lograr con tu vida cuando todo esté dicho y hecho. Estos son algunos de los problemas humanos más fundamentales. Comprender tu propósito informa tu visión del mundo, que a su vez informa tu enfoque de la vida y el liderazgo.

Brenda Barnes añade: "Lo más importante del liderazgo es tu carácter y los valores que guían tu vida".[352] A veces no nos tomamos el tiempo para codificar lo que creemos y por qué. Tal vez estamos demasiado ocupados o muy poco preocupados para resolverlo por nosotros mismos. Sin embargo, según Warren, "Tu visión del mundo determina todo lo demás en tu vida, porque determina tus decisiones; determina tus relaciones; Determina tu nivel de confianza".[353]

Una prueba de la visión del mundo es cómo actuamos y lideramos en tiempos difíciles, no solo en los buenos. Robert Kistner comparte regularmente su mantra con sus equipos: "Estoy vivo, estoy despierto... ¡Me siento muy bien!"[354] De hecho, algunos de los miembros del equipo reconocen que este mantra ha permanecido con ellos durante muchos años e inspiró positividad.

Además de la visión del mundo, la pregunta con respecto a la identidad es: ¿qué vas a hacer con lo que te han dado? Cada uno de nosotros tiene talentos únicos, redes, ideas, libertad, creatividad, etc. Warren sugiere que nos preguntemos a nosotros mismos: "¿Qué estoy programado para hacer?" ¿Estamos programados para ser exploradores submarinos? ¿Pintar? ¿Liderar una organización? Entonces deberíamos hacer esas cosas. Oscar Wilde aconsejó: "Sé tú mismo. Todos los demás ya están tomados".[355] Cuando abrazas tu identidad, tus talentos únicos informarán tu liderazgo organizacional.

2. Ingresos

Al igual que los jugadores de la NBA obtienen ingresos de su trabajo, los líderes empresariales adquieren riqueza. Obviamente, los ingresos son una métrica de recompensa e intercambio por el tiempo invertido en el trabajo. Es esencial y gratificante. Pero, cuando los ingresos o la riqueza se convierten en nuestro enfoque, tienden a cegarnos a aspectos más importantes de nuestra mayordomía. Puede ser tentador ver el salario o la riqueza material como la manifestación tangible de una carrera efectiva; Sin embargo, los buenos líderes se enfocan más en hacer el bien que en adquirir bienes. Warren advierte: "Tu patrimonio neto no es lo mismo que tu autoestima. Tu valor no se basa en tus objetos de valor".[356]

Por naturaleza, los seres humanos disfrutamos de las cosas materiales y, a menudo, las acaparamos: tratamos de obtener todo lo que podemos, protegerlas y obtener más. Confundimos tener una buena vida con vernos bien, sentirnos bien y tener más. Pero la riqueza y la opulencia nunca pueden brindar felicidad: si pudieran, las personas más ricas serían las más felices, pero las estadísticas demuestran que esto no es cierto. Por lo tanto, Warren aboga por dar deliberadamente: "Cada vez que doy, rompo el control del materialismo en mi vida".[357]

Dar es el vínculo entre los ingresos y el servicio. El autor Bob Burg enseña: "Tu verdadero valor está determinado por cuánto más das en valor de lo que recibes en pago. Tus ingresos están determinados por la cantidad de personas a las que sirves y lo bien que las atiendes".[358] Como líder, tus ingresos pueden representar qué tan bien has servido a tus clientes, empleados, colegas, etc. Tus ingresos son una manifestación de tu mayordomía, y están al alcance de tu mano para usarlos al servicio de los demás mientras das.

A veces, las personas tienen ideas preconcebidas limitadas sobre las donaciones: pensamos en "retribuir" escribiendo cheques a organizaciones benéficas una vez que ya nos ha ido bien. Pero esa es solo una faceta específica de dar. Más bien, dar es una forma de ser, un compromiso y una característica que impregna todo lo que hacemos. Las donaciones pueden ser grandes o pequeñas; Puede implicar dinero, tiempo o simple amabilidad. Es una forma de hacer negocios y una forma de vivir la vida. La importancia en la vida y el liderazgo no proviene del estatus o el salario; más bien, proviene de servir y dar.

3. Influencia

Como líder empresarial con cierta administración de la riqueza, también debes administrar tu influencia. El propósito de la influencia no es construir tu ego o tu patrimonio neto. Más bien, los líderes pueden usar su influencia para hablar en nombre de aquellos que no tienen influencia. Burg reitera: "Tu influencia está determinada por la abundancia con la que pones los intereses de otras personas en primer lugar".[359]

Para ilustrar la poderosa influencia que un líder empresarial puede tener en la carrera de un empleado, Paul, director de proyectos en una empresa exitosa, compartió esta historia. Desde el principio, la reputación positiva del jefe de Paul lo precedió. "Poco después de que me contrataron, me enteré de que el 'Gran Jefe' venía a la ciudad para reunirse con las filas. El personal zumbaba con una sensación de emoción y anticipación, y no sabía qué esperar. Estábamos esperando afuera cuando una camioneta Chevy roja nueva con "Jugamos para ganar" escrita en elegantes letras negras en la puerta trasera se detuvo en el camino de entrada. Salió el jefe: caminó con decisión con presencia y confianza, y la reunión inspiradora que dirigió ese día no se parecía a nada que haya experimentado. Como el jefe entregó un mensaje claro con humor. Capturó la atención de la sala, y resolví merecer su atención entregando resultados. Quería que supiera quién era yo".[360]

El comportamiento del gran jefe tuvo un impacto significativo en Paul y ayudó a motivar los resultados. Este líder era alguien que se había ganado la confianza de sus empleados a través de la forma en que trabajaba con ellos y los apoyaba. En las décadas siguientes que Paul permaneció en la empresa, vio de primera mano cómo el jefe estaba dispuesto a confiar en sus empleados.

Por ejemplo, Paul compartió: "Cada vez que el jefe y yo vemos algo diferente, desde diferentes filosofías de trabajo hasta diferentes opiniones con respecto a un área específica de oportunidad, tenemos interacciones valiosas sobre esas diferencias. Él escuchará mis ideas, pero debo estar preparado para apoyar mis argumentos. Sé que estoy lidiando con su riqueza de conocimientos y experiencia, y si no he hecho mi tarea o el análisis de diligencia debida, me lo hará notar. Cuando ilustro las razones por las que creo en un esfuerzo o dirección particular que creo debemos tomar, a menudo respalda mi plan, incluso si su reacción inicial hubiera sido otra".[361] Este líder está dispuesto a escuchar y confiar en Paul y en los demás empleados. Está dispuesto a invertir en sus puntos de vista y proporcionarles espacio para que hagan su trabajo de la manera que mejor les parezca sin microgestión.

La relación de confianza entre Pablo y su mentor se ha extendido por más de dos décadas en este punto. Paul comparte que el liderazgo del supervisor "sigue teniendo un impacto positivo significativo en mí y en mi carrera. Comparte regularmente artículos, libros, sabiduría, experiencia y herramientas que cree que serán útiles para mí en mis esfuerzos y responsabilidades. Por ejemplo, me enseñó que todos seguimos evolucionando si así lo elegimos, y que mejoramos más rápido si nos centramos en las cosas en las que ya somos buenos, que si simplemente nos centramos en las cosas con las que luchamos. He visto esa verdad desarrollarse en mi carrera. En definitiva, nos invita a ser la mejor versión de nosotros mismos".[362]

Estas palabras hablan por sí solas. Este líder tiene una influencia profesional fuerte y positiva en Paul y en los demás empleados. Como líder de una empresa, no necesariamente tiene que escuchar a los empleados, pero el hecho de que escuche apoya las relaciones, la confianza y la innovación. Como líder ocupado, el supervisor no tiene que compartir artículos o libros específicos que puedan afectar a un empleado específico, pero el hecho de que lo haga demuestra que le importa. Ese nivel de atención y servicio es evidencia de mayordomía e infunde importancia a su liderazgo.

Otro director de proyecto en la misma empresa dijo del mismo jefe: es "un verdadero líder que nos enseña cómo conectar nuestras metas en una misión personal de realización de la vida. Más allá de sus palabras es donde están las verdaderas lecciones y mensajes: vive y practica lo que enseña. Nos empodera para sentirnos realizados y capaces de lograr todo lo que queremos".[363]

Si todos los empleados pudieran decir esto de sus supervisores, este capítulo sería irrelevante. Por supuesto, este líder no es perfecto. De hecho, al describir su proceso de crecimiento a través de años de ventas y en la gestión, el líder comparte la importancia de los momentos en los que sus gerentes mostraron confianza en él. Esta confianza le ayudó a desarrollar confianza como líder, e informa la forma en que ha llegado a influir en sus equipos.

Conclusiones clave

En resumen, los líderes empresariales que ven su liderazgo como una mayordomía utilizan bien y de manera justa los talentos de aquellos a quienes lideran. Estos líderes priorizan los intereses de los demás y son responsables de las consecuencias de sus acciones. Además, se aseguran de que "las recompensas se distribuyan de una manera que corresponda a la contribución en lugar del poder".[364]

Al mirar lo que está en tu mano, tu identidad, tus ingresos y tu influencia, busca formas en las que puedas usar tus talentos específicos, libertad, redes, educación, riqueza y creatividad para marcar la diferencia en el mundo. Hacer esto te convertirá en un gran líder digno de la confianza de empleados, colegas y equipos. A medida que demuestres confianza en tus empleados y te alejes de cualquier tendencia a la microgestión, descubrirás que tu liderazgo se transforma en administración y realmente podrás poner en juego tus dones, corazón y personalidad al servicio de los demás.

La confianza no se puede construir de la noche a la mañana, sino que requiere tiempo, esfuerzo, diligencia y carácter. David Horsager compara la confianza con un bosque: "Tarda mucho tiempo en crecer y puede quemarse con un toque de descuido".[365] Pero, si te enfocas en las estrategias de liderazgo de este capítulo, construirás relaciones de confianza con empleados y colegas, y serás digno de recibir confianza a cambio. En última instancia, dicha confianza generará resultados que tendrán un impacto positivo en los resultados de la organización.

13

Éxito a través de la felicidad

El Dr. Tal Ben-Shahar, ex profesor de Harvard, enseña: "Hoy en día existe una percepción errónea común de que el éxito conduce a la felicidad, que cuanto más exitoso sea, más feliz seré". Sin embargo, explica Ben-Shahar, el éxito solo nos da un subidón temporal y pronto volvemos al estado en el que estábamos antes.[366]

En el lugar de trabajo, regularmente compramos una relación causal, de modo que los niveles crecientes de éxito traen niveles crecientes de felicidad. Por ejemplo, tener éxito en un proyecto, hacer una venta o cerrar un trato puede hacernos sentir felices. Estas pepitas de éxito ponen en marcha nuestro sentido de logro y valor externo. Cuando otros elogian nuestro trabajo y cuando experimentamos recompensas como promociones, bonificaciones, popularidad y más, naturalmente nos sentimos 'felices'… en el momento.

Sin embargo, en realidad, esta felicidad basada en el logro es poco más que un golpe de dopamina. Psychology Today llama a la dopamina la "molécula de recompensa" porque "es responsable del comportamiento impulsado por la recompensa y la búsqueda de placer. Cada tipo de comportamiento de búsqueda de recompensa que se ha estudiado aumenta el nivel de transmisión de dopamina en el cerebro. Si quieres obtener un golpe de dopamina, establece una meta y consíguela".[367] El error que cometemos es asumir que cuantas más de estas trampas de éxito busquemos y logremos, más felices seremos con el tiempo.

Por el contrario, la investigación de la psicología positiva sugiere que si quieres experimentar una felicidad constante a largo plazo, tanto dentro como fuera del horario laboral, puedes intentar cambiar tu perspectiva: en lugar de pensar que el éxito conduce a la felicidad, considera que las personas de negocios que buscan la felicidad tienen un mayor éxito. Forbes explica: "La neurociencia y los estudios de psicología positiva demuestran que la felicidad es un impulsor clave y precursor del éxito, con dos décadas de investigación que lo respaldan".[368]

Conviértete en un conocedor de la vida

Por ejemplo, en lugar de tratar de perseguir la felicidad a través del logro de una meta tras otra, Ben-Shahar propone que comencemos a pensar en nuestras vidas de una manera diferente: como conocedores. Considera cómo un conocedor de vinos se detiene, bebe y saborea. Del mismo modo, un conocedor de la vida sabe cómo reducir la velocidad y disfrutar de experiencias y relaciones clave. Él o ella está presente en cada momento e interacción. Un conocedor de la vida se involucra con las cosas que alimentan la verdadera felicidad al calmar el ritmo frenético de la vida y, en cambio, respirar, reconocer y experimentar lo que la vida tiene para ofrecer. Cuando hacemos eso, nos abrimos a una positividad sincera. Este cambio en la forma en que experimentamos la vida trae lo que el Dr. Ben-Shahar llama "la moneda definitiva: la felicidad".[369]

Pero, ¿cómo pueden estas sugerencias ganar terreno en el mundo de los negocios? Para tener éxito en el lugar de trabajo, tanto los empleados como los líderes gestionan constantemente las entradas del teléfono, el correo electrónico, los mensajes dentro de la oficina y las comunicaciones con los compañeros de trabajo. Los sonidos de la oficina son la esencia del caos acelerado: teléfonos sonando, llamadas de ventas y programación de reuniones. En medio de todos los sonidos y movimientos, en medio de toda la prisa constante de plazos, reuniones, presentaciones, almuerzos y objetivos, ¿cómo puede un empresario considerar viable la desaceleración?

Él o ella podría preguntarse: "¿No significa 'reducir la velocidad y saborear' que los plazos importantes pueden ir y venir? Si disminuyo la velocidad, es posible que no haga las cosas. Algún día, cuando reciba mi ascenso, me sentaré y saborearé el momento, pero hoy tengo 78 nuevos mensajes de correo electrónico en mi bandeja de entrada para las reuniones de media mañana y tarde desde el mediodía hasta las cuatro. Tomaré más café y seguiré adelante...

Si pensamientos similares están en tu mente, tienes toda la razón. Tal vez podamos encontrar corolarios entre el exigente entorno empresarial y el combate militar en el que un mantra de las fuerzas especiales es "Lento es suave. Lo suave es rápido".[370]

Nadie discutiría que seguir adelante continuamente es un sello distintivo de la productividad. Sin embargo, ten en cuenta que reducir la velocidad para saborear el momento no equivale necesariamente a la pereza o la incompetencia. Imagínate a varios atletas de clase mundial preparándose para una carrera de velocidad: en medio de las multitudes que vitorean y el estrés del momento, se agachan, escuchando un solo sonido de salida. Sus brazos se agitan y sus zapatos saltan en la pista, pero su zona interna de enfoque bloquea todas las cosas externas. En el momento en que sudan, jadean y corren, puede haber una sonrisa interna: están saboreando incluso el dolor porque así es exactamente como se siente volar por la pista a toda velocidad en un evento de clase mundial. Están presentes.

Claro, no corren a ese ritmo todo el día, todos los días. Disminuyen la velocidad, se recuperan, reciben un masaje, cenan con amigos, celebran, lo que sea que hagan. Es como lo que hacen los conocedores de la vida en el trabajo: aceleran el ritmo de los plazos, los eventos y los proyectos. Se concentran completa y totalmente en completar la carrera, y luego se relajan. Hay estrategias para entrar en la zona de felicidad, de modo que incluso mientras corres tu propia carrera, estés presente y relajado con el esfuerzo, estés allí y lo disfrutes. De eso trata este capítulo.

Hoja de ruta del capítulo
Este capítulo ofrece cinco estrategias para crear felicidad como base para el éxito profesional. Incluyen cambiar el perfeccionismo por el

realismo optimista, estar completamente presente, liberar obstáculos y miedos improductivos, introducir nuevos rituales para la alegría y dirigir tu atención hacia adentro para liberar lo que ya no te sirve.

No todas las estrategias descritas aquí tienen que ser perfectas para ti en este momento de tu carrera de liderazgo empresarial, pero algunas pueden destacarse como relevantes. Las estrategias vienen sin ningún orden en particular y puedes mezclarlas y combinarlas. El sesenta por ciento de los trabajadores en las principales economías mundiales están "experimentando un aumento del estrés en el lugar de trabajo", y los temores sobre el dinero y el futuro encabezan las estadísticas de estrés de EE. UU.[371] Estas estrategias pueden equiparte para estar entre el cuarenta por ciento restante menos estresado. Proporcionan herramientas, consejos, rutinas y hábitos tangibles que puedes implementar para mejorar tu felicidad en el trabajo y en tu vida.

Si bien el "éxito a través de la felicidad" es un tema extenso, profundizaremos en algunos conceptos clave que incluyen el perdón, la satisfacción, la presencia, el optimismo y la alegría. La lógica es que, a medida que liberamos formas de ser que refuerzan la negatividad, comenzamos a recablear nuestros cerebros para crear y experimentar el éxito y la felicidad. Consejo profesional: Saca tu bolígrafo y anota algunas notas en los márgenes, ¿por qué no? Añade tus opiniones aquí y personaliza tu lectura.

Cinco estrategias para construir el éxito a través de la felicidad

1. *Cambia el perfeccionismo por el optimismo realista*
Si bien a todos nos encantaría obtener puntajes perfectos en nuestra revisión anual en el trabajo, reconocer las desventajas del perfeccionismo puede crear un espacio para un crecimiento real.

Aquí está el obstáculo: el perfeccionismo crea insatisfacción porque cualquier cosa y cualquier persona que no sea perfecta "no es lo suficientemente buena". El Dr. Ben-Shahar describe que se había considerado a sí mismo como un perfeccionista en recuperación, pero no había entendido que la plaga del perfeccionismo era tan generalizada en la sociedad. Si bien esforzarse por mejorar y lograr es algo ostensiblemente bueno, los perfeccionistas (sin darse cuenta) van demasiado lejos: sufren consecuencias dañinas debido a sus suposiciones de que la vida debe ser de cierta manera y el trabajo debe ser de una manera particular. Cuando esas cosas no cuadran a la perfección, la forma de pensar y de ser de un perfeccionista le impide aceptar lo que es válido y completo.

¿Qué significa esto para la felicidad y el éxito? Bueno, cuando los tipos perfeccionistas dicen que no son felices, pueden querer decir que lo suficientemente bueno simplemente no es lo suficientemente bueno para ellos. Hoy, no trabajaron 14 horas, no hicieron ejercicio durante dos horas, no pasaron tres con sus familias y no durmieron ocho horas; Por lo tanto, hoy no es lo suficientemente bueno. Tal vez hayan comprado la imagen corporal perfecta, la carrera, la vida familiar y más, y esas cosas simplemente no ocurren al mismo tiempo para la misma persona.

Desafortunadamente, esta perspectiva puede ser difícil de ver en una era de redes sociales que nos invita a comparar nuestro difícil día en el trabajo con el elogiado día de otra persona en la playa. Simplemente no es una comparación válida, pero lo olvidamos y asumimos que nuestras vidas no son lo suficientemente buenas (incluso si no usamos esas palabras en voz alta).

Además, cuando los perfeccionistas describen sus vidas y sus sentimientos con mayor detalle, a menudo está claro que lo que quieren decir es que no son felices todo el tiempo. Experimentan momentos de felicidad, claro, pero ¿qué pasa cuando la felicidad se desvanece? Ben-Shahar se ríe de que la gente a veces lo critique por ser un "experto en felicidad" que no está continuamente lleno de alegría. Cuando habla de sus fracasos o miedos, la gente a veces expresa su sorpresa de que se considere feliz a pesar de esas experiencias indeseables. "Detrás de ambas reacciones está la suposición de que las personas verdaderamente felices son de alguna manera inmunes a sentir tristeza, miedo, ansiedad o a experimentar fracasos y reveses en la vida. La omnipresencia de esta suposición, a través de generaciones, continentes y culturas, me hizo darme cuenta de algo asombroso: estaba rodeado de perfeccionistas".[372]

Las consecuencias del perfeccionismo incluyen "baja autoestima, trastornos alimentarios, disfunción sexual, depresión, ansiedad, trastorno obsesivo-compulsivo, trastornos psicosomáticos, síndrome de fatiga crónica, alcoholismo, fobia social, trastorno de pánico, tendencia paralizante a la procrastinación y serias dificultades en las relaciones".[373] Ninguna de estas consecuencias es deseable en el lugar de trabajo, aunque los empleados y los líderes a menudo se sienten empujados a ser "perfectos" en sus responsabilidades laborales porque los errores no se toleran bien.

Si ves en ti mismo, o en los empleados que administras, tendencias de perfeccionismo, considera cambiar esas tendencias por un optimismo realista. Esto es fundamental para generar un ambiente de trabajo exitoso. En lugar de rechazar el fracaso, las emociones dolorosas y la realidad imperfecta, trata de aceptarlas. Mientras estableces altos estándares, mantén tus metas con los pies en la tierra y tómate el tiempo para sentir gratitud por los logros a lo largo del camino. Debes estar dispuesto a ver el viaje como una espiral irregular en lugar de una línea recta: el aprendizaje es solo parte del proceso y, especialmente cuando estás asumiendo nuevas responsabilidades o clientes, es posible que sientas que estás avanzando un paso adelante y dos pasos atrás. Toma el fracaso como una forma de retroalimentación y mantente abierto a las sugerencias. Adapta. Encuentra beneficios en lugar de fallas y mantente abierto a la idea de que lo suficientemente bueno es realmente... Lo suficientemente bueno.

Brian Tracy nos compara a cada uno de nosotros con pilotos que vuelan con una designación de salud, felicidad y prosperidad. Los pilotos de líneas aéreas pasan gran parte de su tiempo de vuelo manteniendo el avión en curso frente a vientos en contra, corrientes descendentes, frentes de tormenta, turbulencias y más.[374] Steven R. Covey se hace eco de este tema, sugiriendo que cuando el avión despega a una hora determinada hacia un destino predeterminado, de hecho está "fuera de curso el 90 por ciento del tiempo". Sin embargo, llega a tiempo al destino correcto. Los pilotos integran la retroalimentación constantemente y pacientemente vuelven a encarrilar el avión.[375]

Del mismo modo, en nuestras vidas y carreras, necesitamos hacer constantes correcciones de rumbo en el camino hacia nuestro destino. Si somos infelices porque podemos estar fuera de curso el 90 por ciento del tiempo, entonces nunca seremos felices. Enfócate en la mejora constante del curso, no en la perfección. Brian Tracy aconseja: "La clave del éxito es que mantengas tu mente fija claramente en la meta, pero que seas flexible en cuanto al camino del logro. Mantente abierto a nuevos aportes e ideas. Aprende de cada experiencia. Busca lo bueno en cada contratiempo o dificultad".[376]

La felicidad no es igual a la perfección. La felicidad puede y debe tenerse en circunstancias imperfectas, la aceptación lo hace posible. Esta aceptación constituye la base del éxito en el trabajo; Es la raíz de la confianza y el crecimiento saludable.

2. Estar plenamente presente

Un estudio realizado por psicólogos de Harvard mostró que "pasamos alrededor del 47% de nuestras horas de vigilia pensando en lo que no está pasando. Y que esto típicamente nos hace infelices. ¿La solución? Enfocarnos en lo que estamos haciendo y en la experiencia que estamos teniendo en este mismo momento. En otras palabras, desarrollar la habilidad de la atención plena".[377]

El New York Times define la atención plena como "prestar atención al momento presente de una manera aceptable y sin prejuicios".[378] La investigación ha demostrado que es un método confiable para reducir el estrés en el trabajo. En el lugar de trabajo se nos anima a estar apegados a una variedad de magia tecnológica las 24 horas del día, los 7 días de la semana", dice Janice Marturano, fundadora del Instituto para el Liderazgo Consciente y esta sobrecarga de información puede producir ansiedad, desconexión y agobio.[379]

En cuanto a la felicidad, estar conscientemente presente no significa necesariamente quedarse quieto y renunciar a la necesidad de hacer algo, sino que significa estar plenamente consciente y concentrado. El New York Times lo expresa de esta manera: "El objetivo de la atención plena no es dejar de pensar o vaciar la mente. Más bien, el punto es prestar mucha atención a tus sensaciones físicas, pensamientos y emociones para verlos con mayor claridad, sin hacer tantas suposiciones o inventar historias".[380] La atención plena consiste en saborear cada momento de nuestra jornada laboral, independientemente del ritmo y el lugar, apreciar lo que ya tenemos y dónde estamos, y seguir adelante a partir de ahí.

La felicidad tiene diversas cualidades. Algo de felicidad se experimenta momento a momento, lo que a menudo es diferente de la felicidad que sientes cuando miras hacia atrás y recuerdas un momento en el que trabajaste duro para lograr algún proyecto en el trabajo: no todos esos momentos de agallas y sudor se sintieron felices en ese momento, pero se sumaron a algo que valió la pena. El ganador del Premio Nobel Daniel Kahneman describió esta distinción como *"ser feliz en* tu vida" versus "ser feliz *con* tu vida".[381]

A medida que cultivas la felicidad que construye tu vida y el éxito profesional, observa ambas variaciones. Harvard Business Review indica sobre este tema: "Una velada pasada con buenos amigos con buena comida y vino será experimentada y recordada felizmente. Del mismo modo, será divertido trabajar en un proyecto interesante con los colegas favoritos de uno y mirar hacia atrás".[382] El punto que estamos planteando aquí es que puedes construir felicidad tanto momento a momento como a largo plazo mientras te enfocas en encontrar la felicidad en cada paso del viaje.

La buena noticia es que la felicidad en tu carrera puede ocurrir ahora. Hoy. En cada correo electrónico y en cada paso del camino. Está en tu cálida sonrisa cuando presentas a tus clientes. Está en el aroma del café recién hecho y en el placer de ayudar a un cliente a resolver un problema. Está en las relaciones que construyes a lo largo del tiempo con tus colegas, proveedores y clientes: la felicidad aparece a medida que integras y creas experiencias significativas día a día y año tras año. Pero en última instancia, la felicidad aparece porque está dentro de ti. Es tu forma de ser y tu estado de ánimo, y es la base de tu éxito.

La felicidad se define como "el estado de ser feliz". Es un estado mental y una forma de ser, que no depende del entorno externo. De hecho, si correlacionamos la felicidad con nuestras posesiones materiales o nuestros logros, o si la relegamos a algún día en que algo finalmente suceda, entonces la felicidad puede que nunca llegue. Brian Tracy reitera: "La vida es en gran medida un estudio de la atención. Cualquier cosa en la que te detengas y pienses crece y se expande en tu vida. Cuanto más prestes atención a tus relaciones, a la calidad y cantidad de tu trabajo, a tus finanzas y a tu salud, mejor serán y más feliz serás".[383]

3. Libera los obstáculos y reprograma el FOMO

Un líder empresarial exitoso enseña a sus empleados que eliminar el "debería", "podría", "habría", "si tan solo", "algún día lo haré" y "tengo que" de nuestra vida diaria es el primer paso para vivir en un estado de felicidad.

Cuando llegamos a este planeta, tenemos todas las herramientas y habilidades que necesitamos para ser felices; Nadie viene preprogramado para la desesperación. Sin embargo, a menudo luchamos por acceder a nuestra calma interior debido al bagaje que acumulamos con el tiempo: nos sentimos infelices o fracasados porque ponemos obstáculos en nuestro propio camino. Tu mente podría contraatacar esta idea: "¿Estás diciendo que soy un líder empresarial y, sin embargo, estoy poniendo obstáculos en mi camino hacia la felicidad? Lo que sea. ¿Por qué iba a hacer eso? Los obstáculos están ahí, son por culpa de mis padres, mis hijos o mi (ex) cónyuge ... Se deben a mi genética, a mis ingresos o a mi ubicación. Pero, ciertamente, no son intencionales".

No estamos diciendo que los obstáculos a los que te enfrentas sean tu culpa. Y no estamos descartando el papel de las cosas que no puedes controlar: no tienes poder sobre tu familia, tu genética, etc. Tienes cierto poder sobre tus ingresos y tu ubicación en el planeta, pero si estás buscando cualquiera de estas cosas para crear o impedir tu felicidad, entonces estás asignando poder sobre tu estado mental interno a factores externos. Por ejemplo, si solo estás contento cuando tu jefe aprueba tu trabajo y obtienes buenos números de ventas, entonces... De vez en cuando lograrás un subidón de felicidad. Pero la mayoría de las veces, has entregado tu capacidad de sentirte internamente en paz contigo mismo a circunstancias fuera de tu control.

Esta mentalidad es parte de nuestra programación social, y es una gran parte de la cultura de consumo en la que vivimos. Todos los días en Facebook, Instagram o cualquier medio de comunicación de nuestra elección, se nos muestran anuncios de personas "felices" que visitan hermosas playas que no estamos visitando, comiendo deliciosos almuerzos que no estamos comiendo y usando atuendos elegantes que no estamos usando. Nos sentamos en nuestras casas y oficinas, hojeando las redes sociales y viendo a personas que conocemos disfrutando de comida saludable, poniéndose en forma, de pie con niños sonrientes, viajando por el mundo, enamorándose o haciendo cualquier cantidad de cosas que queremos pero que tal vez no estemos haciendo en ese momento. Comparamos nuestra realidad manchada de café y cargada de correos electrónicos con sus fotos de playa soleada y no es de extrañar que nos quedemos cortos en el espectro de la felicidad.

Un apodo para esta mentalidad es "FOMO", que significa "miedo a perderse algo". Es la ansiedad que experimentamos de que algún evento emocionante o interesante pueda estar sucediendo actualmente en otro lugar (especialmente dado lo que vemos en las redes sociales). O bien, el FOMO crea una preocupación compulsiva de que podríamos perder una oportunidad de interacción social, experiencia o satisfacción, y por lo tanto, podemos vivir con arrepentimiento.

De hecho, en el sector de la hostelería, utilizamos activamente el FOMO para realizar nuestras ventas: a través de palabras, eslóganes e imágenes, les decimos a los compradores potenciales cosas como: "¿No te mereces unas vacaciones? ¿Qué pasa si tus hijos crecen y no han tomado vacaciones familiares juntos? ¿Qué sucede si pasa tu año y simplemente te esclavizas en el trabajo mientras otros (en tus redes sociales) se relajan en la playa? ¿Cómo es eso justo? No te preocupes, puedes estar contento comprando nuestro paquete especial, que está a la venta hoy e incluye...

¿Te has dado cuenta de que los anunciantes siempre están dispuestos a vendernos la solución perfecta a nuestras preocupaciones de FOMO? Trazan vínculos imaginarios entre los signos de dólar y lo que la gente quiere idealmente, como ser amada, bella y exitosa. Implican: compra este traje y tendrás éxito. Compra este vestido y estarás hermosa, y el hombre de tus sueños no podrá resistirse a ti y finalmente te sentirás amada como mereces ser. Compra estas vacaciones y serás un buen padre. Viaja a este resort y serás un creador de tendencias. La lista continúa.

La solución a esto es más simple de lo que parece: déjalo ir. Reprograma tu miedo a perderte algo en una apreciación de cada momento. El FOMO solo puede existir con falsas promesas de ser feliz algún día. Algún día, después de que dediques suficiente tiempo, ganarás una oficina en la esquina y tendrás éxito. Algún día, después de sudar lo suficiente, tendrás un cuerpo en forma y serás digno de compañía. Algún día, cuando tengas más tiempo, podrás jugar con tus hijos y ser un buen padre.

¿Y hoy? ¿Por qué guardar la felicidad para más tarde cuando llegue algún día, SI eso es felicidad en primer lugar? Contrarresta el FOMO controlando tus relaciones de apoyo y cuidado en el hogar y en el trabajo. "La felicidad o infelicidad en la vida proviene de tus relaciones con los demás, y son tus relaciones con los demás las que te hacen verdaderamente humano. Son la verdadera medida de cómo te está yendo como ser humano".[384] A medida que te concentres en tus relaciones y profundices en cada momento, encontrarás y crearás el espacio interno para reducir la velocidad, recargar energías y disfrutar de tu trabajo.

Tómate el tiempo para evaluar lo que te hace feliz y considera la felicidad como el principio organizador de tu vida. "Compara cada acción y decisión posible que tomes con tu estándar de felicidad para ver si esa acción te haría una persona más feliz o una persona más infeliz. Pronto, descubrirás que casi todos los problemas en tu vida provienen de decisiones que has hecho, o que estás haciendo actualmente, que no contribuyen a tu felicidad.[385] A medida que descubras lo que contribuye a tu felicidad, debes saber que debes pagar el precio y dedicar tu tiempo a lo largo del camino. No cada paso del viaje te hará sentir "feliz", pero cada paso te lleva a un lugar en el que deseas estar.

4. Introducir nuevos rituales

El Dr. Ben-Shahar bromea: ¿cuántas veces has hecho una lista de propósitos de año nuevo y los has cumplido todos? Levanta la mano en alto. ¿Nadie? Ahora levanta la mano si te cepillaste los dientes hoy.

¿Por qué la diferencia? Nadie cumple sus propósitos de año nuevo y, sin embargo, todos se cepillaron los dientes esta mañana. La diferencia es esta: no necesitabas autodisciplina ni fuerza de voluntad para cepillarte los dientes, es una rutina. Los propósitos de año nuevo dependen de la fuerza de voluntad y la disciplina, y se ven frustrados por enemigos como la comida chatarra y la pereza. El verdadero cambio ocurre cuando introducimos nuevos rituales en nuestras vidas.[386] Aquí hay tres rituales generadores de felicidad que podrías considerar introducir en tu día de trabajo.

Diario de gratitud
Primero, considere llevar un diario de gratitud. Se ha demostrado que la gratitud mejora la paz mental. Deepak Chopra aconsejó: "La gratitud abre la puerta al poder, la sabiduría y la creatividad del universo. Abres la puerta a través de la gratitud".[387] Cicerón enseñó: "La gratitud no sólo es la mayor de las virtudes, sino la madre de todas las demás".[388] Y un dicho anónimo sostiene: "No es la felicidad lo que nos trae gratitud; Es la gratitud lo que nos da felicidad".[389]

Un diario de este tipo podría suceder en un documento de computadora en blanco o en una hoja de papel borrador, sin necesidad de un cuaderno elegante. Los expertos recomiendan anotar cinco cosas que te hagan sentir agradecido o feliz cada mañana. Si te sientes ambicioso, puedes aumentar el número o la frecuencia de las entradas. Es más poderoso escribir elementos específicos, como "Estoy agradecido de que mis compañeros de trabajo me hayan traído sopa el martes", en lugar de simplemente, "Estoy agradecido por mis compañeros de trabajo".[390] Si no puedes llevar un diario físico de tus puntos de gratitud, trata de al menos hacer una nota mental.

Incluye lo que te importa personalmente y saborea las sorpresas que te encantaron. Tal vez tu jefe te dio algunos comentarios útiles o un colega trajo entradas deportivas adicionales para compartir. Tómate el tiempo para dejar que tu mente se detenga en cada una de estas entradas que inducen a la felicidad y absorbe la sensación de gratitud. Al resaltar la gratitud, expulsas las emociones negativas, ambas no pueden existir simultáneamente.

Saborea la tranquilidad

Otro ritual simple es este: saborear la paz mental. Cada vez que lo sientas, concéntrate en él. Puedes anotar estos sentimientos en tu diario de gratitud, pero el simple hecho de notar los sentimientos es un ritual suficiente. Recuerda la sabiduría de que vemos más en lo que nos enfocamos, por lo que cuanto más nos enfocamos en sentirnos en paz, es probable que experimentemos más paz. Brian Tracy dice inequívocamente que la paz mental "es el mayor bien humano. Sin ella, nada más tiene mucho valor".[391] Y cuanto mayor sea tu tranquilidad general, más probabilidades tendrás de ganarte bien la vida, ahorrar regularmente para el futuro y, en última instancia, lograr la independencia financiera.[392]

Tracy correlaciona una mayor tranquilidad con una mayor relajación, positividad y salud".[393] Cuando tienes más tranquilidad, tus relaciones mejoran. Te vuelves más amigable, optimista y confiado. A medida que te sientes mejor contigo mismo internamente, tu trabajo mejora: te conviertes en un jefe más arraigado y un compañero de trabajo más capaz. Como tal, cultivar la paz mental puede apoyar el bienestar en tu vida personal y en tu carrera.

Rediseña tu escritorio de oficina para disfrutar

Los sinónimos de felicidad incluyen alegría, satisfacción y placer. Al mirar alrededor de tu escritorio u oficina, ¿los elementos que ves aumentan activamente tu alegría, satisfacción y placer? La diseñadora Marie Kondo recomienda que nos quedemos solo con las cosas que nos llegan al corazón y descartemos todo lo demás: "Al hacer esto", dice, "puedes reiniciar tu vida y embarcarte en un nuevo estilo de vida".[394]

Considera la posibilidad de crear un hábito o ritual de recoger y guardar periódicamente cada artículo de tu oficina que hayas puesto allí (o recogido) voluntariamente. Reflexiona: ¿Cómo me hace sentir esto? ¿Aumenta o reduce el estrés? ¿Aumenta mi felicidad y funcionalidad? A menudo, cuando "ordenamos" nuestros espacios, hacemos montones de cosas para tirar. En cambio, Kondo enseña un enfoque positivo y centrado en la alegría: "Deberíamos elegir lo que queremos conservar, no lo que queremos deshechar".[395]

La cuestión de lo que quieres poseer y de lo que quieres rodearte, en el trabajo y en casa, es la cuestión de cómo quieres vivir tu vida. Si queremos estar en un estado de tranquilidad, amor, alegría y aprecio sin importar lo que esté sucediendo en nuestras vidas, entonces debemos apropiarnos de nuestros espacios y crearlos para que aumenten nuestra felicidad.

¿Por qué dedicar tiempo a la "limpieza" de la oficina? La teoría es que si podemos aumentar la calma y la felicidad que experimentamos mientras estamos sentados en nuestros escritorios y en nuestras oficinas, esta calma se traducirá en el resto del trabajo que hacemos como líderes empresariales. "Siempre que estemos en un estado de amor, paz y alegría en nuestras vidas, podemos extenderlo a los demás", enseña la Dra. Eva Selhub. Pruébalo y observa si tus interacciones con sus compañeros de trabajo y colegas cambian hacia lo positivo.

5. Mira hacia adentro y suelta lo que no te sirve

"A lo largo de toda la historia", proclama Brian Tracy, "el autoconocimiento ha ido de la mano con la felicidad interior, el pensamiento positivo y los logros externos. Para rendir al máximo, necesitas saber quién eres y por qué piensas y sientes de la manera en que lo haces".[396]

Muchas tradiciones del mundo enseñan que el autoestudio es nuestro medio más eficiente para reconocer nuestros hábitos y procesos de pensamiento. A menudo, este tipo de estudio requiere que recorramos nuestra historia personal para comprender nuestras formas actuales de ser. Por ejemplo, desde nuestra comprensión más temprana de nosotros mismos, recogemos ideas de que somos "buenos" o "malos" y las correlacionamos con nuestro sentido de quiénes somos como adultos (y, en última instancia, como líderes empresariales).

Tal vez nuestros padres decían que éramos "malos" cuando querían decir que lo que hacíamos en ese momento era "malo", pero lo internalizamos inconscientemente como si fuéramos "malos". Los niños no conocen las diferencias, pero la programación emocional que adquirimos cuando somos pequeños forma nuestra comprensión de nosotros mismos en la edad adulta, y puede impedirnos tener éxito en la vida y en el trabajo.

Por ejemplo, cuando cargamos con culpa y vergüenza no resueltas, esto aumenta nuestro miedo al fracaso porque vemos los errores como "malos" en lugar de como áreas necesarias para crecer y pivotar. A veces nos anima a buscar continuamente la validación y la aprobación externas. Esta programación interna que no nos apoya nos impide sacar lo mejor de nosotros mismos: nos sentimos menos seguros de nosotros mismos y menos capaces de asumir riesgos y aprender. En resumen, si no nos sentimos cómodos con nuestro valor interno, entonces tenemos dificultades para aportar confianza anclada a nuestro trabajo y nuestras relaciones.

El kintsugi es un arte japonés que consiste en reparar la cerámica rota con laca dorada. En lugar de tirar una olla rota, los artesanos recogen las piezas y las vuelven a armar utilizando una técnica especial y vibrante de reparación. En lugar de reparar ocultando las grietas, los artistas resaltan las grietas en oro.

Filosóficamente, el kintsugi trata la rotura y la reparación como parte de la historia del objeto, tanto que la vasija reparada con grietas doradas puede ser más valiosa de lo que era inicialmente cuando era "perfecta". Ninguno de nosotros es perfecto, todos llevamos las cicatrices de nuestra historia y decisiones, por mucho que intentemos ocultarlas. ¿Qué pasaría si, en cambio, permitiéramos que estas cicatrices se convirtieran en testigos de nuestro crecimiento y nuestra fuerza? ¿Contribuirían a nuestra aceptación de nosotros mismos y a la felicidad general?

En lugar de tener que ocultar nuestras imperfecciones, nos centraríamos en la sabiduría construida a través de años de caer y volver a levantarnos, juntando así las piezas de nuestras vidas. Esto no significa que empecemos a airear nuestros trapos sucios en público; más bien, tiene que ver con la aceptación del crecimiento que viene de los tiempos difíciles. A menudo, esas experiencias difíciles dan forma a las habilidades únicas y los procesos mentales en los que confiamos en el liderazgo empresarial, incluida la fuerza, el coraje, la visión y la esperanza.

Reflejando la esencia del kintsugi, el Dr. Selhub enseña este mantra de autoperdón: "Me perdono a mí mismo por ser humano. Me perdono a mí mismo por cometer errores y realmente me amo a mí mismo... para poder estar en este lugar de paz y luego extenderlo a los demás".[397] El perdón a uno mismo es una cuestión existencial, sostiene Selhub. No se trata de cosas particulares que han sucedido en nuestras vidas o de lo que la gente nos ha hecho. Más bien, en un nivel más profundo, se trata de abrazar nuestras grietas y reconocer que a menudo son campos de entrenamiento de aprendizaje y crecimiento. Vale la pena ser coloreados de oro.

La investigadora Brené Brown lo corrobora: "Ser dueño de nuestra historia puede ser difícil, pero no tanto como pasar nuestras vidas huyendo de ella. Aceptar nuestras vulnerabilidades es arriesgado, pero no tan peligroso como renunciar al amor, la pertenencia y la alegría, las experiencias que nos hacen más vulnerables. Solo cuando seamos lo suficientemente valientes como para explorar la oscuridad descubriremos el poder infinito de nuestra luz".[398]

Como base positiva para el liderazgo empresarial, la felicidad proviene de mirar profundamente dentro de nosotros mismos, liberar lo que es negativo y aceptar quiénes somos. Viene de cuestionar nuestras construcciones a menudo infantiles, reescribir historias negativas y aceptarnos a nosotros mismos como humanos. A medida que perdonamos e infundimos amor en las partes más oscuras de nosotros mismos, reconocemos lo increíble que es estar presente en este planeta, aprender y crecer, vivir esta vida y descubrir, y experimentar tanto dolor como alegría.

Quizás te preguntes qué tiene que ver todo este "galimatías de autoperdón" con el lugar de trabajo. Consideremos: ¿qué tan importante es para un líder asumir la responsabilidad de los errores y convertirlos en crecimiento en su carrera? Bastante importante, en general. Si los empleados luchan con un miedo arraigado desde hace mucho tiempo a los errores, ¿qué probabilidades hay de que den un paso adelante para asumir nuevos proyectos? ¿Qué probabilidades hay de que tengan éxito en puestos directivos?

No es muy probable porque si no se toman el tiempo para descubrir y abrazar sus grietas internas, estos empleados solo pueden limitarse

Éxito a través de la felicidad

a espacios seguros. Evitarán nuevos territorios y se castigarán a sí mismos cuando haya decepciones o contratiempos. También serán duros con los miembros de su equipo, tal vez acusando a otros o centrándose en dónde se quedó corto el equipo en lugar de dónde lo lograron. A largo plazo, trabajar o gestionar a través del miedo y el terror generalmente reduce la felicidad y la productividad.

Es cierto en la vida y en el trabajo que: "Debido a que la verdadera pertenencia solo ocurre cuando presentamos nuestro yo auténtico e imperfecto al mundo, nuestro sentido de pertenencia nunca puede ser mayor que nuestro nivel de autoaceptación".[399]

El liderazgo empresarial requiere una cierta vulnerabilidad. Si bien los líderes célebres a menudo demuestran un sentido de bravuconería y confianza, estas cualidades (cuando son auténticas) están arraigadas en una autoconciencia de su vulnerabilidad.[400] De hecho, Brown describe la vulnerabilidad como "la cuna de la innovación, la creatividad y el cambio".[401] Si bien algunas personas conciben la vulnerabilidad como debilidad, la investigación de Brown ha encontrado que la vulnerabilidad es más bien una de las medidas más precisas del coraje. Es la combinación de incertidumbre, riesgo y exposición emocional, que son inherentes a los roles de ventas y servicio al cliente, que requieren que los empleados y líderes se expongan todos los días y se conecten con los clientes a nivel personal.

Si bien los líderes deben observar los límites adecuados en su intercambio, deben ser tan sinceros como sea apropiado con su grupo de confianza y con la empresa. La vulnerabilidad adecuada es la base de las relaciones auténticas y, por lo tanto, fomenta la cooperación y la confianza en los equipos. Esto es absolutamente relevante en el mundo de los negocios. Es una base para construir el éxito a través de la felicidad.

Conclusiones clave

El costo de la infelicidad es real. Los economistas han puesto un precio monetario a la miseria y la alienación: una encuesta de Gallup estima que la infelicidad de los empleados "le cuesta a la economía estadounidense 500.000 millones de dólares al año en pérdidas de productividad, pérdidas de ingresos fiscales y costos de atención médica".[402] A la luz de eso, las iniciativas orientadas a la felicidad en el lugar de trabajo parecen una obviedad. Sin embargo, en ocasiones pueden ser contraproducentes porque ponen de manifiesto lo infelices que pueden sentirse los empleados.

Por ejemplo, en muchos sentidos, la felicidad puede ser difícil de definir y más difícil de medir. "¿Es acción o contemplación? ¿Está en nuestra mente o en nuestros sentidos?... Cuando nos preguntamos si somos felices, ya no somos felices: sufrimos al tratar de eliminar el sufrimiento". [403] Al tratar de eliminar el dolor, inevitablemente nos enfocamos en él. Consumimos y recolectamos con la esperanza de que algún día finalmente lleguemos. Como empleados y líderes, podemos dar vueltas alrededor de la rueda de hámster tratando de mejorarnos a nosotros mismos y tener éxito, pero, si no podemos hacer eso, al menos podemos actualizar nuestro automóvil y tener el vehículo nuevo más popular entre nuestro vecindario o amigos.

Si buscamos erróneamente la felicidad duradera fuera de nosotros mismos, podemos infligirnos deseos poco realistas o comportamientos ineficaces. Podemos tratar de comprar la felicidad, o de intercambiarla en nuestras relaciones. Podemos esperar que la felicidad provenga de nuestros trabajos y mundos sociales, por lo que a menudo tratamos de fingirla con la esperanza de lograrlo. En cierto nivel, aunque la promesa de felicidad parece una bendición, puede experimentarse como una deuda que nunca podremos pagar. Podemos sentirnos enojados con nosotros mismos por no cumplir con el estándar "establecido" de felicidad. El filósofo francés Pascal Bruckner escribió: "La infelicidad no es sólo infelicidad; Es, peor aún, un fracaso para ser feliz".[404]

Enfoque práctico para el éxito a través de la felicidad

Brian Tracy sugiere una solución práctica: "Toma el pincel de tu imaginación y comienza a pintar una obra maestra en el lienzo de tu vida. Te corresponde a ti decidir claramente qué es lo que te haría más feliz en todo lo que estás haciendo".[405] Y añade: "Decide lo que es correcto para ti antes de decidir lo que es posible. Crea tu vida ideal en cada detalle. No te preocupes por el proceso de llegar desde donde estás hasta donde quieres ir. Por ahora, solo concéntrate en el pensamiento positivo y en crear una visión de tu futuro perfecto".[406] Un guía jamaiquino lo resumió así: "No hay problemas, solo situaciones". Y en una canción popular hace años, Bobby McFerrin lo expresó de esta manera: "No te preocupes; Sé feliz".[407]

Las cinco estrategias que hemos discutido en este capítulo pueden ser de gran ayuda para ayudarte a definir y cultivar la felicidad como base para el éxito en tu carrera de liderazgo empresarial. Aceptar la realidad y los errores como algo natural te ayudará a reducir la ansiedad por el rendimiento y te permitirá disfrutar más de tus actividades. Aceptar las emociones dolorosas como una parte inevitable de estar vivo significa que las experimentas, aprendes de ellas y sigues adelante. No pierdes tiempo y energía preciosos tratando de suprimirlos.

A medida que invertimos tiempo en el autoestudio e introducimos nuevos rituales de sanación en nuestra vida diaria, aumentaremos nuestro sentido de gratitud y satisfacción. Estaremos mejor posicionados para dejar de lado los obstáculos que ponemos en nuestro camino, como querer que las cosas sean perfectas, querer que las cosas sean diferentes de lo que son o estar ciegos al momento presente. Estaremos más a gusto en nuestra piel y, por lo tanto, más capaces de conectarnos con nuestros compañeros de trabajo y clientes. Estas estrategias pueden ayudar a los líderes empresariales a llevar carreras ricas y satisfactorias. A medida que aceptamos los límites y restricciones del mundo real, podemos establecer metas alcanzables y, por lo tanto, podremos experimentar, apreciar y disfrutar del éxito a través de la felicidad.[408]

14

Mindfulness en la gestión

Los líderes empresariales de hoy en día están mentalmente de guardia casi las 24 horas del día. Una mente clara es lo que permite el pensamiento rápido, la toma de decisiones y el discernimiento entre un curso de acción y otro. Tu mente está condicionada para analizar datos, visualizar resultados futuros y recordar esfuerzos pasados, tanto exitosos como menos exitosos. Tener una mente más clara y tranquila te permite generar una mayor concentración y productividad.

Desafortunadamente, nuestras mentes a menudo están nubladas por la charla: ¿Has notado la voz (o tal vez las voces) en tu cabeza que comentan continuamente sobre la vida a medida que pasa? Juzga, se queja y se preocupa todo el tiempo. Puede que no nos guste admitirlo, pero nuestras mentes pueden sentirse más productivas cuando están reexaminando, reviviendo y reprocesando sucesos pasados y futuros.

Nuestros ocupados cerebros a menudo hacen muchos comentarios, generan anuncios tipo Twitter y discursos más largos para cada aspecto del día: "¿Ya reservé mi vuelo a la conferencia? Debo acordarme de decirle a mi asistente que se encargue de eso por mí". "He pasado mucho tiempo entrenando a este equipo y aquí estamos de nuevo, sin obtener los resultados que estaba proyectando… Me pregunto qué puedo hacer a continuación para ayudar a mejorar su rendimiento". "Creo que necesito otra taza de café… o una siesta".

A veces, nuestro parloteo mental se vuelve bastante personal y nos encontramos con una voz crítica interna que señala los aspectos negativos de lo que hemos hecho. A este crítico le gusta decir que no somos lo suficientemente buenos, que no les gustamos a los demás o que nunca lo haremos bien. En tu carrera, probablemente ya hayas encontrado formas de manejar tu crítico interior, pero aún así aparecerá en momentos inconvenientes, como justo antes de que estés a punto de dar un discurso o durante una ceremonia de premiación. Hará preguntas desestabilizadoras como: "¿Quién te crees que eres? Te escuchan, pero no tienen idea de que no tienes tanta confianza como pareces. No te mereces el reconocimiento".

Hoja de ruta del capítulo

¿No sería más fácil liderar en los negocios sin tanta aportación del crítico interno? ¿No sería útil dejar de lado el parloteo mental improductivo y encontrar claridad mental para la toma de decisiones a corto y largo plazo?

Si bien generalmente es imposible desterrar por completo el parloteo mental y el crítico interno, nuestro objetivo en este capítulo es mejorar el rendimiento llamando la atención sobre las palabras en nuestras cabezas y controlando el diálogo interno que tenemos con nosotros mismos. Si bien algunos pueden preguntarse si este tema es demasiado "suave" o "sensible" para la capacitación en liderazgo, ten la seguridad de que los mejores en los negocios, los deportes y todos los aspectos de la vida aprenden a controlar y aprovechar sus voces y percepciones internas para obtener el máximo rendimiento y éxito.

Proporcionaremos estrategias concretas para transformar al crítico interno en un coach interno y, por lo tanto, mejorar nuestra capacidad de liderazgo empresarial.

- En primer lugar, analizaremos el parloteo mental y las palabras que nos decimos a nosotros mismos a través de la lente de la "mente de mono", desentrañando esa metáfora filosófica oriental como aplicable al mundo empresarial occidental.
- En segundo lugar, proporcionaremos un marco útil para notar el parloteo mental por lo que es (meros patrones de pensamiento), justo cuando surge. Esa conciencia es clave.

En esta sección, centraremos nuestra atención en un ejemplo concreto: la comprensión del crítico interno, las palabras negativas que nos decimos a nosotros mismos.

- En tercer lugar, discutiremos el proceso de liberar activamente nuestra identificación automática con nuestros pensamientos improductivos, mitigando así el poder que esos pensamientos tienen sobre nosotros. En esta sección, proporcionaremos diez técnicas para transformar al crítico interno negativo en un entrenador interno positivo.

En conjunto, estas estrategias, que adquieren conciencia y se liberan activamente, permiten a los líderes empresariales modernos comprender los patrones mentales a menudo caóticos y aprovechar una conciencia más profunda desde la cual administrar sus equipos y empresas.

El parloteo mental y la mente de mono

Muchas tradiciones filosóficas orientales han dedicado siglos al estudio y la práctica de calmar la mente. En lugar de reinventar la rueda, tomaremos prestados conceptos y perspectivas funcionales de esas tradiciones y los adaptaremos al liderazgo empresarial occidental moderno.

Una de las metáforas fundamentales en estos escritos orientales involucra a los monos: los maestros a menudo conceptualizan el "parloteo" que llena nuestras mentes como el comportamiento de los monos. En América del Norte, donde los monos generalmente no son parte de la vida cotidiana, es posible que no nos conectemos automáticamente con esta metáfora, pero considerémosla de todos modos porque es útil.

Por ejemplo, en la India rural, los monos acechan a través de las aldeas y se congregan en los árboles o en las cercas. Corren de un lado a otro, persiguiendo cualquier cosa que les llame la atención. Se sienten atraídos por cualquier aroma de comida y no les preocupa en absoluto agarrar una bolsa de frutos secos o una botella de agua de plástico de la mano de una persona desprevenida. Si tienes fruta fresca contigo, ten cuidado porque los monos astutos estarán atentos a un momento en el que puedan colarse y arrebatarla.

Los monos y los babuinos a menudo se alinean en las carreteras y se cruzan en manadas: algunos son tranquilos y tercos, mientras que otros se lanzan de un lado a otro, tratando de escapar de los autos que se aproximan. En los bosques, los monos se balancean por las copas de los árboles y se reúnen en grupos. ¡Tienen tanto que decir! Chirrian y chillan entre sí, haciendo sonar alarmas vocales cuando ven personas preocupadas o cosas desconocidas. Sus ojos y cuerpos parecen estar en movimiento todo el tiempo: buscando comida, persiguiéndose unos a otros, jugando juntos, cargando bebés o apresurándose a la siguiente ubicación.

¿Cómo se relaciona esta metáfora del mono con el mundo empresarial moderno? Al igual que los monos se balancean entre los árboles, agarrando una rama y soltándola solo para agarrar la siguiente, nuestras mentes se aferran y liberan pensamientos continuamente. Nos preocupamos por el pasado y planificamos para el mañana. Consideramos nuestros planes, sueños, metas y listas.

Extrañamos el día de hoy por completo.

Por ejemplo, ¿alguna vez has escuchado conscientemente la charla en tu mente cuando entras en una sala antes de que comience una reunión? Por supuesto, la habitación puede ser ruidosa con personas conversando, pero a menudo lo que está en tu cabeza es más ruidoso. "Espero que mis notas estén en orden. ¿Mi asistente se acordó de pedir los suministros adecuados? ¿Por qué su camisa se ve arrugada? Eso me recuerda: tengo que recoger mi tintorería de camino a casa esta noche. ¿Dónde puse los números de la sesión informativa de hoy? Oh, claro, están en mi archivo aquí. Ok, diecisiete personas están presentes y contabilizadas. ¿Por qué tres personas llegan tarde a esta reunión? Supongo que hablaré con ellos después. ¿Dónde está mi café?" Y en voz alta: "Buenos días a todos. Bienvenidos a la reunión de personal de hoy".

Estos pensamientos interminables son como monos mentales balbuceantes: se balancean a través de los árboles con vida propia, atrapando rama tras rama, a menudo sin un destino real en mente.

Algunos de nuestros monos mentales tienen nombres o emociones específicas, como miedo, esperanza, ira y deseo. Otros son más nebulosos y difíciles de precisar si los miras. Ya sea que seamos plenamente conscientes de ello o no, esta corriente de pensamiento nos arrastra, pidiéndonos que prestemos atención a cada pensamiento como si fuera la cosa más significativa.

Si nos identificamos con nuestros pensamientos ocupados, no solo nos perdemos otros aspectos de la vida que nos rodea, sino que también nos perdemos cultivar nuestra verdadera identidad porque asumimos que la charla es lo que somos. Eckhart Tolle escribe: "La mayoría de las personas pasan toda su vida aprisionadas dentro de los confines de sus propios pensamientos. Nunca van más allá de un sentido estrecho, hecho por la mente y personalizado de sí mismos que está condicionado por el pasado".[409]

Las investigaciones muestran que los seres humanos tienen alrededor de cincuenta mil pensamientos separados cada día, muchos de ellos sobre el mismo tema.[410] Debido a nuestra capacidad innata para pensar, nuestras mentes buscan estímulos. A medida que nos identificamos con las fluctuaciones de nuestras mentes, la vida puede sentirse como una montaña rusa. Si no se controlan, estos monos mentales limitarán nuestra capacidad de liderar en el mundo de los negocios. Nos enredaremos en sus detalles, ruido y movimiento, y seremos menos capaces de ver el panorama general, sobre nuestras empresas y sobre nosotros mismos.

Sin embargo, hay dos estrategias que pueden ayudar a calmar el parloteo mental y a reconectar con el momento presente: la conciencia y la liberación. A medida que adquirimos conciencia, comenzamos a liberar nuestra identificación con nuestros pensamientos: los vemos como monos jugando, no como la realidad última. Al hacer esta distinción, comenzamos a liderar desde un lugar de claridad interior arraigada. Este es el espacio más centrado y empoderado para el liderazgo empresarial, la creatividad, la compasión y la toma de decisiones.

Ganar conciencia

Forbes define la atención plena como la conciencia momento a momento. "Cuando estás atento, te vuelves muy consciente de ti mismo y de tu entorno, pero simplemente observas estas cosas tal como son. Eres consciente de tus pensamientos y sentimientos, pero no reaccionas a ellos de la manera en que lo harías si estuvieras en 'piloto automático'".[411] Tales reacciones de piloto automático serían como trepar a los árboles del bosque con los monos. Más bien, al "no etiquetar ni juzgar los eventos y circunstancias que tienen lugar a tu alrededor, te liberas de tu tendencia normal a reaccionar ante ellos".[412]

Varias empresas destacadas han implementado programas de atención plena para los empleados, incluidas Apple, Google, McKinsey and Co., Procter and Gamble, General Mills y más. Estas empresas invitan a los líderes a volver a comprometerse diariamente con su vocación de líder y a estar plenamente presentes en cada momento.[413] Sin embargo, para estar plenamente presentes y liderar de manera efectiva, los líderes deben reconocer y domar el parloteo de la mente de mono que intenta ocupar un lugar central en nuestra conciencia subconsciente.

El reconocimiento es el primer paso. Eckhart Tolle enseña: "Cuando reconoces que hay una voz en tu cabeza que finge ser tú y nunca deja de hablar, estás despertando de tu identificación inconsciente con la corriente del pensamiento. Cuando te das cuenta de la voz, te das cuenta de que lo que eres no es la voz, el pensador, sino el que es consciente de ella".[414] Suena simple, especialmente para los líderes empresariales talentosos y lógicos, solo darse cuenta de que nuestras mentes están parloteando todo el día, pero a menudo imaginamos que los pensamientos que pensamos son "nosotros mismos". Por ejemplo, asumimos que cuando nos *sentimos* enojados, *estamos* enojados. Pero hay un espacio entre lo que sentimos o pensamos y lo que somos fundamentalmente.

Cuando nos quedamos quietos y escuchamos, nos convertimos en testigos de nuestros pensamientos en lugar de identificarnos con ellos. Si nos identificamos con nuestros pensamientos, nos aferramos al placer y huimos del dolor, corriendo de un lado a otro como los monos. Sin embargo, al asumir el papel de testigos, es más probable que veamos nuestros pensamientos como de naturaleza cambiante, fugaz y transitoria. En otras palabras, comenzamos a ver que nuestros pensamientos no son hechos verdaderos; son simplemente nuestros pensamientos. Este proceso es una especie de desaprendizaje.

Si el concepto de ser un "testigo" suena demasiado pasivo, piensa en ti mismo como el comandante de un poderoso barco en mar abierto. Ves las olas subiendo y bajando y las corrientes retorciéndose y girando, pero sabes que el océano está separado del barco y diriges el barco a través de las aguas cambiantes en lugar de permitir que el barco se desvíe de su curso por las condiciones marinas.

Para ver cómo las ruedas se encuentran con la carretera con esta teoría, veamos una aplicación concreta muy relevante. Por ejemplo, la mayoría de nosotros, incluidos los líderes empresariales, nos encontramos con una voz negativa dentro de nuestras mentes que se queja, juzga y critica. Como señalamos anteriormente, llamaremos a esta voz el "crítico interno".

Darse cuenta del crítico interno

El diálogo interno negativo se presenta de muchas formas, pero todas son dañinas. Puede sonar realista o práctico, como "Bueno, no me fue bien en ese proyecto, así que supongo que ese no es mi fuerte". Puede convertirse en una espiral de miedo, como: "¡Estoy tan preocupado que si no cumplo con esta fecha límite, perderé mi trabajo!" Si bien nuestro crítico interno ocasionalmente puede ser sincero y motivar la superación personal, tiende a hacer más daño que bien al crear estrés y limitar nuestro crecimiento.

El crítico interno a menudo está involucrado en culpar, expresar miedo, victimizar, catastrofizar y criticar. Nos dice que carecemos de cosas fundamentales o que somos culpables de todo, incluidas las cosas sobre las que no tenemos control. Para muchos de nosotros, el crítico interno afirma que no somos dignos o merecedores de ser amados, y que nunca seremos suficientes. Limita nuestra creencia en nosotros mismos y alimenta el perfeccionismo. Para algunos líderes empresariales, esta crítica interna continua influye en la depresión, crea inseguridad y desestabiliza las relaciones.

Irónicamente, tal vez, podemos invertir un gran esfuerzo en lograr el éxito en la escuela, la carrera y la crianza de los hijos para contrarrestar la negatividad interna. Sin embargo, nada externo, ni siquiera la riqueza o el prestigio, puede silenciar al crítico interno. Debemos asumirlo desde dentro.

Para mitigar el poder del crítico interior, el primer paso es llamar la atención sobre su monólogo. Escucha lo que te dices a ti mismo en tu mente. Al notar la negatividad, considera si alguna vez le dirías estas cosas a un niño o a un amigo, si no, ¿por qué te las dices a ti mismo o a tu niño interior? Cultivar la conciencia te permite desenganchar las palabras del crítico interno de la realidad.

Liberación activa

En esta sección, discutiremos varias técnicas para transformar al crítico interno en un entrenador interno de apoyo. Pero, detengámonos en la crítica por un minuto mientras discutimos el contexto de la liberación activa en general.

Liberar activamente nuestros pensamientos o emociones no significa eludir o adormecernos. Más bien, significa estar presente y aceptar nuestros pensamientos y sentimientos, mientras que al mismo tiempo entendemos que son fugaces. Se trata de dejar que un momento se transforme naturalmente en el siguiente sin tratar de aferrarse demasiado a lo que era antes. Si vinculamos nuestra felicidad a un pensamiento, persona, concepto u otra cosa externa, terminaremos sufriendo porque todas las cosas cambian con el tiempo.

Sin embargo, si unimos nuestro bienestar a nuestro tranquilo centro interno, podemos experimentar una profunda satisfacción. En resumen, notar el ascenso y la caída de nuestros pensamientos nos ayuda a cultivar un centro estable desde el cual podemos dominar nuestros pensamientos, en lugar de estar a su merced.

A medida que nos damos cuenta de que nuestros pensamientos y parloteo mental están separados de nuestra comprensión más profunda, podemos comenzar a desengancharnos de su importancia. Dicho de otra manera, a medida que vemos nuestros pensamientos como monos saltando, gritando para llamar la atención, etc., podemos identificarnos con ellos y unirnos a sus gritos, o podemos darnos cuenta de que somos conscientes de sus gritos, por lo que hay una parte más profunda de nosotros que está presenciando el caos. Esa conciencia más profunda no necesita ser perturbada por el caos y no necesita identificarse con él. Puede notar el caos por lo que es y elegir no unirse.

Ver esa elección es fundamental porque muchas personas no se dan cuenta de que tienen la opción. Algo sucede y reaccionan de inmediato, creyendo que la reacción es la única opción. Por ejemplo, si estás conduciendo al trabajo y el auto que va delante de ti va demasiado lento para tu gusto (o para el límite de velocidad en la carretera), puedes elegir cómo reaccionar: puedes comenzar a gritar de frustración o puedes darte cuenta de que hay un "mono de la frustración" saltando en tu mente. Haz una pausa el tiempo suficiente para ver a ese mono del pensamiento por lo que es, y te darás cuenta de que tienes opciones en la forma en que respondes. Podrías saltar y gritar con él, o simplemente podrías conducir tranquilamente sin que te molesten. Tu poder de elegir está anclado en tu conciencia más profunda.

Si eliges el primer curso de acción, sentirás que las emociones se elevan en asociación con la frustración. Si eliges el último camino, tu mono de pensamiento de frustración se aburrirá y pasará a lo siguiente, dejándote en paz por un momento.

Este mismo proceso de liberación funciona en el día a día: por ejemplo, si recibes un correo electrónico que te preocupa, haz una pausa en tu mente. Observa tu reacción como una simple reacción. Date cuenta de que puedes elegir cómo responder: puedes enviar un mensaje de enojo y frustración, o puedes respirar hondo y redactar algo más productivo. Tal vez quieras levantar el teléfono para entender más de la situación. Ver estas opciones muestra que la frustración inmediata no es la realidad. La realidad está más dentro de ti y es el lugar desde el que mejor lideras.

Sin embargo, hasta que no tomemos conciencia de nuestras historias, pueden controlarnos. Pasamos tiempo pensando en algo, generando sentimientos sobre esa cosa y luego reaccionando a nuestros pensamientos con más sentimientos. Muy pronto nos vemos envueltos en nuestra historia sobre lo que sucedió mucho más que conectarnos con la realidad. En el lugar de trabajo, cuando tomamos decisiones basadas en las historias que nos contamos a nosotros mismos, no somos líderes empresariales efectivos. Sin embargo, si notamos pensamientos o historias que suceden en nuestras mentes, pero nos tomamos un minuto para volver a conectarnos con lo que es real, podemos acceder a un lugar más tranquilo y arraigado dentro de nosotros, que no está distorsionado por nuestras reacciones. Este es el lugar más efectivo para la toma de decisiones y el liderazgo.

Diez Técnicas para Transformar al Crítico Interior en Coach Interior

Para ver cómo las ruedas se encuentran con el camino, retomemos el ejemplo concreto del crítico interno. Aquí hay diez técnicas de "liberación activa" que los líderes empresariales pueden usar para transformar al crítico interno en un entrenador interno. Implican el reconocimiento y la reescritura. No todas las técnicas funcionarán para todas las personas, así que siéntete libre de elegir las que más te convengan. A medida que encuentres que estos tienen éxito en tu vida, también verás su aplicación en tu trabajo y liderazgo porque cada una de las personas que administras se enfrenta a problemas similares. No solo podrás ver estos problemas con una mente más clara, sino que también estarás capacitado para fortalecer a tus equipos compartiendo tus conocimientos y técnicas.

1. Discernir los orígenes comunes

A medida que el crítico comienza su diatriba, puede ser útil comenzar por el principio y discernir los orígenes comunes. Por ejemplo, a veces te darás cuenta de que tu crítico interior dice exactamente lo que tu madre, tu padre o tus maestros te dijeron cuando eras joven. "No puedo creer que hayas vuelto a meter la pata en esta sencilla tarea". "Siempre eres un desastre". "¿Por qué no puedes hacer las cosas bien?" Tu crítico interior internaliza estas palabras y te las refleja a medida que envejeces. Si bien nunca es útil que los adultos hablen tan negativamente a los niños, la mayoría de nosotros nos encontramos con alguien mientras crecíamos que prefería acusarnos o etiquetarnos que alentarnos. Escribir un diario, conversar o hacer terapia puede ayudar a establecer conexiones con el pasado.

Ahora, tal vez no recibiste ninguna programación negativa, sino que creaste la tuya propia. Esto sucede a menudo cuando notas discrepancias en el mundo que te rodea, particularmente en los medios de comunicación. Por ejemplo, Facebook puede hacernos comparar el mejor viaje, la comida o la selfie de los demás con el peor. Es posible que veamos imágenes de revistas retocadas con Photoshop y luego nos miremos en el espejo y tomemos decisiones subconscientes como: "No soy guapo". O: "No tengo un coche como ese, así que no debo tener éxito". Por lo tanto, tu crítico interior podría haber recogido pensamientos no relacionados con momentos pasados, sino más bien con impresiones pasadas.

Es posible que notes en tu carrera momentos en los que te has sentido limitado por algún sentido negativo sin nombre en tu interior. En una forma extraña de intentar mantenerte a salvo en el futuro, tu crítico interior internaliza la negatividad del pasado y te la refleja para ayudarte a evitar futuros fracasos. Por ejemplo, cuando tienes la oportunidad de dar un discurso, tu crítico interno puede intervenir: "¿Recuerdas cómo te congelaste durante tu discurso de sexto grado? Será mejor que te quedes fuera".

Si le crees al crítico a pesar de que han pasado décadas, podrías rechazar la oportunidad diciendo lo que decidiste en ese momento pasado, incluso si ya no es cierto en el presente: "Oh, no debo ser bueno frente a la gente". Seguramente con el tiempo te has sentido más cómodo frente a la gente que en la escuela primaria, pero el crítico interno te impide crecer o tener nuevas oportunidades a través de sus palabras de crítica.

El simple hecho de reconocer los orígenes comunes de las palabras críticas, ya sea en las antiguas figuras de autoridad, decisiones o fracasos, puede ser el primer paso para desempoderarlos.

2. Reescribe las palabras negativas para adaptarlas al momento presente

A medida que comienzas a comprender los orígenes de tu crítico interior, puedes estar atento a las situaciones en el presente que reflejan situaciones del pasado, y puedes responder deliberadamente de manera diferente. Por ejemplo, tal vez aceptes con entusiasmo la invitación para hablar en tu empresa. Este será un espacio "desencadenante" en el que tu crítico interior te recordará los fracasos del pasado, pero puedes decir activamente en respuesta: "Eso fue hace años y me siento preparado para manejarlo ahora. Cálmate. Gracias por su preocupación, pero puedo hacerlo".

Al volver a escribir las palabras del crítico, es casi como si invitaras al crítico a evolucionar contigo, a verte como un adulto capaz y no como un niño asustado. Esta reescritura funciona a medida que te das cuenta de situaciones en las que puedes haber respondido desde un lugar de miedo o limitación en el pasado, guiado por tu crítico interno, pero deliberadamente respondes de manera diferente en el momento presente. Ahora, no tienes que aceptar todas las invitaciones para hablar en público, por ejemplo, pero al menos puedes reconocer que has crecido y puedes tratarte a ti mismo con compasión. Prestar atención a la negatividad significa perder oportunidades; Trascender tus antiguos límites trae un nuevo crecimiento.

3. Desafía al crítico: defiéndete a ti mismo

Otra técnica para desenganchar las palabras del crítico interno de la realidad es hacer preguntas. Cuando comiences a escuchar el monólogo crítico, pregúntale "¿En serio?". —¿Qué hay de cierto en esto, si es que hay algo? "¿Por qué me dices esto?" "¿Qué estás tratando de lograr?" "¿En qué se parece esta situación en la que me encuentro a situaciones del pasado?" —¿Hay alguna preocupación más profunda aquí que no estoy viendo? "¿De qué estás tratando de protegerme?" A medida que hagas preguntas e interrogues las declaraciones del crítico, comenzarás a discernir la intención detrás de las palabras críticas.

Ahora, si bien puedes reconocer con seguridad cualquier verdad del crítico, puedes hacerlo de una manera que no comprometa tu confianza o positividad. Por ejemplo, si el crítico dice que eres un fracaso porque no te fue bien en un proyecto, podrías responderle: "Sé que ese proyecto no salió bien, pero tengo un plan para hacerlo mejor en el siguiente. Hablé con mi jefa y ella apoya mi trabajo. Cada fracaso es una oportunidad de aprendizaje y estoy creciendo. No soy un fracaso a pesar de que el proyecto no salió según lo planeado".

Intenta mirarte en un espejo y decir en voz alta las palabras del crítico interno, ¿cómo se siente? ¿Sientes que la indignación va en aumento? ¿A quién le permitirías hablarte de esa manera? Al mismo tiempo que reconoces cualquier verdad en la situación, defiéndete y reformula la crítica en un lenguaje más suave. Por ejemplo, imagina lo que le dirías a un amigo o a un hijo si estuvieras escuchándolo hablar en voz alta de las acusaciones del crítico interno: muchos de nosotros respondemos más amablemente a nuestros amigos o a nuestros hijos que a nosotros mismos, por lo que este puede ser un proceso de pensamiento instructivo.

Incluso si eres un líder de equipo exitoso, es posible que te sorprendas al escuchar las palabras negativas que te dices a ti mismo dentro de tu mente. La buena noticia es que puedes tomar el control en cualquier momento y notar la diferencia. Reescribir las palabras negativas del crítico en palabras positivas mitigará el poder del crítico con el tiempo. Es una forma de "bailar" con el crítico y construir resultados positivos.

4. Nombra y limita a tu crítico interior

Si tienes un crítico interno particularmente activo, trata de darle un apodo divertido. Entonces puedes etiquetarlo: "Mr. Negative está aquí de nuevo". Nombrar al crítico lo aleja de ser algo que valga la pena tomar en serio, y usar un nombre cómico te aleja de identificarte con él.

Además, intenta imponer límites. Dale al Sr. Negativo solo 15 minutos al día para dar consejos y críticas, luego debe cerrarse. Si intenta exceder el límite de 15 minutos, recuérdele que se acabó el tiempo y que puede pasar mañana. Suena ridículo, pero este es un método para tomar el control de la situación y validar tus necesidades, sin permitir que el crítico tenga un micrófono abierto ilimitado en tu mente. Si no puede decir algo agradable, no puede decir nada en absoluto. Algunas críticas pueden ser útiles, pero no si son el foco de tu charla mental.

Piénsalo como si estuvieras celebrando una reunión en tu oficina. Puedes invitar a los miembros del equipo a hablar críticamente de una iniciativa, pero luego establecerás límites y los invitarás a cambiar de marcha hacia la discusión de soluciones o alternativas. Los líderes empresariales exitosos dejan que las críticas informen el crecimiento, pero no acampan en la negatividad.

5. Alejar

Intenta cambiar de un enfoque a corto plazo a una perspectiva más a largo plazo: ¿es el fracaso de un proyecto tan difícil como tu crítico interior quiere que sea? Muchos atletas y líderes empresariales de clase mundial señalan los fracasos clave como puntos de inflexión para su éxito final.

Por ejemplo, el autor de best-sellers Tim Ferriss entrevista a atletas, empresarios, estrategas y gente de clase mundial, y una de las preguntas favoritas que les hace a estas personas súper exitosas es: "¿Cuál es uno de tus fracasos favoritos?" En todos los casos, las respuestas incluyen historias de cuando la persona se sintió en el punto más bajo, pero luego giró, se abrochó, se soltó o cambió de alguna manera que permitió que su desempeño avanzara enormemente. Es el momento en que fueron cortados del equipo campeón, reevaluaron su entrenamiento y llegaron al año siguiente con tiempos más fuertes que nunca. En el momento en que no recibieron financiación o fueron despedidos de sus trabajos, cambiaron de estrategia, iniciaron una nueva empresa y se divirtieron ganando más dinero que nunca.

Una y otra vez, estos temas muestran cómo un cambio de perspectiva puede ser clave para desenganchar el poder del crítico interno que solo quiere centrarse en el fracaso a corto plazo y exagerarlo. Alejarse mentalmente muestra el panorama general y, a menudo, un nuevo camino hacia el éxito.

6. Cambia la crítica por el estímulo

A medida que comienzas a rastrear los orígenes y métodos del crítico interno, es hora de que reduzcas sus horas y lo reemplaces con aportes positivos. Reemplazar incluso una sola instancia de diálogo interno negativo con refuerzo positivo es un paso para desempoderar al crítico interno y empoderar a tu entrenador interno. Cuando el crítico interno te dice: "No, esto no va a funcionar. ¿Recuerdas la última vez que dejaste caer la pelota? Saca a relucir a tu entrenador interior e invítalo a hablar: "Sí, la última vez dejaste caer la pelota, pero esta vez es diferente. Has aprendido de eso y ahora tienes más experiencia. Entiendes la situación y creo que tienes la capacidad de hacerla realidad. Pruébalo".

Con el tiempo, esos mensajes internos positivos se acumularán y comenzarán a pesar más que las palabras del crítico. Tú eres el dueño de tu historia: puedes supervisar cómo eliges organizar y enmarcar tu narrativa. Puedes verte a ti mismo como alguien que carece de amor y no es digno de ser amado, o como alguien que es digno de amor y pertenencia y que está aprendiendo en el camino. Aprovecha los recuerdos positivos y aliméntate reforzando tu éxito y valor. Al elegir pintarte a ti mismo ante tus ojos como alguien que es suficiente, silencias la voz del crítico interior. Nunca desaparece por completo, pero puedes establecer límites saludables. Al hacerlo, comenzarás a vivir y liderar en tus propios términos, que es exactamente lo que te ayudará a prosperar en el lugar de trabajo.

7. Trae a tu entrenador positivo a ti mismo

El diálogo interno positivo también mejora tus habilidades como gerente de negocios. Por ejemplo, imaginemos que una persona a la que diriges no cumple con un objetivo definido. Cuando te enteraste, inmediatamente lo llamaste a tu oficina, expresaste tu frustración y le exigiste que cerrara la brecha tanto como fuera posible. Ahora estás sentado en tu oficina sintiéndote molesto porque no se cumplieron los objetivos y molesto contigo mismo por destrozar a tu empleado. En ese momento, ¿cómo podría tu coach interior guiarte a través de un proceso de aprendizaje positivo (sin dejar que el crítico interno diga lo que piensa)?

Imagínate lo que un entrenador le diría a un jugador de baloncesto estrella en una situación similar: "Oye, sé que estás frustrado porque tu compañero de equipo dejó caer el pase y tú esperabas hacer el tiro, todos lo estábamos. Pero tienes que ver que si te enojas con él de esa manera, es menos probable que se desempeñe bien en el futuro. Tómate un minuto y refréscate. Luego ve a hablar con él y trata de reparar la relación de trabajo. Ahora, sé que tienes buenas intenciones y quieres que este equipo tenga éxito. Como su entrenador, ¡lo aprecio! También tienes la capacidad de construir relaciones de equipo sólidas; Te he visto hacerlo antes. Ahora, ¡ve, arregla esto y hagamos el siguiente disparo!"

Mientras que tu crítico interior puede saltar a los extremos y decir que "siempre" pierdes los estribos con las personas que diriges, tu entrenador interior reconoce tu desafío y te anima a tomar una resolución positiva. El crítico acusa y derriba, pero el entrenador crea un espacio seguro para el crecimiento. En lugar de hablarte a ti mismo con dureza, trata de adoptar un tono que las personas usarían si estuvieran tranquilizando a un amigo o hijo. Háblate a ti mismo con calma y compasión, incluso cuando te encuentres con un revés como líder. Un tono cálido te ayuda a aceptarte tal y como eres, lo que aumenta la autoestima y, en última instancia, mejora tu rendimiento.

Al cultivar tu coach interior, comienzas a desarrollar una nueva relación contigo mismo. Alimentas la voz de la verdad y la bondad en lugar de la voz de la negatividad. Te involucras emocionalmente en rutinas y hábitos nuevos y positivos para que sean más fáciles de mantener a lo largo del tiempo.

Cuando el crítico interno dice que estás errando el tiro, puedes hacer una pausa y notar la crítica, y luego encender a tu entrenador interior. Encuentra una cosa positiva que decirte a ti mismo sobre tus esfuerzos por liderar de manera productiva. Piensa en cualquier cambio positivo que puedas hacer y sigue adelante. El crítico enreda a los líderes empresariales en las cosas pequeñas y mezquinas, pero el coach construye a los líderes en las mejores versiones posibles de sí mismos. Esto marca la diferencia para sus empleados y su empresa.

8. Reconocer las distorsiones cognitivas

Las distorsiones cognitivas surgen cuando nuestros pensamientos tergiversan los hechos de lo que ocurrió. La distorsión trae más dolor y malestar porque confunde nuestra comprensión de la realidad. Algunas distorsiones cognitivas comunes incluyen:

- Pensar en blanco y negro, o creer que todo es malo porque una situación es mala, independientemente de los factores que contribuyan a ella
- Razonamiento emocional, o tomar tus sentimientos como un hecho y olvidar los otros hechos relevantes
- Catastrofizar, o ver el futuro solo con dolor o desesperanza y olvidar los aspectos positivos de tu vida

No se necesita mucha imaginación para ver cómo las distorsiones cognitivas pueden crear problemas para los líderes empresariales. En un nivel fundamental, el liderazgo tiene que ver con las relaciones: contigo mismo, con tu equipo o con las personas que administras. Si eres susceptible a distorsiones como el pensamiento en blanco y negro, te encontrarás categorizando las acciones como "buenas" o "malas" sin ver completamente los matices y sutilezas. Te arriesgarás a alienar a tus compañeros de equipo con tus críticas, al igual que tu crítico interno te aliena a ti con sus diatribas. Aunque a los niños se les enseña inicialmente a ver el mundo en términos absolutos de blanco y negro, los adultos, y en particular los líderes exitosos, necesitan bailar con los tonos de gris para tener éxito. Tu entrenador interior puede ayudarte a convertirte en un experto en este baile.

A medida que notes las distorsiones cognitivas simples enumeradas aquí en las palabras de tu crítico interior, podrás transformarlas en ideas útiles de coaching. Por ejemplo, si tienes la tentación de etiquetar automáticamente el fracaso de un miembro del equipo para retener una cuenta clave como "malo", puedes hacer una pausa y notar cualquier pensamiento en blanco y negro, razonamiento emocional y catastrofismo. Esa conciencia te permite desprenderte del pensamiento el tiempo suficiente para interrogarlo. Aunque el miembro del equipo perdió la cuenta, tal vez pueda hacer una llamada y guardarla. O tal vez otra cuenta ocupe su lugar y aún cumpla con sus objetivos. Tal vez esta transición no sea más que un trampolín...

Todo es posible, pero el reconocimiento de las distorsiones cognitivas es el primer paso.

9. Revisa tu cuerpo y tu intuición

Esta técnica puede parecer un poco fuera de lo común para los líderes empresariales occidentales, pero pruébala por un momento. ¿Te has dado cuenta de que cuando tu crítico está hablando, las sensaciones negativas pueden aparecer en tu cuerpo físico? Algunas filosofías y prácticas médicas alternativas sostienen que nuestras emociones aparecen en el tejido físico de nuestros cuerpos, y si podemos acceder a esas emociones negativas a través de nuestros cuerpos físicos, podremos dejarlas ir de manera mucho más efectiva que si nos enfocamos únicamente en acceder a ellas a través del razonamiento.

El Dr. Pert, un investigador de neurociencia formado en Johns Hopkins, descubrió que las emociones desencadenan la liberación de compuestos llamados péptidos, que se almacenan en los tejidos, órganos y músculos del cuerpo. Llegó a la conclusión de que "las emociones no expresadas están literalmente alojadas en el cuerpo" y que "tu cuerpo es tu mente subconsciente".[415] En esta línea, Tolle enseña: "Si realmente quieres conocer tu mente, el cuerpo siempre te dará un reflejo veraz, así que mira la emoción, o más bien siéntela en tu cuerpo".[416]

Por ejemplo, si sientes que una emoción se acumula en respuesta a una declaración negativa de tu crítico interior, ¿puedes encontrar esa emoción en tu cuerpo? A menudo, las emociones desafiantes aparecen en el plexo solar o en el área intestinal. A veces, puedes empujar suavemente esos espacios (o estirarlos) y sentir que el malestar emocional ha creado un malestar físico tangible. A medida que localices la emoción en tu cuerpo, trata de preguntar suavemente: "¿Cuál es tu mensaje?". —¿Qué me estás diciendo? O, más simplemente, "¿Qué necesitas?"

Este interrogatorio paciente y abierto puede revelar ideas sorprendentes. No solo es una forma compasiva de escucharse a sí mismo, sino que también es un medio literal de transformar al crítico en un entrenador. Al escuchar el mensaje, permites que se libere.

Estás tomando el mensaje y actuando en consecuencia, sanándolo y sacándolo. Tu cuerpo físico vuelve a un estado de equilibrio a medida que tu mente se calma. Forbes aconseja: "Al instalarte en tu cuerpo y notar cómo se siente, te centras en el momento que estás viviendo".[417]

Para los líderes empresariales que aprenden a controlar sus cuerpos y leer las señales físicas, este método puede funcionar casi como una especie de taquigrafía. Por ejemplo, imagina una situación ajetreada en la que debes tomar una decisión. Notar las sensaciones en tu cuerpo puede darte una pista inmediata sobre si te sientes estresado por la decisión (y tal vez necesites tomarte más tiempo para evaluarla), o si te sientes en paz y con energía por la decisión. Registrarse regularmente puede mejorar su bienestar físico, equilibrio emocional y rendimiento en el lugar de trabajo.

10. Cree en ti mismo

El psicólogo Albert Bandura caracterizó la creencia de las personas en su capacidad para tener éxito en una tarea o situación como autoeficacia. La autoeficacia está íntimamente ligada a la perseverancia que tengas: si no crees que puedas gestionar una tarea o mejorar, ¿qué sentido tiene intentarlo?[418] Activa un diálogo interno motivador que te diga que puedes gestionar la tarea, la situación o el reto que tienes entre manos. Decirte a ti mismo: "Lo tengo" y "Creo en mí mismo" puede mejorar significativamente tus posibilidades de éxito.

Este cambio puede ser sutil al principio, pero se vuelve más pronunciado con el tiempo. A medida que cambies la negatividad por la positividad y prestes atención a la voz de tu entrenador interior, serás un ejemplo para las personas que manejas. Más a menudo te convertirás en el viento bajo las alas de una gran idea. Proporcionarás regularmente comentarios positivos y constructivos, entrenamiento y orientación a tus equipos. A medida que se beneficien de tu positividad, comenzarán a incorporar tu ejemplo en su trabajo.

Conclusiones clave

En resumen, estas técnicas son una forma de practicar la atención plena cuando se trata de nuestra voz crítica interna y transformar activamente las emociones negativas en emociones positivas. Ser conscientes de nuestras emociones y pensamientos nos ayuda a dejar de identificarnos tan completamente con ellos. Aprendemos a ver un pensamiento, pero no a perseguirlo, y a no creer que constituye lo que somos. Tolle sugiere: "Aquí hay una nueva práctica espiritual para ti: no tomes tus pensamientos demasiado en serio".[419]

En última instancia, aunque no podemos desterrar por completo nuestro parloteo mental, podemos empezar a bailar con él y domesticarlo. A medida que aprendemos a reconocer patrones en la charla y a escuchar cualquier verdad que pueda ser inherente a ellos, podemos liberar nuestro apego a ellos para regresar al momento presente. Así es como podemos aprender a vivir con los ruidosos monos mentales sin ser interrumpidos por su movimiento.

El Dr. David Brendel, de Harvard Business Review, señala: "En esencia, la cultura de la atención plena será un gran paso adelante para las culturas occidentales si se mantiene centrada en crear oportunidades para que las personas descubran sus estrategias personalizadas para controlar las ansiedades, controlar el estrés, optimizar el rendimiento laboral y alcanzar la felicidad y la satisfacción genuinas".[420] Además, indica que la atención plena en el lugar de trabajo puede ayudar a los ejecutivos a reducir el estrés, evitar el agotamiento, mejorar la capacidad de liderazgo y estabilizar sus mentes al tomar decisiones comerciales importantes, transiciones de carrera y cambios en la vida personal.[421]

Las técnicas de este capítulo valen la pena porque nos ayudan a reducir el sufrimiento que podemos experimentar cuando nos identificamos automáticamente con los pensamientos, el placer, el dolor y el caos del trabajo y la vida cotidiana. La conciencia, la liberación y la quietud nos enseñan a ver que hay una realidad más profunda. A medida que transferimos esa conciencia a nuestros lugares de trabajo, nos convertimos en mejores líderes porque lideramos desde un lugar de mayor autocontrol emocional y físico. Nuestras relaciones se fortalecen porque podemos reconocer y hablar con las personas desde un lugar más profundo dentro de nosotros mismos. Perdemos menos tiempo rumiando y tomamos decisiones fundamentadas. A medida que entendemos las palabras que nos decimos a nosotros mismos y comenzamos a controlar esas conversaciones, adquirimos un poder que refuerza nuestra capacidad de liderar de manera productiva. Pruébalo tú mismo y verás.

15

Meditación para líderes empresariales

En colaboración con la Universidad de Harvard, los investigadores entrevistaron a más de 35.000 líderes en 72 países y a 250 ejecutivos de alto nivel que buscaban una perspectiva neurológica sobre las habilidades que contribuyen al éxito en el liderazgo. Los resultados fueron concluyentes: dos de las habilidades clave que influyeron en el éxito de los líderes fueron la atención plena y la compasión.[422]

En todo el país y en todo el mundo, cada vez más líderes empresariales están comenzando a adoptar prácticas de meditación y atención plena. Por ejemplo, Jeff Weiner, el CEO de LinkedIn, ve la compasión como una pieza central de su estilo de gestión. Describe cómo, en el entorno empresarial en particular, "la compasión requiere reducir la velocidad y tomarse el tiempo para escuchar realmente a los demás. Significa entender de dónde vienen, preocuparse por las luchas que enfrentan y el equipaje que llevan".[423]

En esta línea, Arianna Huffington, fundadora del Huffington Post, dice que vivimos en un "mundo inmanejable",[424] donde, como líderes, es difícil tomar buenas decisiones. En su opinión, esto no se debe a que los líderes carezcan de coeficiente intelectual, sino a que luchan por aprovechar su "sabiduría interior", para desconectarse de sus dispositivos omnipresentes y reconectarse consigo mismos.[425] La meditación de atención plena es un medio específico y eficaz para que los líderes lleven a casa a su sabiduría interior. No es la única respuesta, pero aparece una y otra vez en la investigación sobre los hábitos y rutinas de los principales líderes en cualquier campo, por lo que vale la pena centrarnos en ella.

A principios de la década de 1990, un profesional de negocios estaba cenando con uno de los propietarios de varios resorts de lujo y le preguntó: "¿Cuáles son algunas de las razones por las que usted y el desarrollador han experimentado tanto éxito?" Ese propietario podría haber explicado la calidad superior de los hoteles, el marketing, la financiación, los empleados y varias otras condiciones, todas las cuales habrían sido ciertas. Sin embargo, el propietario explicó que el factor más importante era una cosa: cada día, ese propietario pasaba tiempo en meditación solitaria despejando la mente e imaginando posibilidades individuales y para la empresa.[426] Estos conceptos funcionan.

Hoja de ruta del capítulo

En este capítulo, entrelazaremos varios temas sobre cómo los líderes pueden mejorar su éxito en el lugar de trabajo mediante la práctica de la meditación de atención plena. Proporcionaremos información basada en la investigación sobre cómo la meditación ayuda a los líderes empresariales a cultivar el enfoque, la productividad y las habilidades de toma de decisiones financieras. Describiremos cómo la práctica de meditación de un líder puede mejorar no solo su salud, sino también la forma en que los equipos y empleados funcionan bajo su gestión. Resulta que la empatía y la compasión de un líder pueden engrasar las ruedas de la cooperación, la comunicación y la colaboración.

Para aquellos que están interesados en lo que podría incluir una práctica simple de meditación, cubriremos cuatro habilidades que los líderes están usando para calmar sus mentes durante tan solo cinco minutos por día. Y concluiremos con historias de los principales líderes empresariales y emprendedores que meditan a diario y creen que esta práctica mejora tangiblemente sus carreras.

Como aclaración, este capítulo no está diseñado para animarte a realizar ninguna práctica que te resulte incómoda. Más bien, este capítulo está diseñado para mostrarte cómo algunos líderes incorporan esta habilidad en sus carreras y, de hecho, atribuyen a la meditación gran parte de su éxito empresarial. La meditación es solo uno de los factores del éxito, por supuesto, pero es uno de los factores más comunes en todos los ámbitos para los mejores y líderes en cualquier industria. Por lo tanto, nos sumergimos en él aquí.

La meditación y el mundo empresarial moderno

El autor Tim Ferriss entrevistó a 140 personas que estaban en la cima de sus campos o industrias y se sorprendió al saber que alrededor del 90 por ciento de esas personas tenían algún tipo de práctica matutina de atención plena o meditación.[427]

Cerrando la brecha entre los estereotipos y el mundo de los negocios, Ferriss explicó con algo de humor: "La meditación tiene un problema de marca. Mucha gente piensa en instructores de yoga tocando cuencos tibetanos y balanceando atrapasueños sobre sus cabezas... Pero, en el fondo, la meditación es una práctica simple que consiste en entrenar el control de la mente sobre sus emociones".[428] Se trata de disminuir la reactividad emocional para que los líderes puedan ser proactivos en la creación de su día y su trabajo. Business Insider señala que la meditación tiene un efecto positivo tangible en la amígdala, la parte del cerebro que es responsable de las emociones, los impulsos de lucha o huida y la memoria.[429]

En el contexto de este capítulo, las palabras quietud, meditación y atención plena apuntan al mismo resultado objetivo, pero algunas personas reaccionan de manera diferente a las diferentes palabras. Aquí, usaremos la palabra 'meditación', pero, si lo prefieres, siéntete libre de sustituirla mentalmente por una palabra que resuene mejor contigo, como contemplación, reflexión, introspección, enfoque, conciencia, centramiento... Esencialmente, cualquier proceso que te permita calmar las perturbaciones mentales y emocionales. Si bien estas palabras pueden conectarse con las prácticas religiosas orientales y occidentales, no estamos discutiendo de religión aquí. Más bien, nuestro objetivo es hablar sobre la aplicación productiva de la meditación de atención plena en el mundo empresarial moderno.

Ilustrando el mindfulness en el lugar de trabajo

Para ilustrar la atención plena, el renombrado maestro Thich Naht Hanh utiliza la metáfora de lavar los platos. En lugar de correr de plato en plato con solo el objetivo final en mente de llegar a un fregadero vacío, Hanh sugiere que debemos ser conscientes y disfrutar del proceso. Por ejemplo, imagina que sostienes un plato, tal vez un tazón de cerámica, en tus manos. Fíjate en la forma y el tacto del cuenco, y en el color y el patrón del agua tibia a medida que fluye sobre la forma. Fíjate en las burbujas de jabón que forman espuma sobre el tazón, que bajan al fregadero y se escurren. Observa el movimiento de tus manos al enjuagar el plato y tomar una toalla para limpiar las gotas de agua hasta que el tazón esté listo para contener la próxima comida.

"Sé que si me apresuro para poder terminar y poder sentarme antes y comer postre o disfrutar de una taza de té, el momento de lavar los platos será desagradable y no valdrá la pena vivirlo. Sería una lástima, porque cada minuto, cada segundo de vida es un milagro", dice Hanh.[430] Además, aconseja: "Si soy incapaz de lavar los platos con alegría, si quiero terminarlos rápidamente para poder ir a tomar el postre o una taza de té, seré igualmente incapaz de disfrutar de mi postre o mi té cuando finalmente los tenga".[431]

En nuestros ajetreados lugares de trabajo, lavar los platos es análogo a nuestro trabajo. Vamos por el día llegando al fondo de la pila y logrando resultados. Nadie quiere pasar todo el día lavando un cuenco; debemos engancharnos, cuenco a cuenco.... Establecemos líneas y sistemas de producción para que una persona se especialice en una sola cosa. Incorporamos máquinas para agilizar y automatizar procesos. Todo esto es "progreso" y mejora la cantidad de artículos producidos, procesados, organizados, enviados y, en última instancia, vendidos. Los números y los objetivos se cumplen; la gerencia está satisfecha; Y el trabajo continúa día a día. Nos enfocamos en hacer más en lugar de en cada cosa que hacemos mientras la hacemos.

Comparando lavar los platos con atención a hacer nuestro trabajo con atención, la idea no es ralentizar o reducir completamente la productividad. Más bien, la idea es estar presente en cada paso del camino a medida que sucede. Nuestras mentes están programadas para hacer una cosa a la vez. Nos gusta hablar de multitarea, pero las investigaciones muestran que se trata más de cambiar rápidamente entre tareas (y a menudo de ser menos eficiente en cada una) en lugar de hacer varias cosas simultáneamente. ¿Hay espacio en medio de la ajetreada serie de eventos en nuestras industrias de alta presión para estar presente en cada tarea? ¿Para sostener cada plato, por así decirlo? ¿Concentrarse completamente en cada correo electrónico, conferencia y conversación?

Cuando empezamos a pensar en *cómo* cultivar ese enfoque en el lugar de trabajo, entonces el mindfulness pasa de ser un concepto simple a un desafío mayor. Nuestras mentes son algo así como monos, cambiando rápidamente de un pensamiento a otro, saltando, parloteando, etc. Mantener la atención constante en una cosa o una tarea, solo por un minuto, puede parecer una tarea hercúlea.

Prueba esto: simplemente elige una cosa para notar durante un minuto entero. Por ejemplo, observa tu inhalación y exhalación. Mantén tu atención allí y en ningún otro lugar durante un minuto entero. A medida que surjan pensamientos, fíjate en ellos y déjalos pasar. Lo más probable es que notes suavemente la primera respiración y la segunda. Pero a la tercera respiración, tu mente se ha escapado: estás redactando un correo electrónico en tu cabeza. Te estás preguntando por qué tu colega dijo eso antes. Has pasado de la presencia al pensamiento.

Los líderes son curiosos. Los líderes analizan, procesan, ajustan y ganan. Esas habilidades y capacidades son las que te elevaron a una posición de liderazgo y son fundamentales para tu éxito… Pero no necesariamente te permiten estar presente en un solo momento. ¿Cómo puedes cultivar la habilidad de la presencia? Sé consciente de cada momento.

Por ejemplo, si concentrarte en tu respiración te parece demasiado "sensible", entonces trata de ser consciente de responder a un correo electrónico. Considera las palabras que estás eligiendo. Siente las teclas de la computadora bajo la punta de tus dedos. Escucha el sonido de clic que hacen esas teclas al presionarlas. Observa cómo fluyen las palabras por la pantalla. Fíjate en el brillo y el color de la pantalla. Siente la posición de tus pies en el suelo.

Mientras escribes tu mensaje, ¿qué está sucediendo con tu respiración? ¿Está conteniendo la respiración, respirando superficialmente o inhalando profundamente? Tal vez aprecies el milagro de enviar un mensaje a todo el mundo en cuestión de segundos… distancia que habría tomado una carta de papel meses en un barco lento hace solo unas décadas. Estas cosas simples traen atención plena a cada momento. El simple hecho de enviar un correo electrónico puede ser algo que te ancle en el presente.

Siete beneficios de la meditación en el lugar de trabajo

Sin embargo, antes de saltar al *cómo* de la meditación, hablemos del *por qué*. ¿Por qué molestarse en cultivar la presencia? Tienes suficiente en tu plato y no tienes tiempo para concentrarte en "lavar los platos conscientemente". Honestamente, no tienes tiempo para leer este capítulo; tienes gente que gestionar y correos electrónicos que se acumulan.

En esta sección, describiremos siete habilidades críticas en el lugar de trabajo que los líderes que meditan tienden a cultivar:
- Tomar mejores decisiones financieras y de liderazgo
- Responder con calma
- Crear un anclaje interno
- Mejorar tu salud
- Mejorar la empatía
- Cultivar la inteligencia emocional
- Aumentar la productividad

Tomar mejores decisiones financieras y de liderazgo

Según Forbes, "la investigación muestra que 15 minutos de meditación basada en la atención plena dan como resultado un pensamiento más racional al tomar decisiones comerciales. Los estudios también han encontrado que los líderes que se enfocan en la atención plena en el trabajo tienen empleados más felices y una mejor moral. Además, la meditación de atención plena puede ayudar a reducir el dolor lumbar crónico y el insomnio".[432]

Otro estudio señaló que los participantes que pasaron solo 15 minutos en meditación de "atención plena", como concentrarse en su respiración, tenían un 77% más de probabilidades que otros de resistir lo que se conoce como el "sesgo de costo hundido", la tendencia a seguir con una estrategia menos que óptima simplemente porque ya han invertido recursos significativos en ella.[433] Los investigadores concluyeron que la meditación se correlaciona con que los líderes tomen mejores decisiones financieras.

Rich Pierson, cofundador de la aplicación de meditación llamada Headspace, señala que a medida que los líderes y gerentes empresariales aprenden a meditar, encuentran una mayor facilidad en todas las áreas de la vida: "Si puedes concentrarte en un objeto sutil y aburrido como tu respiración, entonces concentrarte en un problema de trabajo es como un paseo por el parque".[434] La meditación es como un ejercicio para tu cerebro en el cultivo de la quietud, la calma, la concentración y la serenidad.

Responde con calma
Según Harvard Business Review, la meditación aumenta la inteligencia emocional al ayudar a los líderes a aprender a regular sus emociones.[435] Por ejemplo, los líderes pueden sentirse frustrados cuando las cosas no suceden a su manera o de acuerdo con su cronograma. Cuando las expectativas no se cumplen, los líderes que no practican el control de las emociones pueden tornarse rápidamente enojados o molestos. La presión arterial aumenta, al igual que la tensión en la oficina. Sin embargo, los líderes que cultivan la atención plena pueden mantener la calma, especialmente en momentos críticos de la comunicación.

El Dr. James Doty, neurocirujano de la Facultad de Medicina de la Universidad de Stanford, describe el valor de la atención plena en el liderazgo empresarial.[436] Como director ejecutivo de una empresa que fundó con un colega para vender un dispositivo médico, Doty recuerda una interacción que tuvo en la que la atención plena marcó la diferencia entre mantener a un inversor clave y perderlo. En una reunión con las partes interesadas, un inversor vital se enojó y se volvió irrazonable. Gracias a su práctica de mindfulness, Doty respiró hondo y respondió con empatía escuchando la situación, las expectativas y los deseos del inversor. Debido a que Doty escuchó sin reaccionar con molestia, este inversionista se convirtió en un aliado para que la empresa fuera un éxito. Finalmente salió a bolsa por un valor de 1.300 millones de dólares.

Es posible que esa historia no suene increíblemente notable: ¿así que un CEO escuchó a un inversionista? Eso es lo que se supone que deben hacer los CEO, ¿verdad? Lo que es notable es que la capacidad del líder para mantener la calma, estar presente y escuchar las necesidades de la persona marcó la diferencia en el éxito o el fracaso de la empresa. Cuando había mucho en juego, la atención plena se imponía.

Crear un anclaje interno

En un artículo para Harvard Business Review, el presidente ejecutivo de Ford Motor Company indica que se toma un tiempo para meditar todos los días, pase lo que pase. Durante su casi encuentro con la bancarrota casi una década antes, Ford relató: "La práctica de la atención plena me mantuvo en marcha durante los días más oscuros".[437] Atribuye a la meditación el haberle ayudado a mejorar no sólo su productividad, sino también su capacidad para tomar decisiones con compasión y amabilidad.

La meditación puede proporcionar una perspectiva y una visión más amplia que es útil para los líderes empresariales cuando sus empresas se enfrentan a un desafío en el mercado. Esta perspectiva también es útil cuando los líderes notan que la industria está cambiando a su alrededor y sus empresas deben pivotar y entrar en una nueva fase del negocio para mantenerse a flote.

Cultiva la empatía

"La mejor manera de cuidar el futuro es cuidar el momento presente",[438] enseña Thich Nhat Hanh. Si definimos la atención plena simplemente como estar presente en el momento, entonces los líderes conscientes pueden percibir el espacio y la sensación en la oficina, centrados en cada tarea que tienen entre manos, una a la vez. Se centran en la persona con la que están hablando. Respiran con facilidad, sentados atentos pero con tranquilidad. En este estado de observación, los líderes descubren no solo que su productividad aumenta, sino también que su empatía aumenta.

Oprah Winfrey señala el poder de la empatía en el liderazgo: "El liderazgo tiene que ver con la empatía. Se trata de tener la capacidad de relacionarse y conectarse con las personas con el propósito de inspirar y empoderar sus vidas".[439] Los líderes empáticos se toman el tiempo para apoyar intencionalmente a sus colegas, incluso cuando el entorno está cargado de presión. Atraviesan de forma proactiva los silencios o desconexiones que pueden producirse en los cubículos y en los lugares de trabajo remotos. Reconocen, escuchan y muestran amabilidad a las personas que los rodean activamente.

Por ejemplo, en una revisión anual, un líder empático cubre información vital, pero también mantiene una conversación real, escuchando al empleado y conectando fuera del ámbito de los números. No tiene que ser una sesión larga con una caja de pañuelos, pero es un minuto o dos en los que el líder y el empleado comparten espacio, se sientan juntos y evalúan cómo pueden apoyar los objetivos del otro.

Si bien invertir tiempo en las personas puede parecer que le quita tiempo a los plazos, infundir amabilidad en el lugar de trabajo sirve para aumentar tanto la camaradería como la productividad. Por ejemplo, a los equipos que se llevan bien les va mucho mejor con sus tareas. Se pierde menos tiempo en fricciones emocionales y las ruedas de la colaboración pueden girar libremente, vinculando a diversos colegas en diversos entornos de trabajo para mejorar el rendimiento. Los ejecutivos han descubierto que la atención plena en el lugar de trabajo genera confianza y cohesión.

Mejorar la inteligencia emocional

Una práctica regular de mindfulness y meditación puede ayudar a los líderes a cultivar su propia inteligencia emocional y la de sus empleados. El CEO de Six Seconds, Joshua Freedman, explica: "La inteligencia emocional es una forma de reconocer, comprender y elegir cómo pensamos, sentimos y actuamos. Da forma a nuestras interacciones con los demás y a nuestra comprensión de nosotros mismos. Define cómo y qué aprendemos; nos permite establecer prioridades; determina la mayoría de nuestras acciones diarias".[440] Cada día que te presentas en tu lugar de trabajo, tu inteligencia emocional entra en juego como líder. Las investigaciones sugieren que la inteligencia emocional es responsable de hasta el 80 por ciento de nuestro éxito.[441]

El líder más exitoso y efectivo no es necesariamente el que tiene la estrategia más inteligente o la mejor hoja de cálculo. Más bien, el líder más eficaz es aquel que utiliza constantemente la empatía y la inteligencia emocional para inspirar a los demás, para apoyar a los empleados y colegas y cultivar el potencial humano.

Mejora tu salud

Las investigaciones han revelado que el ejercicio de estar presente mejora el liderazgo empresarial. ¿Quieres ser un líder más efectivo? Hazte presente. ¿Quieres conectarte mejor con tus colegas y equipos? Hazte presente. ¿Quieres sentirte más tranquilo por dentro y reducir el estrés? Ya sabes la respuesta. Hazte presente. Estar presente como líder tiende a correlacionarse con la reducción del estrés, el desperdicio y la frustración. Reduce la ansiedad y la presión arterial. También está relacionado con el aumento de la inteligencia, la positividad, la función inmunológica y la función cardíaca. Aumenta la eficiencia, la productividad y la conectividad entre equipos y colegas.

Un estudio sobre mindfulness concluyó: la evidencia apoya el uso de la reducción del estrés basada en mindfulness y la terapia cognitiva basada en mindfulness para aliviar los síntomas mentales y físicos en el tratamiento del cáncer, las enfermedades cardiovasculares, el dolor crónico, la depresión, los trastornos de ansiedad y en la prevención en adultos y niños sanos.[442] Debido a que los empleados y líderes sufren de depresión, ansiedad y problemas de salud, la capacitación basada en la atención plena puede ser una solución útil.

Aumenta la productividad

Como líder empresarial, es posible que te preguntes sobre la sabiduría de lo que parece ser hacer menos (sentarse, despejar la mente, respirar, etc.) en un mundo que te obliga a hacer más y más rápido. Si tu larga lista de tareas pendientes aún está a kilómetros de completarse, ¿cómo puedes desconectarte irresponsablemente, cerrar los ojos y sintonizar con tu respiración? Incluso cinco minutos parecen demasiado tiempo cuando el correo electrónico se acumula y la gente espera una respuesta. Robert Kistner ha dicho irónicamente: "A veces estamos demasiado ocupados para hacer las cosas que nos harán menos ocupados".[443]

Sin embargo, el New York Times cita la creciente evidencia científica de[444] que cuando dedicamos más tiempo a las siestas, los descansos y las vacaciones, no solo nos volvemos más saludables y felices, sino también más productivos. Estos descansos, largos o cortos, ayudan a restablecer nuestra capacidad mental y a combatir la sensación de agobio que sentimos en el trabajo. ¿Cuántas veces has revisado tu correo electrónico a primera hora de la mañana mientras estás acostado en la cama? Es bastante obvio que nos vamos a sentir caóticos por dentro cuando estemos en pantallas, dispositivos y correo electrónico desde el momento en que nos despertamos hasta el momento antes de quedarnos dormidos. Nuestro objetivo es ser responsables y receptivos con nuestros clientes, colegas y jefes. Sin embargo, ¿cuál es el precio?

Si la meditación es tan útil, ¿cuál es el problema? ¿Por qué no lo hace más gente? Una de las principales razones es que las personas piensan que están demasiado ocupadas para hacer una pausa para la atención plena. En ese punto, las palabras del presidente de Estados Unidos, Abraham Lincoln, son útiles: "Dame seis horas para talar un árbol y pasaré las primeras cuatro afilando el hacha". [445] De manera similar, en cuanto a la preparación interior, Martín Lutero escribió: "Tengo tanto que hacer que pasaré las primeras tres horas en oración [meditación]".[446] El Dr. Stephen R. Covey aplica este principio en la práctica comercial actual, recordándonos: "Nunca debemos estar demasiado ocupados aserrando como para no tomarnos el tiempo de afilar la sierra".[447]

La parábola del leñador es acertada: Un leñador se esforzó por cortar un árbol. Un joven que estaba mirando le preguntó: "¿Qué estás haciendo?" "¿Estás ciego?", respondió el leñador. "Estoy cortando este árbol". El joven no se inmutó. "¡Pareces exhausto! Tómate un descanso. Afila tu sierra". El leñador le explicó al joven que había estado aserrando durante horas y no tenía tiempo de tomar un descanso. El joven respondió: "Si afilas la sierra, cortarás el árbol mucho más rápido". El leñador dijo: "No tengo tiempo para afilar la sierra. ¿No ves que estoy demasiado ocupado?"[448]

Si bien no existe una solución única para todos, una encuesta contó dieciocho millones de estadounidenses adultos[449] que han optado por incorporar la meditación en sus vidas y trabajo. Incluso en el ámbito de la meditación, no existe una práctica única para todos. Si le preguntaras a diez personas que meditan en qué consisten sus prácticas de meditación, obtendrías diez respuestas diferentes. Sin embargo, esas respuestas tendrían algunos puntos en común, y eso es lo que queremos resumir aquí.

Técnica de meditación simple

Si alguno de esos beneficios parece valer la pena, hablemos del método más probado y verdadero para cultivar la presencia como líder: la meditación. Aquí hay cuatro sugerencias simples para los líderes empresariales que están comenzando una práctica de meditación:

- Encontrar la quietud
- Mirar hacia adentro
- Sintonizar con tu respiración
- Observar los pensamientos que surgen y regresan

Encuentra la quietud

Si bien algunos líderes prefieren meditar caminando, las personas generalmente eligen la meditación que implica quietud física. Apaga o silencia tus dispositivos. Elige una silla, o siéntate en un cojín si te gusta sentarte en el suelo. Siente cómo tu cuerpo está conectado a ese asiento a través de los huesos y los tejidos. Siente cómo tu peso presiona hacia abajo y tu columna vertebral se eleva. Estira la mano a través de la coronilla. Esta postura erguida nos transforma de encorvados sobre escritorios y pantallas a levantados, tranquilos y relajados. Permite que tanto la sangre como la respiración transcurran con mayor fluidez.

Mira hacia adentro

Deja que tus párpados se cierren. Durante todo el día, tus ojos captan las vistas, los colores y el movimiento del mundo que te rodea. Realizan un seguimiento de datos y mensajes en pantallas muy iluminadas. Ahora, a medida que tus párpados se cierran, comienzas a volver tu mirada hacia adentro para tomar conciencia de tu paisaje interior y tus emociones. Aunque todavía eres consciente de los sonidos que te rodean, el simple hecho de cerrar los ojos le indica a tu cuerpo que está en un espacio seguro y más contemplativo.

Sintoniza con tu respiración

Observa el ascenso y descenso de tu pecho, o la expansión y el ablandamiento de tus costillas a medida que inhalas y lo dejas ir. Durante todo el día respiramos superficialmente como podemos; Rara vez pensamos en la firmeza y el ritmo de nuestra respiración. Cuando nos sentamos a meditar, nuestro único trabajo, por así decirlo, es simplemente observar la respiración. Observa cómo entra el aire y cómo se llenan los pulmones. ¿Qué parte de los pulmones se llena primero? ¿Superior? ¿Baja? Observa si el aire persiste y luego cómo sale de tu cuerpo. Siente cómo tus pulmones se relajan y descansan antes de aspirar más aire. Date cuenta de que el aire entra y sale de tus pulmones sin tu esfuerzo consciente; es simplemente parte de tu existencia en este planeta.

En esta atención a la respiración, no es necesario que la cambies. Si bien hay patrones sofisticados de retenciones, inhalaciones y exhalaciones rápidas, respiraciones alternas en las fosas nasales y más que puedes aprender si quieres entrar en una práctica de respiración (a veces llamada pranayama), no son necesarios. Para una meditación simple, la respiración simple es la mejor opción.

Observa a medida que surgen los pensamientos y luego vuelve a centrarte conscientemente

A medida que los pensamientos comienzan a perseguir tu conciencia mental, saltan hacia arriba y hacia abajo para llamar tu atención. Pueden parlotear y gritarse unos a otros como monos. Al principio, es posible que sientas que tienes que seguirlos, ahuyentarlos o tomar notas porque te recuerdan que llames a tu madre y recojas la tintorería. Pero a medida que te relajas y simplemente observas sin apegarte a ellos, los pensamientos pasarán y surgirán nuevos pensamientos.

Es como ver las nubes flotar en el cielo. Ves el movimiento y la forma del vapor, todo ello sin estar ni adherirse a las nubes. Tú eres el observador, no las bocanadas de vapor. Si te distraes o descubres que has perseguido a un mono específico hasta un árbol, obsérvalo sin juzgarlo y simplemente regresa a tu observación tranquila. Es útil volver a centrar la atención en la respiración porque esto desviará la atención de los monos.

El objetivo no es hacer que la mente se quede en blanco, sino desenganchar nuestra identificación instantánea con nuestros pensamientos. Arianna Huffington escribe: "La meditación no se trata de detener los pensamientos, sino de reconocer que somos más que nuestros pensamientos y nuestros sentimientos".[450] En cada uno de nosotros, hay una dimensión de comprensión que es más profunda que nuestros pensamientos superficiales. Podrías llamarlo presencia, conciencia o cualquier cantidad de cosas. Es la parte dentro de ti que es consciente del pensamiento que está sucediendo dentro de tu cabeza. Es el oyente, el que sabe que la materia de los pensamientos es mera materia. Es el testigo de que los pensamientos que pasan por tu mente son meros pensamientos, pero que no definen tu esencia. Ram Dass enseña: "Quédate quieto. Cuanto más callado te vuelves, más puedes escuchar".[451]

Es imposible eliminar las fluctuaciones de la mente porque la mente siempre está pensando, eso es lo que hace. Pero es posible comenzar a ralentizar la mente y no identificarse con esos pensamientos. Encuentra la brecha entre: "Me *siento enojado*" y "Estoy enojado". Puedes sentirte enojado sin tomarlo como un estado del ser. Puedes verlo, cuestionarlo y aprender de ello. Puedes usar tus sentimientos para obtener información sin sentirte abrumado por ellos.

Y eso es todo, esos son los conceptos básicos. Al igual que levantar pesas fortalece los músculos, la meditación fortalece la mente y el núcleo interno. Tu mente aprende a hacer una cosa a la vez: en este caso, tu mente simplemente debe existir y observar sin apegarse al caos. Tu mente aprende también que es más estable que los pensamientos que surgen día a día. Comienzas a identificarte con la calma detrás de todos los pensamientos. Entiendes tu naturaleza como el que está consciente de los pensamientos, comienzas a identificarte más con la presencia testigo, y menos con los monos saltando arriba y abajo.

No te dejes encasillar en la idea de que solo puedes meditar cuando cierras los ojos, te sientas con las piernas cruzadas en una colchoneta de yoga, cantas "OM" y quemas incienso. Podemos practicar la atención plena en todo momento e incluso mientras estamos en movimiento, lavando los platos, caminando,[452] corriendo [453] y haciendo ejercicio.[454] Harvard Business Review incluso aboga por practicar la atención plena mientras se conduce durante el viaje diario.[455] Parece que no hay ninguna situación en la que estés consciente y no puedas practicar la atención plena. De hecho, cuantas más demandas haya en tu atención, más valiosa será tu atención plena. Las posibilidades son ilimitadas.

Más resultados positivos

Los líderes que meditan o se involucran en prácticas de atención plena informan constantemente resultados positivos. La Asociación Americana de Psicología ha agregado algunos de estos resultados empíricos, incluyendo los siguientes:[456]

- *Menos rumiación.* ¿Cuánto tiempo pasas pensando en los fracasos pasados y los desafíos actuales? La meditación de atención plena puede reducir los pensamientos rumiantes, lo que a su vez puede ayudarte a pensar de forma más clara y positiva.
- *Reducción del estrés.* Las personas que practican la meditación diaria también muestran menos signos de estrés. Esto hace que la meditación sea imperativa para aquellos que ocupan puestos destacados en la toma de decisiones, como los líderes empresariales o los jefes de equipo.
- *Memoria mejorada.* Una mejor memoria de trabajo y retención se correlacionan con las prácticas regulares de meditación.
- *Mejor enfoque.* Meditar en sesiones cortas puede ayudarte a concentrarte mejor en tu trabajo a lo largo del día, reduciendo las distracciones y agudizando la cognición.
- *Mayor control emocional.* Las personas que meditan muestran menos reactividad emocional. Obtienen un mayor control

sobre sus emociones y es menos probable que se comporten impulsivamente. Este control ayuda a tomar decisiones lógicas y tranquilas.
- *Mejora de la auto-observación.* Debido a que la meditación cultiva la autoobservación y la introspección, los líderes empresariales que meditan generalmente se recuperan más rápido cuando se les provoca negativamente. Aprenden a interrogar las vías automáticas y a romper los malos hábitos.
- *Mayor satisfacción en las relaciones.* Las personas que meditan reportan niveles más altos de satisfacción en sus relaciones personales y niveles más bajos de conflicto relacional.

Como líderes empresariales, cuando accedemos a nuestra dimensión más silenciosa, encontramos quietud debajo de la superficie turbulenta que se agita por el pensamiento caótico, la actividad, las palabras, el correo electrónico, las redes sociales o cualquier cosa que veamos o escuchemos y a lo que reaccionemos. Comenzamos a salir de las prisiones conceptuales del pensamiento que limitan nuestras mentes.[457] En cambio, alimentamos lo que es atemporal sobre nosotros mismos y nuestro entorno. Ser capaz de ver el panorama general sin creer que nuestros pensamientos son iguales a la realidad es un sello distintivo del liderazgo talentoso: es la fuente del pensamiento innovador.

Más información

Si bien hemos enumerado los conceptos básicos en este capítulo, algunos líderes empresariales optan por emprender una práctica de meditación más estructurada asistiendo a clases o retiros. Los estudios de meditación se están consolidando, y los recursos, la instrucción y los maestros se pueden encontrar fácilmente en línea. No estamos promoviendo ningún tipo específico de meditación ni ningún maestro específico, pero los términos de búsqueda comunes pueden incluir "meditación de atención plena", "vipassana" y "meditación trascendental".

Para aquellos que prefieren un enfoque más independiente, hay una variedad de aplicaciones con instrucciones guiadas y conferencias. Debido a que las aplicaciones cambian con frecuencia y no estamos promoviendo un tipo específico de meditación en este capítulo, no

Meditación para líderes empresariales

proporcionaremos una lista de recomendaciones. Sin embargo, una simple búsqueda en línea o en la tienda de aplicaciones de tu teléfono celular arrojará muchos resultados entre los que puedes elegir. Muchas aplicaciones ofrecen lecciones iniciales de forma gratuita para que puedas experimentar a un profesor y decidir si su estilo parece ser el adecuado para ti.

Conclusiones clave

La meditación, que antes se consideraba una opción de vida "alternativa", se ha convertido en la corriente principal en las últimas décadas. La meditación puede convertirte en un mejor líder, y no cuesta nada. Es un entrenamiento mental. Mira a tu alrededor, a los principales líderes empresariales, pregúntales sobre sus prácticas de éxito, y encontrarás que la meditación aparece una y otra vez. La lista incluye a:[458]

- Oprah Winfrey, presidenta y directora ejecutiva de Harpo Productions, Inc.
- Russell Simmons, cofundador de Def Jam Records; Fundador de GlobalGrind.com
- Rupert Murdoch, presidente y director ejecutivo de News Corp
- Bill Ford, Presidente Ejecutivo, Ford Motor Company
- Arianna Huffington, presidenta y editora en jefe, Huffington Post Media Group
- Padmasree Warrior, director de tecnología de Cisco Systems

Demostrando aún más que la meditación es la corriente principal en el trabajo, las fuentes indican que Apple ofrece clases de meditación en su campus principal. Los empleados de Nike tienen acceso a salas de relajación, que pueden utilizar para meditar. Un programa de Google de 2007 llamado "Busca dentro de ti" ayudó a más de 500 empleados a aprender a respirar conscientemente, escuchar a sus compañeros de trabajo e incluso mejorar su inteligencia emocional. Yahoo! tiene salas de meditación y clases gratuitas en el lugar. Deutsche Bank, una compañía global de servicios financieros, ha ofrecido clases de meditación y espacios tranquilos en el lugar durante varios años, con la esperanza de que ayude a fomentar mejores decisiones y reducir el estrés.[459] La lista continúa.

En resumen, la investigación ofrece un caso tras otro que demuestra el valor de la meditación para los líderes empresariales. Según Harvard Business Review, "la investigación sobre la atención plena sugiere que la meditación agudiza habilidades como la atención, la memoria y la inteligencia emocional".[460] Por lo tanto, si te tomas unos minutos para practicar y sentarte simplemente, puedes notar que tus habilidades críticas de liderazgo, como la empatía y la inteligencia emocional, mejoran. Es posible que encuentres una mejor salud y una mejor capacidad de toma de decisiones. También que te sientas más tranquilo, productivo y anclado internamente. Pruébalo.

16

Cómo los valores y las compensaciones impulsan las decisiones

Cómo elegir sabiamente... O, ¿Cómo elegir menos estúpidamente?

¿Por qué los líderes empresariales inteligentes a menudo toman decisiones estúpidas en sus carreras y en su vida personal? A nivel humano, una respuesta es que los líderes tienen demasiado en sus platos para tomar grandes decisiones de manera consistente. Psychology Today informa que la mayoría de las personas toman "aproximadamente 2,000 decisiones por hora o una decisión cada dos segundos",[461] y muchas de estas decisiones ocurren en piloto automático.

Piensa en decisiones pequeñas e imperceptibles, como acariciar al perro o ignorar un mensaje de texto. Solo pedir un café implica hasta 15 decisiones: ¿espresso o americano? ¿Grande o chico? ¿Qué tipo de leche? ¿Al vapor? Cappuccino, macchiato, café con leche... Y todas esas decisiones ocurren incluso antes de que un líder ponga un pie en la oficina, donde le esperan decisiones más importantes, como lanzar una campaña de marketing o contratar a un nuevo empleado.

No es de extrañar que las decisiones se descarrilen de vez en cuando: tal vez los líderes inviertan en una nueva idea basada en una corazonada en lugar de en una investigación objetiva. Ups. Tal vez contratamos a alguien que nos gusta instintivamente sin analizar bien si él o ella puede hacer el trabajo. Doble ups. Incluso con las mejores intenciones, todos cometemos errores y los líderes no son ajenos a la mala toma de decisiones a veces. En su libro titulado *The Road Less Stupid*, Keith Cunningham indica que las decisiones tontas tienden a ser instintivas e informadas más por la emoción que por la lógica. Cunningham señala que las decisiones "estúpidas" conllevan un "impuesto tonto" inherente, que[462] incluye la pérdida de tiempo, dinero y reputación.

En lugar de enfatizar que cada decisión que tomamos debe ser un jonrón, Cunningham sugiere que los líderes pueden tener éxito principalmente evitando decisiones estúpidas. De hecho, llega a afirmar que: "la clave para hacerse rico (y mantenerse así) es evitar hacer cosas estúpidas".[463] Dicho de otra manera, desarrollar el músculo de la mente para evitar tomar malas decisiones es una habilidad fundamental para los líderes que quieren tener éxito.

Hoja de ruta del capítulo

Este y los dos próximos capítulos se centran en la toma de decisiones inteligentes, y están diseñados para abordar preguntas desconcertantes como: ¿por qué nos descarrilamos al tomar malas decisiones incluso cuando tenemos buenas intenciones? ¿Hay alguna forma de cablear procesos inteligentes de toma de decisiones? Para responder a estas preguntas, esta serie se divide en tres partes, que abarcan la teoría y la práctica. Aquí hay una descripción general rápida:

- La Parte I (este capítulo) analiza la toma de decisiones a nivel *consciente*. Cubre cómo concebimos las decisiones, como estúpidas o inteligentes, y describe la relevancia de los valores, las compensaciones y el tiempo de reflexión.
- La Parte II lleva esto un paso más allá al analizar la toma de decisiones a nivel *subconsciente*, incluida la forma en que las áreas de nuestro cerebro informan cómo tomamos decisiones que han evolucionado en respuesta a estímulos externos. Esta sección descorre el telón y nos ayuda a ver *por qué* tomamos las decisiones que hemos tomado.
- La Parte III pone en práctica la teoría al describir el método práctico de cinco pasos de Cunningham para evitar decisiones estúpidas: 1) encontrar la pregunta no formulada; 2) separar el problema del síntoma; 3) comprobación de

supuestos; 4) considerar las consecuencias de segundo orden; y 5) creación de la máquina.

Los valores definen decisiones inteligentes y estúpidas

¿Qué hace que una decisión sea inteligente o estúpida?

Empecemos por definir los términos: ¿qué hace que algo sea una buena decisión o una decisión estúpida? Aparte de decisiones obviamente terribles como contratar a Enron para manejar sus estados financieros, la mayoría de las decisiones son buenas o malas basadas en un conjunto subjetivo de criterios. En el amplio ámbito a nivel organizacional, las buenas decisiones son objetivamente aquellas que aumentan las ganancias, el crecimiento y la reputación de la empresa, al tiempo que minimizan los costos superfluos y la ineficiencia.

Las decisiones inteligentes logran los resultados deseados, mejoran las relaciones con los clientes y facilitan el retorno de la inversión. Las decisiones estúpidas son cosas de las que te arrepientes o deseas no haber hecho: son los movimientos arriesgados que no dieron frutos o la inversión que condujo a pérdidas en lugar de ganancias. A nivel personal, las decisiones estúpidas son elecciones que empeoraron tu vida, debilitaron tu liderazgo o disminuyeron tu trayectoria profesional en general.

Tus valores definen qué decisiones consideras estúpidas e inteligentes.

Como líderes, esperamos que nuestras decisiones creen una trayectoria de crecimiento y valor de acuerdo con los resultados subjetivos deseados. Usamos el término "subjetivo" aquí porque cada organización mide el valor de manera diferente. Por ejemplo, el valor podría significar cualquier cosa, desde la expansión de la colocación de productos hasta la expansión de los mercados, la expansión de la demografía de los consumidores, un mayor número de productos/servicios en general, etc. O bien, una organización podría definir el valor más en términos de mejorar la reputación, aumentar la diversidad y la inclusión, etc. En resumen, la forma en que definas tus valores y objetivos tendrá mucho que ver con lo que etiquetes como una decisión inteligente. Esto se aplica tanto a nivel organizacional como individual.

Además, lo que es una gran decisión para una persona podría ser una decisión estúpida para otra. A nivel personal, nuestros valores de vida entran en juego cuando evaluamos las oportunidades de decisión: ¿valoramos la acumulación de dinero y educación? Si es así, entonces elegir pasar años en la escuela para ingresar a una profesión bien remunerada sería una decisión inteligente. Pero si, en cambio, valoramos viajar de mochileros por el mundo o acumular tiempo con nuestros amigos y familiares en lugar de acumular dinero, entonces cambiar la mayor parte del tiempo social para estudiar para los exámenes durante la mayor parte de una década sería una decisión estúpida. El tres veces autor #1 del New York Times, Mark Manson, escribe que los valores "son las varas de medir por las cuales determinamos lo que es una vida exitosa y significativa".[464]

Las organizaciones tienden a ser más claras que las personas sobre lo que valoran. Las organizaciones generan gráficos y listas de valores, que colocan en carteles y discuten en reuniones. Por otro lado, las personas a veces pueden sentirse confundidas acerca de los valores debido a la palabra "debería". A lo largo de nuestras vidas se nos dice que "deberíamos" hacer _____ (rellena el espacio en blanco) pero, en realidad, pasamos nuestro tiempo haciendo _____ (de nuevo, rellena el espacio en blanco).

Lo que hacemos es una pista de nuestros valores porque lo más probable es que nuestro comportamiento finalmente se alinee con nuestros valores. ¿Por qué? Porque el tiempo es finito. Solo podemos hacer una cosa a la vez, y la forma en que pasamos nuestro tiempo a largo plazo nos muestra lo que realmente valoramos. Cada actividad, por breve que sea, es una pista de lo que más valoramos: tal vez pasemos cinco minutos hablando con nuestros padres, limpiando el fregadero, haciendo una llamada o desconectándonos viendo la televisión. A medida que pasan los años, nuestros comportamientos reflejan y crean nuestra identidad.

Propondremos aquí que no hay valores inherentemente *buenos* e inherentemente *malos* ; como prueba, mira alrededor del mundo y ve cómo las diferentes civilizaciones y grupos consagran diferentes valores. Más bien, propondremos que hay *tipos* de valores que conducen consistentemente a buenas y malas decisiones. Por ejemplo, las decisiones estúpidas se derivan de valores destructivos que están fuera de tu ámbito de control, mientras que las buenas decisiones se derivan de valores constructivos que están dentro de tu ámbito de control y se basan en la evidencia.[465] Estos valores sobre los valores, por así decirlo, pueden ayudarnos a evaluar honestamente nuestros valores y tomar menos decisiones estúpidas en el camino.

Los valores se pueden encontrar en la otra cara del éxito

La mayoría de los líderes se enfocan en lo que quieren lograr. Establecemos metas y nos mentalizamos para saber qué tan grande será el éxito. Manson sugiere que le demos la vuelta a eso: en lugar de preguntarnos qué recompensa queremos, deberíamos preguntarnos a nosotros mismos: "¿Qué dolor quieres? ¿Por qué estás dispuesto a luchar?"[466] Al reorientar nuestra mirada hacia lo que estamos dispuestos a sufrir para lograr lo que creemos que queremos, veremos más claramente lo que valoramos y qué recompensas es probable que logremos.

Por ejemplo, no puedes convertirte en un atleta olímpico sin años de práctica. Si no quieres sufrir sesiones de práctica, entrenamiento con pesas, entrenamiento interminable y lesiones, entonces tal vez no quieras convertirte en un atleta olímpico. Y eso está bien, la mayoría de nosotros no estaremos dispuestos a sufrir durante el viaje para alcanzar esa meta. La belleza de esta pregunta es que nos ayuda a evaluar si somos lo suficientemente fuertes como para sobrevivir al viaje hacia lo que creemos que son nuestras metas.

Las compensaciones son inherentes a la toma de decisiones, ya que no podemos tenerlo todo. Como sabes por tu experiencia en liderazgo, las decisiones implican inherentemente una cuestión de compensaciones. Toda buena decisión implica hacer lo que esperamos que sea una buena operación: renunciar a una cosa para invertir en otra que traerá más beneficios. Manson sugiere que otra forma de tomar decisiones inteligentes es considerar la carencia: "¿A qué vale la *pena* renunciar en cada momento por otra cosa? ¿Qué más vale la pena perseguir?"[467] Justo arriba, estábamos considerando lo que vale la pena sufrir para obtener una recompensa.

Esta es la diapositiva: ¿qué vale la pena no tener para obtener la recompensa deseada? Dicho de otra manera, el sufrimiento es lo que *tenemos* en la rutina diaria de perseguir lo que queremos: las largas horas de práctica, las lesiones, el estrés, etc. Rendirse es lo que no tenemos en la rutina diaria de perseguir *lo* que queremos: vacaciones, tiempo libre con familiares y amigos, horarios normales, etc. Responder a esas preguntas te dirigirá hacia las compensaciones de mayor valor.

Como líderes, tenemos un número finito de recursos que podemos y debemos invertir en decisiones que generen los mayores rendimientos. Una vez más, el concepto de los mayores rendimientos se remonta a los valores: a nivel de la organización, ¿se beneficiaría más de invertir dinero en investigación para desarrollar un mejor producto? ¿O invertir dinero en la comercialización de productos existentes para ampliar su alcance? No se pueden hacer todas las cosas a la vez porque los recursos son finitos. Por lo tanto, debes priorizar lo que valoras e invertir allí… Estarás renunciando a cosas, pero de acuerdo a lo que valores, estarás tomando una decisión inteligente.

Sin embargo, las decisiones inteligentes vienen en una variedad de opciones. Por ejemplo, si tu empresa ofrece servicios que están bien establecidos en los mercados de EE. UU. y Canadá, las buenas decisiones con los fondos de marketing pueden implicar la expansión de los esfuerzos para llegar a un grupo demográfico de consumidores más amplio dentro de esos mercados. O bien, las buenas decisiones pueden implicar la personalización de la marca para atraer a un mercado de lujo de gama alta. O suavizar la marca para atraer a los consumidores más jóvenes y a las familias. Otras buenas decisiones pueden implicar el establecimiento de esfuerzos de marketing en otros países, y tal vez llegar a todo el continente americano.

En resumen, la forma de determinar qué es una buena decisión o una decisión estúpida en este ámbito es si produce los resultados que valoras. Es fácil ver desde el punto de vista de las compensaciones que si tu organización valora atraer a un mercado demográfico de consumidores de lujo, cualquier inversión de fondos de marketing, tiempo, recursos o liderazgo fuera de ese enfoque constituirá potencialmente un desperdicio cuando se mide con respecto al objetivo más amplio. El desperdicio es un sello distintivo de una decisión estúpida. Y el desperdicio es subjetivo de acuerdo con los valores establecidos.

Compensaciones específicas de la empresa: una inteligente y otra estúpida

Los ejemplos mencionados hasta ahora son algo limitados, pero se entiende la idea. Piensa en las compensaciones que ya te son familiares: en un momento en que los alquileres de películas ocurrían principalmente en las tiendas, Netflix cambió el modelo de tienda por el modelo de correo (antes de la transmisión). Esa compensación posicionó a Netflix para capturar el mercado que las tiendas Blockbuster habían dominado durante años, y resultó ser una decisión inteligente. Blockbuster se hundió y Netflix salió al campo. Después de varios años, para mantenerse al día con los tiempos, Netflix le restó importancia a su servicio de alquiler por correo y volcó recursos en el servicio de transmisión de video y televisión. Aquí, Netflix se superó a sí mismo y el streaming es el principal método de consumo. Las compensaciones valieron la pena y juzgamos que Netflix ha tomado decisiones comerciales inteligentes.

Por otro lado, considera a Kodak. En un momento en que la fotografía digital estaba despegando, Kodak consideró alternativas reinvertidas en película en lugar de fotografía digital. Ya conoces la forma en que resultó esa compensación, y la industria cinematográfica ha dejado obsoleta a Kodak. En otras palabras, aunque invertir en cine fue el modo de éxito de Kodak durante varios años hasta ese momento, resultó ser una decisión estúpida teniendo en cuenta el cambiante mercado de consumo y tecnología. Mala compensación.

Importancia del tiempo para pensar

Aparte de repensar nuestros valores (y los valores de la organización, en la medida en que tengamos la necesidad de hacerlo y el poder para hacerlo), ¿qué más podemos hacer para evitar decisiones estúpidas? Según Cunningham, "tiempo para pensar" es la mejor manera de mejorar las opciones en los negocios y evitar hacer cosas estúpidas. De hecho, los líderes fuertes se toman el tiempo para practicar, aprender e investigar, probar ideas, corregir lo que salió mal y seguir haciéndolo a lo largo del tiempo. Warren Buffett ha sido citado diciendo: "Insisto en pasar mucho tiempo pensando, casi todos los días… Esto es muy poco común en los negocios estadounidenses".[468] ¿Por qué? Estamos continuamente sujetos a una sobrecarga de información y a un diluvio de distracciones: correo electrónico, redes sociales, mensajes de texto, personas que llaman a la puerta, etc. Para pensar con claridad, Fast Company "recomienda dedicar al menos 30 minutos al día a pensar, especialmente si estás en un papel creativo o de liderazgo".[469]

Pensar nos ayuda a identificar cuándo estamos generando ideas con un fuerte tirón emocional y luego invirtiendo en esas ideas sin dedicar suficiente tiempo a considerar el largo plazo. Usando una metáfora del béisbol, estamos tentados a hacer swing a los malos lanzamientos con la esperanza de un jonrón en lugar de insistir en batear strikes. Aunque tengamos talento y ambición, los malos lanzamientos son malos lanzamientos, y poncharse es peor que caminar a la primera base. Buffett aclara: "Leo y pienso más, y tomo [menos] decisiones impulsivas que la mayoría de las personas en los negocios".[470]

¿Por qué alguien de su estatus debería dedicar tanto tiempo a reflexionar? "Lo hago porque me gusta este tipo de vida". Ese tipo de vida es estable y exitosa y, en el liderazgo, ganar se trata más de tomar decisiones inteligentes día a día en lugar de hacer swing para jonrones salvajes. Entonces, ¿cómo puedes crear una vida tipo Buffet y enfilarte en la dirección correcta desde el principio? Ningún jugador de béisbol haría swing a un mal lanzamiento si pudiera ver que el lanzamiento era malo desde el principio. Se confunden o juzgan mal la pelota, o sobreestiman su talento o alcance.

En resumen, si tuvieran más tiempo para pensar, probablemente tomarían decisiones de swing mucho mejores. Por desgracia, los jugadores de béisbol no pueden darse el lujo de pensar mientras una pelota que se mueve a velocidades extremas viene zumbando en su dirección. Pero los líderes empresariales son una historia diferente.

Aunque el ritmo de la vida en la oficina es rápido, puedes y debes sacar tiempo para dedicarte a pensar si quieres hacer swing y evitar *strikes*.

Conclusiones clave

Aquí hemos discutido los valores, las compensaciones y el tiempo de pensamiento, cosas que nuestras mentes pueden ser conscientes y pueden analizar. Hemos visto que nuestros valores son subjetivos y que los líderes efectivos determinarán lo que constituye una decisión inteligente para la organización dependiendo de si se alinea con los valores corporativos. Desde esta perspectiva, los líderes pueden preguntarse qué compensaciones se requerirán para crear los resultados basados en el valor que desean. Se necesita mucho tiempo para pensar para evaluar eficazmente los valores y las compensaciones, y recomendamos que los líderes reserven tiempo en sus agendas para dicho análisis.

En realidad, la mayoría de las decisiones tienen un porcentaje de estupidez y un porcentaje de inteligencia, y unas gotas de suerte salvaje dejadas al azar. Pero al pensar intencionalmente y tener claros sus valores, los líderes pueden cubrir las apuestas a su favor cuando se trata de compensaciones conscientes para tomar decisiones inteligentes (y evitar decisiones estúpidas). En la Parte II, nos sumergiremos en aspectos de la evolución y la psicología del cerebro humano para analizar los impulsores subconscientes que están "debajo de la superficie" del pensamiento consciente a medida que los líderes toman decisiones. Abróchate el cinturón.

17

Evolución del cerebro y toma de decisiones subconsciente

¿Afecta la química del cerebro los resultados de una audiencia de libertad condicional?

¿Sabías que los presos cuyos casos se escuchan por la mañana tienen más probabilidades de que se aprueben sus solicitudes de libertad condicional? ¿Es esto porque los presos cuyos casos se ven por la [471] mañana son consistentemente más reformados que los presos cuyos casos se escuchan por la tarde? Al analizar los datos, los investigadores encontraron que es probable que estos resultados estén correlacionados con la química corporal del juez revisor. En el estudio, documentaron las dos pausas diarias para comer de los jueces y encontraron que el porcentaje de fallos favorables se redujo gradualmente de alrededor de un 65 por ciento a casi cero a medida que los niveles de azúcar en la sangre se hundían. Luego, las sentencias favorables aumentaron abruptamente hasta el 65% después de otra pausa para comer.[472]

Más allá de los niveles de azúcar en la sangre, los investigadores encontraron que los fallos de los casos a lo largo del día también podrían correlacionarse con el nivel de fatiga de decisión del juez.[473] Los médicos definen la fatiga de decisión como un fenómeno tal que "después de tomar muchas decisiones, su capacidad para tomar más y más decisiones en el transcurso de un día empeora... Cuantas más decisiones tengas que tomar, más fatiga desarrollarás y más difícil puede llegar a ser [tomar buenas decisiones]".[474] El punto es que a lo largo del día, la toma de decisiones absorbe una gran cantidad de energía, tanto consciente como inconscientemente, y tal fatiga puede preparar el escenario para que las personas inteligentes tomen decisiones menos inteligentes. ¿Quién más toma muchas decisiones importantes a lo largo del día? Líderes empresariales.

Este tipo de datos no aumenta la confianza del consumidor en el sistema de justicia, pero los resultados se aplican en todos los ámbitos: cuando los humanos están involucrados, entonces la química del cuerpo humano y la fatiga están involucrados. No estamos tratando de degradar a los jueces o al sistema de justicia aquí; Más bien, estamos señalando que las grandes decisiones como "las decisiones judiciales pueden ser influenciadas por variables extrañas que no deberían tener relación con las decisiones legales"[475]... como los niveles de azúcar en la sangre.

Lo que es cierto para la sala del tribunal es igualmente cierto para la sala de juntas de la oficina. Los profesionales de negocios no son inmunes a la fatiga de decisión y, de hecho, pueden enfrentarla con más frecuencia cuando deben tomar mayores cantidades de decisiones importantes. Dado que Keith Cunningham implica que los líderes que tienen éxito se centrarán en tomar menos decisiones estúpidas, los líderes inteligentes estarán atentos de manera proactiva a lo que está sucediendo debajo de la superficie de la mente consciente que está influyendo en su toma de decisiones. En pocas palabras, las decisiones inteligentes deben aprovechar tanto los niveles de la mente consciente como la inconsciente.

Hoja de ruta del capítulo

Bienvenidos al segundo capítulo del trío sobre la toma de decisiones inteligentes. Estos están diseñados para abordar preguntas desconcertantes como: ¿por qué nos descarrilamos al tomar malas decisiones incluso cuando tenemos buenas intenciones? ¿Hay alguna forma de cablear procesos inteligentes de toma de decisiones? A modo de recordatorio, la Parte I analizó la toma de decisiones a nivel *consciente*. Cubrió cómo concebimos las decisiones como estúpidas o inteligentes, incluida la relevancia de los valores, las compensaciones y el tiempo de reflexión.

Este capítulo, la Parte II, va un paso más allá al analizar la toma de decisiones a nivel *subconsciente*. Explica cómo las áreas de toma de decisiones de nuestro cerebro han evolucionado para responder a estímulos externos. También resalta la influencia de la emoción, descorriendo así la cortina para ayudarnos a ver *por qué* tomamos las decisiones que tomamos.

En el capítulo final, la Parte III pondrá en práctica la teoría describiendo el método práctico de cinco pasos de Cunningham para evitar decisiones estúpidas: 1) encontrar la pregunta no formulada; 2) separar el problema del síntoma; 3) comprobación de supuestos; 4) considerar las consecuencias de segundo orden; y 5) creación de la máquina.

La evolución del cerebro impulsa la toma de decisiones

La retrospectiva es 20-20

A nivel de la organización, las decisiones inteligentes aumentan las ganancias, el crecimiento y la reputación de la empresa, al tiempo que minimizan la ineficiencia y los costos adicionales. Las decisiones inteligentes logran los resultados deseados, mejoran las relaciones con los clientes y facilitan el retorno de la inversión, mientras que las decisiones estúpidas son lo contrario: aumentan los costos, reducen la eficiencia y, en general, traen una sensación de arrepentimiento. Muchas decisiones solo se etiquetan efectivamente como inteligentes o estúpidas en retrospectiva cuando el tiempo ha confirmado los resultados de esas decisiones y ha puesto de relieve cualquier suposición subyacente defectuosa. A nivel granular, se hace evidente que ninguna acción produce solo resultados buenos o malos: inviertes algo aquí para conseguir algo allí, pero a veces son dos pasos adelante y uno atrás.

El tiempo muestra lo que no evaluamos al principio, o lo que estaba oculto a nuestra vista. A medida que pasan los días y los años, las cosas que eran difíciles de predecir de antemano al principio, como las condiciones del mercado, pueden cambiar a nuestro favor o pueden volverse en nuestra contra. y afectar la etiqueta final de "estúpido" o "inteligente". A veces, las decisiones son, de hecho, inteligentes al principio, pero luego se juzgan en retrospectiva como estúpidas porque no funcionaron. Tal vez la industria cambió de maneras que la decisión no predijo. Tal vez las personas clave no cumplieron. Tal vez las suposiciones que parecían sólidas en el momento de la decisión resultaron ser erróneas. No es posible tener en cuenta todos los cambios externos que pueden ocurrir, pero sí los factores internos.

Para ser justos, pocos de nosotros nos sentamos en nuestros escritorios pensando: "¿Qué tal si tomo una decisión realmente estúpida hoy? Tiene que ser una que le cueste dinero a mi empresa y empañe mi reputación. ¡Impresionante!" Además, pocos de nosotros nos acercamos al fin de semana pensando: "Sé lo que será divertido: saldré, beberé hasta desmayarme, buscaré una pelea, luego intentaré conducir a casa y me despertaré en la cárcel. ¡Perfecto!" Ninguno de nosotros ha hecho tal plan y, sin embargo, estas cosas nos suceden a los mejores.

A veces, incluso las mejores intenciones son secuestradas

Entonces, ¿cómo se toman las decisiones "estúpidas"? Incluso con las mejores intenciones, la mayoría de nosotros hemos tomado muchas, muchas decisiones estúpidas a lo largo de nuestra vida y carrera, decisiones que nos han costado dinero, tiempo, salud y relaciones (por no hablar de la paz mental). En general, esto no se debe a que seamos personas estúpidas por naturaleza. Más bien, estas decisiones están influenciadas por la química del cerebro y las emociones no reguladas.

Por ejemplo, en lo que respecta a la evolución básica y la química del cerebro, los seres humanos han evolucionado con una parte lógica de la mente y una parte menos lógica de la mente. (En caso de que no lo sepas, este no es un tratado científico; es una discusión práctica). La parte lógica de la mente, la corteza cerebral, es en la que confiamos para tomar decisiones inteligentes porque analiza, estudia, considera las consecuencias y los posibles resultados, y pone en marcha un plan.[476] Hace gráficos y asigna sabiamente los recursos. Los líderes inteligentes aprenden a aprovechar el poder de esta mente lógica para tomar y llevar a cabo buenas decisiones.

Pero la parte menos lógica del cerebro es el comodín. Esta parte está influenciada por la amígdala, por la atracción, por los esquemas Ponzi y por emociones poderosas como el miedo y el deseo. En esta línea, Brian Tracy dice: "Todo lo que haces es desencadenado por una emoción de deseo o miedo".[477] La amígdala es una parte del cerebro que codifica la memoria y las emociones.[478] Psychology Today se refiere a ella como el "cerebro de lagarto"[479] porque está dominado por el instinto y el impulso en lugar del pensamiento racional. He aquí una manera fácil de entenderlo: el "sistema límbico es casi todo lo que un lagarto tiene para la función cerebral. Está a cargo de la lucha, la huida, la alimentación, el miedo, el congelamiento y la fornicación".[480]

Estas respuestas cerebrales de los lagartos son esenciales para la supervivencia y han evolucionado para ayudar a los humanos a sobrevivir durante siglos. El cerebro del lagarto responde a las amenazas percibidas con agresión y miedo para proteger al organismo. También corre nuestras emociones profundamente arraigadas, a menudo misteriosas, de deseo y placer.

En muchos sentidos, esta parte ilógica de la mente es lo que nos hace fundamentalmente humanos: de alguna manera, nuestra naturaleza no perfecta, no robótica e impredecible a menudo alimenta la sorpresa y la creatividad. Los artistas pueden describirse a sí mismos como "estar en la zona" en la que funcionan con la mera luz del sol y la creatividad central mientras pintan. Los líderes empresariales pueden sumergirse profundamente en un proyecto para que todo lo que importa sea avanzar y conectar los puntos a expensas de todo lo demás. El poeta trascendentalista Walt Whitman lo escribió así: "Instinto, instinto, instinto, siempre el impulso promotor del mundo".[481] Su famosísimo poema "Song of Myself" celebra muchas cosas, incluyendo aspectos del comportamiento humano que podríamos interpretar como el delicioso, salvaje e incontrolable cerebro de lagarto.

Sin embargo, a pesar de toda su belleza mística y poética, el cerebro de lagarto no es el mejor lugar analítico desde el que tomar decisiones. Si piensas en tu vida en una o dos decisiones particularmente estúpidas que te costaron dinero, tiempo o reputación, lo más probable es que este lado menos lógico del cerebro tomara el volante en un momento crítico "influenciado por el gatillo" y desempeñara un papel en las decisiones instintivas.

Las emociones subconscientes impulsan la toma de decisiones

Lo bien que lidiamos con las emociones puede afectar la frecuencia con la que tomamos decisiones estúpidas

A menudo, esta parte menos lógica del cerebro nos empuja inconscientemente a actuar de maneras que nuestras mentes conscientes saben que son estúpidas. Quitando las capas de la toma de decisiones "estúpidas", solemos encontrar en la raíz una gran emoción como el deseo, el dolor o el miedo (amenaza percibida). De ellos, el deseo y el miedo son sencillos: sabemos lo que queremos y sabemos lo que tememos. Pero el dolor es astuto porque a menudo se disfraza de otra cosa, como la frustración, la ira, la vergüenza, etc. La experiencia del dolor puede ser reciente, como la pérdida de una relación o un paso en falso en la oficina. O bien, el dolor puede haber ocurrido hace años o décadas en la infancia, y la mente todavía lo está procesando como un recuerdo codificado. El dolor puede tener sus raíces en el miedo al abandono, así como en el miedo al fracaso. Estos miedos lanzan arena al aire, por así decirlo, por lo que no podemos ver las situaciones ni a nosotros mismos con claridad.

En el ámbito personal, el dolor y el miedo suelen inspirarnos a comprobarlo.
¿Hacia dónde vamos con esta discusión? Este es el punto: el dolor es una excusa que nuestras mentes menos lógicas usan para lograr el secuestro. En el ámbito personal, tendemos hacia la respuesta de *huida en el continuo* lucha-huida. Esta es la señal que dice esencialmente: "Estoy sintiendo demasiado dolor/miedo/ira por alguna experiencia o recuerdo, así que necesito [hacer este comportamiento de distracción] para adormecerme". Cada uno de nosotros puede rellenar los corchetes con su distracción "favorita". Cuando sentimos dolor, miedo e ira, huimos de esas emociones e invocamos comportamientos de adormecimiento, inicio de peleas, comer demasiado o muy poco, apostar, compras compulsivas, usar sustancias o sexualidad riesgosa, lo que sea. Si un comportamiento nos permite enmascarar el dolor en lugar de enfrentarlo, es probable

que ese comportamiento sea la "decisión estúpida" favorita de alguien.

Aunque tales decisiones en el ámbito personal pueden parecer separadas del ámbito de la oficina, pueden afectar directamente la reputación y el carácter de un líder. A modo de ejemplo, el movimiento "yo también" puso de relieve estas preocupaciones relacionadas con la expresión sexual fuera de lugar, a menudo en un entorno laboral. La esencia de esto es que los líderes sanos y bien ajustados no toman el tipo de decisiones que terminan siendo criticadas por tales movimientos.

En el lugar de trabajo, el dolor y el miedo suelen inspirarnos a luchar.
En el ámbito del liderazgo empresarial, donde tenemos menos flexibilidad para simplemente adormecernos con el comportamiento, el dolor y el miedo tienden a inspirar la toma de decisiones reactivas. En otras palabras, respondemos a las amenazas percibidas con la *respuesta de lucha* en el continuo de lucha y huida. Por ejemplo, si los líderes obtienen datos que muestran que un competidor está superando con creces a su empresa en las ventas del primer trimestre, entonces los líderes pueden sentir ira y pueden actuar esa ira con culpa.

Harvard Business Review recuerda a los líderes que en los momentos de máxima ira, la toma de decisiones puede verse afectada y brinda este consejo: "Resista la tentación de responder a las personas o tomar decisiones mientras está emocionalmente nervioso. Practique alejarse de la computadora o dejar el teléfono, y regrese a la tarea en cuestión cuando pueda pensar con más claridad y calma".[482] En la misma línea, Robert Kistner señala: "Cuando estás en modo de gestión de crisis, no se logra nada".[483]

Eliminar la ira y el dolor para identificar las emociones fundamentales puede mitigar la reactividad.
Los líderes que evitan reaccionar y, en cambio, se sientan con emociones difíciles como la ira, pueden descubrir que debajo de ella se encuentra algo como el dolor o la tristeza. Estamos preocupados porque quedamos en segundo lugar. Nos preocupamos por lo que pensarán los demás y el jefe, ya que no lo conseguimos. En muchos

sentidos, nuestros miedos y preocupaciones se reducen a preocupaciones fundamentales de seguridad como: "¿Seré lo suficientemente bueno? ¿Seré capaz de tener éxito e inspirar a otros? ¿Mi jefe me verá como alguien que aporta algo de valor?" Los líderes pueden entonces centrarse en tranquilizarse a sí mismos en medio de la tristeza o calmar el miedo en lugar de actuar con ira y reactividad en la toma de decisiones. Del mismo modo, en el ámbito personal, si podemos sentarnos con incomodidad en lugar de adormecernos, tendremos muchas más posibilidades de evitar decisiones estúpidas y mantener la cabeza recta.

En este punto, sin embargo, dejaremos el resto de la psicología clínica y la teoría a los médicos y terapeutas expertos. El punto de nuestra discusión es que los seres humanos toman decisiones de maneras que no son del todo lógicas ni del todo emocionales. Más bien, somos una hermosa y desordenada mezcla de los dos. Somos una mezcla compleja de sentimientos, química cerebral, logros, impulsos cerebrales de lagarto, esperanzas, angustias, deseos, miedos y sueños. Y esa mezcla desordenada y existencial a veces conduce a una toma de decisiones menos que genial, especialmente si dejamos que el cerebro menos lógico tome el volante.

Conclusiones clave

Entonces, ¿cuál es la solución? ¿Cómo tomamos el control consciente de la toma de decisiones? La conclusión clave es la siguiente: los líderes inteligentes evolucionan más allá del liderazgo del cerebro de lagarto. Los líderes altamente reactivos se meten en situaciones más difíciles y toman decisiones más estúpidas que las personas que practican el dolor/emociones difíciles y no dejan que las emociones controlen sus pensamientos o reacciones. Piensa por un minuto en tus amigos, familiares y colegas. ¿Estás de acuerdo?

Afortunadamente, sabiendo cómo la evolución del cerebro y los factores subconscientes pueden secuestrar la toma de decisiones, podemos cubrir nuestras apuestas de manera proactiva. Aquí hay dos métodos que los líderes pueden implementar para volver a ponerse en el asiento del conductor para la toma de decisiones conscientes y no estúpidas: notar y desactivar el desencadenante, e invertir tiempo para pensar.

Observa y difunde el disparador

Cuando sientas que surgen sensaciones incómodas en el cuerpo, como apretar los puños, acortar la respiración, aumentar la frecuencia cardíaca y contraer los músculos, simplemente date cuenta de que se está produciendo un desencadenante emocional. Este es el cerebro del lagarto haciendo su trabajo evolutivo. No te preocupes por eso, pero tampoco dejes que se apodere de ti. Antes de reaccionar a las situaciones encarnando o representando variaciones de la ira, los líderes conscientes deben buscar debajo de la ira una fuente de dolor, miedo o deseo. ¿Existe una amenaza? ¿Miedo a fracasar? ¿Miedo a quedar mal delante de los demás?

En lugar de reaccionar a esa emoción negativa actuando o tomando decisiones poco lógicas, tómate unos minutos para reconocer la raíz del miedo o el dolor. Al traer un sentido de comprensión e incluso compasión a ti mismo en esos momentos, podemos ayudar a disipar la intensidad de la emoción para que sea menos probable que experimentemos el arrebato y más probable que respondamos con calma. Al dedicar tiempo a comprender la raíz del miedo y resolver las emociones antes de tomar decisiones, los líderes tomarán decisiones mucho más inteligentes a nivel interpersonal y a nivel organizacional.

Como una señal de memoria fácil, la psicóloga clínica Tara Brach desarrolló un acrónimo para este método de moverse a través de sentimientos desafiantes, llamado "RAIN (Por sus siglas en inglés)"[484]:
- Reconoce lo que está sucediendo
- Permite que la experiencia esté ahí tal y como es
- Investiga con interés y cuidado
- Nutrir con autocompasión

Dicho de otra manera, puedes asumir la responsabilidad y permanecer en el asiento del conductor de la toma de decisiones al notar el desencadenante a medida que surge y responder pacientemente a él internamente. Eso cambia de manera proactiva cómo nos sentimos acerca de nosotros mismos, por lo que es menos probable que respondamos desde el cerebro de lagarto cuando ocurren los desencadenantes.

En esta línea, Brian Tracy aconseja: "Las personas más felices del mundo son aquellas que se sienten absolutamente geniales consigo mismas, y esta es la consecuencia natural de aceptar la responsabilidad total de cada parte de sus vidas".[485] Asumir toda la responsabilidad es particularmente importante como líderes empresariales porque no podemos permitirnos tomar decisiones "estúpidas" que comprometan nuestra reputación y nuestra organización.

Invierte tiempo para pensar

Una de las mejores maneras de evitar tomar decisiones estúpidas es invirtiendo tiempo para pensar. Brian Tracy cita a Aristóteles diciendo: "La sabiduría (la capacidad de tomar buenas decisiones) es una combinación de experiencia más reflexión. Cuanto más pienses en tus experiencias, más lecciones vitales obtendrás de ellas".[486]

De hecho, aprovechar el poder del "tiempo de pensamiento" como la solución a la toma de decisiones estúpidas es la premisa del libro de Keith Cunningham: *The Road Less Stupid*. El pensamiento proactivo y enfocado aprovecha el cerebro consciente, que ha evolucionado más allá de las respuestas del cerebro de lagarto, y que forma la base confiable del análisis exitoso del liderazgo.

Por lo tanto, para mejorar el tiempo de pensamiento de liderazgo, Cunningham sugiere cinco pasos.[487] Los hemos resumido aquí en pocas palabras:

- Crea preguntas que mejoren la claridad y generen opciones. Más opciones hacen que las decisiones sean más inteligentes.
- Tener claro qué obstáculos impiden el éxito: no todos los obstáculos son problemas; más bien, pueden ser puntos ciegos.
- Comprueba las suposiciones. Hay hechos y luego las historias que inventamos con respecto a los hechos. Averigua cuáles son cuáles.

- Identificar lo que está en juego si las cosas salen mal; clarificar y medir los riesgos.
- Elabora un plan para moverte de donde estás a donde quieres estar. Incluye a las personas y los recursos necesarios.

Pasaremos todo el próximo capítulo desentrañando estos cinco pasos.

18

Cinco pasos prácticos para tomar decisiones inteligentes

Debido a que las circunstancias desconocidas pueden ser el lugar de nacimiento de la toma de decisiones creativas (al igual que la necesidad es la madre de la invención), los investigadores de Harvard Business Review crearon un experimento en el que pusieron a profesionales del marketing minorista en trabajos de investigación militar durante dos semanas. Es fácil ver cómo el comercio minorista y el ejército son mundos muy diferentes; ¿Dónde está la superposición conceptual diseñada para producir la toma de decisiones creativas? En ambos entornos, los profesionales deben "trabajar con grandes volúmenes de datos a partir de los cuales era fundamental identificar pequeñas tendencias o señales débiles".[488]

No es de extrañar que los patrones se vuelvan más evidentes cuando salimos de la caja y vemos patrones familiares desde diferentes ángulos. Aunque el estudio no proporcionó información detallada sobre el tipo de información militar que los profesionales del comercio minorista encontraron y analizaron, el estudio sí señaló un efecto en la toma de decisiones creativas. Al final del experimento en el entorno militar, los profesionales de marketing "descubrieron que había poca diferencia entre, por ejemplo, manejar a los clientes descontentos salientes y anticipar los misiles balísticos entrantes".[489]

¡Qué yuxtaposición tan salvaje! No obstante, a medida que los especialistas en marketing analizaron los datos y propusieron soluciones creativas para anticiparse a los misiles balísticos, encontraron superposición en el proceso utilizado para "detectar una posible pérdida de lealtad y tomar medidas antes de que un cliente valioso se cambiara a un competidor. Al mejorar su estrategia, los especialistas en marketing pudieron tomar decisiones más inteligentes y, por lo tanto, retener muchos más negocios de alto volumen".[490] Entonces, ¿cuál es la conclusión clave? Harvard Business Review señala que "los líderes son susceptibles al *pensamiento arrastrado,* una respuesta condicionada que ocurre cuando las personas están cegadas a nuevas formas de pensar por las perspectivas que adquirieron a través de la experiencia pasada, la capacitación y el éxito".[491] Confiar únicamente en el pensamiento forzado puede ser una base para tomar malas decisiones.

Hoja de ruta del capítulo

Este es el tercero de tres capítulos centrados en la toma de decisiones inteligentes al abordar preguntas como: ¿por qué nos descarrilamos al tomar malas decisiones incluso cuando tenemos buenas intenciones? ¿Hay alguna forma de cablear procesos inteligentes de toma de decisiones?

A modo de recordatorio, la Parte I analizó la toma de decisiones a nivel *consciente*. Cubrió cómo concebimos las decisiones como estúpidas o inteligentes, incluida la relevancia de los valores, las compensaciones y el tiempo de reflexión. Llevando esto un paso más allá, la Parte II analizó la toma de decisiones a nivel *subconsciente* . Explicaba cómo las áreas de toma de decisiones de nuestro cerebro han evolucionado para responder a estímulos externos. También destacó la influencia de la emoción, descorriendo así la cortina para ayudarnos a ver *por qué* tomamos las decisiones que tomamos.

Aquí, en la Parte III, pondremos en práctica la teoría detallando el método práctico de cinco pasos de Keith Cunningham para evitar decisiones estúpidas, como se describe en *El camino menos estúpido*:[492]
1. Encuentra la pregunta no formulada: crea preguntas que mejoren la claridad y generen opciones. Más opciones hacen que las decisiones sean más inteligentes.
2. Separa el problema del síntoma: Aclara qué obstáculos impiden el éxito, no todos los obstáculos son problemas; más bien, pueden ser puntos ciegos.

3. Verifica las suposiciones: Hay hechos y luego las historias que inventamos con respecto a los hechos. Averigua cuáles son cuáles.
4. Considera las consecuencias de segundo orden: identifica lo que está en juego si las cosas salen mal; clarificar y medir los riesgos.
5. Crea la máquina: Elabora un plan para moverte de donde estás a donde quieres estar. Incluye a las personas y los fondos necesarios.

Encuentra la pregunta no formulada

Para este primer paso, Cunningham vuelve a enfocar inteligentemente a los líderes en la búsqueda de preguntas en lugar de en la búsqueda de respuestas: "Tener la respuesta correcta es inteligente. Tener la pregunta correcta es genial".[493] Cuando las cosas van mal, no hacemos la venta, o debemos gestionar problemas imprevistos de recursos humanos, la mayoría de los líderes buscan respuestas, más que preguntas. Queremos saber por qué sucedió esto o quién tiene la culpa. Pero esas no son las preguntas correctas si queremos resolver los problemas de raíz.

Por ejemplo, Cunningham comparte: "Cuando nos quedamos atascados, tendemos a pensar que la razón es porque no tenemos la respuesta correcta. Mi experiencia es que encontrar la respuesta 'correcta' rara vez es el problema. Lo que nos mantiene atascados son las preguntas inferiores que producen opciones tácticas o poco atractivas".[494] Eso es lo que quiere decir cuando sugiere encontrar la pregunta no formulada, la pregunta que destaca las posibles soluciones o mejoras.

Rompe lo que hay que romper

Si Cunningham tiene razón en que "un problema es simplemente una pregunta sin respuesta", entonces encontrar las preguntas correctas es clave para resolver los problemas que los líderes necesitan resolver. Para aumentar nuestras habilidades de búsqueda de preguntas, Cunningham sugiere una arquitectura básica que podemos usar como plantilla.

Recomienda que enmarquemos los problemas con dos preguntas:[495]
1. ¿Cómo podría _____?
2. ¿Para que pueda _____?

Esta plantilla de dos pasos anima a los líderes a ajustar su proceso de pensamiento de "lo que hay que arreglar" a "lo que hay que romper".[496] Las soluciones más completas generalmente implicarán romper cosas (detener ciertas prácticas) y comenzar otras cosas (iniciar nuevas prácticas). Harvard Business Review secunda el proceso de Cunningham: "Un buen liderazgo requiere apertura al cambio a nivel individual. Los líderes verdaderamente hábiles sabrán no solo cómo identificar el contexto en el que están trabajando en un momento dado, sino también cómo cambiar su comportamiento y sus decisiones para que coincidan con ese contexto".[497]

A medida que los líderes sacan a la luz sin miedo preguntas que antes no se hacían, esas preguntas no solo simplifican el problema en cuestión, sino que también aumentan las diversas posibilidades disponibles para resolver el problema. Peter Drucker aconseja: "La mayoría de los errores graves no se cometen como resultado de respuestas incorrectas. Lo verdaderamente peligroso es hacer la pregunta equivocada".[498] En resumen, a medida que inviertas tiempo en diseñar mejores preguntas, verás mejores soluciones a los problemas que debes resolver como líder.

Escucha tu intuición

Además de confiar en los hechos, no silencies tus corazonadas e instintos porque estos son pistas hacia reinos más profundos de conocimiento: resaltan cosas que no siempre son obvias a nivel de hechos. Es cierto que "en la era del big data, confiar en tu instinto a menudo tiene una mala reputación. La intuición, el término utilizado para referirse a los sentimientos viscerales en la investigación, con frecuencia se descarta como mística o poco confiable.[499]

Por ejemplo, decir "Tengo un mal presentimiento sobre esto" es probablemente el argumento independiente menos convincente en una reunión de negocios, pero "los estudios muestran que combinar los sentimientos viscerales con el pensamiento analítico te ayuda a tomar decisiones mejores, más rápidas y más precisas y te da más confianza en tus elecciones que confiar solo en el intelecto".[500] Por lo tanto, los líderes inteligentes aprenderán a aprovechar tanto los sentimientos como los hechos en la toma de decisiones.

De hecho, Harvard Business Review señala que cuando los líderes abordan la toma de decisiones en el nivel de la intuición, el cerebro trabaja en conjunto con el intestino para aprovechar la información almacenada en la memoria, las experiencias pasadas y las preferencias para informar una decisión sabia basada en el contexto. Una sensación en la boca del estómago puede dirigir los procesos creativos y puede incitar a los líderes a hacer un análisis más profundo de una situación. "De esta manera, la intuición es una forma de datos emocionales y experienciales que los líderes deben valorar".[501]

Aprovecha la alta sensibilidad como activo

Algunos líderes están dotados en los ámbitos de la sensibilidad, lo que informa la intuición. Es posible que ya estés familiarizado con la investigación sobre la sensibilidad como rasgo del temperamento: la Biblioteca Nacional de Medicina "sugiere que la sensibilidad al procesamiento sensorial (SPS), que se encuentra en aproximadamente el 20% de los humanos y en más de 100 otras especies, es un rasgo asociado con una mayor sensibilidad y capacidad de respuesta al medio ambiente y a los estímulos sociales".[502] Algunos estudios correlacionan niveles más altos de SPS con un intelecto más alto, lo cual es una ventaja, pero hay ventajas y desventajas de la sensibilidad. Por ejemplo, los líderes con un SPS alto pueden tener dificultades para lograr el equilibrio interno en entornos de oficina "normales" ocupados, ruidosos, abarrotados o caóticos.

Sin embargo, desde el punto de vista de la toma de decisiones y el liderazgo, Harvard Business Review indica que "el rasgo de alta sensibilidad contribuye a percibir, procesar y sintetizar la información de manera más profunda, incluidos los datos sobre los mundos emocionales de los demás".[503] En resumen, aunque los líderes que son altamente sensibles pueden haber sido enseñados por la crítica social a devaluar y enmascarar este rasgo, es una fortaleza porque tener acceso a múltiples niveles de datos sensoriales aumenta la intuición. Si lo tienes, úsalo porque te ayudará a encontrar las preguntas no formuladas. Si no lo tienes, considera la posibilidad de invitar a un colega con un SPS alto a tu equipo asesor para la toma de decisiones.

Separar el problema del síntoma

Como líder, ¿cuáles dirías que son los cinco principales problemas a los que te enfrentas? A modo de experimento, toma un bolígrafo y anota tus ideas. ¿No hay suficientes ventas? ¿Demasiadas quejas? ¿Falta de motivación de los empleados? ¿Alta rotación? ¿Ingresos rezagados?

Cuando se les pide que articulen su problema más grande y molesto, la mayoría de los líderes empresariales "identifican erróneamente sus problemas como la brecha entre donde están y donde les gustaría estar".[504] Los cinco problemas principales que escribiste son probablemente representaciones de la brecha.

Cunningham aclara: "La brecha no es el problema subyacente principal; Es el *síntoma*. El síntoma es lo que indica que algo anda mal, pero no arroja ninguna luz sobre lo que está causando que aparezca".[505] En otras palabras, saber lo que quieres (la brecha) no explica por qué la brecha está ahí (causa raíz). Aunque las brechas son frustrantes, tratar de cerrarlas en realidad no lo logra.

Clarificar las causas raíz

En cambio, debemos cambiar nuestro enfoque del síntoma al obstáculo que ocupa la brecha, que limita nuestra capacidad de movernos de donde estamos a donde queremos estar. "¡El problema es el obstáculo, no la insatisfacción con sus circunstancias actuales!"[506] —exclama Cunningham—. Dependiendo de cómo se etiquete el problema, se crean soluciones y sistemas para solucionarlo. Diagnosticar mal el problema es una pérdida de tiempo y dinero.[507] A medida que busca las razones y las causas detrás de los síntomas que está experimentando, considere las subcategorías y distinciones, y busque claridad sobre los obstáculos subyacentes. "Encuentra el goteo; arregla la fuga".[508]

Si no tienes claras las causas raíz, es posible que progreses avanzando inicialmente de acuerdo con las mejores conjeturas, pero si no vas en la dirección correcta, entonces no importa cuánto kilometraje recorras. Una ráfaga de actividad no es lo mismo que un progreso: "El hecho de que estés sudando no significa que esté funcionando".[509] Tres preguntas que aportan claridad:[510]

- Contexto: "¿Cuáles son las posibles razones por las que estoy notando este síntoma?"
- Añade: "¿Qué es lo que no está sucediendo que, si sucediera, haría que la brecha percibida (síntomas) se redujera o desapareciera?"
- Detenerse: "¿Qué está sucediendo que, si dejara de suceder, haría que la brecha percibida (síntomas) se redujera o desapareciera?"

Al considerar estas tres preguntas, encontrarás claridad en la pregunta no formulada que te ayudará a diagnosticar correctamente la causa raíz y el problema/obstáculo para que puedas diseñar una solución efectiva. Siempre que sea posible, busca la opinión de personas que sean honestas y estén dispuestas a decirte lo que ven como la verdad, incluso si es difícil para ti escucharla. "Pocas cosas son peores que correr en la dirección equivocada con entusiasmo".[511]

En esta línea, Brian Tracy dice: "Los líderes superiores están dispuestos a admitir un error y reducir sus pérdidas. Debes estar dispuesto a admitir que has cambiado de opinión. No insistas cuando la decisión original resulte ser mala".[512]

Descubrir la culpa cuando bloquea los problemas en su lugar

Aquí hay una razón contraria a la intuición por la que nos quedamos atrapados en la brecha: a veces inconscientemente disfrutamos de nuestros problemas. Inventamos historias jugosas en las que somos víctimas de fuerzas que escapan a nuestro control, y estas historias conforman nuestra identidad. Cuando culpamos a los demás, trasladamos la responsabilidad a otra persona, poder o empresa. Creemos que no podemos estar en nuestros problemas actuales por culpa de nuestra propia acción. Identificarnos con una narrativa victimista nos permite evadir la responsabilidad y ganar simpatía; sin embargo, no nos permite hacer cambios.

"Volver a contar tu historia [en la que eres víctima] no te ayuda a cambiarla. Tampoco te ayuda a descubrir una solución".[513] En cambio, creerte una víctima te mantiene atrapado en un estado de desempoderamiento. Si esto te suena familiar, pregúntate: ¿preferirías culpar a los demás (y por lo tanto ser desempoderado) o preferirías resolver el problema (y por lo tanto ser empoderado)? Al dejar de lado la culpa, los líderes serán más capaces de eliminar los obstáculos y separar los problemas de los síntomas.

Comprobar supuestos

Las suposiciones son como puntos ciegos. A medida que pases tiempo contemplando un problema, pregúntate: ¿Qué me estoy perdiendo aquí? ¿Qué es lo que no puedo ver? Cunningham dice: "Esta pregunta es poderosa porque lo que no veo es lo que me cuesta dinero".[514] Para comenzar a ver lo que hay en tupunto ciego, Cunningham sugiere que los líderes hagan más preguntas para erradicar las suposiciones que son "muy poco realistas, demasiado optimistas o simplemente estúpidas".[515] A medida que las suposiciones salen a la luz, los líderes deben tomarse el tiempo para ver cómo esas suposiciones informan los cursos de acción propuestos. Esto ayudará a verificar las suposiciones para determinar sus probabilidades de éxito.

Dicho de otra manera, los líderes pueden preguntarse: si tomamos esta acción, que se basa en esta suposición, ¿cuáles son las posibilidades de que alcancemos la meta que nos hemos fijado? Si las probabilidades de éxito son bajas, es posible que tenga suerte, pero en general no es un curso de acción confiable. Una ilustración simple es: si compro este boleto de lotería (la acción) porque creo que hoy es mi día de suerte (la suposición), ¿cuáles son las probabilidades de que gane el premio mayor (la meta)? Si no se controla, este tipo de suposición de punto ciego conduce a acciones que cuestan dinero sin producir beneficios. excepto por la única persona que gana el premio gordo y que luego paga la mitad en impuestos. Un boleto de lotería no cuesta mucho, pero una decisión comercial de alto nivel basada en suposiciones de punto ciego puede costar mucho más.

Enfócate en los hechos

Harold Greneen, quien formó un conglomerado en ITT, dijo: "Los elementos más importantes en los negocios son los hechos. Obtén los hechos reales, no los hechos obvios o los hechos supuestos o los hechos esperados. Conozca los hechos reales. Los hechos no mienten".[516] Al considerar los hechos, propón una hipótesis y luego busca creativamente su opuesto. Esto ayudará a negar el sesgo de confirmación. En la última sección, señalamos el poder de aprovechar la intuición.

Sin embargo, ¿te has dado cuenta de que otras cosas, como el sesgo de confirmación, se disfrazan de intuición? El hecho de que algo sea familiar no significa que sea intuitivamente correcto. A medida que aproveches los hechos para revelar fallas en tu pensamiento, descubrirás las debilidades en tus productos y enfoques de ventas mucho antes de que causen problemas dentro del dominio de tu liderazgo.

En lugar de *reaccionar*, los líderes inteligentes *actúan*. Tómate el tiempo para la diligencia debida. Debido a que pasamos gran parte de nuestro día respondiendo a estímulos, desde despertadores hasta timbres de correo electrónico y comentarios de personas en reuniones, tómate un tiempo para hacer una pausa. Reaccionar es ir en piloto automático, informado por circunstancias previas y conciencia. A medida que los líderes se dan cuenta de que están reaccionando en piloto automático, es fácil interrumpir el proceso.

Si una reacción está en automático, tómate un momento para pensar. El tiempo que pienses depende de la magnitud de la decisión. ¿Qué marca de material de oficina comprar? Tiempo corto para pensar. ¿Qué inversión hacer? Mayor tiempo de reflexión. Invertir tiempo en la toma de decisiones es el corazón y el alma de la diligencia debida: "esto significa tomarse el tiempo para tomar la decisión correcta. Puede que te equivoques, pero no será porque te apresuraste".[517]

Asigna tiempo para pensar

Brian Tracy enseña: "Aristóteles dijo una vez que la sabiduría, la capacidad de tomar buenas decisiones, es una combinación de experiencia y reflexión. Cuanto más tiempo te tomes para pensar en tus experiencias, más lecciones vitales obtendrás de ellas".[518] Un análisis cuidadoso lleva tiempo, y el tiempo tiende a ser escaso ya que los calendarios de los líderes están llenos todos los días. Cunningham predica: Consigue una silla. Consigue un diario. Reserva algo de tiempo y deja que las ideas fluyan. Silencia tu teléfono y cierra la puerta. Pon un temporizador. Bebe sorbos de agua y camina según sea necesario. Pon a relucir tu creatividad de la manera que mejor te funcione para que puedas generar una idea tras otra.

No te preocupes por refinar las ideas mientras las generas, de hecho, eso es contraproducente porque cierra el grifo. El análisis viene más tarde, después de que hayas terminado de hacer una lluvia de ideas y de tantear en la oscuridad en busca de suposiciones invisibles que estén impulsando la estrategia. Cambia las ideas de una manera y de otra para ver cómo se suman en diferentes formaciones. Genera listas de lo que podrías hacer para llevar a cabo tus ideas. Intenta dibujar diagramas o incluso diagramas de flujo. Las personas visuales pueden beneficiarse de dibujar en pizarras grandes, hacer formas y círculos, y vincularlos con líneas.

Cueste lo que cueste, invierte un poco de esfuerzo en examinar las suposiciones subyacentes y jugar con ellas. Luego ve a hacer otra cosa: deja la silla y deja el diario. Ve a almorzar o haz algo completamente diferente. Sin embargo, deja un poco de espacio para seguir jugando después de que tus pensamientos se filtren y las nuevas ideas salgan a la superficie. Siempre puedes volver a tus notas, y es posible que descubras que las cosas que antes parecían confusas ahora tienen una nueva lente de claridad. Estas instrucciones son intencionalmente vagas para que pueda probárselas en sus circunstancias específicas. Dedicar tiempo a verificar las suposiciones te ayudará a refinar las preguntas y avanzar hacia soluciones viables.

Considera las consecuencias de segundo orden

Considerar las consecuencias de segundo orden nos pide dar un salto mental más allá del "¿qué pasa después?" hacia "¿qué podría pasar después de eso?" Para ilustrar este concepto, Cunningham relata la historia de los británicos que decidieron un curso de acción para erradicar las cobras reales venenosas en Nueva Delhi. En su plan lógico, ofrecían una generosa recompensa por cada cobra que la gente mataba y traía para su recogida. Pero no se preguntaron: "¿Qué podría pasar después?" Inicialmente, el programa tuvo bastante éxito y muchas cobras fueron intercambiadas por recompensas. Sin embargo, a medida que el número de cobras en la zona disminuyó, "algunos indios emprendedores se dieron cuenta de que podían criar estas serpientes en cautiverio y así seguir recibiendo la recompensa".[519]

¡Esa es una solución atrevida y creativa! Los investigadores de HBR señalan: "Las condiciones de escasez a menudo producen resultados más creativos que las condiciones de abundancia".[520] La cría de serpientes se convirtió en una fuente de ingresos innovadora y lógica, para las personas que tenían las agallas para hacerlo. En cualquier caso, cuando los británicos se enteraron de la industria de la cría casera de cobras, dejaron de ofrecer la recompensa. Una vez más, deberían haber preguntado: "¿Qué podría pasar después?" Con la recompensa perdida, los granjeros no tenían ninguna razón económica para continuar criando cobras venenosas, por lo que las liberaron en la naturaleza. En resumen, las consecuencias imprevistas de segundo orden de este brillante plan en realidad duplicaron el número de cobras reales alrededor de Nueva Delhi.[521]

Cuando tomamos decisiones desde el interior de nuestro pensamiento familiar o de nuestra zona de confort, nos apoyamos en suposiciones a corto plazo. "El mero hecho de pensar a largo plazo agudiza tu perspectiva y mejora drásticamente la calidad de tu toma de decisiones a corto plazo".[522] Como metáfora, en lugar de resolver un problema con cinta adhesiva (una solución a corto plazo), los líderes que se centran en soluciones a largo plazo considerarán las posibles consecuencias y crearán soluciones que pueden requerir más esfuerzo hoy, pero que construirán un mañana mejor.[523]

Prueba la lluvia de ideas de la bola de cristal

Las posibilidades de consecuencias de segundo orden se vuelven exponenciales rápidamente, así que aquí hay algunas preguntas para mantenerte enfocado. Saca tu diario y pregúntate:[524]

- *¿Cuál es la ventaja?* Esto tiende a ser fácil de responder, ya que ya estamos convencidos de lo que podríamos ganar si todas

las piezas se alinean a nuestro favor. ¿Cuál es la ventaja de lo que podría suceder a continuación?
- *¿Cuál es el inconveniente?* Ponte tu gorra de pensamiento "pesimista" aquí y pregúntate qué podría salir mal con el plan. Sé creativo. Ve un paso más allá y pregúntate: ¿Cuál es la desventaja de la próxima consecuencia de segundo orden?
- *¿Puedo vivir con el lado negativo?* Este es el análisis de riesgos clásico teniendo en cuenta los riesgos y los beneficios. La pregunta más estricta es: si todos los riesgos se materializan y ninguno de los beneficios se materializa, ¿vale la pena el esfuerzo del proceso? Todos esperamos un día soleado y tomaremos algunas nubes, pero si es una lluvia total, ¿vale la pena la inversión? Si es así, ¿a qué esperas?

Si bien generalmente no podemos controlar las consecuencias de nuestras decisiones, podemos invertir más tiempo en elegir sabiamente con la vista puesta en los hechos, los riesgos y las consecuencias futuras no deseadas. Aunque los errores son inevitables, por lo general puedes evitar tirar un buen esfuerzo después de un mal.

Crear la máquina

Después de aclarar el problema central y obstruir los obstáculos, cambia tu enfoque hacia la creación de un mecanismo que te mueva de manera confiable desde donde estás hasta donde quieres estar. Construye nuevos procesos o adapta los métodos existentes actualmente para abordar los obstáculos que has identificado. Deja de hacer lo que no funcionaba y pisa el acelerador a fondo, donde el esfuerzo te dará la mayor recompensa.

Asignación de recursos

"Los zapatos que no te quedan bien no son una ganga a ningún precio. Una buena idea que no se puede ejecutar es una mala idea".[525] A medida que cambien las prioridades, asegúrate de cambiar también la asignación de recursos en consecuencia. Establece tú mismo las claves para una ejecución impecable: considera si necesitas prácticas, estándares, métricas, procesos, equipos o estructuras de responsabilidad nuevos o actualizados. Como hemos aprendido en capítulos anteriores, asegúrate de medir lo que importa porque lo que se mide se domina. De hecho, Cunningham llega a decir que "la medición es LA clave para la sostenibilidad y una cultura de responsabilidad"[526] (énfasis en el original).

Priorizar procesos eficientes

A Abraham Lincoln se le atribuye haber dicho: "Dame seis horas para talar un árbol y pasaré las primeras cuatro afilando el hacha".[527] En otras palabras, al principio, "las mejores decisiones liberan su tiempo y mejoran los resultados".[528] En esa línea, Robert Kistner señala que a veces nosotros, como líderes, estamos "demasiado ocupados para hacer las cosas que nos harán menos ocupados", pero "cuando vivimos en modo de gestión de crisis, no se logra nada".[529] Los líderes inteligentes salen del modo de gestión de crisis mediante la creación de procesos eficientes que producen resultados eficientes.

Ajusta por la complejidad situacional

Sin embargo, cuando la respuesta correcta es difícil de alcanzar y debes basar tu decisión en datos incompletos, la situación es probablemente compleja en lugar de complicada. En un contexto complicado, existe al menos una respuesta correcta. Sin embargo, en un contexto complejo, no se pueden encontrar las respuestas correctas".[530] Por ejemplo, Harvard Business Review compara los enfoques de toma de decisiones cuando el asunto en cuestión es complicado. Consideremos estas metáforas que resaltan la complejidad y el flujo: ¿la materia se parece más a un Ferrari o más a una selva tropical? Un Ferrari es una máquina complicada y "un mecánico experto puede desmontar uno y volver a montarlo sin cambiar nada. El coche es estático y el todo es la suma de sus partes".[531]

Por otro lado, ningún mecánico en la tierra puede desarmar y volver a armar una selva tropical. Una selva tropical "está en constante cambio: una especie se extingue, los patrones climáticos cambian, un proyecto agrícola desvía una fuente de agua, y el todo es mucho más que la suma de sus partes".[532]

La idea clave aquí es que el entorno empresarial contemporáneo se parece más a una selva tropical que a un Ferrari: es el "reino de las 'incógnitas desconocidas'" y está en constante cambio con los cambios en el mercado global y las tendencias tecnológicas. Lo que era inaudito hace unos años es una práctica habitual hoy en día. Este entorno requiere un modo de liderazgo más experimental (con fallos correlacionados que son naturales para la puesta en marcha de nuevos procesos), que no se base exclusivamente en prácticas pasadas y resultados definidos.

"Recuerde que las mejores prácticas son, por definición, prácticas pasadas. . . . Dado que la retrospectiva ya no conduce a la previsión después de un cambio en el contexto, puede ser necesario un cambio correspondiente en el estilo de gestión",[533] aconseja Harvard Business Review. Con respecto al tiempo y la complejidad, "siempre hay una compensación entre encontrar la respuesta correcta y simplemente tomar una decisión".[534] Invierte mucho tiempo para pensar, pero no dejes que pensar demasiado inhiba el movimiento razonable hacia adelante.

Conclusiones clave

Estos cinco pasos ayudarán a los líderes a tomar decisiones inteligentes y tomar el camino menos estúpido al encontrar las preguntas no formuladas, separar los problemas de los síntomas, verificar las suposiciones, considerar las consecuencias de segundo orden y construir una máquina bien engrasada para la ejecución. Agrega estos cinco pasos a los dos capítulos anteriores sobre Decisiones Inteligentes con respecto a la toma de decisiones conscientes y subconscientes, y los líderes estarán bien preparados para personalizar las decisiones en torno a valores y compensaciones.

Terminaremos este capítulo con el consejo de Brian Tracy: "Cuanto mejor piensas, mejores decisiones tomas. Cuanto mejores decisiones tomes, mejores acciones tomarás. Cuanto mejores acciones tomes, mejores resultados obtendrás".[535]

19

Impulsar la resiliencia en el liderazgo el estrés y el lugar de trabajo

En un estudio de 2016 citado por Harvard Business Review, "una cuarta parte de todos los empleados ven su trabajo como el factor estresante número uno en sus vidas, según los Centros para el Control y la Prevención de Enfermedades. La Organización Mundial de la Salud describe el estrés como la "epidemia de salud global del siglo XXI".[536]

Nuestra cultura empresarial global actual es cada vez más compleja. Hace unos años, el Institute for Business Value de IBM encuestó a 5.247 ejecutivos de negocios de 21 industrias en más de 70 países que informaron que el "alcance, la escala y la velocidad" de[537] sus negocios se estaban acelerando. Esto es especialmente cierto ya que el panorama competitivo está "cada vez más alterado por la tecnología y los modelos de negocio radicalmente diferentes. El resultado es, a veces, una forma de trabajar frenética".[538]

Si bien esta aceleración puede crear espacio para el crecimiento y la expansión, también puede tener un costo humano tangible para los líderes empresariales: "Estar hiperconectado y responder al trabajo en cualquier momento y en cualquier lugar puede ser extremadamente agotador".[539]

De hecho, los Centros para el Control y la Prevención de Enfermedades (CDC, por sus siglas en inglés) descubrieron en un estudio de 2016 que una cuarta parte de los empleados veían sus trabajos como "el factor estresante número uno en sus vidas".[540] En nuestras carreras altamente exigentes y constantemente conectadas, el estrés y el agotamiento están muy extendidos.

Estrés bueno versus estrés malo

El estrés presenta a los líderes empresariales una dualidad de "desafíos *y* oportunidades". En otras palabras, dependiendo de la intensidad y el tipo de estrés, el estrés [541] en el lugar de trabajo puede ser útil o perjudicial: el "estrés bueno" puede acompañar a oportunidades de crecimiento emocionantes, mientras que el "estrés malo" puede albergar desafíos que inhiben la productividad y el funcionamiento saludable. A pesar de que nuestra experiencia física inmediata de estrés bueno y estrés malo puede ser la misma (aumento de la frecuencia cardíaca, adrenalina, respiración constreñida, etc.), la duración y los resultados generales difieren.

Por un lado, el "estrés bueno" acompaña a un tipo de desafío que "puede hacernos más saludables, motivarnos a dar lo mejor de nosotros mismos y ayudarnos a rendir al máximo".[542] Podemos sentir este tipo de tensión vibrante cuando estamos entusiasmados con una perspectiva: nuestro pulso se acelera y nos sentimos más vivos, incluso si sabemos que será una larga subida hasta la cima, por así decirlo. En la vida, el estrés puede ser desencadenado por una escalada de montaña, una primera cita o una competencia. En el lugar de trabajo, este estrés útil puede aparecer cuando se nos presenta un nuevo desafío, un proyecto intrigante o la oportunidad de marcar la diferencia a través de una enorme inversión personal.

El buen estrés nos invita a ir más allá de lo que consideramos nuestros límites, a estirarnos y crecer. Es el tipo de estrés que los atletas aprovechan cuando están entrenando, desarrollando músculo y alcanzando nuevas alturas. Cuando el estrés está en un nivel manejable en el lugar de trabajo, tanto los empleados como los líderes pueden ver un impacto positivo en términos de crecimiento y logros. En otras palabras, un buen estrés en nuestros entornos y horarios de trabajo diarios puede tener un efecto positivo en nuestro bienestar y productividad.

Por otro lado, cuando el estrés aumenta demasiado para motivar el rendimiento, o dura demasiado tiempo y nos sobrecarga, el estrés puede convertirse en una fuente de agotamiento, fatiga o enfermedades crónicas. Este "estrés malo" o "angustia" a menudo se acumula cuando trabajamos en modo de reacción indefinidamente, respondiendo a sorpresas o cosas que percibimos como amenazas. En el modo de reacción, estamos continuamente balanceándonos con fuerza, resolviendo crisis y tratando de recuperar el aliento. No hay lugar para el estrés bueno que implica la creación porque ni siquiera podemos encontrar una base sólida a lo largo del día.

Por ejemplo, en la vida, el estrés puede aumentar si tenemos un accidente automovilístico o recibimos malas noticias sobre la salud de un ser querido. En el lugar de trabajo, el estrés malo se acumula cuando siempre estamos apagando incendios, en esencia, y no podemos volver a un espacio centrado. Cuando el estrés malo ocurre con el tiempo, incluso a lo largo de una carrera, se vuelve "crónico" y causa una tensión poco saludable, disminuyendo así la felicidad, la productividad y la estabilidad física.

En esa línea, Harvard Business Review cita una encuesta realizada a más de 100.000 empleados de Asia, Europa, África, América del Norte y América del Sur, que "descubrió que la depresión, el estrés y la ansiedad de los empleados representaron el 82,6% de todos los casos de salud emocional en los Programas de Asistencia al Empleado en 2014, frente al 55,2% en 2012".[543]

Volverse imparable: Transformando el estrés malo en bueno
Ahora bien, esta información sobre el estrés bueno frente al estrés malo probablemente ya esté clara para los líderes empresariales: todos conocemos la sensación de tensión que acompaña a nuestros trabajos cuando existimos en modo de respuesta constantemente. Sin embargo, ¿has notado que algunos líderes parecen manejar el estrés más fácilmente que otros? Esto puede tener algo que ver con su naturaleza y niveles de tolerancia a la intensidad, pero puede tener aún más que ver con su mentalidad. Brian Tracy explica: "Un hilo común corre a través de todas las personas exitosas. No importa quiénes sean o qué estén haciendo. Todos y cada uno de ellos, sin excepción, han desarrollado esa maravillosa cualidad de resiliencia

que les ha permitido recuperarse, perseverar y finalmente volverse imparables".[544]

Debido a que el ritmo y la intensidad de la cultura laboral contemporánea están *in crescendo,* las habilidades de resiliencia son fundamentales para los líderes empresariales de hoy en día. La resiliencia es una "'adaptación positiva' después de una situación estresante o adversa".[545] En el lugar de trabajo, la resiliencia se manifiesta de muchas maneras, pero es fundamentalmente la "capacidad de hacer frente mental o emocionalmente a una crisis o de volver rápidamente al estado anterior a la crisis. La resiliencia existe... en personas que desarrollan capacidades psicológicas y conductuales que les permiten mantener la calma durante las crisis/caos y superar el incidente sin consecuencias negativas a largo plazo".[546] En otras palabras, la resiliencia es la técnica real y la práctica diaria de volverse imparable.

Thomas Edison es un ejemplo bien conocido de ser imparable, uno de los más grandes inventores de la historia con más de 1.000 patentes diferentes. Se dice que Edison necesitó más de 10.000 intentos fallidos para perfeccionar la bombilla. Su actitud fue redefinir su experiencia diciendo: "No he fallado. Acabo de encontrar 10.000 formas que no funcionarán".[547]

Hoja de ruta del capítulo

La conclusión clave de este capítulo es que la resiliencia es una habilidad que permite a los líderes empresariales transformar el estrés "malo" de manera consistente y productiva en estrés "bueno". Para desarrollar esta idea, dividamos nuestra discusión en dos partes:

1. En primer lugar, ¿qué es la resiliencia en el lugar de trabajo? Debido a que la resiliencia puede ser bastante difícil de definir concretamente, la abordaremos desde varios ángulos, incluida la redefinición de la disrupción, el cultivo de la habilidad de recuperarse y aprender de los fracasos.

2. En segundo lugar, ¿cómo nos volvemos resilientes como líderes empresariales? Aquí, proporcionaremos varias estrategias concretas que los líderes pueden usar para

impulsar la resiliencia en sus vidas y carreras. Inicialmente, nos alejaremos y veremos el panorama general de cómo los líderes empresariales pueden responder a los factores estresantes negativos de manera efectiva. A través de la lente de la atención plena en el lugar de trabajo, consideraremos cómo los líderes exitosos disciernen las lecciones de los desafíos y toman el control de su diálogo mental para construir esta mentalidad con el tiempo.

Luego, nos acercaremos y consideraremos varias otras técnicas prácticas en tiempo real para optimizar el esfuerzo cognitivo y la agilidad mental frente a los factores estresantes. Por ejemplo, explicaremos por qué es fundamental que los líderes incorporen descansos y tiempo de recuperación, y que sean amables consigo mismos y con los demás durante los momentos estresantes. Si bien no existe una solución única o una bala de plata para cultivar habilidades de resiliencia, cada líder puede hacer cambios en la percepción y la práctica para aumentar sus habilidades. Algunos cambios se pueden implementar de inmediato, pero otros evolucionan como una mentalidad a largo plazo.

Resiliencia en el lugar de trabajo

¿Qué es la resiliencia en el lugar de trabajo? En esta sección, analizaremos más de cerca varios aspectos de la resiliencia en el lugar de trabajo, incluida la capacidad de redefinir la disrupción, recuperarse de los desafíos y aprender del fracaso. Estos rasgos no solo están disponibles para unos pocos elegidos; más bien, se pueden aprender con la práctica. Esta adaptación ha sido la raíz del éxito humano a lo largo del tiempo.

La palabra 'resiliencia' proviene de la palabra latina 'resalire', que significa "rebotar" o "resistir". Esto capta la esencia de la resiliencia desde la perspectiva de un individuo; la capacidad de recuperarse rápidamente. Pero ser resiliente es algo más que volver a donde estábamos antes. Si somos resilientes, nos estiramos, saltamos hacia adelante y, debido a los desafíos que enfrentamos, salimos fortalecidos".[548]

El presidente de Estados Unidos, Abraham Lincoln, fue un ejemplo notable de resiliencia. Nació en la pobreza y se enfrentó a la derrota a lo largo de su vida: perdió ocho elecciones, fracasó dos veces en los negocios y sufrió una crisis nerviosa. "Podría haber renunciado muchas veces, pero no lo hizo y, debido a que no renunció, se convirtió en uno de los mejores presidentes en la historia de Estados Unidos. Lincoln fue un campeón y nunca se rindió".[549]

La resiliencia implica redefinir la disrupción

Debido a que los planes rara vez salen a la perfección, los líderes empresariales reconocen que la disrupción es inevitable en la vida y en el lugar de trabajo. Desde pequeños contratiempos hasta cambios importantes de rumbo, los eventos disruptivos ocurren a lo largo de un espectro de gravedad. Pueden ser interrupciones relativamente pequeñas o a corto plazo, como el tráfico, el clima adverso en un día significativo o una venta perdida. O bien, pueden ser interrupciones más grandes y a largo plazo, como problemas de salud, estrés en las relaciones, pérdida de un ascenso esperado, etc. Nos enfrentamos constantemente al cambio. El filósofo griego Heráclito dijo: "El cambio es la única constante en la vida".[550]

En el nivel más fundamental, la disrupción tiene que ver con el cambio, generalmente, cambios que no anticipamos o que no elegiríamos. Alvin Toffler dice: "El cambio está gravitando sobre nuestras cabezas y la mayoría de la gente está grotescamente poco preparada para enfrentarlo".[551] El cambio es difícil porque muchas veces no podemos verlo venir y no podemos controlar cuándo o cómo ocurre. Lo que sí podemos controlar, sin embargo, es cómo lo percibimos y reaccionamos ante él. Maya Angelou escribió: "Lo que me pasa me puede cambiar. Pero me niego a dejarme reducir por ello".[552] Del mismo modo, los líderes empresariales pueden cultivar actitudes, comportamientos y habilidades resilientes para que los cambios sean bienvenidos y se conviertan en peldaños hacia nuevas oportunidades.

La resiliencia implica redefinir la disrupción como oportunidad. Es el momento en el que evaluamos la situación, la aceptamos y comenzamos a hacer una lluvia de ideas: "Ante este desafío, ¿qué opciones y oportunidades están disponibles ahora?" Si bien esa idea puede parecer un poco alegre al principio, los líderes resilientes generalmente son optimistas. Responder al cambio implica tomar el control de nuestras percepciones y actitudes para que la disrupción se convierta en un punto de partida en lugar de un obstáculo. Un mantra militar aplicable es "improvisar, adaptarse y superar".[553]

La resiliencia se trata de recuperarse

En el lugar de trabajo, a menudo vemos la resiliencia como la capacidad de un líder para recuperarse de la disrupción o las dificultades sin dejar que rompan su espíritu. Tales líderes parecen imparables. Brian Tracy enseña: "La cualidad más importante que puedes desarrollar en tu vida, la única cualidad que, más que cualquier otra cosa, te garantizará un gran éxito, es la cualidad de volverte 'imparable'".[554] En esta línea, Robert Kistner dice: "Al final del día, soy un tipo de resultados".[555] Ser imparable y resiliente genera resultados.

¿Cómo nos volvemos imparables? Persistiendo "hasta que lo consigas. Te vuelves imparable al negarte a detenerte. Te vuelves resiliente al recuperarte de las derrotas y las decepciones. Te conviertes en una fuerza irresistible de la naturaleza al decidir que ese es el tipo de persona que eres".[556] Ser imparable no es una cualidad que se obtiene en una semana o un mes, o de lecturas o charlas inspiradoras. Más bien, es completamente un hábito de la mente y el carácter que desarrollamos practicando la persistencia una y otra vez hasta que se fija y se convierte en un aspecto permanente de lo que somos. Recuperarse una y otra vez requiere autodisciplina para persistir y adaptarse a las nuevas circunstancias.

Además, la resiliencia imparable consiste en aguantar los golpes y afrontar las situaciones adversas de forma positiva y creativa. Como visión deliberada del mundo, la resiliencia es la habilidad de un líder empresarial de ver un desafío como una oportunidad para aprender e incluso avanzar, por lo que tiene un costo mínimo para su estado físico y mental. Adaptarse con resiliencia disminuye el tiempo que se tarda en recuperarse de los factores estresantes, por lo que los líderes están preparados para el próximo desafío antes.

Steve Jobs, el fundador de Apple que hizo "una mella en el universo" dijo: "Estoy convencido de que aproximadamente la mitad de lo que separa a los emprendedores exitosos de los que no lo son es pura perseverancia" y "ser despedido de Apple fue lo mejor que me pudo haber pasado. La pesadez de tener éxito fue reemplazada por la ligereza de ser un principiante nuevamente. Me liberó para entrar en uno de los períodos más creativos de mi vida".[557]

Como metáfora útil, considera cómo los atletas a menudo evalúan la salud cardiovascular midiendo sus frecuencias cardíacas mientras descansan o realizan alguna actividad de referencia de su deporte. Luego, entrenan de una manera que enfatiza su capacidad cardiovascular, como correr sprints o realizar una habilidad desafiante, y miden esa frecuencia cardíaca máxima.

Los atletas más resistentes son aquellos cuyas frecuencias cardíacas requieren menos tiempo para volver de los niveles altos de estrés a la estabilidad inicial. Este tiempo de recuperación muestra al atleta qué tan bien su cuerpo está manejando el estrés, y un tiempo de recuperación más corto significa que el atleta es más capaz de manejar el estrés. Por ejemplo, si un jugador de fútbol corre para llevar la pelota hacia la portería, un jugador con un tiempo de recuperación rápido estará listo para el siguiente sprint hacia la portería. Cuanto mayor sea el tiempo de recuperación, más oportunidades perderá el atleta.

Lo mismo en los negocios. En lugar de medir la recuperación de la frecuencia cardíaca para evaluar la resiliencia de los líderes empresariales, podríamos medir el tiempo de recuperación del nivel de estrés. Al igual que los atletas que están calentando, los líderes empresariales se presentan en el trabajo con un cierto nivel de estrés básico. A medida que avanza la jornada laboral, los líderes se enfrentan a factores estresantes específicos, algunos esperados (como reuniones clave) y otros inesperados (como problemas repentinos). Los líderes que han practicado habilidades de resiliencia pueden reducir la cantidad de tiempo que les lleva pasar de los niveles máximos de estrés a los niveles iniciales. Al igual que los atletas, los líderes empresariales resilientes cultivan la habilidad de manejar situaciones estresantes y luego recuperarse rápidamente para estar listos para el próximo sprint.

La resiliencia implica aprender del fracaso

Además de recuperarse y acortar el tiempo de recuperación funcional, los líderes empresariales resilientes deben aprender a interpretar el fracaso como retroalimentación. En lugar de chocar contra un muro y dejar que los detenga, los líderes resilientes utilizan el fracaso como un simple paso en el proceso de lograr el éxito. Harvard Business Review aclara: "Las personas y los equipos más resilientes no son los que no fracasan, sino los que fracasan, aprenden y prosperan gracias a ello. Ser desafiado, a veces severamente, es parte de lo que activa la resiliencia como un conjunto de habilidades".[558]

Michael Jordan, una de las mayores superestrellas de la historia del baloncesto, atribuye sus logros a aprender de sus contratiempos: "He fallado más de 9.000 tiros en mi carrera. He perdido casi 300 partidos. Veintiséis veces, se me ha confiado el tiro ganador del juego y he fallado. He fracasado una y otra vez en mi vida. Y es por eso que lo logro".[559]

Una cosa a tener en cuenta: puede ser más difícil para nosotros aprender de los reveses personales y profesionales si los atribuimos a la insuficiencia individual. En lugar de tomar los contratiempos como algo personal, podemos marcar la realidad de la situación identificando activamente otros factores contribuyentes específicos y temporales. Mientras nos esforzamos por alcanzar la excelencia, podemos moderar nuestras tendencias a exigir la perfección y, en cambio, aceptar que la vida y el trabajo implican una mezcla de pérdidas y victorias. Por ejemplo, Henry Ford se declaró en bancarrota tres veces antes de que lograra diseñar su primer automóvil exitoso. Posteriormente se convirtió en uno de los hombres más ricos del mundo, y una vez dijo: "El fracaso es simplemente una oportunidad para comenzar de nuevo de manera más inteligente".[560]

En la misma línea, no tengas miedo de volver a intentarlo. El éxito puede llegar después de varios reveses y derrotas temporales si mantenemos la vista en la meta. Si sabemos que vamos en la dirección correcta pero nos encontramos con el fracaso, volver a levantarnos es la clave. Margaret Thatcher recuerda: "Es posible que tengas que pelear una batalla más de una vez para ganarla".[561] Un toque de persistencia te permite poner en práctica las lecciones que aprendes en el primer, segundo y tercer intento, en el cuarto intento… y así sucesivamente. Después de pasar décadas en prisión antes de convertirse en presidente de Sudáfrica, Nelson Mandela se hace eco de este sentimiento: "No me juzguen por mi éxito; júzguenme por la cantidad de veces que me caí y me volví a levantar".[562]

Ocho estrategias para cultivar la resiliencia

¿Cómo pueden los líderes cultivar la resiliencia en el lugar de trabajo? Debido a que la resiliencia es multifacética, su manifestación varía de un líder a otro. En esta sección, hemos recopilado ocho estrategias probadas que los líderes empresariales pueden utilizar para impulsar la resiliencia en sus vidas y carreras. Inicialmente, adoptaremos una visión general al considerar cómo los líderes pueden experimentar y responder de manera productiva a los factores estresantes negativos. A través de la lente de la atención plena en el lugar de trabajo, consideraremos cómo los líderes poderosos disciernen las lecciones de los desafíos y toman el control de su diálogo mental.

A continuación, nos acercaremos y consideraremos varias técnicas prácticas para optimizar el esfuerzo cognitivo y la agilidad mental frente a los factores estresantes. Por ejemplo, además de garantizar un enfoque de calidad, los líderes resilientes priorizan las pausas de atención y el tiempo de recuperación. Además, se esfuerzan por ser amables consigo mismos y con los demás. Estos cambios diarios en la práctica son fundamentales para mejorar las habilidades de resiliencia a lo largo de una carrera exitosa. Por supuesto, no todas las estrategias se adaptan a todos los líderes, pero la mayoría de los líderes pueden beneficiarse de al menos algunas de ellas para aumentar la resiliencia.

Refuerzo de resiliencia # 1: Atraviesa el valle más rápido

Como describimos anteriormente, la resiliencia implica la habilidad de recuperarse de un desafío o una interrupción, y levantarse cuando la vida o el trabajo nos derriban. Este tipo de interrupciones generalmente no son eventos positivos, son cosas que no elegiríamos y, a menudo, nos impiden lograr los resultados que queremos tan rápido como esperábamos. Las interrupciones significan que ahora debemos invertir más tiempo o esfuerzo en alcanzar nuestros objetivos, o que es posible que tengamos que cambiar de rumbo por completo. Tal vez el gran acuerdo por el que trabajaste tan duro simplemente fracasó. O tu ascenso fue denegado. O te están transfiriendo.

La cualidad negativa de la disrupción trae consigo una necesidad natural de un proceso que puede sorprenderte en este contexto empresarial: el duelo. Según Elisabeth Kubler Ross, el duelo implica varias etapas distintas y, a menudo, cíclicas: negación, ira, culpa, negociación, desesperación, aceptación y luego prosperidad.[563] Por ejemplo, cuando recibimos por primera vez una noticia realmente mala en el trabajo, es posible que nos sintamos entumecidos. Nuestra respuesta inmediata podría ser la negación. *No. ¡Esto no está ocurriendo!* La negación se desliza rápidamente hacia la ira y la culpa. Buscamos quién tiene la culpa. *¿Quién dejó caer la pelota? ¡No puedo creer que esa persona no haya hecho lo que se suponía que debía hacer! Si tan solo...*

Tal vez empecemos a negociar con los poderes fácticos para encontrar alternativas, buscando formas de volver a encarrilarnos de alguna manera hacia nuestros objetivos a pesar de la interrupción. *¿Se acabó el trato o hay alguna forma de salvarlo? ¿Podemos volver a abrir la puja para la promoción o está completamente cerrada durante el año?* En medio de la paliza, la culpa y la negación, tarde o temprano caemos en un grado de depresión o desesperación. *¿Cuál es el punto? No hay forma de que esto funcione ahora. Se acabó.* Esta desesperación a menudo se correlaciona con lo mucho que deseábamos el resultado específico o cómo nos afecta la pérdida específica.

La experiencia de la desesperación es como quedarse atrapado en un valle emocional donde no podemos ver el terreno más grande. En este contexto, Clay Scroggins sugiere que "la resiliencia es un catalizador[564]": la resiliencia nos permite atravesar el valle en un período de tiempo más corto. También nos permite experimentar el cambio con menos impacto, por lo que no es tan pesado para nosotros. La resiliencia nos ayuda a pasar a las fases de sanación del duelo, en las que aceptamos la pérdida o el contratiempo, vemos posibles resultados positivos y pasamos de simplemente sobrevivir a prosperar activamente. La resiliencia es la habilidad de llegar lo más suavemente posible al otro lado de lo malo y elegir ver cómo somos mejores para el desafío.

Para los líderes empresariales que vuelan regularmente, consideren esta metáfora. Al igual que la vida y la carrera de cada persona experimentarán contratiempos inevitables que nos impedirán alcanzar los resultados deseados tan rápido como nos gustaría, todos los viajeros en los aeropuertos modernos experimentarán ralentizaciones en los puntos de control de seguridad. Incluso con los programas de detección acelerados, la mayoría de los viajeros experimentarán algún retraso que va desde unos minutos hasta incluso unas pocas horas, dependiendo de varios factores que están fuera de nuestro control: clima, aglomeraciones, tecnología, etc.

Aunque todos debemos pasar por un control de seguridad para llegar a nuestras puertas, podemos experimentar un grado de negación frustrada cuando vemos líneas más largas de lo previsto: *"¡De ninguna manera! ¡Esto no puede estar sucediendo hoy! ¡Tengo que abordar en 25 minutos y esta línea tardará una hora!"* Podríamos buscar a alguien a quien culpar, como los viajeros que llevan un millón de artículos en sus bolsillos, los padres con niños pequeños y cochecitos, o los trabajadores de los escáneres de rayos X que pasan minutos extra mirando cada maleta. En algún momento, podríamos empezar a negociar con las personas que nos rodean para adelantarnos uno o dos pasos en la fila. Muy pronto, sin embargo, nos quedamos sin opciones.

La conclusión clave de esta metáfora es la siguiente: cuando no hay forma de que podamos evitar la interrupción o el contratiempo, cuanto antes pasemos de la negación, a través de la culpa y/o la ira, a la aceptación, antes comenzaremos a prosperar. Esta es la habilidad de la resiliencia.

Si bien controlamos lo que podemos al llegar temprano y preparar nuestros artículos de mano para una revisión rápida, debemos aceptar lo que no podemos controlar porque no hay otra forma legal de llegar al embarque del avión que pasar por el control de seguridad. La resiliencia nos ayuda a caminar con más gracia a través de este contratiempo con niveles de estrés más bajos durante la espera, y tal vez incluso tener la calma para identificar otras formas a través del laberinto que de otro modo no habríamos considerado si nos consumiera un estrés poco saludable.

Del mismo modo, cuando hay retrasos o fallas inesperadas en el trabajo, los líderes empresariales resilientes toman el control de lo que pueden controlar, pero luego aceptan rápidamente el nuevo estado de las cosas, pivotan según sea necesario y continúan avanzando hacia sus destinos/resultados deseados. Esta capacidad de recuperarse, improvisar, adaptarse y superarse permite a los líderes atravesar el valle y prosperar a pesar de las interrupciones de sus planes originales.

Refuerzo de resiliencia #2: Calibrar para la ecuanimidad en el trabajo

"La adversidad en la vida organizacional, a veces el resultado de un cambio importante, a veces el provocador del mismo, es una forma de vida hoy en día. Los líderes necesitan mayores niveles de resiliencia en reserva constante para capear esta nueva normalidad".[565] Independientemente de lo que estemos enfrentando, en última instancia, es nuestra "reacción a la adversidad, no la adversidad en sí misma, lo que determina cómo se desarrollará la historia de nuestra vida".[566]

En el lugar de trabajo, podemos calibrar nuestras reacciones hacia la ecuanimidad a medida que tomamos conciencia de nuestra experiencia presente y elegimos nuestras reacciones deliberadamente alargando el espacio entre el estímulo y la respuesta. Por ejemplo, si nos sentimos frustrados con una situación (estímulo) y podemos tomar conciencia de esa sensación en lugar de reaccionar instantáneamente a ella (respuesta). Cuanto más podamos nosotros, como líderes empresariales, desautomatizar nuestras respuestas automáticas, más información obtendremos sobre nosotros mismos y más control obtendremos sobre los resultados futuros. ¿Por qué?

Porque podemos elegir conscientemente nuestra respuesta óptima al estímulo. A medida que desactivamos las rutinas y los comportamientos del piloto automático en respuesta a contratiempos o interrupciones, podemos crear lo que pretendemos crear. La ecuanimidad es sinónimo de calma, sensatez y aplomo, características críticas para un liderazgo exitoso. La ecuanimidad y la atención plena van de la mano.

En los negocios, se ha descubierto que la ecuanimidad y la atención plena benefician a los líderes de muchas maneras. Por ejemplo, Harvard Business Review señala que la atención plena predice la precisión del juicio y la perspicacia en la resolución de problemas, y mejora la flexibilidad cognitiva. Además, en "entornos de trabajo dinámicos, los psicólogos organizacionales Erik Dane y Bradley Brummel descubrieron que la atención plena facilita el desempeño laboral, incluso después de tener en cuenta las tres dimensiones del compromiso laboral: vigor, dedicación y absorción".[567]

Muchas organizaciones consideran que la compostura sensata es una competencia básica, e infunden la práctica de la atención plena en los ritmos y rutinas del trabajo diario. Por ejemplo, como líderes, podemos ser más conscientes de la voz en nuestras mentes y transformar a nuestro crítico interior en un entrenador positivo. Podemos tomar conciencia de nuestros cuerpos físicos y respirar activamente más profundamente a lo largo del día, aumentando la calma física y mental.

Es posible que poco a poco vayamos liberando etiquetas mentales como "bueno" o "malo" para ponernos en contacto con la realidad de las situaciones laborales. Las investigaciones demuestran que estas prácticas de calma pueden ayudar a los empleados a estar más concentrados, mejorar la colaboración, aumentar la resiliencia y gestionar mejor el estrés. Incluso en entornos de trabajo en línea, la ecuanimidad puede ser "eficaz para disminuir el estrés de los empleados, al tiempo que mejora la resiliencia y el compromiso laboral, mejorando así el bienestar general de los empleados y el rendimiento de la organización".[568] En resumen, cultivar la ecuanimidad puede ayudar a reducir los niveles de estrés y sumar con el tiempo una carrera de liderazgo de resiliencia.

Refuerzo de resiliencia #3: Discernir lecciones
La renombrada autora J.K. Rowling dijo: "El fondo se convirtió en la base sólida sobre la que reconstruí mi vida".[569] Los líderes empresariales resilientes buscan activamente el crecimiento incluso

en los momentos más bajos o difíciles. Un primer paso útil es encontrar un propósito para el dolor. En lugar de preguntarse: "¿Por qué está sucediendo esto?", los líderes resilientes preguntan: "¿Cómo puedo crecer a través de este desafío que está sucediendo?" "¿Qué puedo aprender?" La poetisa Mary Oliver escribió sobre su experiencia en el desarrollo de esta habilidad de discernir las lecciones de los desafíos: "Alguien a quien amaba una vez me dio una caja llena de oscuridad. Tardé años en entender que esto también era un regalo".[570]

Para los líderes empresariales, la resiliencia es la diferencia entre el desafío que te derriba y el que te lleva a donde quieres ir. Cuando nosotros y nuestros colegas nos enfrentamos a obstáculos, como la transferencia de trabajo, el fracaso de las relaciones, las enfermedades crónicas o la discriminación, las discusiones sobre la resiliencia pueden parecer inútiles. No podemos evitar que sucedan los desafíos, pero podemos buscar descubrimientos que nos ayuden a crecer.

De hecho, a medida que pasa el tiempo, es posible que miremos hacia atrás en períodos de desafío o disrupción y sintamos que nunca nos habríamos convertido en los líderes que somos hoy sin esas experiencias. Cada obstáculo que superamos puede fortalecer nuestra fuerza si lo permitimos. "El coraje no es la ausencia de miedo, sino más bien el juicio de que algo más es más importante que el miedo".[571]

Brian Tracy nos recuerda que "la vida es como un viaje en avión. Desde el momento en que despegues, estarás fuera de curso el 99% del tiempo. Todos los aviones están fuera de curso el 99% del tiempo. El propósito y el papel del piloto y de la aviónica es volver a poner el avión en curso para que llegue a su destino a tiempo".[572] Los pilotos no piensan en las turbulencias, el clima o el desvío del rumbo como un fracaso, sino más bien como circunstancias para navegar hacia el destino final. Los líderes inteligentes hacen lo mismo.

Los líderes valientes también siguen buenos ejemplos: otros líderes han resuelto problemas similares y podemos usar sus métodos y experiencias como modelos para lo que estamos trabajando para crear. Aunque la disrupción puede parecer insuperable, siempre hay espacio para el crecimiento. Con esta mentalidad, los líderes se volverán más completos, seguros de sí mismos y maduros.

Refuerzo de resiliencia #4: Reescribe la historia

La resiliencia reside en las historias que nos contamos a nosotros mismos. Mizuta Masahide, un poeta y samurái japonés del siglo XVII, escribió este famoso poema:[573]
>El granero se ha incendiado...
>Ahora
>Puedo ver la luna.

Una traducción alternativa dice:
>Desde que mi casa se quemó
>Ahora tengo una mejor vista
>de la luna creciente.

Es probable que la mayoría de nosotros respondamos de manera un poco diferente a la experiencia de que nuestras casas (o graneros) se incendien. Lamentaríamos la pérdida de nuestras posesiones y refugio. En medio de nuestro dolor, es posible que nos olvidemos de centrar nuestra atención en considerar lo que podríamos haber ganado si la casa se incendiara.

Sin embargo, si cambiamos nuestro diálogo mental con respecto a la pérdida, podemos ver nuevas oportunidades. Tal vez el seguro ofrece un gran pago y ahora podemos mudarnos de un lugar nevado a un lugar cálido, o más cerca de la familia. Tal vez ofrece libertad para empezar de nuevo, es lo que necesitábamos, aunque no hubiéramos elegido esta derrota. En nuestras carreras, perder un trato, no hacer una venta crítica o incluso perder un trabajo puede abrir todo tipo de oportunidades que de otro modo nunca habríamos considerado.

Un abogado consumado atribuye su éxito en parte a haber sido despedido de uno de los bufetes de abogados más grandes del mundo durante una recesión económica mundial. Esa recesión y la pérdida de empleo estaban fuera del control del abogado. En lugar de tratar esos eventos sísmicos como reveses devastadores, el abogado los usó como trampolín para crear su propia práctica legal que terminó siendo mucho más gratificante en estilo de vida y compensación que nunca.

Las culturas de todo el mundo celebran la búsqueda de la belleza en circunstancias aparentemente rotas. Por ejemplo, el Kintsugi es una hermosa forma de arte japonés en la que la cerámica rota o agrietada se repara con adhesivos de oro y plata que enfatizan la imperfección, en lugar de ocultarla. La idea es que si un objeto ha sido dañado, entonces su historia y riqueza deben ser resaltadas y honradas en lugar de descartadas u ocultas, porque eso es lo que lo hace hermoso en su estado actual. Ese mismo concepto se aplica a cada uno de nosotros y es como la filosofía japonesa de "wabi-sabi", que celebra nuestros defectos e imperfecciones como insignias de belleza y crecimiento.

Al reescribir las historias que nos contamos a nosotros mismos y a las personas que nos rodean, podemos transformar la disrupción en oportunidad y celebrar nuevos futuros que surgen de la ruptura o las cenizas de los viejos. Carl Gustav Jung enseñó: "No soy lo que me sucedió, soy lo que elijo ser".[574]

Refuerzo de resiliencia #5: Desarrollar agilidad mental a través del descentramiento

Un componente de la resiliencia es la agilidad mental: la capacidad de dar un paso atrás y ver el panorama general. Harvard Business Review hace esta comparación: "A menudo les decimos a nuestros hijos que están molestos que 'usen sus palabras', por ejemplo, y resulta que detener y etiquetar las emociones tiene el efecto de activar el centro de pensamiento de nuestros cerebros, en lugar del centro emocional, una habilidad valiosa en lugares de trabajo exigentes y de alto rendimiento en todas partes".[575]

Otro nombre para esta habilidad es "descentramiento". Implica hacer una pausa, observar el estrés desde un punto de vista lo más neutral posible y etiquetar o nombrar las emociones. Salir de la turbulencia mental y emocional nos permite considerar opciones y varias perspectivas, y luego elegir sabiamente un camino para resolver el problema. En otras palabras, desde el punto de vista de nombrar los pensamientos y las emociones con palabras, los líderes empresariales dan un paso atrás cognitivo de la experiencia y dirigen la atención a las partes del cerebro involucradas en la observación. Esta acción es fundamental para la agilidad mental y la resiliencia del núcleo.

A la hora de responder a momentos difíciles y contratiempos inesperados, los líderes empresariales no solo necesitan agilidad cognitiva, sino también cierto grado de flexibilidad. Donde un roble puede romperse en una fuerte tormenta de viento, un sauce se doblará y sobrevivirá. Jodi Picoult enseña: "La capacidad humana para la carga es como el bambú: mucho más flexible de lo que creerías a primera vista".[576] En la flexibilidad puede residir una gran fortaleza.

Refuerzo de la resiliencia #6: Optimizar el esfuerzo cognitivo

En el día a día, intenta aumentar tu resiliencia haciendo una cosa a la vez y eliminando las distracciones. Nuestra capacidad de concentración aumenta nuestra capacidad para recuperarnos frente a los contratiempos con niveles de estrés más tranquilos. Según Shawn Achor, cofundador del Instituto de Investigación Positiva Aplicada y autor de The Happiness Advantage, "recibimos 11 millones de bits de información cada segundo, pero los centros ejecutivos y pensantes de nuestro cerebro solo pueden procesar eficazmente 40 bits de información".[577]

Cuando estamos sobrecargados, somos menos capaces de responder de manera resiliente a los factores estresantes o de recuperarnos de situaciones difíciles. Aunque como líderes empresariales no podemos reducir prácticamente la cantidad de información que recibimos, sí podemos tomar el control de cómo procesamos la información. Por ejemplo, podemos agrupar diferentes tipos de actividades laborales, como la elaboración de estrategias, la lluvia de ideas, el envío de correos electrónicos o la dirección de reuniones. Esta compartimentación nos ayuda a eliminar el tiempo que de otro modo podríamos perder cambiando de una tarea a otra.

Algunos líderes dedican momentos específicos en el día para realizar actividades laborales específicas. Este enfoque ayuda a crear espacio para procesar la información de manera efectiva, tomar decisiones y reducir la tensión cognitiva a lo largo de la jornada laboral. Diferentes líderes encontrarán diferentes enfoques que funcionen mejor para su estilo. No obstante, al optimizar el enfoque y desconectar las distracciones, los líderes aumentan tanto la productividad como la resiliencia.

Refuerzo de resiliencia #7: Cambia de marcha periódicamente
Todos experimentamos altibajos en nuestra energía y productividad a lo largo del día. Las investigaciones muestran que la concentración mental tiende a fluir en ciclos de entre 90 y 120 minutos, momento en el que es útil que nos alejemos del trabajo para restablecer nuestra atención. Incluso un breve desapego mental puede volver a infundir vivacidad en nuestro trabajo, claridad, creatividad y concentración, y estas características aumentan nuestra capacidad de resiliencia a medida que avanza la jornada laboral. Los líderes resilientes organizan sus tareas cognitivas en conjunto con picos y valles energéticos.

Por ejemplo, si notas que un desafío en el lugar de trabajo relativamente común y corriente te está empujando al límite, por así decirlo, entonces podrías usar un poco más de tiempo de reinicio mental. Incluso si manejamos regularmente tales desafíos como parte de hacer negocios, es más fácil percibir una montaña en un grano de arena cuando estamos demasiado cansados. Al tomar descansos, optimizar las tareas cognitivas y practicar la atención plena centrada en el trabajo, los líderes empresariales desarrollan agilidad mental para responder a tareas o situaciones difíciles de manera proactiva en lugar de simplemente reaccionar a esas situaciones.

Si adoptamos un enfoque militarista y "duro" de la resiliencia y la determinación, podríamos "imaginar a un infante de marina caminando por el barro, a un boxeador haciendo un asalto más, o a un jugador de fútbol americano levantándose del césped para una jugada más. Creemos que cuanto más aguantemos, más duros seremos y, por lo tanto, más éxito tendremos".[578] Además de demostrar determinación y superar los desafíos, la investigación muestra que tomar períodos de recuperación estratégicos aumenta nuestra salud, seguridad, resiliencia y éxito. De hecho, el exceso de trabajo y el agotamiento son lo opuesto a la resiliencia porque aumentan los riesgos y disminuyen nuestros recursos cognitivos disponibles. Por lo tanto, los líderes empresariales experimentados reconocen el valor de incorporar el tiempo de recuperación en sus apretadas agendas para aumentar la productividad y la resiliencia.

Más allá de simplemente dejar de trabajar, la recuperación implica desconectar y descansar tanto el cerebro como el cuerpo. "Si realmente quieres desarrollar resiliencia, puedes empezar por detenerte estratégicamente. Date los recursos para ser duro creando períodos de recuperación internos y externos".[579] La recuperación consiste en dejar ir, apagar y recargar tus recursos personales y emocionales para que puedas volver a poner todo tu corazón, mente y espíritu en el trabajo mientras vuelves a encenderte.

Harvard Business Review sostiene que la resiliencia implica un ciclo de esfuerzo, detenerse, recuperarse y luego ejercer más esfuerzo. Esto está "basado en un concepto biológico fundamental que describe la capacidad del cerebro para restaurar y mantener continuamente el bienestar… Cuando el cuerpo está desalineado por el exceso de trabajo, desperdiciamos una gran cantidad de recursos mentales y físicos tratando de volver al equilibrio antes de que podamos avanzar". Incluir en el cronograma un tiempo estratégico para la recuperación permite a los líderes reequilibrarse antes de sumergirse en el siguiente proyecto y, a menudo, antes de encontrarse con el siguiente factor estresante. Con la recuperación, los líderes se encuentran capaces de responder de manera más rápida y positiva a los factores estresantes a medida que surgen.

Refuerzo de resiliencia #8: Sé amable contigo mismo y con los demás

Aunque algunos gerentes pueden creer que presionar a los empleados es una buena manera de aumentar el rendimiento, el aumento correlacionado del estrés conlleva mayores costos que ingresos. Probablemente no tengas que pensar muy atrás en tu carrera para recordar un momento en el que viste a un colega o líder empresarial "romperse" bajo estrés. A menudo, como líderes, establecemos altos estándares para nosotros mismos y para los demás. Cuando nos esforzamos hasta el límite, incluso un pequeño factor estresante interno o externo puede enviarnos al límite. ¡No otra venta perdida! ¡No otro problema con la fotocopiadora!

En estos casos, Harvard Business Review recomienda que los líderes frenen la irritabilidad fuera de lugar porque cuando "se enfrentan a niveles intensos de estrés en medio de cambios turbulentos o los vientos en contra de un mercado duro, los fusibles de los líderes se cortan. Los líderes que carecen de suficiente conciencia de cómo se está viendo afectado su comportamiento tienden a descargar su estrés en quienquiera que se interponga en el camino".[580] Estas personas podrían ser asistentes, miembros de la familia u otros empleados bien intencionados que se interponen en el camino de una avalancha de frustración que no merecen.

Para mantener las prioridades bajo control y evitar el colapso, las empresas resilientes infunden compasión de forma proactiva en el lugar de trabajo. La compasión puede definirse simplemente como la bondad. Forbes explica: "La compasión comienza con la empatía: la capacidad de discernir que alguien está bajo estrés o sufre angustia, y luego la voluntad de aliviar el sufrimiento tomando medidas".[581] Un simple reconocimiento de la tensión puede contribuir en gran medida a liberar la válvula de presión. "Hola Sarah, sé que ha sido una semana larga y que la reunión de ventas no salió según lo planeado. ¿Hay algo en lo que pueda ayudarte hoy?"

La investigación muestra que "cuando las organizaciones promueven una ética de compasión en lugar de una cultura de estrés, no solo pueden ver un lugar de trabajo más feliz, sino también un mejor resultado final".[582] La compasión mejora la cultura del lugar de trabajo al mejorar los vínculos, la interacción social, los estados de ánimo positivos e incluso la productividad. En términos de salud física, un lugar de trabajo centrado en la compasión puede llegar a reducir la presión arterial y el estrés psicológico de los empleados.[583] Las personas que trabajan en un entorno de este tipo generalmente se sienten más comprometidas con su trabajo y más comprometidas con quedarse y producir resultados a lo largo del tiempo.

A medida que los líderes empresariales muestran compasión por sí mismos y por los demás, devuelven el elemento humano al ajetreo del entorno laboral. Harvard Business Review señala: "La compasión y la eficacia empresarial no son mutuamente excluyentes. Más bien, el éxito individual, de equipo y organizacional depende de una cultura de trabajo compasiva"[584] porque esto aumenta la felicidad y el bienestar en el trabajo, lo que permite a los líderes y equipos administrar mejor el estrés de la carga de trabajo. En resumen, la compasión es un sello distintivo del liderazgo resiliente.

Conclusiones clave

En el clima empresarial actual, los líderes experimentan una demanda casi constante de resiliencia y adaptación a cambios complejos. "Con la avalancha continua de problemas que enfrentan los líderes, y el cambio es la única constante en la vida organizacional, los líderes deben cultivar la resiliencia como una habilidad continua, no solo para los 'grandes momentos' de reveses dolorosos o cambios importantes".[585]

Como empresas, líderes y gerentes, tenemos espacio para crecer en términos de ayudar a nuestros empleados (y a nosotros mismos) a administrar la carga de trabajo para que los "buenos" niveles de estrés no se conviertan en "malos" niveles de agobio. El 57% de los encuestados en una encuesta de Deloitte sobre tendencias de capital humano dijeron que sus organizaciones eran "débiles" en términos de "ayudar a los líderes a manejar horarios difíciles y ayudar a los empleados a administrar el flujo de información".[586]

A medida que las empresas construyan culturas organizacionales que apoyen y fomenten la resiliencia, ayudarán a sus empleados y líderes a administrar las cargas de trabajo con mayor agilidad mental y claridad. Debido a que la resiliencia se alimenta de un amplio conjunto de habilidades y comportamientos, los líderes que invierten en resiliencia generalmente ven beneficios positivos en sí mismos y en sus equipos, incluidos menos problemas de atención médica y días de trabajo perdidos, y una mayor productividad y positividad. En general, la inversión en resiliencia proporciona un rendimiento sólido. Como el entrenador de fútbol americano Vince Lombardi enseñó a sus equipos ganadores: "No importa cuántas veces te derriben, sino cuántas veces te levantes".[587]

Los líderes empresariales con alta resiliencia demuestran varias características comunes, entre ellas "optimismo; la capacidad de mantener el equilibrio y manejar emociones fuertes o difíciles; [y] una sensación de seguridad y un sólido sistema de apoyo social".[588] Los líderes resilientes hacen planes realistas y toman las medidas necesarias para llevarlos a cabo. Confían en sus habilidades. Se comunican y resuelven problemas. Además, gestionan activamente los impulsos fuertes mediante la construcción de un espacio para la reflexión entre el estímulo y la respuesta. Los líderes resilientes demuestran empatía y compasión por sí mismos y por sus colegas. Los líderes resilientes son persistentes. La leyenda de Microsoft, Bill Gates, nos recuerda: "Está bien celebrar el éxito, pero es más importante prestar atención a las lecciones del fracaso".[589]

A medida que nos disciplinamos para persistir frente a la adversidad, nos volvemos más fuertes y más capaces de recuperarnos de la interrupción. Nos volvemos más capaces de responder de manera rápida y efectiva a problemas, crisis o reveses inesperados que surgen durante la jornada laboral. Demostramos confianza y coraje porque identificamos rápidamente los elementos centrales de un problema y nos hacemos cargo de la situación. Los líderes resilientes descubren las oportunidades que residen en cualquier disrupción para aterrizar sobre sus pies. Al mostrar compasión por nosotros mismos y por nuestros colegas, construimos equipos y entornos de trabajo saludables.

Las estrategias de este capítulo están diseñadas para ayudar a los líderes a tomar el control del diálogo mental y a moverse con mayor rapidez y calma a través de los contratiempos. Con estas técnicas, los líderes pueden mejorar su capacidad de resiliencia y aumentar la resiliencia en todos los equipos que gestionan. A modo de comparación, si queremos estar sanos con el tiempo, tomamos medidas diarias de comer alimentos nutritivos y hacer ejercicio.

Si bien un día de buena comida no tiene un impacto significativo por sí solo, una colección de buenas comidas y entrenamientos se sumará con el tiempo para impulsarnos hacia nuestro objetivo a largo plazo de estar saludables. Lo mismo ocurre con la adquisición de resiliencia: es un estilo de vida de liderazgo que da sus frutos a través de la dedicación y la práctica diarias. No es una transformación de la noche a la mañana, pero el tiempo invertido vale la pena.

En conclusión, Brian Tracy enseña: "He estado deprimido suficientes veces como para saber que si no tomas medidas positivas para levantarte cada vez que te caes... Con el tiempo te quedarás abajo. Y eso no es positivo ni útil".[590] Nos recuerda el proceso de aprender a andar en bicicleta, cómo, cuando éramos jóvenes, nos esforzábamos al máximo, pero aún así nos caíamos una y otra vez.

Incluso cuando nos lastimamos el cuerpo o el orgullo al caernos, tomamos nuevas medidas: "Te levantaste de inmediato y lo intentaste de nuevo. Con el tiempo, el éxito fue tuyo. Caminabas o montabas en bicicleta como si lo hubieras estado haciendo desde siempre. Entonces, ¿qué te mantuvo en pie durante estos contratiempos aparentemente desalentadores? Eso es resiliencia, amigo mío. La capacidad de levantarse y seguir adelante".[591]

20

Una voz de confianza: el viaje de Robert Kistner hacia un liderazgo audaz

Cuando eliges un libro sobre liderazgo empresarial, es posible que sientas curiosidad por la historia del autor para asegurarte de que puedes confiar en lo que dice. En consecuencia, este capítulo se basa en varias lecciones de liderazgo que surgieron e ilustran la carrera de varias décadas de Robert Kistner.

Desde sus primeros días avanzando con zapatos desgastados como nuevo vendedor hasta su posición actual en los puestos más altos de la gerencia, Robert (conocido como "Bob") ha sudado y se ha esforzado por ascender en las filas y, en última instancia, convertirse en uno de los líderes preeminentes en la industria mexicana de la propiedad vacacional. El viaje de Bob hace que su voz sea confiable porque entiende de primera mano las luchas y los triunfos de cada posición a lo largo del camino.

Hoja de ruta del capítulo

En este capítulo, discutiremos 10 lecciones prácticas de liderazgo audaz que han surgido de la carrera de toda la vida de Bob:
1. Un líder audaz sabe intuitivamente cuándo pivotar.
2. Un líder audaz demuestra agallas.
3. Un líder audaz entiende la persuasión y adapta su mensaje para motivar la acción.
4. Un líder audaz toma riesgos y tiene éxito.
5. Un líder audaz pone a las personas en primer lugar.

6. Un líder audaz desarrolla una buena relación.
7. Un líder audaz desarrolla una práctica espiritual que sustenta el alma.
8. Un líder audaz se preocupa por la comunidad y la familia.
9. Un líder audaz pasa a la acción.
10. Un líder audaz demuestra lealtad.

Diez lecciones de liderazgo

Lección 1: Un líder audaz sabe intuitivamente cuándo pivotar.

En 1979, Acapulco era una ciudad bulliciosa, que todavía se apoyaba en su famosa reputación de la jet set de las décadas de 1950 y 1960. Un goteo de turistas de América del Norte se convirtió en un río embravecido, llenando hoteles y playas, y poniendo en marcha la industria hotelera. Los centros turísticos, los servicios y los restaurantes pasaban de los planos a la realidad tan rápido como los materiales y la gestión podían unirse. Con kilómetros de costa del Pacífico frente a la majestuosa cordillera de la Sierra Madre del Sur, Acapulco era el lugar perfecto para que un estadounidense de 23 años comenzara una carrera.

Los platos resonaban en la cocina y los sabrosos tacos salían en una moneda de diez centavos en el restaurante donde Bob trabajaba como joven asistente del gerente. Los turistas se paseaban por la deliciosa comida mexicana y los lugareños se detenían para disfrutar de una abundante cena después del trabajo. Un grupo de clientes habituales rodeaba su mesa favorita varias veces a la semana para cenar, riendo mientras abrían latas de Coca-Cola e intercambiaban historias de guerra sobre la venta de tiempo compartido. Bob se aseguró de que la comida se sirviera caliente y lo invitaron a escuchar sus historias de conocer prospectos, persuadir a los compradores para que escucharan, escribir ofertas y llevarse a casa una comisión limpia del diez por ciento. Todo en un día de trabajo.

Estos profesionales amantes de la diversión sintieron la ética de trabajo de Bob cuando era un joven que ascendía en el liderazgo del restaurante, e invitaron a Bob a unirse a ellos en las ventas. —¡Vamos, hombre! Tienes lo que se necesita para triunfar. Pásate por mi oficina y te lo contaré todo". Oferta tentadora. Pero, con una esposa embarazada y la necesidad de un salario regular, Bob los despidió con una sonrisa y regresó a la cocina... Sin embargo, la idea se quedó en su mente.

Como suele ser el caso con los gerentes jóvenes y vibrantes, Bob asumió tareas adicionales en el restaurante, pero no siempre estuvo de acuerdo con sus superiores. Vio muchas formas en que el negocio podría mejorar, pero a sus ideas no se les dio mucho crédito y Bob pronto se sintió frustrado. Con el tiempo, Bob decidió tomar una dirección diferente profesionalmente. Recuerda el día así: "Mientras conducía desde el restaurante hacia mi casa, mi mente volvió a la conversación que había tenido con los vendedores de tiempo compartido mientras comían. Parecía que les iba bien económicamente, al menos, gastaron mucho dinero en la cena. Recordé cómo me sentí cuando me invitaron a trabajar con ellos". Casi chirriando las llantas del auto, "giré mi auto hacia su oficina para obtener más información. Cuando entré por la puerta, uno de los hombres me reconoció y anunció a los demás: 'Este tipo empieza hoy. Toma este modelo y sígueme'".

Y así es como comenzó.

Lección 2: Un líder audaz demuestra agallas.

En la década de 1980, los vendedores de tiempo compartido eran guerreros callejeros, parados en las esquinas de las avenidas y afuera de los restaurantes, entablando conversación tras conversación con los transeúntes. Esto fue mucho antes de que trabajaran en hermosas oficinas y espacios comerciales de venta. "En aquel entonces", recuerda Bob, "estábamos en las calles con esperanza en nuestros corazones y un modelo de la propiedad en nuestras manos". Para seguir adelante contra viento y marea, Bob desarrolló un mantra personal: "Cada vez que escuchas un 'No' estás mucho más cerca de un 'Sí'". Las suelas de zapatos gastadas y un definido bronceado eran la marca de un trabajo bien hecho.

¿Dónde desarrolló Bob el valor necesario para presentarse día tras día, llueva o truene, listo para presentar el trato? Criado en un hogar de bajos ingresos como uno de cuatro hijos, Bob aprendió pronto el valor del trabajo duro. Después de la escuela secundaria, se unió al

Cuerpo de Marines, que dice que fue "brutalmente importante en mi vida. Todo lo que sé sobre responsabilidad y compromiso lo aprendí en el Cuerpo de Marines. Estoy orientado a lograrlo. Desafíame a hacer algo e iré a demostrarte que puedo hacerlo". Esta actitud le sirvió bien a Bob cuando comenzó a vender tiempo compartido y vio que su esfuerzo se traducía en logros.

Desde el comienzo de su carrera hasta hoy, vive según el lema del Cuerpo de Marines: "¡Si no llegas temprano, llegas tarde!" Incluso ahora, suele ser el primero en llegar a las reuniones y es conocido por responder a los mensajes de correo electrónico temprano en la mañana antes de que el resto del mundo se despierte. "Como líder, no tengo la gloria de sentarme en una reunión y hablar de todas las razones por las que la situación no está funcionando, porque la responsabilidad es mía", reitera. "La energía y la persistencia son tu seguro contra el fracaso". Con un carácter fuerte, Bob tradujo aspectos de su difícil infancia en una sólida ética de trabajo y audaces habilidades de liderazgo.

Lección 3: Un líder audaz entiende la persuasión y adapta su mensaje para motivar la acción.

Bob y su equipo aprendieron a identificar a los posibles compradores a primera vista en función del producto que estaban comercializando. "Desde el momento en que me uní al equipo", dice Bob con entusiasmo, "me di cuenta del modelo de negocio. Nuestro trabajo consistía en hablar con los turistas y educarlos sobre el tiempo compartido, que todavía era nuevo en ese momento. A cambio de su tiempo, les ofrecimos una pequeña muestra de agradecimiento: una refrescante Coca-Cola helada".

Con el dedo en el pulso de la industria, Bob intuitivamente comenzó a aprovechar los 3 pilares de la persuasión, el *etos, pathos y logos* para motivar a los compradores potenciales, y eso valió la pena venta tras venta. Inicialmente, cuando la propuesta de valor de ventas se apoyaba en gran medida en la noción de ahorro de dinero, Bob llevaba una calculadora para mostrar a los compradores cuánto podían ahorrar invirtiendo en tiempo compartido en comparación con la reserva de un hotel. Los ahorros en dólares y centavos (o pesos) se acumularon con el tiempo y vendieron el producto sin más preámbulos.

Sin embargo, a medida que el mercado evolucionó, Bob cambió su mensaje retórico de los ahorros hacia la calidad y la experiencia de lujo. Hoy en día, el tiempo compartido tiene que ver "con la exclusividad, la experiencia del cliente, el servicio especializado e incluso la calidad de las sábanas", dice. "Tenemos un enfoque cien por ciento en alimentos y bebidas. Ofrecemos una carta de vinos personalizada. Producimos nuestros propios colchones. Esta evolución en la calidad ha sido enorme en ventas y marketing. Los clientes entran en la habitación y dicen: 'Ojalá me quedara aquí'. El lujo vende".

Combinando buenas habilidades sociales con atención al detalle, Bob descubrió cómo conectarse con compradores potenciales a nivel personal, identificando lo que les importaba y luego adaptando su argumento de venta a esas cosas. Por ejemplo, al hablar con una pareja, Bob les preguntó sobre sus pasatiempos y su familia. ¿Llevaba el hombre un reloj caro? ¿Dedicó tiempo al golf? Tal vez valoraba los artículos de lujo y podía ser persuadido por un argumento de venta centrado en el lujo y la calidad. ¿Llevaba la mujer un collar con las piedras de nacimiento multicolores de sus hijos? ¿Le mostró fotos de sus nietos? Tal vez sería receptiva a un argumento de venta centrado en el tiempo divertido en familia y los recuerdos compartidos de unas vacaciones lujosas en un hermoso resort.

Mucho más que escribir contratos, Bob creó una visión que giraba en torno a los recuerdos con sus seres queridos, la alegría de ver crecer a los niños pequeños y la perspectiva de regresar a los preciados resorts junto a las generaciones futuras para disfrutar de la cálida hospitalidad mexicana. "El producto se vendió solo", se ríe Bob.

¿Por qué todo este enfoque en las ventas de tiempo compartido en un libro sobre liderazgo empresarial? Bueno, Bob se convirtió en un gran líder a medida que cultivaba la sabiduría para leer y comprender a las personas. Trabajar a nivel de ventas requería que Bob se mantuviera al día no solo con las tendencias de la industria, sino también con los deseos de los compradores potenciales. Estas habilidades se transfirieron a roles de liderazgo interpersonal a medida que Bob se abría camino en la gerencia porque necesitaba leer a las personas todos los días y persuadirlas a nivel personal para que se desempeñaran en el nivel de la organización. En resumen, un líder que puede crear una visión compartida vibrante y motivar a otros a ver a través de los mismos ojos es un líder que tiene éxito año tras año.

Lección 4: Un líder audaz toma riesgos y tiene éxito.
A medida que Bob crecía en experiencia, hizo la transición a un trabajo de ventas que estaba dirigido principalmente a un grupo demográfico local, a pesar de que su español no era perfectamente fluido porque todavía era relativamente nuevo en vivir en México. El primer gerente de Bob en este puesto le advirtió: "Mira, te voy a contratar, pero no vas a lograrlo porque no hablas español y solo vendemos a ciudadanos mexicanos". Es posible que otros vendedores no hayan asumido el riesgo dadas estas probabilidades, pero Bob cree que "esforzarse por lo imposible es la única manera de tener éxito en lo que es posible".

Si le dices a un tipo como Bob que no lo va a lograr, es mejor que te abroches el cinturón. Con su característica resiliencia, Bob transformó esta desalentadora barrera lingüística en una fortaleza de ventas. ¿Cómo? Bob recuerda: "La brecha lingüística jugó a mi favor. Los compradores locales fueron educados y sintieron que debían escuchar al extranjero que estaba luchando con el argumento de venta. Es más, se sintieron obligados a ayudarme comprando el producto, que era relativamente barato". Con un sentido de orgullo, Bob recuerda: "Escribí un par de ofertas al día y obtuve una comisión del 10% en efectivo, lo cual fue genial para mi familia".

Lección 5: Un líder audaz desarrolla una buena relación.
En 1982, cuando Bob todavía trabajaba en Acapulco, conoció a algunos desarrolladores que cambiaron el curso de su carrera. Uno de ellos era un inversor visionario, que tenía un acuerdo de marketing con una de las primeras grandes empresas de tiempo compartido de Estados Unidos, que comercializaba propiedades en Hawái, zonas nevadas, etc. "A finales de la década de 1970", recuerda Bob, "la idea del tiempo compartido realmente comenzó a popularizarse.

Una voz de confianza: el viaje de Robert Kistner hacia un liderazgo audaz

Mazatlán fue el mercado más avanzado en la década de 1980 para ventas y mercadotecnia. Ahora es un destino mayoritariamente nacional, pero en ese entonces había más turistas estadounidenses que mexicanos".

¿Cómo permitió este mercado que Bob creciera en liderazgo? "Algunos muchachos y yo fuimos a una nueva operación de ventas que pronto abriría en Acapulco para ver el acuerdo y ayudar a iniciar ese mercado allí. Enseguida conseguí un trabajo como vendedor". Después de dos años, Bob se convirtió en el asistente del gerente y comenzó a ganar mucho dinero. Los mercados están en constante cambio, y cuando el acuerdo en Acapulco comenzó a cerrarse, un desarrollador clave dirigió su mirada a Mazatlán porque tenía seis o siete proyectos de tiempo compartido con marketing competitivo, mientras que Acapulco solo tenía dos. Llamó a Bob a su oficina y le dijo: "Estamos haciendo un gran proyecto en Mazatlán, y tenemos que juntar la mercadotecnia y las ventas. ¿Puedes armar el equipo?

Ni siquiera necesitó preguntar. Los desarrolladores confían en excelentes vendedores y Bob no falló en cumplir. De hecho, Bob convenció a los 20 muchachos de su equipo de Acapulco para que fueran a Mazatlán. Este éxito es evidencia de la capacidad de Bob para desarrollar una relación hacia arriba en la cadena alimentaria (con los líderes desarrolladores) y hacia abajo (con aquellos a quienes dirigía). Cuando llegó el equipo de ventas de Bob, vivían en el hotel en el tercer piso y abrieron una sala de ventas dedicada al tiempo compartido. Este equipo de alta energía trabajó duro durante el día y jugó duro durante la noche. Fue un momento de energía y crecimiento en la carrera de Bob.

A lo largo de su trabajo en Mazatlán, y nuevamente después de regresar a Acapulco, Bob continuó cultivando una sólida relación personal con los otros líderes, y esto le abrió las puertas a nuevas oportunidades. A medida que Bob asumía roles cada vez más importantes en la gerencia, sus equipos lo seguían a nuevos mercados. Pronto, Puerto Vallarta se convirtió en el lugar de moda y Bob recibió una oferta para ser el asistente del gerente de ventas de una nueva sala de ventas. "Súbete a un avión y te reembolsaré el boleto", dijo el desarrollador. "Ven a ver el lugar y puedes ayudarme a preparar los paquetes". Bob recuerda: "Cuando volé allí, solo un edificio estaba abierto y el segundo edificio estaba terminado en un 70 por ciento. Había un pequeño restaurante de palapa cerca de la piscina". Uno de los talentos de Bob es ver el producto terminado, incluso cuando el comienzo apenas está en marcha. Saltó con ambos pies: "Escribí la primera venta de ese lugar y el resto es historia".

Lección 6: Un líder audaz pone a las personas en primer lugar.

Pronto, Bob estaba liderando equipos en la primera línea del crecimiento del tiempo compartido en Puerto Vallarta. Desde los contactos en la calle hasta las salas de ventas, y desde las salas de juntas hasta las oficinas, Bob motivó a sus equipos a un excelente rendimiento. ¿Cómo? Bob desarrolló una filosofía de gestión que da prioridad a las personas. Aconseja a los líderes: "Las personas son el activo más valioso. Su negocio es su gente, particularmente en el negocio del turismo. Estás poniendo a esas personas frente a tus clientes y si no has hecho un buen trabajo con tu gente, no van a dar un gran servicio a tus clientes".

Las ventas representan un lado intensamente humano del marketing y el liderazgo, y Bob capacitó a los nuevos reclutas para que siguieran sus pasos. "Ojalá viviera en un mundo en el que pudiera contratar a todas las superestrellas. Pero no lo hago; Ningún líder lo hace. En cambio, vivo en un mundo en el que hago crecer a mi gente hasta el estatus de superestrella". Al invertir en la creación de equipos de alto rendimiento, Bob crea resultados: "Ningún productor de primer nivel puede producir más que un equipo de productores de primer nivel. Por lo tanto, es más importante crear un equipo de productores de primer nivel que solo producir".

Cuando Bob asumió la dirección ejecutiva de equipos transfronterizos con empleados en Estados Unidos y México, invirtió tiempo en escuchar a los clientes: "Las encuestas a los clientes son un espejo. Si tengo empleados que están felices y sonrientes, se lo están entregando a los clientes". Esta información ayudó a Bob a mejorar la logística operativa, el servicio al cliente y la satisfacción en el lugar de trabajo para mejorar el éxito de la organización. Al poner a las personas en primer lugar, tanto colegas como clientes, Bob creó una red confiable de retroalimentación y crecimiento.

Lección 7: Un líder audaz desarrolla una práctica espiritual que sostiene el alma.

Bob cree en el poder de la espiritualidad para mejorar el liderazgo audaz. "Creo que el mundo sería un lugar mejor si más ejecutivos tuvieran una relación con un poder superior. Te diré por qué. Conectarte con tu poder superior te da la capacidad de dejar ir las cosas. Te das cuenta de que no eres todopoderoso, y esa comprensión sorprendentemente ayuda en los negocios. Elimina el resentimiento y las malas actitudes".

Cuando la gente rechaza la idea de conectarse con Dios o con un poder superior, Bob responde de manera práctica: "Creo que la espiritualidad es muy personal. Sé que es un tema difícil de hablar, sobre todo en los negocios. La mayoría de la gente no quiere tener nada que ver con eso, y no estoy de acuerdo con eso. Creo que hay espacio para permitir que tu relación espiritual te conduzca en las áreas correctas. Sé que lo ha hecho en mi vida, particularmente cuando se trata de empatía".

Por ejemplo, Bob se toma un tiempo todos los días para prepararse espiritualmente para enfrentar los desafíos inherentes al día de negocios fortaleciendo su relación con su poder superior. "Mantener el equilibrio en tu estilo de vida laboral se trata de dedicar tiempo a ponerte en el espacio adecuado", aconseja. "Me he vuelto más celoso de mi tiempo en el sentido de que trato de no tener ninguna reunión antes de las nueve porque odio sentirme apurado". A pesar de ser un líder ocupado en la cúspide de la gestión, Bob dedica las primeras tres horas de su día a una rutina matutina diseñada para crear espacio mental y centramiento.

Al despertar alrededor de las 4:00 a.m., "Primero, miro lo que pasa en el correo electrónico. Luego camino por la terraza, respiro aire fresco, me dejo llevar y me concentro en mis pensamientos. Me preparo un espresso y empiezo a leer una reflexión estructurada sobre la Biblia, que me ayuda a pensar en mi relación con Dios. Utilizo la palabra 'Dios', pero podría ser cualquiera. Algunas personas prefieren la frase 'poder superior'. El punto es conectarse con un poder más grande que uno mismo". Siendo un líder dentro de su familia, Bob recopila parte de la información inspiradora que lee y se la envía a sus cuatro hijos "para ayudarlos a comenzar bien su día". Para anclar su salud física, se ata los cordones de los tenis y va al gimnasio o camina de tres a cinco millas.

Algunas personas podrían preguntarse cómo tiene tiempo para esta práctica, pero Bob responde: "Cuando llego al trabajo, mi mente y mi cuerpo están en el espacio correcto y nunca tengo problemas con la concentración". Y advierte: "A veces estamos demasiado ocupados para hacer las cosas que nos hacen estar menos ocupados". La rutina matutina de Bob proporciona espacio mental y fortaleza para ayudarlo a comenzar el día intencionalmente y priorizar las relaciones familiares. Además, su práctica espiritual diaria lo vacuna contra el estrés reactivo y le permite mantener el equilibrio con el ritmo de trabajo. Es un medio para canalizar su fuerte fe privada en la mejora de su liderazgo organizacional. Bob resume: "La espiritualidad es una parte importante de mi vida. Me ayuda a ser yo mismo todos los días".

Lección 8: Un líder audaz se preocupa por la comunidad y la familia.

Como líder exitoso, Bob ayuda a retribuir a la comunidad. En 1999, colaboró con compradores de tiempo compartido y desarrolladores de resorts para establecer la Eagle's Wings Foundation, una fundación sin fines de lucro de California que ayuda a aliviar la pobreza en las comunidades que rodean los resorts de tiempo compartido. Dirigido por un comité ejecutivo y una junta directiva que representan a la comunidad y a los centros turísticos, Eagle's Wings revisa y aprueba las subvenciones.

A partir de 2023, Eagle's Wings ha recibido más de ocho millones de dólares (USD) en donaciones de efectivo y otros artículos tangibles de desarrolladores y compradores de tiempo compartido. Con la ayuda de Bob y el apoyo de otros fundadores y donantes, Eagle's Wings recolecta artículos que ya no se necesitan en los resorts pero que aún están en buen estado, como colchones, hornos de microondas, toallas, sábanas, lámparas, almohadas, muebles, pequeños electrodomésticos, etc., y los ofrece a bajo costo a las familias locales. En resumen, Eagle's Wings representa la dedicación de sus fundadores al servicio y a la mejora de las comunidades. Ese es el tipo de liderazgo que no se olvidará pronto.

Otra forma más privada en la que Bob "devuelve el favor" es entregando liderazgo a su familia y a sus cuatro hijos. Describe cómo su filosofía de crianza forma parte de su filosofía de liderazgo: "Creo que mucho de lo que son mis hijos hoy tiene que ver con su capacidad para cometer errores. Cuando mis hijos eran pequeños, creía que mi trabajo como padre era establecer algunas barreras. No les di a los niños una carretera de un solo carril, sino más bien una autopista de ocho carriles. Les dejé cometer errores, no los errores que podrían destruir su vida, sino el tipo de errores que podrían enseñarles y transformarlos".

La capacidad de aprender lecciones en entornos de bajo riesgo enseña a los niños a tomar buenas decisiones cuando hay mucho en juego. Bob se ríe: "Algunas personas pensaron que les permití a mis hijos demasiada libertad, pero hoy están bien, incluso si hubo algunos momentos difíciles".

La misma filosofía es relevante en el liderazgo en el lugar de trabajo, dice Bob: "Le doy a mi gente espacio para crecer, aprender y cometer errores. Trato de evitar que tomen una decisión que destruya la empresa, pero les doy espacio para aprender y crecer". De esta manera, Bob apoya a sus hijos y a sus empleados para que se conviertan en personas más capaces y con los pies en la tierra. Una manera maravillosa de cuidar a la comunidad y a la familia.

Lección 9: Un líder audaz pasa a la acción.
Los líderes a menudo corren a un millón de millas por hora y es fácil sentirse abrumado. "Cuando estás en modo de gestión de crisis, no se logra nada y estar abrumado te desenfocará porque estás tratando de pensar en demasiados problemas a la vez. Al final del día, soy un tipo de resultados", describe Bob.

Entonces, ¿cómo se pone eso en práctica? La regla de oro de Bob para evitar la preocupación y el agobio es actuar: "Cualquiera que sea el problema, me pregunto: '¿Qué puedo hacer al respecto ahora mismo?' Si no hay nada que hacer en este momento, entonces lo retiro de la mesa. No me preocupo por eso. Si hay algo que hacer en este momento, lo hago. Tal vez la acción sea concertar una reunión. Levanto el teléfono y organizo la reunión. Tomar acción me ayuda a concentrarme en el problema en particular y dejar de lado lo que no puedo controlar. Esta es la clave número uno para no tener estrés en mi vida".

En cuanto a la aplicación de su regla de oro al liderazgo organizacional, Bob toma medidas ejecutivas con respecto a la operación y la logística, los recursos humanos, la comercialización, etc. Sabe cómo atraer a las personas adecuadas al negocio, cómo capacitarlas y motivarlas, y cómo ayudarlas a crecer en sus carreras. Desde la gestión de la marca hasta la satisfacción del cliente, Bob ha comprometido su trayectoria profesional a proporcionar un excelente servicio a la empresa y una conexión de calidad con las personas. ¿Qué pasa si no hay nada que Bob pueda hacer con respecto a un problema cuando surge? "Si no hay nada que hacer en ese momento, no me preocupo, porque ¿qué sentido tiene preocuparse cuando no hay nada que hacer? Toma las medidas que necesites y nunca te sentirás abrumado", aconseja.

Lección 10: Un líder audaz demuestra lealtad.

Al codearse con desarrolladores y vendedores de primera línea, la perspectiva única de Bob durante décadas destaca el valor de la lealtad. Bob resume: "He estado en el mismo trabajo durante 40 años. Encuentras el negocio adecuado, la empresa adecuada y las personas adecuadas y te quedas allí. Muchos de mis amigos en el negocio saltaron a la siguiente oferta y buscaron un puesto y todavía lo están haciendo. Llegué a trabajar a un lugar y aguanté. Me han ascendido y degradado. Pero en general, he dado mi vida a esto y me ha cuidado a cambio". El enfoque práctico de Bob también resalta su lealtad a sus socios comerciales, que no solo son sus mentores, sino también su familia.

Permanecer en un negocio a lo largo del tiempo no está exento de desafíos. Bob aconseja que tener la actitud correcta lo es todo: "La palabra 'justo' es una opinión y si dejas que influya en tus decisiones personales, siempre vas a perder. No se obtiene lo que es 'justo', sino lo que se negocia". Bob vio a la gente caminando por ahí exigiendo ser tratados de manera justa, en lugar de centrarse en entregar valor. Aconseja: "No te centres en todo lo que haces por la empresa; debes saber que eres reemplazable. La realidad es que todos somos reemplazables. El hecho de que haya hecho algo ayer no significa que deba ser recompensado mañana. La lealtad no es igual a los resultados". Pero la lealtad junto con el trabajo duro puede ofrecer una carrera exitosa que abarque muchas décadas.

Conclusiones clave

Considera cómo estas diez lecciones pueden informar y mejorar el marco de tu propio liderazgo. Los líderes sabios aprenden de aquellos que han ido antes, implementando técnicas probadas y comprobadas para traer lo mejor de sí mismos a su organización. La historia de Bob es solo una entre muchas, y la tuya será otra historia de gran liderazgo.

Después de años en el crisol de las ventas y la gestión, Bob emergió como un líder audaz con corazón y talento. Como vicepresidente de una de las principales marcas de hoteles de tiempo compartido en México, es una de las pocas personas que conoce la vista desde los niveles superiores, así como la vista desde el nivel del suelo. Tiene una perspectiva ejecutiva sobre el lado financiero del éxito, incluido el desarrollo empresarial y la riqueza, y también comprende el lado humano del éxito, incluida la inversión social y comunitaria. Esa combinación de experiencia lo posiciona para liderar de manera efectiva ahora y en el futuro, y hace que su voz sea una en la que se puede confiar.

Un autor dijo de Bob: "Te presentaste como un guerrero del pasado. Ahora tienes el futuro en tus bolsillos".[592] Mientras Bob mira hacia el futuro, se enfoca en compartir sus lecciones y visión de liderazgo con el mundo. Inspira y guía de forma proactiva a los vendedores nuevos y experimentados, y cree que si se enseña a los empleados cómo mejorar sus vidas, es más probable que permanezcan en la organización. Después de haber dedicado años en la alta gerencia a producir modelos de liderazgo inspiradores para empresarios relacionados con temas como marketing, coaching, servicio, etc., Bob motivará a generaciones de líderes venideras.

Notas

[1] Ibarra, Herminia and Scoular, Anne. "The Leader as Coach." Harvard Business Review. Published Nov.-Dec. 2019; accessed March 2020: https://hbr.org/2019/11/the-leader-as-coach.
[2] *Id.*
[3] Westfall, Chris. "Why Coaching Matters: How Leaders Can Become Better Coaches and Build Stronger Teams." Forbes. Accessed March 2020: https://www.forbes.com/sites/chriswestfall/2019/07/04/coaching-matters-how-leaders-become-better-coaches-build-stronger-teams/#26a79fcd405e.
[4] *Id.*
[5] Kistner, Robert. "Strategy 2020." Published Feb. 2020.
[6] Collins, Gary. "45 Coaching Quotes." Inspirational Words of Wisdom. Accessed March 2020: https://www.wow4u.com/coaching/.
[7] Ibarra, Herminia and Scoular, Anne. "The Leader as Coach." Harvard Business Review. Published Nov.-Dec. 2019; accessed March 2020: https://hbr.org/2019/11/the-leader-as-coach.
[8] Mahalo, Tom. "45 Coaching Quotes." Inspirational Words of Wisdom. Accessed March 2020: https://www.wow4u.com/coaching/.
[9] *Id.*
[10] Nelson, Bob. "45 Coaching Quotes." Inspirational Words of Wisdom. Accessed March 2020: https://www.wow4u.com/coaching/.
[11] Pulsifer, Byron and Pulsifer, Catherine. "45 Coaching Quotes." Inspirational Words of Wisdom. Accessed March 2020: https://www.wow4u.com/coaching/.
[12] Ibarra, Herminia and Scoular, Anne. "The Leader as Coach." Harvard Business Review. Published Nov.-Dec. 2019; accessed March 2020: https://hbr.org/2019/11/the-leader-as-coach.
[13] *Id.*
[14] Madison, I. "45 Coaching Quotes." Inspirational Words of Wisdom. Accessed March 2020: https://www.wow4u.com/coaching/.
[15] Dixon, Phil. "45 Coaching Quotes." Inspirational Words of Wisdom. Accessed March 2020: https://www.wow4u.com/coaching/.
[16] Hagen, Tim. "The Conversation Crisis: We Are in Need of Conversational Leaders." Forbes. Published Jan. 2020; Accessed March 2020: https://www.forbes.com/sites/forbescoachescouncil/2020/01/30/the-conversation-crisis-we-are-in-need-of-conversational-leaders/#1ae6b53910e6.
[17] *Id.*
[18] Ibarra, Herminia and Scoular, Anne. "The Leader as Coach." Harvard Business Review. Published Nov.-Dec. 2019; accessed March 2020: https://hbr.org/2019/11/the-leader-as-coach.

[19] *Id.*
[20] Dryden, Gordon. "45 Coaching Quotes." Inspirational Words of Wisdom. Accessed March 2020: https://www.wow4u.com/coaching/.
[21] Winkelman, Nick. "The Language of Coaching." LinkedIn. Published June 2019; Accessed March 2020: https://www.slideshare.net/nwinkelman/the-language-of-coaching-a-story-about-learning.
[22] Wooden, John. "45 Coaching Quotes." Inspirational Words of Wisdom. Accessed March 2020: https://www.wow4u.com/coaching/.
[23] *Id.*
[24] Westfall, Chris. "Why Coaching Matters: How Leaders Can Become Better Coaches and Build Stronger Teams." Forbes. Accessed March 2020: https://www.forbes.com/sites/chriswestfall/2019/07/04/coaching-matters-how-leaders-become-better-coaches-build-stronger-teams/#26a79fcd405e.
[25] *Id.*
[26] Wooden, John. "45 Coaching Quotes." Inspirational Words of Wisdom. Accessed March 2020: https://www.wow4u.com/coaching/.
[27] Kistner, Robert. "Strategy 2020." Published Feb. 2020.
[28] Boyatzis, Richard, Smith, Melvin, and Van Oosten, Ellen. "Coaching for Change." Harvard Business Review. Published Sept.-Oct. 2019; Accessed March 2020: https://hbr.org/2019/09/coaching-for-change.
[29] *Id.*
[30] Kistner, Robert. "Strategy 2020." Published Feb. 2020.
[31] *Id.*
[32] Ibarra, Herminia and Scoular, Anne. "The Leader as Coach." Harvard Business Review. Published Nov.-Dec. 2019; accessed March 2020: https://hbr.org/2019/11/the-leader-as-coach.
[33] *Id.*
[34] Kistner, Robert. "Strategy 2020." Published Feb. 2020.
[35] Westfall, Chris. "Why Coaching Matters: How Leaders Can Become Better Coaches and Build Stronger Teams." Forbes. Accessed March 2020: https://www.forbes.com/sites/chriswestfall/2019/07/04/coaching-matters-how-leaders-become-better-coaches-build-stronger-teams/#26a79fcd405e.
[36] *Id.*
[37] *Id.*
[38] *Id.*
[39] *Id.*
[40] Kistner, Robert. "Strategy 2020." Published Feb. 2020.
[41] Wooden, John. "45 Coaching Quotes." Inspirational Words of Wisdom. Accessed March 2020: https://www.wow4u.com/coaching/.
[42] Boyatzis, Richard, Smith, Melvin, and Van Oosten, Ellen. "Coaching for Change." Harvard Business Review. Published Sept.-Oct. 2019; Accessed March 2020: https://hbr.org/2019/09/coaching-for-change.
[43] Kistner, Robert. "Strategy 2020." Published Feb. 2020.
[44] Cagneey, Brian. "45 Coaching Quotes." Inspirational Words of Wisdom. Accessed March 2020: https://www.wow4u.com/coaching/.
[45] Tracy, Brian as quoted in Brown, Joel. "45 Highly Inspirational Quotes." Published May 2014; Accessed March. 2020: https://addicted2success.com/quotes/45-highly-inspirational-brian-tracy-quotes/.
[46] Kistner, Robert. "Strategy 2020." Published Feb. 2020.
[47] McGannon, Don. "Leadership." Accessed March 2020: https://goleansixsigma.com/leadership-is-not-a-position-or-a-title-it-is-action-and-example/.
[48] Carucci, Ron. "How to Actually Encourage Employee Accountability." Published Nov. 2020; Accessed April 2021: https://hbr.org/2020/11/how-to-actually-encourage-employee-accountability.

Notas

[49] *Id.*

[50] Jensen, Michael C. "A New Model of Integrity: An Actionable Pathway to Trust, Productivity and Value." Harvard Business School Negotiation, Organization and Markets Research Paper. Published Nov. 2009; Accessed April 2021: https://www.scribd.com/document/77538419/A-New-Model-of-Integrity-2009-Jensen-Erhard.

[51] Tracy, Brian. "Brian Tracy Quotes." Brainy Quote. Accessed April 2021: https://www.brainyquote.com/authors/brian-tracy-quotes.

[52] Tracy, Brian. "No Excuses!" As quoted in The Ripening. Accessed April 2021: http://www.theripening.com/2016/01/notes-quotes-no-excuses-brian-tracy.html.

[53] Christensen, K. "Integrity: Without it Nothing Works." Published March 2014; Accessed April 2021: https://poseidon01.ssrn.com/delivery.php.

[54] Tracy, Brian. "No Excuses!" As quoted in The Ripening. Accessed April 2021: http://www.theripening.com/2016/01/notes-quotes-no-excuses-brian-tracy.html.

[55] Jensen, Michael C. "A New Model of Integrity: An Actionable Pathway to Trust, Productivity and Value." Harvard Business School Negotiation, Organization and Markets Research Paper. Published Nov. 2009; Accessed April 2021: https://www.scribd.com/document/77538419/A-New-Model-of-Integrity-2009-Jensen-Erhard.

[56] Forstmoser, Peter. "Integrity in Finance." Swiss Banking Institute. Published Nov. 2006; Accessed April 2021: http://www.nccr-finrisk.uzh.ch/media/pdf/ethicalfinance/EFRS06Forstmoser_pres.pdf.

[57] Emerson, Ralph. "No Excuses!" As quoted in The Ripening. Accessed April 2021: http://www.theripening.com/2016/01/notes-quotes-no-excuses-brian-tracy.html.

[58] Tracy, Brian. "No Excuses!" As quoted in The Ripening. Accessed April 2021: http://www.theripening.com/2016/01/notes-quotes-no-excuses-brian-tracy.html.

[59] Forstmoser, Peter. "Integrity in Finance." Swiss Banking Institute. Published Nov. 2006; Accessed April 2021: http://www.nccr-finrisk.uzh.ch/media/pdf/ethicalfinance/EFRS06Forstmoser_pres.pdf.

[60] *Id.*

[61] Tracy, Brian. "No Excuses!" As quoted in The Ripening. Accessed April 2021: http://www.theripening.com/2016/01/notes-quotes-no-excuses-brian-tracy.html.

[62] *Id.*

[63] Hubbard, Elbert. "No Excuses!" As quoted in The Ripening. Accessed April 2021: http://www.theripening.com/2016/01/notes-quotes-no-excuses-brian-tracy.html.

[64] Moneyball Film. Wikipedia. Accessed April 2021: https://en.wikipedia.org/wiki/Moneyball_(film).

[65] Mauboussin, Michael. "The True Measures of Success." Harvard Business Review. Published Oct. 2012; Accessed April 2021: https://hbr.org/2012/10/the-true-measures-of-success.

[66] Welch, Jack. As quoted by AZ Quotes, "Leadership Vision." Accessed Feb. 2020: https://www.azquotes.com/quotes/topics/leadership-vision.html.

[67] Kistner, Robert. On Leadership. Business Leadership Interview.

[68] Tracy, Brian. "Goals! How to Get Everything You Want Faster Than You Ever Thought Possible." Downloadable report accessed Oct. 2018: https://www.briantracy.com/.

[69] Mauboussin, Michael. "The True Measures of Success." Harvard Business Review. Published Oct. 2012; Accessed April 2021: https://hbr.org/2012/10/the-true-measures-of-success.

[70] *Id.*

[71] *Id.*

[72] Results-based Accountability Guide. Results Leadership Group. Accessed April 2021: http://www.dhs.state.il.us/onenetlibrary/27896/documents/by_division/dchp/rfp/rbaguide.pdf.

[73] *Id.*

[74] Tracy, Brian. "Leadership Success Blog." Accessed April 2021: https://www.briantracy.com/blog/leadership-success/leadership-quotes-for-inspiration/.

[75] Kistner, Robert. On Leadership. Business Leadership Interview.

[76] Jensen, Michael C. "A New Model of Integrity: An Actionable Pathway to Trust, Productivity and Value." Harvard Business School Negotiation, Organization and Markets Research Paper. Published Nov. 2009; Accessed April 2021: https://www.scribd.com/document/77538419/A-New-Model-of-Integrity-2009-Jensen-Erhard.
[77] Christensen, K. "Integrity: Without it Nothing Works." Published March 2014; Accessed April 2021: https://poseidon01.ssrn.com/delivery.php.
[78] Carucci, Ron. "How to Actually Encourage Employee Accountability." Published Nov. 2020; Accessed April 2021: https://hbr.org/2020/11/how-to-actually-encourage-employee-accountability.
[79] Welch, Jack. As quoted by AZ Quotes, "Leadership Vision." Accessed Feb. 2020: https://www.azquotes.com/quotes/topics/leadership-vision.html.
[80] Sinek, Simon. "Why good leaders make you feel safe." TED2014. Accessed March 2019: https://www.ted.com/talks/simon_sinek_why_good_leaders_make_you_feel_safe.
[81] *Id.*
[82] *Id.*
[83] *Id.*
[84] Tracy, Brian. "Motivating People Toward Peak Performance." Effective Manager Seminar Series: Nightingale-Conant Corporation, 1988.
[85] Collins, Jim. As quoted in "Get the Right People on the Bus." The Wunderlin Company. Published Aug. 2013; Accessed March 2019: http://wunderlin.com/get-the-right-people-on-the-bus-2/.
[86] Jonze, Spike. "Hiring." Brainy Quote. Accessed March 2019: https://www.brainyquote.com/search_results?q=hiring.
[87] Tracy, Brian. "How to Hire and Fire." Effective Manager Seminar Series: Nightingale-Conant Corporation, 1988.
[88] Eisenhower, Dwight. "Motivation Quotes." Brainy Quote. Accessed March 2019: https://www.brainyquote.com/topics/motivation.
[89] *Id.*
[90] Tracy, Brian. "Motivating People Toward Peak Performance." Effective Manager Seminar Series: Nightingale-Conant Corporation, 1988.
[91] *Id.*
[92] *Id.*
[93] Tracy, Brian. "Creating a Productive and Happy Work Environment." Accessed March 2019: https://www.briantracy.com/blog/general/creating-a-productive-happy-work-environment.
[94] Tracy, Brian. "Motivating People Toward Peak Performance." Effective Manager Seminar Series: Nightingale-Conant Corporation, 1988.
[95] Manwani, Harish. "Profit's not always the point." TED2013. Accessed March 2019: https://www.ted.com/talks/harish_manwani_profit_s_not_always_the_point.
[96] *Id.*
[97] *Id.*
[98] Sinek, Simon. "Why good leaders make you feel safe." TED2014. Accessed March 2019: https://www.ted.com/talks/simon_sinek_why_good_leaders_make_you_feel_safe.
[99] *Id.*
[100] Tracy, Brian. "Motivating People Toward Peak Performance." Effective Manager Seminar Series: Nightingale-Conant Corporation, 1988.
[101] Tracy, Brian. "How to Hire and Fire." Effective Manager Seminar Series: Nightingale-Conant Corporation, 1988.
[102] Siegel, David. "A More Humane Approach to Firing." Harvard Business Review. Published Aug. 2018; Accessed March 2019: https://hbr.org/2018/08/a-more-humane-approach-to-firing-people.
[103] *Id.*

Notas

[104] Friedman, Thomas. "The 'Next America.'" New York Times. Published Dec. 2018; Accessed March 2019: https://www.nytimes.com/2018/12/04/opinion/the-next-america.html.
[105] *Id.*
[106] Branson, Richard. "Quotes." Goodreads. Accessed March 2019: https://www.goodreads.com/quotes/7356284-clients-do-not-come-first-employees-come-first-if-you.
[107] Lipman, Victor. "Take Care of Your People and They Will Take Care of You." Forbes. Published Sept. 2012; Accessed March 2019: https://www.forbes.com/sites/victorlipman/2012/09/08/take-care-of-your-people-and-theyll-take-care-of-you/#673587846e1a.
[108] *Id.*
[109] Sinek, Simon. "Why good leaders make you feel safe." TED2014. Accessed March 2019: https://www.ted.com/talks/simon_sinek_why_good_leaders_make_you_feel_safe.
[110] Dyer, Wayne. As quoted in Habits for Wellbeing: "20 Quotes to Inspire Responsibility." Accessed Jan. 2020: https://www.habitsforwellbeing.com/20-quotes-to-inspire-responsibility/.
[111] Young, Owen. Forbes Quotes: "Responsibility." Accessed Jan. 2020: https://www.forbes.com/quotes/theme/responsibility/.
[112] Stamp, J. Forbes Quotes: "Responsibility." Accessed Jan. 2020: https://www.forbes.com/quotes/theme/responsibility/.
[113] Marais, Dina. "Nine Ways to Take Responsibility for Your Life." Thrive Global. Published Mar. 2018; Accessed Jan. 2020: https://thriveglobal.com/stories/9-ways-to-take-responsibility-for-your-life/.
[114] ADP 6-22. Army Leadership and The Profession (2019). Department of the Army United States of America. Accessed Jan. 2020: https://armypubs.army.mil/ProductMaps/Pubform/Details.aspx?PUB_ID=1007609.
[115] Wilson, Woodrow. Forbes Quotes: "Responsibility." Accessed Jan. 2020: https://www.forbes.com/quotes/theme/responsibility/.
[116] Kistner, Robert. Business Leadership Interview. January 2020.
[117] Covey, Stephen. As quoted in Habits for Wellbeing: "20 Quotes to Inspire Responsibility." Accessed Jan. 2020: https://www.habitsforwellbeing.com/20-quotes-to-inspire-responsibility/.
[118] Kistner, Robert. Business Leadership Interview. January 2020.
[119] *Id.*
[120] *Id.*
[121] Svare, Harland. Forbes Quotes: "Responsibility." Accessed Jan. 2020: https://www.forbes.com/quotes/theme/responsibility/.
[122] Nicholson, Nigel. "How to Motivate Your Problem People." Harvard Business Review. Published Jan. 2003; Accessed Feb. 2020: https://hbr.org/2003/01/how-to-motivate-your-problem-people.
[123] *Id.*
[124] *Id.*
[125] Welch, Jack. As quoted by AZ Quotes, "Leadership Vision." Accessed Feb. 2020: https://www.azquotes.com/quotes/topics/leadership-vision.html.
[126] Churchill, Winston. As quoted in Habits for Wellbeing: "20 Quotes to Inspire Responsibility." Accessed Jan. 2020: https://www.habitsforwellbeing.com/20-quotes-to-inspire-responsibility/.
[127] Welch, Jack. As quoted by AZ Quotes, "Leadership Vision." Accessed Feb. 2020: https://www.azquotes.com/quotes/topics/leadership-vision.html.
[128] Jobs, Steve. As quoted on Pass it On. Accessed Feb. 2020: https://www.passiton.com/inspirational-quotes/6652-if-you-are-working-on-something-exciting-that.
[129] Nizar, Louis. As quoted in Habits for Wellbeing: "20 Quotes to Inspire Responsibility." Accessed Jan. 2020: https://www.habitsforwellbeing.com/20-quotes-to-inspire-responsibility/.

[130] Williamson, Marianne. As quoted in Habits for Wellbeing: "20 Quotes to Inspire Responsibility." Accessed Jan. 2020: https://www.habitsforwellbeing.com/20-quotes-to-inspire-responsibility/.
[131] Rohn, Jim. As quoted in Habits for Wellbeing: "20 Quotes to Inspire Responsibility." Accessed Jan. 2020: https://www.habitsforwellbeing.com/20-quotes-to-inspire-responsibility/.
[132] Wikipedia. "Seat belt use rates in the United States." Accessed Jan. 2020: https://en.wikipedia.org/wiki/Seat_belt_use_rates_in_the_United_States.
[133] Edgar Snyder. "Seat Belt Statistics." Accessed Jan. 2020: https://www.edgarsnyder.com/car-accident/defective-products/seat-belts/seat-belts-statistics.html.
[134] Wikipedia. "Seat belt use rates in the United States." Accessed Jan. 2020: https://en.wikipedia.org/wiki/Seat_belt_use_rates_in_the_United_States.
[135] ADP 6-22. Army Leadership and The Profession (2019). Department of the Army United States of America. Accessed Jan. 2020: https://armypubs.army.mil/ProductMaps/Pubform/Details.aspx?PUB_ID=1007609.
[136] Lucas, George. As quoted by Leonard, Michael. "Seven Amazing Focus Quotes That Will Help You Accomplish Your Goals." Fearless Motivation. Published May 2018; Accessed Feb. 2020: https://www.fearlessmotivation.com/2018/05/03/focus-quotes-goals/.
[137] Tracy, Brian as quoted by Marcus, Bonnie. "Lessons in Management from Brian Tracy: How to Motivate and Inspire Your Team." Forbes. Published Apr. 2011; Accessed Feb. 2020: https://www.forbes.com/sites/bonniemarcus/2011/04/25/lessons-in-management-from-brian-tracy-how-to-motivate-and-inspire-your-team/#4d383ce93883.
[138] *Id.*
[139] ADP 6-22. Army Leadership and The Profession (2019). Department of the Army United States of America. Accessed Jan. 2020: https://armypubs.army.mil/ProductMaps/Pubform/Details.aspx?PUB_ID=1007609.
[140] *Id.*
[141] *Id.*
[142] *Id.*
[143] *Id.*
[144] *Id.*
[145] *Id.*
[146] *Id.*
[147] Tracy, Brian as quoted by Marcus, Bonnie. "Lessons in Management from Brian Tracy: How to Motivate and Inspire Your Team." Forbes. Published Apr. 2011; Accessed Feb. 2020: https://www.forbes.com/sites/bonniemarcus/2011/04/25/lessons-in-management-from-brian-tracy-how-to-motivate-and-inspire-your-team/#4d383ce93883.
[148] ADP 6-22. Army Leadership and The Profession (2019). Department of the Army United States of America. Accessed Jan. 2020: https://armypubs.army.mil/ProductMaps/Pubform/Details.aspx?PUB_ID=1007609.
[149] Collier, Robert. As quoted by Martin. "97 Quotes to Inspire Your Life and Business." Accessed Feb. 2020: https://www.cleverism.com/97-quotes-to-inspire-success-in-your-life-and-business/.
[150] Carlyle, Thomas. "Thomas Carlyle Quotes." BrainyQuote. Accessed Feb. 2020: https://www.brainyquote.com/quotes/thomas_carlyle_156155.
[151] Kistner, Robert. Business Leadership Interview. January 2020.
[152] Frohlinger, Carol as quoted in "Women and Negotiation: Why Men Should Come to the Table." Oxford Leadership. Published Aug. 2016; Accessed Aug. 2018: http://www.oxfordleadership.com/women-negotiation-men-come-table/.
[153] Brooks, Alison W. "Emotion and the art of negotiation." Harvard Business Review. Published Dec. 2015; Accessed Aug. 2018: https://hbr.org/2015/12/emotion-and-the-art-of-negotiation.
[154] *Id.*
[155] Nelson, Mark. Unpublished interview regarding negotiation. August 2018.

Notas

[156] Kennedy, John F. "Inaugural Address." John F. Kennedy Presidential Library and Museum. Speech made Jan. 1961; Accessed Aug. 2018: https://www.jfklibrary.org/Research/Research-Aids/Ready-Reference/JFK-Quotations/Inaugural-Address.aspx.

[157] Mamas, Michael. "5 Steps to master the art of negotiation." Entrepreneur. Published Dec. 2015; Accessed Aug. 2018: https://www.entrepreneur.com/article/253074.

[158] Voss, Christopher as quoted in "Hostage negotiation techniques that will get you what you want." Published June 2013; Accessed Aug. 2018: https://www.bakadesuyo.com/2013/06/hostage-negotiation/.

[159] Tribby, MaryEllen. "The art of negotiation: learn it and watch your business grow!" HuffPost. Published Sept. 2013; Accessed Aug. 2018: https://www.huffingtonpost.com/maryellen-tribby/negotiation_b_3605194.html.

[160] Zohar, Ilana. "The art of negotiation: leadership skills required for negotiation in the time of crisis." Science Direct. Published 2015; Accessed Aug. 2018: www.sciencedirect.com.

[161] Morrow, Lance as quoted in Chris Anderson. "Negotiation tips: how to get what you want." Published May 2013; Accessed Aug. 2018: http://smartbusinesstrends.com/negotiation-tips-how-to-get-what-you-want/.

[162] Coleman, Bill as quoted in "117 inspirational quotes for a prosperous new year." American Genius. Published Jan. 2018; Accessed Aug. 2018: https://theamericangenius.com/lists/117-inspirational-quotes-for-a-prosperous-new-year/.

[163] Court, Robert as quoted in "117 inspirational quotes for a prosperous new year." American Genius. Published Jan. 2018; Accessed Aug. 2018: https://theamericangenius.com/lists/117-inspirational-quotes-for-a-prosperous-new-year/.

[164] Harroch, Richard. "15 tactics for successful business negotiations." Forbes. Published Sept. 2016; Accessed Aug. 2018: https://www.forbes.com/sites/allbusiness/2016/09/16/15-tactics-for-successful-business-negotiations/#295654dc2528.

[165] Brooks, Alison W. "Emotion and the art of negotiation." Harvard Business Review. Published Dec. 2015; Accessed Aug. 2018: https://hbr.org/2015/12/emotion-and-the-art-of-negotiation.

[166] Nelson, Mark. Unpublished interview regarding negotiation. August 2018.

[167] Brooks, Alison W. "Emotion and the art of negotiation." Harvard Business Review. Published Dec. 2015; Accessed Aug. 2018: https://hbr.org/2015/12/emotion-and-the-art-of-negotiation.

[168] Kennedy, John F. "Radio and television report to the American people on the Berlin crisis." Delivered July 1961; Accessed Aug. 2018: https://www.jfklibrary.org/Research/Research-Aids/JFK-Speeches/Berlin-Crisis_19610725.aspx.

[169] Nelson, Mark. Unpublished interview regarding negotiation. August 2018.

[170] Landry, Lauren. "The Importance of Creativity in Business." Published Nov. 2017; Accessed April 2019: https://www.northeastern.edu/graduate/blog/creativity-importance-in-business.

[171] Tracy, Brian. *The Creative Manager*. Effective Manager Seminar Series. Nightingale-Conant Corporation, 1988.

[172] Morr, Kelly. "What is creativity? The ultimate guide to understanding today's most important ability." 99designs. Published Dec. 2018; Accessed April 2019: https://99designs.com/blog/creative-thinking/what-is-creativity.

[173] Culture of the United States Marines. Wikipedia. Accessed April 2019: https://en.wikipedia.org/wiki/Culture_of_the_United_States_Marine_Corps.

[174] Tracy, Brian. *The Creative Manager*. Effective Manager Seminar Series. Nightingale-Conant Corporation, 1988.

[175] Morr, Kelly. "What is creativity? The ultimate guide to understanding today's most important ability." 99designs. Published Dec. 2018; Accessed April 2019: https://99designs.com/blog/creative-thinking/what-is-creativity.

[176] Csikszentmihalyi, Mihaly. *Creativity—Flow and the Psychology of Discovery and Invention*. As cited by California State University Northridge. Accessed April 2019: https://www.csun.edu/~vcpsy00h/creativity/define.htm.

[177] Franken, Robert. *Human Motivation*. As cited by California State University Northridge. Accessed April 2019: https://www.csun.edu/~vcpsy00h/creativity/define.htm.
[178] Tracy, Brian. *The Creative Manager*. Effective Manager Seminar Series. Nightingale-Conant Corporation, 1988.
[179] *Id.*
[180] Amabile, T. and Khaire, M. "Creativity and the Role of the Leader." Harvard Business Review. Published Oct. 2008; Accessed April 2019: https://hbr.org/2008/10/creativity-and-the-role-of-the-leader.
[181] *Id.*
[182] Brace, Louise. "The Seven Principles of Managing for Creativity." Published April 2016; Accessed April 2019: https://management30.com/blog/the-seven-principles-of-managing-for-creativity.
[183] *Id.*
[184] *Id.*
[185] Amabile, T. and Khaire, M. "Creativity and the Role of the Leader." Harvard Business Review. Published Oct. 2008; Accessed April 2019: https://hbr.org/2008/10/creativity-and-the-role-of-the-leader.
[186] Moran, Gwen. "Six Habits of Creative Managers." Fast Company. Published May 2016; Accessed April 2019: https://www.fastcompany.com/3059779/6-habits-of-creative-managers.
[187] *Id.*
[188] Brace, Louise. "The Seven Principles of Managing for Creativity." Published April 2016; Accessed April 2019: https://management30.com/blog/the-seven-principles-of-managing-for-creativity.
[189] McLeod, Saul. "Social Identity Theory." Simply Psychology. Published 2008; Accessed April 2019.
[190] Amabile, T. and Khaire, M. "Creativity and the Role of the Leader." Harvard Business Review. Published Oct. 2008; Accessed April 2019: https://hbr.org/2008/10/creativity-and-the-role-of-the-leader.
[191] *Id.*
[192] Brace, Louise. "The Seven Principles of Managing for Creativity." Published April 2016; Accessed April 2019: https://management30.com/blog/the-seven-principles-of-managing-for-creativity.
[193] Trapp, Roger. "Five Steps to Business Creativity." Forbes. Published Oct. 2013; Accessed April 2019: https://www.forbes.com/sites/rogertrapp/2013/10/21/five-steps-to-business-creativity/#955039d249d7.
[194] Landry, Lauren. "The Importance of Creativity in Business." Published Nov. 2017; Accessed April 2019: https://www.northeastern.edu/graduate/blog/creativity-importance-in-business.
[195] Bahcall, Safi. "The most important breakthroughs are the ones most likely to be shot down." Published March 2019; Accessed April 2019: https://www.linkedin.com/pulse/most-important-breakthroughs-ones-likely-shot-down-safi-bahcall.
[196] *Id.*
[197] Kistner, Robert. Business Leadership Interview. 2019.
[198] Landry, Lauren. "The Importance of Creativity in Business." Published Nov. 2017; Accessed April 2019: https://www.northeastern.edu/graduate/blog/creativity-importance-in-business.
[199] Tracy, Brian. *The Creative Manager*. Effective Manager Seminar Series. Nightingale-Conant Corporation, 1988.
[200] Uchtdorf, Dieter as quoted by Mikesh, Kimberly. "10 Positive Quotes to Inspire Creativity." Accessed April 2019: https://www.happier.com/87ublog/10-positive-quotes-to-inspire-creativity.
[201] Angelou, Maya as quoted by Mikesh, Kimberly. "10 Positive Quotes to Inspire Creativity." Accessed April 2019: https://www.happier.com/blog/10-positive-quotes-to-inspire-creativity.
[202] Einstein, Albert as quoted by Mikesh, Kimberly. "10 Positive Quotes to Inspire Creativity." Accessed April 2019: https://www.happier.com/blog/10-positive-quotes-to-inspire-creativity.

Notas

[203] De Bono, Edward as quoted by Mikesh, Kimberly. "10 Positive Quotes to Inspire Creativity." Accessed April 2019: https://www.happier.com/blog/10-positive-quotes-to-inspire-creativity.
[204] Morr, Kelly. "What is creativity? The ultimate guide to understanding today's most important ability." 99designs. Published Dec. 2018; Accessed April 2019: https://99designs.com/blog/creative-thinking/what-is-creativity.
[205] *Id.*
[206] Trapp, Roger. "Five Steps to Business Creativity." Forbes. Published Oct. 2013; Accessed April 2019: https://www.forbes.com/sites/rogertrapp/2013/10/21/five-steps-to-business-creativity/#955039d249d7.
[207] Amabile, T. and Khaire, M. "Creativity and the Role of the Leader." Harvard Business Review. Published Oct. 2008; Accessed April 2019: https://hbr.org/2008/10/creativity-and-the-role-of-the-leader.
[208] *Id.*
[209] *Id.*
[210] Tracy, Brian. *The Creative Manager.* Effective Manager Seminar Series. Nightingale-Conant Corporation, 1988.
[211] Amabile, T. and Khaire, M. "Creativity and the Role of the Leader." Harvard Business Review. Published Oct. 2008; Accessed April 2019: https://hbr.org/2008/10/creativity-and-the-role-of-the-leader.
[212] Bahcall, Safi. *Loonshots: How to Nurture the Crazy Ideas that Win Wars, Cure Diseases, and Transform Industries.* Accessed April 2019: https://www.goodreads.com/work/quotes/61659659-loonshots-how-to-nurture-the-crazy-ideas-that-win-wars-cure-diseases.
[213] *Id.*
[214] *Id.*
[215] EdX. "Innovation and Creativity Management." Accessed April 2019: https://www.edx.org/course/innovation-creativity-management-rwthx-mti003x.
[216] Daily News. "The Steve Jobs Nobody Knew." Published Oct. 2011; Accessed April 2019: https://web.archive.org/web/20120425233149/http://india.nydailynews.com/article/3ea39be2a29179c3406250afd01c526/the-steve-jobs-nobody-knew.
[217] Love, Dylan. "16 Examples of Steve Jobs Being a Huge Jerk." Published Oct. 2011; Accessed April 2019: https://www.businessinsider.com/steve-jobs-jerk-2011-10.
[218] NY Daily News. "The Steve Jobs Nobody Knew." Published Oct. 2011; Accessed April 2019: https://web.archive.org/web/20120425233149/http://india.nydailynews.com/article/3ea39be2a29179c3406250afd01c526/the-steve-jobs-nobody-knew.
[219] *Id.*
[220] Kistner, Robert. Business Leadership Interview. 2019.
[221] Stanford News. "You've got to find what you love." Commencement Address by Steve Jobs June 2005; Accessed April 2019: https://news.stanford.edu/2005/06/14/jobs-061505.
[222] *Id.*
[223] *Id.*
[224] *Id.*
[225] Vonnegut, Kurt as quoted by Mikesh, Kimberly. "10 Positive Quotes to Inspire Creativity." Accessed April 2019: https://www.happier.com/blog/10-positive-quotes-to-inspire-creativity.
[226] Tracy, Brian. *The Creative Manager.* Effective Manager Seminar Series. Nightingale-Conant Corporation, 1988.
[227] *Id.*
[228] Stanford News. "You've got to find what you love." Commencement Address by Steve Jobs June 2005; Accessed April 2019: https://news.stanford.edu/2005/06/14/jobs-061505.
[229] McCarthy, Dan. "Learn the Ways Leaders Encourage Innovation." Published Aug. 2017; Accessed March 2018: https://www.thebalance.com/encourage-innovation-from-employees-2275816.

[230] Australian Government. "Business Innovation." Published Nov. 2017; Accessed March 2018: https://www.business.gov.au/info/run/innovation.
[231] Amabile, T. & Khaire, M. "Creativity and the Role of the Leader." Harvard Business Review. Published Oct. 2008; Accessed March 2018: https://hbr.org/2008/10/creativity-and-the-role-of-the-leader.
[232] Robert W. Woodruff Foundation. Accessed March 2018: http://woodruff.org/about-the-foundation/robert-w-woodruff/.
[233] Cashman, K. "7 Ways Leaders can Foster Innovation." Forbes Leadership. Published Aug. 2013; Accessed March 2018: https://www.forbes.com/sites/kevincashman/2013/08/21/7-ways-leaders-can-foster-innovation/#546075fc29a9.
[234] Id.
[235] Berkus, Dave. "The five kinds of risk in building your business." Published June 2015; Accessed March 2018: https://berkonomics.com/?p=2286.
[236] McCarthy, Dan. "70 Awesome Coaching Questions for Managers." Published Aug. 2017; Accessed March 2018: https://www.thebalance.com/coaching-questions-for-managers-2275913.
[237] Amabile, T. & Khaire, M. "Creativity and the Role of the Leader." Harvard Business Review. Published Oct. 2008; Accessed March 2018: https://hbr.org/2008/10/creativity-and-the-role-of-the-leader.
[238] Eurostat Statistics Explained. "Share of enterprises that had product innovations, 2012-2014." Accessed March 2018: http://ec.europa.eu/eurostat/statistics-explained/index.php/File:Share_of_enterprises_that_had_product_innovations,_2012%E2%80%932014_(%25)_YB17.png.
[239] Amabile, T. & Khaire, M. "Creativity and the Role of the Leader." Harvard Business Review. Published Oct. 2008; Accessed March 2018: https://hbr.org/2008/10/creativity-and-the-role-of-the-leader.
[240] Hoque, F. "How to Create a Culture of Innovation." Fast Company. Published June 2014; Accessed March 2018: https://www.fastcompany.com/3031092/how-to-create-a-culture-of-innovation-in-the-workplace.
[241] Entrepreneurs' Organization. "6 Ways to Encourage Innovation at Your Company." Published Sept. 2015; Accessed March 2018: https://www.inc.com/entrepreneurs-organization/6-ways-to-encourage-innovation-at-your-company.html.
[242] Horth, D. & Vehar, J. "Innovation—how leadership makes the difference." Center for Creative Leadership. Accessed March 2018: https://www.ccl.org/articles/white-papers/innovation-how-leadership-makes-the-difference/.
[243] Conroy, K. "Encouraging Employees to Innovate." Edward Lowe Foundation. Accessed March 2018: http://edwardlowe.org/encouraging-employees-to-innovate/.
[244] Cashman, K. "7 Ways Leaders Can Foster Innovation." Forbes Leadership. Published Aug. 2013; Accessed March 2018: https://www.forbes.com/sites/kevincashman/2013/08/21/7-ways-leaders-can-foster-innovation/#546075fc29a9.
[245] Personal communication with MAJ (CA) Mark F. Nelson. March 2018.
[246] Groysbert, B., Lee, J., Price, J. and Cheng, J. "The Leader's Guide to Corporate Culture." Harvard Business Review. Published Jan. 2018; Accessed July 2022: https://hbr.org/2018/01/the-leaders-guide-to-corporate-culture.
[247] Id.
[248] Id.
[249] Doerr, John. *Measure What Matters*. Portfolio/Penguin. New York: 2018; p. 212.
[250] Overy, Richard as quoted by Venable, Heather. "More Than Meets the Eye." Army War College. Published Dec. 2020; Accessed July 2022: https://warroom.armywarcollege.edu/special-series/dusty-shelves/why-the-allies-won/.
[251] Groysbert, B., Lee, J., Price, J. and Cheng, J. "The Leader's Guide to Corporate Culture." Harvard Business Review. Published Jan. 2018; Accessed July 2022: https://hbr.org/2018/01/the-leaders-guide-to-corporate-culture.
[252] Id.
[253] Id.

[254] Tarver, Evan. "Corporate Culture." Investopedia. Published Sept. 2021; Accessed July 2022: https://www.investopedia.com/terms/c/corporate-culture.asp.
[255] Doerr, John. *Measure What Matters*. Portfolio/Penguin. New York: 2018; p. 230.
[256] Indeed Editorial Team. "3 Examples of Great Organizational Culture – And How to Develop It." Published April 2021; Accessed July 2022: https://www.indeed.com/lead/build-great-organizational-culture?gclid=EAIaIQobChMIoIb92rmn-QIVyiCtBh1upQBJEAAYASAAEgKodfD_BwE&aceid.
[257] *Id*.
[258] *Id*.
[259] *Id*.
[260] Tarver, Evan. "Corporate Culture." Investopedia. Published Sept. 2021; Accessed July 2022: https://www.investopedia.com/terms/c/corporate-culture.asp.
[261] Groysbert, B., Lee, J., Price, J. and Cheng, J. "The Leader's Guide to Corporate Culture." Harvard Business Review. Published Jan. 2018; Accessed July 2022: https://hbr.org/2018/01/the-leaders-guide-to-corporate-culture.
[262] Doerr, John. *Measure What Matters*. Portfolio/Penguin. New York: 2018; p. 215.
[263] *Id*. at 213.
[264] Seidman, Dov as quoted by Doerr, John. *Measure What Matters*. Portfolio/Penguin. New York: 2018; p. 220.
[265] Indeed Editorial Team. "3 Examples of Great Organizational Culture – And How to Develop It." Published April 2021; Accessed July 2022: https://www.indeed.com/lead/build-great-organizational-culture?gclid=EAIaIQobChMIoIb92rmn-QIVyiCtBh1upQBJEAAYASAAEgKodfD_BwE&aceid.
[266] *Id*.
[267] Doerr, John. *Measure What Matters*. Portfolio/Penguin. New York: 2018; p. 213.
[268] Cunningham, Keith. As cited in "Summary of The Road Less Stupid." Published Dec. 2019; Accessed July 2022: https://waiyancan.com/summary-the-road-less-stupid-by-keith-j-cunningham/.
[269] Tenney, Matt. "The Best Company Culture in the World -- 2022." Business Leadership Today. Accessed July 2022: https://businessleadershiptoday.com/what-is-the-best-company-culture/.
[270] Doerr, John. *Measure What Matters*. Portfolio/Penguin. New York: 2018; p. 219.
[271] *Id*. at 220.
[272] Indeed Editorial Team. "3 Examples of Great Organizational Culture – And How to Develop It." Published April 2021; Accessed July 2022: https://www.indeed.com/lead/build-great-organizational-culture?gclid=EAIaIQobChMIoIb92rmn-QIVyiCtBh1upQBJEAAYASAAEgKodfD_BwE&aceid.
[273] *Id*.
[274] *Id*.
[275] Tenney, Matt. "The Best Company Culture in the World—2022." Business Leadership Today. Accessed July 2022: https://businessleadershiptoday.com/what-is-the-best-company-culture/.
[276] *Id*.
[277] *Id*.
[278] *Id*.
[279] Katzenbach, Jon et. al. "Cultural Change that Sticks." Harvard Business Review. Published July 2012; Accessed August 2022: https://hbr.org/2012/07/cultural-change-that-sticks.
[280] Walker, Bryan and Soule, Sarah. "Changing Company Culture Requires a Movement, not a Mandate." Harvard Business Review. Published June 2017; Accessed August 2022: https://hbr.org/2017/06/changing-company-culture-requires-a-movement-not-a-mandate.
[281] Katzenbach, Jon et. al. "Cultural Change that Sticks." Harvard Business Review. Published July 2012; Accessed August 2022: https://hbr.org/2012/07/cultural-change-that-sticks.
[282] Cunningham, Keith. *The Road Less Stupid*. As quoted on Goodreads. Accessed July 2022: https://www.goodreads.com/author/quotes/203293.Keith_J_Cunningham.

[283] Groysbert, B., Lee, J., Price, J. and Cheng, J. "The Leader's Guide to Corporate Culture." Harvard Business Review. Published Jan. 2018; Accessed July 2022: https://hbr.org/2018/01/the-leaders-guide-to-corporate-culture.
[284] Doerr, John. *Measure What Matters*. Portfolio/Penguin. New York: 2018; p. 212.
[285] Tracy, Brian. "Brian Tracy Quotes." Brainy Quote. Accessed April 2021: https://www.brainyquote.com/authors/brian-tracy-quotes.
[286] Doerr, John. *Measure What Matters*. Portfolio/Penguin. New York: 2018; p. 229.
[287] Groysbert, B., Lee, J., Price, J. and Cheng, J. "The Leader's Guide to Corporate Culture." Harvard Business Review. Published Jan. 2018; Accessed July 2022: https://hbr.org/2018/01/the-leaders-guide-to-corporate-culture.
[288] Groysbert, B., Lee, J., Price, J. and Cheng, J. "The Leader's Guide to Corporate Culture." Harvard Business Review. Published Jan. 2018; Accessed July 2022: https://hbr.org/2018/01/the-leaders-guide-to-corporate-culture.
[289] Cunningham, Keith. *The Road Less Stupid*. Keys to the Vault, 2018: USA; 145.
[290] Cunningham, Keith. *The Road Less Stupid*. Keys to the Vault, 2018: USA; 146.
[291] *Id.*
[292] Kistner, Robert. "Leadership Quotes." Business Leadership Interview.
[293] Doerr, John. *Measure What Matters*. Portfolio/Penguin. New York: 2018; p. 221.
[294] *Id.* at 216.
[295] *Id.* at 217.
[296] *Id.* at 217.
[297] *Id.*
[298] Doerr, John. *Measure What Matters*. Portfolio/Penguin. New York: 2018; p. 228.
[299] Cunningham, Keith. As cited in "Summary of The Road Less Stupid." Published Dec. 2019; Accessed July 2022: https://waiyancan.com/summary-the-road-less-stupid-by-keith-j-cunningham/.
[300] Doerr, John. *Measure What Matters*. Portfolio/Penguin. New York: 2018; p. 212.
[301] Groysbert, B., Lee, J., Price, J. and Cheng, J. "The Leader's Guide to Corporate Culture." Harvard Business Review. Published Jan. 2018; Accessed July 2022: https://hbr.org/2018/01/the-leaders-guide-to-corporate-culture.
[302] Jacobsen, Darcy. "Five Companies Whose Great Cultures Saved Their Bacon." Workhuman. Published April 2014; Accessed August 2022: https://www.workhuman.com/resources/globoforce-blog/5-companies-whose-great-cultures-saved-their-bacon.
[303] *Id.*
[304] *Id.*
[305] Harman, Wendy. "Twitter Faux Pas." Red Cross Chat. Published Feb. 2011; Accessed August 2022: https://redcrosschat.org/2011/02/16/twitter-faux-pas/.
[306] *Id.*
[307] Doerr, John. Quoting Andy Grove. *Measure What Matters*. Portfolio/Penguin. New York: 2018; p. 31.
[308] Brown, Brené. "Vulnerability is the birthplace of innovation, creativity and change." TED2012. Published March 2012; Accessed September 2022: https://blog.ted.com/vulnerability-is-the-birthplace-of-innovation-creativity-and-change-brene-brown-at-ted2012/.
[309] Doerr, John. *Measure What Matters*. Portfolio/Penguin. New York: 2018; p. 228.
[310] *Id.*
[311] *Id.*
[312] Razzetti, Gustavo. "12 Examples of Companies with Powerful Cultures." Culture Design Canvas. Published Dec. 2020; Accessed August 2022: https://www.fearlessculture.design/blog-posts/11-examples-of-companies-with-powerful-cultures.
[313] *Id.*
[314] Groysbert, B., Lee, J., Price, J. and Cheng, J. "The Leader's Guide to Corporate Culture." Harvard Business Review. Published Jan. 2018; Accessed July 2022: https://hbr.org/2018/01/the-leaders-guide-to-corporate-culture.

[315] Doerr, John. *Measure What Matters*. Portfolio/Penguin. New York: 2018; p. 215.
[316] Collins, Jim as quoted by Doerr, John. *Measure What Matters*. Portfolio/Penguin. New York: 2018; p. 223.
[317] Doerr, John. *Measure What Matters*. Portfolio/Penguin. New York: 2018; p. 227.
[318] Cunningham, Keith. *The Road Less Stupid*. Keys to the Vault, 2018: USA; 42.
[319] *Id.* at 45.
[320] Doerr, John. *Measure What Matters*. Portfolio/Penguin. New York: 2018; p. 216.
[321] Cunningham, Keith. *The Road Less Stupid*. Keys to the Vault, 2018: USA; 46.
[322] Jacobsen, Darcy. "Five Companies Whose Great Cultures Saved Their Bacon." Workhuman. Published April 2014; Accessed August 2022: https://www.workhuman.com/resources/globoforce-blog/5-companies-whose-great-cultures-saved-their-bacon.
[323] *Id.*
[324] *Id.*
[325] Cunningham, Keith. *The Road Less Stupid*. Keys to the Vault, 2018: USA; 42.
[326] Huang, Chieh. "Confessions of a Recovering Micromanager." TED Lecture Oct. 2018; Accessed Dec. 2018: https://www.ted.com/talks/chieh_huang_confessions_of_a_recovering_micromanager.
[327] *Id.*
[328] *Id.*
[329] Burg, Bob. Conant Leaders. "52 Quotes about Trust and Leadership." Published June 2015; Accessed Dec. 2018: https://conantleadership.com/52-quotes-about-trust-and-leadership/.
[330] Covey, Stephen. "Stephen Covey Quotes." Brainy Quote. Accessed Dec. 2023: https://www.brainyquote.com/quotes/stephen_covey_450798.
[331] Horsager, David. "You Can't be a Great Leader Without Trust—Here's How You Build It." Forbes. Published Oct. 2018; Accessed Dec. 2018: https://www.forbes.com/sites/forbesleadershipforum/2012/10/24/you-cant-be-a-great-leader-without-trust-heres-how-you-build-it/#8c3cec44ef7a.
[332] *Id.*
[333] *Id.*
[334] Conant Leaders. "52 Quotes about Trust and Leadership." Published June 2015; Accessed Dec. 2018: https://conantleadership.com/52-quotes-about-trust-and-leadership/.
[335] Covey, Stephen. Accessed Dec. 2023: https://quotefancy.com/quote/909532/Stephen-R-Covey.
[336] Bush, George. "Advice to Young People." Accessed Dec. 2023: https://www.goodreads.com/quotes/9259493-my-advice-to-young-people-might-be-as-follows.
[337] *Id.*
[338] *Id.*
[339] *Id.*
[340] *Id.*
[341] *Id.*
[342] *Id.*
[343] *Id.*
[344] Stimson, Henry L. Brainy Quote. Accessed Dec. 2023: https://www.brainyquote.com/quotes/henry_l_stimson_176996.
[345] Powell, Colin. Conant Leaders. "52 Quotes about Trust and Leadership." Published June 2015; Accessed Dec. 2018: https://conantleadership.com/52-quotes-about-trust-and-leadership/.
[346] Geleta, Bekele. "What is Stewardship, and should all great leaders practice it?" NY Times. Accessed Dec. 2018: https://nytimesineducation.com/spotlight/what-is-stewardship-and-should-all-great-leaders-practice-it/.
[347] Nardizzi, Steven. "Leadership Through Stewardship." NY Times. Accessed Dec. 2018: https://nytimesineducation.com/spotlight/leadership-through-stewardship-a-foundation-for-organizational-success-across-cultures/.

[348] Warren, Rick. "A Life of Purpose." TED Lecture 2006; Accessed Dec. 2018: https://www.ted.com/talks/rick_warren_on_a_life_of_purpose.
[349] *Id.*
[350] *Id.*
[351] *Id.*
[352] Barnes, Brenda. Conant Leaders. "52 Quotes about Trust and Leadership." Published June 2015; Accessed Dec. 2018: https://conantleadership.com/52-quotes-about-trust-and-leadership/.
[353] Warren, Rick. "A Life of Purpose." TED Lecture 2006; Accessed Dec. 2018: https://www.ted.com/talks/rick_warren_on_a_life_of_purpose.
[354] Kistner, Robert. Private Interview. Dec. 2018.
[355] Wilde, Oscar. Conant Leaders. "52 Quotes about Trust and Leadership." Published June 2015; Accessed Dec. 2018: https://conantleadership.com/52-quotes-about-trust-and-leadership/.
[356] Warren, Rick. "A Life of Purpose." TED Lecture 2006; Accessed Dec. 2018: https://www.ted.com/talks/rick_warren_on_a_life_of_purpose.
[357] *Id.*
[358] Burg, Bob and Mann, John D. *The Go-Giver*. Portfolio: 2015.
[359] *Id.*
[360] Little, P. Private Letter. Nov. 2018.
[361] *Id.*
[362] *Id.*
[363] Ayala, L. Private Letter. Nov. 2018.
[364] Hamel, Gary. "Leaders as Stewards." Leadership Excellence. Published Aug. 2012; Accessed Dec. 2018: http://www.ila-net.org/members/directory/downloads/LE/le0812.pdf.
[365] Horsager, David. "You Can't be a Great Leader Without Trust—Here's How You Build It." Forbes. Published Oct. 2018; Accessed Dec. 2018: https://www.forbes.com/sites/forbesleadershipforum/2012/10/24/you-cant-be-a-great-leader-without-trust-heres-how-you-build-it/#8c3cec44ef7a.
[366] Ben-Shahar, Tal. "The Secret to Happiness." Jerusalem U. Published March 2016; Accessed Feb. 2019: https://www.youtube.com/watch?v=YbTJBwBBs2k&feature=youtu.be&t=21.
[367] Bergland, Christopher. "The Neurochemicals of Happiness." Psychology Today. Published Nov. 2012; Accessed Feb. 2019: https://www.psychologytoday.com/us/blog/the-athletes-way/201211/the-neurochemicals-happiness.
[368] Bennett, Nick. "The Secret of Success." Forbes. Published Nov. 2018; Accessed Feb. 2019: https://www.forbes.com/sites/nickbennett1/2018/11/18/the-secret-of-success-is-it-happiness/#68ddcc286aa9.
[369] Ben-Shahar, Tal. "The Secret to Happiness." Jerusalem U. Published March 2016; Accessed Feb. 2019: https://www.youtube.com/watch?v=YbTJBwBBs2k&feature=youtu.be&t=21.
[370] Morris, George. "Slow is Smooth. Smooth is Fast." Medium. Published May 2023; accessed Dec. 2023: https://gm3.medium.com/slow-is-smooth-smooth-is-fast-1c33b37a5960.
[371] As cited in: Bennett, Nick. "The Secret of Success." Forbes. Published Nov. 2018; Accessed Feb. 2019: https://www.forbes.com/sites/nickbennett1/2018/11/18/the-secret-of-success-is-it-happiness/#68ddcc286aa9.
[372] Ben-Shahar, Tal. *The Pursuit of Perfect: How to Stop Chasing Perfection*. 2009.
[373] *Id.*
[374] Tracy, Brian. "Making Course Corrections." Accessed Feb. 2019: https://www.briantracy.com/blog/brians-words-of-wisdom/making-course-corrections/.
[375] Covey, Steven R. "How to Develop Your Personal Mission Statement." Goodreads. Accessed Feb. 2019: https://www.goodreads.com/work/quotes/6909067-how-to-develop-your-personal-mission-statement.
[376] Tracy, Brian. "Making Course Corrections." Accessed Feb. 2019: https://www.briantracy.com/blog/brians-words-of-wisdom/making-course-corrections/.

[377] Bradt, Steve. "Wandering mind not a happy mind." Published Nov. 2010; Accessed Feb. 2019: https://news.harvard.edu/gazette/story/2010/11/wandering-mind-not-a-happy-mind/.
[378] Gelles, David. "How to be more mindful at work." New York Times. Accessed Feb. 2019: https://www.nytimes.com/guides/well/be-more-mindful-at-work.
[379] *Id.*
[380] *Id.*
[381] Holmes, Cassie M. "What Kind of Happiness Do People Value Most?" Harvard Business Review. Published Nov. 2018; Accessed Feb. 2019: https://hbr.org/2018/11/what-kind-of-happiness-do-people-value-most.
[382] *Id.*
[383] Tracy, Brian. "Four Essentials for Happiness." Accessed Feb. 2019: https://www.briantracy.com/blog/personal-success/four-essentials-for-happiness/.
[384] *Id.*
[385] Tracy, Brian. "How to be Happy: Five Steps to Living a Life You Love." Accessed Feb. 2019: https://www.briantracy.com/blog/personal-success/happiness-in-life-you-deserve-it/.
[386] Tal, Ben-Shahar. "Be Happier: How to Enjoy Lasting Change." Happy & Well. Published March 2018; Accessed Feb. 2019: https://www.youtube.com/watch?v=9-NWpw_bpdQ.
[387] "124 Best Gratitude Quotes and Sayings." Accessed Feb. 2019: https://www.developgoodhabits.com/gratitude-quotes/.
[388] *Id.*
[389] *Id.*
[390] Greater Good in Action: Science-based Practices for a Meaningful Life. "Gratitude Journal." Accessed Feb. 2019: https://ggia.berkeley.edu/practice/gratitude_journal.
[391] Tracy, Brian. "How to be Happy: Five Steps to Living a Life You Love." Accessed Feb. 2019: https://www.briantracy.com/blog/personal-success/happiness-in-life-you-deserve-it/.
[392] *Id.*
[393] Tracy, Brian. "Four Essentials for Happiness." Accessed Feb. 2019: https://www.briantracy.com/blog/personal-success/four-essentials-for-happiness/.
[394] Kondo, Marie. "The Life-Changing Magic of Tidying Up Quotes." Goodreads. Accessed Feb. 2019: https://www.goodreads.com/work/quotes/41711738.
[395] *Id.*
[396] Tracy, Brian. "How to be Happy: Five Steps to Living a Life You Love." Accessed Feb. 2019: https://www.briantracy.com/blog/personal-success/happiness-in-life-you-deserve-it/.
[397] Selhub, Eva. "Love Response, Stress, and Neuroscience." Sivananda Ashram. Published Feb. 2018; Accessed Feb. 2019: https://www.youtube.com/watch?v=Z_UTsIs6Tf4. Quotations in this document are taken from similar works.
[398] Brown, Brene. "Quotes." Goodreads. Accessed Feb. 2019: https://www.goodreads.com/author/quotes/162578.Bren_Brown.
[399] Brown, Brene. *Daring Greatly: How the Courage to be Vulnerable Transforms the Way We Live, Love, Parent and Lead.* New York: Avery, 2011.
[400] Williams, David. "The Best Leaders are Vulnerable." Forbes. Published July 2013; Accessed Feb. 2019: https://www.forbes.com/sites/davidkwilliams/2013/07/18/the-best-leaders-are-vulnerable/#45e006f13c1d.
[401] Brown, Brene. "Quotes." Goodreads. Accessed Feb. 2019: https://www.goodreads.com/author/quotes/162578.Bren_Brown.
[402] As cited in Davies, William. *The Happiness Industry.* London: Verso, 2015.
[403] Spicer, Andre and Cederstrom. "The Research We've Ignored About Happiness at Work." Harvard Business Review. Published July 2015; Accessed Feb. 2019: https://hbr.org/2015/07/the-research-weve-ignored-about-happiness-at-work.
[404] Bruckner, Pascal. *Perpetual Euphoria: On the Duty to Be Happy.* New Jersey: Princeton University Press, 2000.
[405] Tracy, Brian. "How to be Happy: Five Steps to Living a Life You Love." Accessed Feb. 2019: https://www.briantracy.com/blog/personal-success/happiness-in-life-you-deserve-it/.
[406] *Id.*

[407] McFerrin, Bobby. "Don't Worry Be Happy." Accessed Nov. 2023: https://genius.com/Bobby-mcferrin-dont-worry-be-happy-lyrics.
[408] Ben-Shahar, Tal. *The Pursuit of Perfect: How to Stop Chasing Perfection*. 2009.
[409] Tolle, Eckhart. *La quietud habla*. Biblioteca del Nuevo Mundo, California: 2003, p. 13.
[410] James, Alfred. "Entendiendo la Mente del Mono". Mindfulness de bolsillo. Consultado en julio de 2019: https://www.pocketmindfulness.com/understanding-monkey-mind-live-harmony-mental-companion/.
[411] Hansen, Drew. "Una guía para la atención plena en el trabajo". Forbes. Publicado en octubre de 2012; Consultado en julio de 2019: https://www.forbes.com/sites/drewhansen/2012/10/31/a-guide-to-mindfulness-at-work/#9305f4725d28.
[412] *Id.*.
[413] *Id.*
[414] Tolle, Eckhart. "Citas de Eckhart Tolle". Consultado en julio de 2019: https://www.eckharttollenow.com/eckhart-tolle-quotes/p31/.
[415] Pert, Candace. Citado por Suzanne Heyn. "Cómo el cuerpo almacena las emociones". Consultado en julio de 2019: https://suzanneheyn.com/the-body-stores-emotions/.
[416] Tolle, Eckhart. "Citas de Eckhart Tolle". Consultado en julio de 2019: https://www.eckharttollenow.com/eckhart-tolle-quotes/p31/.
[417] Hansen, Drew. "Una guía para la atención plena en el trabajo". Forbes. Publicado en octubre de 2012; Consultado en julio de 2019: https://www.forbes.com/sites/drewhansen/2012/10/31/a-guide-to-mindfulness-at-work/#9305f4725d28.
[418] Weber, Jill. "El poder de tu diálogo interno". Psicología Hoy. Publicado en julio de 2017; Consultado en julio de 2019: https://www.psychologytoday.com/us/blog/201707/the-power-your-internal-dialogue.
[419] Tolle, Eckhart. "Citas de Eckhart Tolle". Consultado en julio de 2019: https://www.eckharttollenow.com/eckhart-tolle-quotes/p31/.
[420] Brendel, David. "Hay riesgos en el mindfulness en el trabajo". Harvard Business Review. Publicado en febrero de 2015; Consultado en julio de 2019: https://hbr.org/2015/02/there-are-risks-to-mindfulness-at-work.
[421] *Id.*
[422] Carter, Jacqueline y Gimian, James. "Cómo el mindfulness te convierte en un mejor líder". Publicado en noviembre de 2018; Consultado en agosto de 2019: https://www.mindful.org/how-mindfulness-make-you-a-better-leader/.
[423] Weiner, Jeff, citado por Schwartz, Tony. "Cómo ser consciente en un 'mundo inmanejable'. Harvard Business Review. Publicado en febrero de 2013; Consultado en agosto de 2019: https://hbr.org/2013/02/how-to-be-mindful-in-an-unmana.
[424] *Id.*.
[425] Huffington, Arianna. *Prosperar: La tercera métrica para redefinir el éxito y crear una vida de bienestar, sabiduría y asombro*. Citado por GoodReads.com. Consultado en agosto de 2019: https://www.goodreads.com/work/quotes/32695230-thrive-the-third-metric-to-redefining-success-and-creating-a-life-of-we.
[426] Entrevista privada. Nombres retenidos.
[427] Feloni, Richard. "Después de entrevistar a 140 personas en la cima de sus campos, Tim Ferriss se da cuenta de que casi todos comparten el mismo hábito". Business Insider España. Publicado en noviembre de 2017; Consultado en agosto de 2019: https://www.businessinsider.com/tim-ferriss-meditation-mindfulness-2017-11.
[428] Ferriss, Tim. Citado por Feloni, Richard. "Después de entrevistar a 140 personas en la cima de sus campos, Tim Ferriss se da cuenta de que casi todos comparten el mismo hábito". Business Insider España. Publicado en noviembre de 2017; Consultado en agosto de 2019: https://www.businessinsider.com/tim-ferriss-meditation-mindfulness-2017-11.

Notas

[429] Feloni, Richard. "Después de entrevistar a 140 personas en la cima de sus campos, Tim Ferriss se da cuenta de que casi todos comparten el mismo hábito". Business Insider España. Publicado en noviembre de 2017; Consultado en agosto de 2019: https://www.businessinsider.com/tim-ferriss-meditation-mindfulness-2017-11.

[430] Hanh, Thich N. Extracto de *En casa en el mundo*. Publicado en noviembre de 2018; Consultado en agosto de 2019: https://plumvillage.org/news/memories-from-the-root-temple-washing-dishes/.

[431] *Id.*

[432] Baldelomar, Raquel. "¿Quieres ser un mejor líder? Tómate cinco minutos para meditar". Forbes. Publicado en junio de 2016; Consultado en julio de 2019: https://www.forbes.com/sites/raquelbaldelomar/2016/06/17/want-to-be-a-better-leader-take-five-minutes-to-meditate/#21d44ad53aea.

[433] Hafenbrack, Andrew C. et al. "Debiasing the Mind through Meditation: Mindfulness and the Sunk Cost Bias" (Debilitar la mente a través de la meditación: atención plena y el sesgo del costo hundido). Diarios de Sage. Publicado en diciembre de 2013; Último acceso: agosto de 2019: http://pss.sagepub.com/content/early/2013/12/06/0956797613503853.

[434] *Id.*

[435] Seppala, Emma. "Cómo la meditación beneficia a los directores ejecutivos". Harvard Business Review. Publicado en diciembre de 2015; Último acceso: agosto de 2019: https://hbr.org/2015/12/how-meditation-benefits-ceos.

[436] Seppala, Emma. "Cómo la meditación beneficia a los directores ejecutivos". Harvard Business Review. Publicado en diciembre de 2015; Último acceso: agosto de 2019: https://hbr.org/2015/12/how-meditation-benefits-ceos.

[437] DeMers, Jason. "Cinco líderes empresariales exitosos que han utilizado la meditación para mejorar la productividad, la creatividad y la perspicacia para los negocios". Publicado en abril de 2018; Consultado en julio de 2019: https://www.businessinsider.com/5-successful-leaders-that-have-used-meditation-to-be-more-productive-2018-4. Citando a Schwartz, Tony. "Cómo ser consciente en un mundo 'inmanejable'". Publicado en febrero de 2013; Consultado en julio de 2019: https://hbr.org/2013/02/how-to-be-mindful-in-an-unmana.

[438] Hanh, Thich Nhat. Citado por "10 Citas de Meditación Inspiradora". Publicado en febrero de 2019; Último acceso: agosto de 2019: https://flaxseedsandfairytales.com/inspirational-meditation-quotes-thich-nhat-hanh/.

[439] Winfrey, Oprah. Como se cita en: "Ocho citas motivacionales que muestran que la empatía es la clave para un gran liderazgo". Publicado en abril de 2018; Consultado en agosto de 2019: https://yourstory.com/2018/04/motivational-quotes-empathy-key-great-leadership.

[440] Freedman, Josué. Como se cita en: "Ocho citas motivacionales que muestran que la empatía es la clave para un gran liderazgo". Publicado en abril de 2018; Consultado en agosto de 2019: https://yourstory.com/2018/04/motivational-quotes-empathy-key-great-leadership.

[441] *Id.*

[442] Burke, Miles. "La meditación puede convertirte en un mejor líder". Consultado en agosto de 2019: https://inside.6q.io/meditation-can-make-you-a-better-leader/.

[443] Kistner, Robert. Entrevista de Liderazgo Empresarial. 2019.

[444] Schwartz, Tony. "¡Relájate! Serás más productivo". Publicado en febrero de 2013; Consultado en julio de 2019: https://www.nytimes.com/2013/02/10/opinion/sunday/relax-you'll-be-more-productive.html.

[445] Citas de Goodreads. Consultado en agosto. 2019: https://www.goodreads.com/quotes/83633-give-me-six-hours-to-chop-down-a-tree-and.

[446] Citas de Goodreads. Consultado en agosto de 2019: https://www.goodreads.com/quotes/35269-i-have-so-much-to-do-that-i-shall-spend.

[447] Covey, Franklin. "HÁBITO 7: AFILAR LA SIERRA". Consultado en agosto de 2019: https://www.franklincovey.com/the-7-habits/habit-7.html

[448] Hooke, William. "Vivir en el mundo real". Consultado en agosto de 2019: https://www.livingontherealworld.org/habit-7-sharpen-the-saw/.

[449] "Una encuesta a nivel nacional revela el uso generalizado de prácticas de mente y cuerpo". Centro Nacional de Salud Complementaria e Integrativa. Publicado en febrero de 2015; Consultado en julio de 2019: https://nccih.nih.gov/news/press/02102015mb.
[450] Huffington, Arianna. *Prosperar: La tercera métrica para redefinir el éxito y crear una vida de bienestar, sabiduría y asombro.* Como se cita en Good Reads. Consultado en agosto de 2019: https://www.goodreads.com/work/quotes/32695230-thrive-the-third-metric-to-redefining-success-and-creating-a-life-of-we.
[451] Dass, Ram. Citado por Tracy Kennedy. "Cómo escuchar tu voz interior para una mayor satisfacción". Truco de vida. Publicado y consultado en julio de 2019: https://www.lifehack.org/804051/inner-voice.
[452] Kornfield, Jack. "Meditación caminando". Consultado en agosto de 2019: https://jackkornfield.com/walking-meditation-2/.
[453] Tomaine, Gina. "Por qué deberías intentar meditar mientras corres (y cómo hacerlo)". Consultado en agosto de 2019: https://www.runnersworld.com/health-injuries/a20838122/why-you-should-try-meditating-while-running-and-how-to-do-it/.
[454] Juntti, Melaina. "El poder insano de combinar el ejercicio y la meditación". Último acceso: agosto de 2019: https://www.mensjournal.com/health-fitness/the-insane-power-of-combining-exercise-and-meditation-20160301/.
[455] González, María. "Tu viaje en coche es una oportunidad para practicar la atención plena". Consultado en agosto de 2019: https://hbr.org/2014/11/your-car-commute-is-a-chance-to-practice-mindfulness.
[456] DeMers, Jason. "Cinco líderes empresariales exitosos que han utilizado la meditación para mejorar la productividad, la creatividad y la perspicacia para los negocios". Publicado en abril de 2018; Consultado en julio de 2019: https://www.businessinsider.com/5-successful-leaders-that-have-used-meditation-to-be-more-productive-2018-4.
[457] Tolle, Eckhart. *La quietud habla.* Namaste: California, 2003.
[458] Carter, Jacqueline y Gimian, James. "Cómo el mindfulness te convierte en un mejor líder". Publicado en noviembre de 2018; Consultado en agosto de 2019: https://www.mindful.org/how-mindfulness-make-you-a-better-leader/.
[459] Burke, Miles. "La meditación puede convertirte en un mejor líder". Consultado en agosto de 2019: https://inside.6q.io/meditation-can-make-you-a-better-leader/.
[460] Seppala, Emma. "Cómo la meditación beneficia a los directores ejecutivos". Harvard Business Review. Publicado en diciembre de 2015; Consultado en agosto. 2019: https://hbr.org/2015/12/how-meditation-benefits-ceos.
[461] Krockow, Eva. "¿Cuántas decisiones tomamos cada día?" Psicología Hoy. Publicado en septiembre de 2018; Consultado en diciembre de 2022: https://www.psychologytoday.com/us/blog/stretching-theory/201809/how-many-decisions-do-we-make-each-day.
[462] Cunningham, Keith. *El camino menos estúpido. Las llaves de la bóveda.* Estados Unidos; 2018: p. 1.
[463] *Id.*, pág. 2.
[464] Manson, Marcos. "Valores personales". Consultado en enero de 2023: https://markmanson.net/personal-values.
[465] *Id.*
[466] Manson, Marcos. "La pregunta más importante de tu vida". Consultado en enero de 2023: https://markmanson.net/question.
[467] Manson, Marcos. "Tres razones por las que tomas decisiones terribles (y cómo parar)". Consultado en enero de 2023: https://markmanson.net/decision-making.
[468] Cunningham, Keith. *El camino menos estúpido. Las llaves de la bóveda.* Estados Unidos; 2018: p. 5.
[469] Moran, Gwen citando a Noreena Hertz. "Siete maneras de dejar de tomar malas decisiones". Empresa rápida. Publicado en marzo de 2014; Consultado en enero de 2023: https://www.fastcompany.com/3027160/7-ways-to-stop-making-bad-decisions.
[470] Cunningham, Keith. *El camino menos estúpido. Las llaves de la bóveda.* Estados Unidos; 2018: p. 5.

Notas

[471] Danzinger, S., Levav, J. y Avnaim-Pesso, L. "Factores extraños en las decisiones judiciales". PNAS. Publicado en abril de 2011; Consultado en enero de 2023: https://www.pnas.org/doi/10.1073/pnas.1018033108.
[472] *Id.*
[473] Claro, James. "Cómo funciona la fuerza de voluntad: cómo evitar las malas decisiones". Consultado en enero de 2023: https://jamesclear.com/willpower-decision-fatigue.
[474] Berg, Sara. "Lo que los médicos desearían que los pacientes supieran sobre la fatiga de decisión". AMA. Publicado en noviembre de 2021; Consultado en enero de 2023: https://www.ama-assn.org/delivering-care/public-health/what-doctors-wish-patients-knew-about-decision-fatigue.
[475] Danzinger, S., Levav, J. y Avnaim-Pesso, L. "Factores extraños en las decisiones judiciales". PNAS. Publicado en abril de 2011; Consultado en enero de 2023: https://www.pnas.org/doi/10.1073/pnas.1018033108.
[476] Guy-Evans, Olivia. "Función del lóbulo frontal, ubicación en el cerebro, daño, más". Simplemente Psicología. Publicado en mayo de 2021; Consultado en enero de 2023: www.simplypsychology.org/frontal-lobe.html.
[477] Tracy, Brian. Buenas lecturas. Consultado en enero de 2023: https://www.goodreads.com/author/quotes/22033.Brian_Tracy.
[478] Guy-Evans, Olivia. "Función y ubicación de la amígdala". Simplemente Psicología. Publicado en mayo de 2021; Consultado en enero de 2023: www.simplypsychology.org/amygdala.html.
[479] Troncale, José. "Tu cerebro de lagarto". Psicología Hoy. Publicado en abril de 2014; Consultado en febrero de 2023: https://www.psychologytoday.com/us/blog/where-addiction-meets-your-brain/201404/your-lizard-brain.
[480] *Id.*
[481] Whitman, Walt. "Canción de mí mismo". Consultado en febrero de 2023: https://poets.org/poem/song-myself-3.
[482] Erwin, Mike. "Seis razones por las que tomamos malas decisiones y qué hacer al respecto". Harvard Business Review. Publicado en agosto de 2019; Consultado en enero de 2023: https://hbr.org/2019/08/6-reasons-we-make-bad-decisions-and-what-to-do-about-them.
[483] Kistner, Robert. "Citas de liderazgo". Entrevista de Liderazgo Empresarial.
[484] Brach, Tara. "RAIN: Una práctica de compasión radical". Consultado en febrero de 2023: https://www.tarabrach.com/rain/.
[485] Tracy, Brian. "Citas de Brian Tracy". Cita inteligente. Consultado en abril de 2021: https://www.brainyquote.com/authors/brian-tracy-quotes.
[486] Tracy, Brian. Según lo citado por AZ Quotes. Consultado en enero de 2023: https://www.azquotes.com/quote/1385253.
[487] Cunningham, Keith. *El camino menos estúpido*. Las llaves de la bóveda. Estados Unidos; 2018: p. 9.
[488] Snowden, David y Boone, Mary. "Un marco de referencia para la toma de decisiones de un líder". Harvard Business Review. Publicado en noviembre de 2007; Consultado en marzo de 2023: https://hbr.org/2007/11/a-leaders-framework-for-decision-making.
[489] *Id.*
[490] *Id.*
[491] *Id.*
[492] Cunningham, Keith. *El camino menos estúpido*. Las llaves de la bóveda. Estados Unidos; 2018: p. 9.
[493] *Id.*, pág. 11.
[494] *Id.*, pág. 10.
[495] *Id.*, pág. 10.
[496] *Id.*, pág. 11.
[497] Snowden, David y Boone, Mary. "Un marco de referencia para la toma de decisiones de un líder". Harvard Business Review. Publicado en noviembre de 2007; Consultado en marzo de 2023: https://hbr.org/2007/11/a-leaders-framework-for-decision-making.

[498] Cunningham, Keith. *El camino menos estúpido*. Las llaves de la bóveda. Estados Unidos; 2018: p. 11.
[499] Wilding, Melodía. "Cómo dejar de pensar demasiado y empezar a confiar en tu instinto". Harvard Business Review. Publicado en marzo de 2022: consultado en marzo de 2023: https://hbr.org/2022/03/how-to-stop-overthinking-and-start-trusting-your-gut.
[500] *Id.*
[501] *Id.*
[502] Biblioteca Nacional de Medicina. Cerebro y comportamiento. Publicado en junio de 2014; Consultado en marzo de 2023: https://www.ncbi.nlm.nih.gov/pmc/articles/PMC4086365/.
[503] Wilding, Melodía. "Cómo dejar de pensar demasiado y empezar a confiar en tu instinto". Harvard Business Review. Publicado en marzo de 2022: consultado en marzo de 2023: https://hbr.org/2022/03/how-to-stop-overthinking-and-start-trusting-your-gut.
[504] Cunningham, Keith. *El camino menos estúpido*. Las llaves de la bóveda. Estados Unidos; 2018: p. 12.
[505] *Id.*, pág. 12.
[506] *Id.*, pág. 12.
[507] *Id.*, pág. 14.
[508] *Id.*, pág. 15.
[509] *Id.*, pág. 15.
[510] *Id.*, pág. 15.
[511] *Id.*, pág. 16.
[512] Tracy, Brian. Según lo citado por AZ Quotes. Consultado en enero de 2023: https://www.azquotes.com/quote/1385253.
[513] Cunningham, Keith. *El camino menos estúpido*. Las llaves de la bóveda. Estados Unidos; 2018: p. 12.
[514] *Id.*, pág. 17.
[515] *Id.*, pág. 17.
[516] Greenan, Harold. Citado por "Get Smart: Three Ways of Thinking to Make Better Decisions and Achieve Results" (Sé inteligente: tres formas de pensar para tomar mejores decisiones y lograr resultados). Medios de comunicación de Farnam Street. Consultado en marzo de 2023: https://fs.blog/get-smart-brian-tracy/.
[517] "Sé inteligente: tres formas de pensar para tomar mejores decisiones y lograr resultados". Medios de comunicación de Farnam Street. Consultado en marzo de 2023: https://fs.blog/get-smart-brian-tracy/.
[518] Tracy, Brian. De "Cómo lideran los mejores líderes". Citado por: AZ Quotes, "Brian Tracy Quotes about Decisions". Consultado en marzo de 2023: https://www.azquotes.com/author/21943-Brian_Tracy/tag/decision.
[519] Cunningham, Keith. *El camino menos estúpido*. Las llaves de la bóveda. Estados Unidos; 2018: p. 19.
[520] Snowden, David y Boone, Mary. "Un marco de referencia para la toma de decisiones de un líder". Harvard Business Review. Publicado en noviembre de 2007; Consultado en marzo de 2023: https://hbr.org/2007/11/a-leaders-framework-for-decision-making.
[521] *Id.*
[522] Tracy, Cerebro. Citado por "Get Smart: Three Ways of Thinking to Make Better Decisions and Achieve Results" (Sé inteligente: tres formas de pensar para tomar mejores decisiones y lograr resultados). Medios de comunicación de Farnam Street. Consultado en marzo de 2023: https://fs.blog/get-smart-brian-tracy/.
[523] *Id.*
[524] Cunningham, Keith. *El camino menos estúpido*. Las llaves de la bóveda. Estados Unidos; 2018: p. 18.
[525] *Id.*, pág. 21.
[526] *Id.*, pág. 22.

Notas

[527] Lincoln, Abraham. Citado por "Get Smart: Three Ways of Thinking to Make Better Decisions and Achieve Results" (Sé inteligente: tres formas de pensar para tomar mejores decisiones y lograr resultados). Medios de comunicación de Farnam Street. Consultado en marzo de 2023: https://fs.blog/get-smart-brian-tracy/.
[528] *Id.*
[529] Kistner, Robert. "Citas de liderazgo". Entrevista de Liderazgo Empresarial.
[530] Snowden, David y Boone, Mary. "Un marco de referencia para la toma de decisiones de un líder". Harvard Business Review. Publicado en noviembre de 2007; Consultado en marzo de 2023: https://hbr.org/2007/11/a-leaders-framework-for-decision-making.
[531] *Id.*
[532] *Id.*
[533] *Id.*
[534] *Id.*
[535] Tracy, Brian. De "Cómo lideran los mejores líderes". Citado por: AZ Quotes, "Brian Tracy Quotes about Decisions". Consultado en marzo de 2023: https://www.azquotes.com/author/21943-Brian_Tracy/tag/decision.
[536] Fernández, Rico. "Cinco formas de aumentar tu resiliencia en el trabajo". Harvard Business Review. Publicado en junio de 2016; Consultado en diciembre de 2019: https://hbr.org/2016/06/627-building-resilience-ic-5-ways-to-build-your-personal-resilience-at-work.
[537] *Id.*
[538] *Id.*
[539] *Id.*
[540] *Id.*
[541] Wikipedia. "Resiliencia psicológica". Consultado en diciembre de 2019: https://en.wikipedia.org/wiki/Psychological_resilience.
[542] Fernández, Rico. "Cinco formas de aumentar tu resiliencia en el trabajo". Harvard Business Review. Publicado en junio de 2016; Consultado en diciembre de 2019: https://hbr.org/2016/06/627-building-resilience-ic-5-ways-to-build-your-personal-resilience-at-work.
[543] *Id.*
[544] Tracy, Brian. "Las raíces de la resiliencia". Brian Tracy Internacional. Consultado en diciembre de 2019: https://s3.amazonaws.com/media.briantracy.com/downloads/pdf/roots_of_resilience.
[545] Wikipedia. "Resiliencia psicológica". Consultado en diciembre de 2019: https://en.wikipedia.org/wiki/Psychological_resilience.
[546] *Id.*
[547] Edison, Thomas. Citas sesudas. Consultado en enero de 2020: https://www.brainyquote.com/quotes/thomas_a_edison_132683.
[548] Felipe, Davie. "Resiliencia revisada". Vida positiva. Publicado en marzo de 2014; Accedido en enero de 2010: http://www.positivelife.ie/2014/03/resilience-revisited-communities-springing-forward-with-davie-philip/.
[549] Lincoln, Abraham. "Al otro lado de la tierra". Publicado en agosto de 2015; Consultado en enero de 2020: https://jackfussellacrosstheland.wordpress.com/2015/08/15/abraham-lincoln-never-quit/.
[550] Heráclito. "¿Quién dijo 'lo único constante es el cambio'? Referencia. Consultado en enero de 2020: https://www.reference.com/world-view/said-only-thing-constant-change-d50c0532e714e12b.
[551] Toffler, Alvin de Future Shock citado por Scroggins, Clay. Cómo desarrollar la resiliencia". Consultado en diciembre de 2019: https://subsplash.com/northpointministries/lb/mi/+tsp66vf.
[552] Angelou, Maya citado por Pennock, Seph. "19 citas de resiliencia y adversidad que te inspirarán y empoderarán". Psicología Positiva. Publicado en octubre de 2019; Consultado en diciembre de 2019: https://positivepsychology.com/resilience-quotes/.

[553] Cuerpo de Marines de los Estados Unidos. GoodReads. Consultado en enero de 2020: https://www.goodreads.com/quotes/815428-improvise-adapt-and-overcome---usmc-unofficial.
[554] Tracy, Brian. "Las raíces de la resiliencia". Brian Tracy Internacional. Consultado en diciembre de 2019: https://s3.amazonaws.com/media.briantracy.com/downloads/pdf/roots_of_resilience.
[555] Kistner, Robert. Entrevista de Liderazgo Empresarial. Diciembre de 2019.
[556] Tracy, Brian. "Las raíces de la resiliencia". Brian Tracy Internacional. Consultado en diciembre de 2019: https://s3.amazonaws.com/media.briantracy.com/downloads/pdf/roots_of_resilience.
[557] Trabajos, Steve. "18 poderosas citas de Steve Jobs que podrían cambiar tu vida". Publicado en julio de 2017; Consultado en enero de 2020: https://www.fearlessmotivation.com/2017/07/19/steve-jobs-quotes/.
[558] Fernández, Rico. "Cinco formas de aumentar tu resiliencia en el trabajo". Harvard Business Review. Publicado en junio de 2016; Consultado en diciembre de 2019: https://hbr.org/2016/06/627-building-resilience-ic-5-ways-to-build-your-personal-resilience-at-work.
[559] Jordán, Miguel. Cita inteligente. Consultado en enero de 2020: https://www.brainyquote.com/quotes/michael_jordan_127660.
[560] Tracy, Brian. "Las raíces de la resiliencia". Brian Tracy Internacional. Consultado en diciembre de 2019: https://s3.amazonaws.com/media.briantracy.com/downloads/pdf/roots_of_resilience.
[561] Thatcher, Margaret citada por Pennock, Seph. "19 citas de resiliencia y adversidad que te inspirarán y empoderarán". Psicología Positiva. Publicado en octubre de 2019; Consultado en diciembre de 2019: https://positivepsychology.com/resilience-quotes/.
[562] Mandela, Nelson, citado por Pennock, Seph. "19 citas de resiliencia y adversidad que te inspirarán y empoderarán". Psicología Positiva. Publicado en octubre de 2019; Consultado en diciembre de 2019: https://positivepsychology.com/resilience-quotes/.
[563] Ross, Elizabeth K. citado por Scroggins, Clay. Cómo desarrollar la resiliencia". Consultado en diciembre de 2019: https://subsplash.com/northpointministries/lb/mi/+tsp66vf.
[564] Scroggins, Arcilla. Cómo desarrollar la resiliencia". Consultado en diciembre de 2019: https://subsplash.com/northpointministries/lb/mi/+tsp66vf.
[565] Carucci, Ron. "Cuanto mejor te conozcas a ti mismo, más resistente serás". Harvard Business Review. Publicado en septiembre de 2017; Consultado en diciembre de 2019: https://hbr.org/2017/09/the-better-you-know-yourself-the-more-resilient-you'll-be.
[566] Uchtdorf, Dieter F. citado por Pennock, Seph. "19 citas de resiliencia y adversidad que te inspirarán y empoderarán". Psicología Positiva. Publicado en octubre de 2019; Consultado en diciembre de 2019: https://positivepsychology.com/resilience-quotes/.
[567] Fernández, Rico. "Cinco formas de aumentar tu resiliencia en el trabajo". Harvard Business Review. Publicado en junio de 2016; Consultado en diciembre de 2019: https://hbr.org/2016/06/627-building-resilience-ic-5-ways-to-build-your-personal-resilience-at-work.
[568] *Id.*
[569] Rowling, J. K. Citas inspiradoras. Pásalo. Consultado en diciembre de 2019: https://www.passiton.com/inspirational-quotes/6595-rock-bottom-became-the-solid-foundation-on.
[570] Oliver, Mary citado por Pennock, Seph. "19 citas de resiliencia y adversidad que te inspirarán y empoderarán". Psicología Positiva. Publicado en octubre de 2019; Consultado en diciembre de 2019: https://positivepsychology.com/resilience-quotes/.
[571] Redmoon, Ambrose citado por Pennock, Seph. "19 citas de resiliencia y adversidad que te inspirarán y empoderarán". Psicología Positiva. Publicado en octubre de 2019; Consultado en diciembre de 2019: https://positivepsychology.com/resilience-quotes/.

Notas

[572] Tracy, Brian. "Cómo negociar: habilidades que necesita para tener éxito". Consultado en mayo de 2023: https://www.briantracy.com/blog/brians-words-of-wisdom/making-course-corrections/.
[573] Masahide, Mizuta. "El granero se ha incendiado". Wikipedia. Consultado en diciembre de 2019: https://en.wikipedia.org/wiki/Mizuta_Masahide.
[574] Tracy, Brian. "Corregir el rumbo". Consultado en enero de 2020: https://www.goodreads.com/quotes/50795-i-am-not-what-happened-to-me-i-am-what.
[575] Fernández, Rico. "Cinco formas de aumentar tu resiliencia en el trabajo". Harvard Business Review. Publicado en junio de 2016; Consultado en diciembre de 2019: https://hbr.org/2016/06/627-building-resilience-ic-5-ways-to-build-your-personal-resilience-at-work.
[576] Picoult, Jodi citado por Pennock, Seph. "19 citas de resiliencia y adversidad que te inspirarán y empoderarán". Psicología Positiva. Publicado en octubre de 2019; Consultado en diciembre de 2019: https://positivepsychology.com/resilience-quotes/.
[577] Fernández, Rico. "Cinco formas de aumentar tu resiliencia en el trabajo". Harvard Business Review. Publicado en junio de 2016; Consultado en diciembre de 2019: https://hbr.org/2016/06/627-building-resilience-ic-5-ways-to-build-your-personal-resilience-at-work.
[578] Achor, Shawn y Gielan, Michelle. "La resiliencia se trata de cómo te recargas, no de cómo aguantas". Harvard Business Review. Publicado en junio de 2016; Consultado en diciembre de 2019: https://hbr.org/2016/06/resilience-is-about-how-you-recharge-not-how-you-endure.
[579] *Id.*
[580] Carucci, Ron. "Cuanto mejor te conozcas a ti mismo, más resistente serás". Harvard Business Review. Publicado en septiembre de 2017; Consultado en diciembre de 2019: https://hbr.org/2017/09/the-better-you-know-yourself-the-more-resilient-you'll-be.
[581] Greene, Susana. "La compasión en los negocios". Forbes. Consultado en diciembre de 2019: https://www.forbes.com/sites/forbescoachescouncil/2019/05/31/compassion-in-business/#204edb7c5fd8.
[582] Seppala, Emma. "Por qué la compasión en los negocios tiene sentido". Revista Bien Mayor. Publicado en abril de 2013; Consultado en diciembre de 2019: https://greatergood.berkeley.edu/article/item/why_compassion_in_business_makes_sense
[583] *Identificación.*
[584] Fernández, Rico. "Cinco formas de aumentar tu resiliencia en el trabajo". Harvard Business Review. Publicado en junio de 2016; Consultado en diciembre de 2019: https://hbr.org/2016/06/627-building-resilience-ic-5-ways-to-build-your-personal-resilience-at-work.
[585] Carucci, Ron. "Cuanto mejor te conozcas a ti mismo, más resistente serás". Harvard Business Review. Publicado en septiembre de 2017; Consultado en diciembre de 2019: https://hbr.org/2017/09/the-better-you-know-yourself-the-more-resilient-you'll-be.
[586] *Identificación.*
[587] Lombardi, Vince. "Citas con imágenes". Consultado en enero de 2020: https://www.quoteswave.com/picture-quotes/60909.
[588] Carucci, Ron. "Cuanto mejor te conozcas a ti mismo, más resistente serás". Harvard Business Review. Publicado en septiembre de 2017; Consultado en diciembre de 2019: https://hbr.org/2017/09/the-better-you-know-yourself-the-more-resilient-you'll-be.
[589] Gates, Bill. "Cita inteligente. Consultado en enero de 2020: https://www.brainyquote.com/quotes/bill_gates_385735.
[590] Tracy, Brian. "¡Resiliencia! Cómo recuperarse de cualquier problema o adversidad". Consultado en diciembre de 2019: https://www.briantracy.com/catalog/resilience.
[591] *Id.*
[592] Rojo, David. Comunicación privada. 2022.

Made in the USA
Middletown, DE
05 May 2024